Introdução à economia da engenharia

Dados Internacionais de Catalogação na Publicação (CIP)
(Câmara Brasileira do Livro, SP, Brasil)

Côrtes, José Guilherme Pinheiro
Introdução à economia da engenharia / José Guilherme Pinheiro Côrtes. -- São Paulo : Cengage Learning, 2012.

Bibliografia.
ISBN 978-85-221-1118-3

1. Ativos - Administração 2. Engenharia econômica I. Título.

11-05220 CDD-658.15

Índices para catálogo sistemático:

1. Engenharia econômica : Administração financeira 658.15
2. Gerenciamento de ativos de engenharia : Administração financeira 658.15

Introdução à economia da engenharia

uma visão do processo de gerenciamento de ativos de engenharia

José Guilherme Pinheiro Côrtes

CENGAGE Learning™

Austrália • Brasil • Japão • Coreia • México • Cingapura • Espanha • Reino Unido • Estados Unidos

CENGAGE
Learning™

Introdução à economia da engenharia: uma visão do processo de gerenciamento de ativos de engenharia

José Guilherme Pinheiro Côrtes

Gerente Editorial: Patricia La Rosa

Supervisora de Produção Editorial: Noelma Brocanelli

Supervisora de Produção Gráfica: Fabiana Alencar

Editora de Desenvolvimento: Gisele Gonçalves Bueno Quirino de Souza

Copidesque: Maria Alice da Costa

Revisão: Maria Dolores D. Sierra Mata e Ricardo Franzin

Projeto Gráfico e Editoração Eletrônica: Estúdio Bogari

Capa: Heber Alvares

Para mais informações sobre nossos produtos, entre em contato pelo telefone **0800 11 19 39**

Para permissão de uso de material desta obra, envie seu pedido para **direitosautorais@cengage.com**

ISBN-10: 85-221-1118-9
ISBN-13: 978-85-221-1118-3

Cengage Learning
Condomínio E-Business Park
Rua Werner Siemens, 111 – Prédio 20 – Espaço 04
Lapa de Baixo – CEP 05069-900 –São Paulo – SP
Tel.: (11) 3665-9900 – Fax: (11) 3665-9901
SAC: 0800 11 19 39

Para soluções de curso e aprendizado, visite **www.cengage.com.br**

Impresso no Brasil.
Printed in Brazil.
1 2 3 4 15 14 13 12

Sumário

Prefácio

Este livro reúne princípios, conceitos e ferramentas de economia da engenharia, em um formato que ofereço aos interessados em desfrutar dos benefícios de uma abordagem que vem sendo desenvolvida com muito vigor e pleno êxito. Ela consiste em ver o *engenheiro*, qualquer que seja sua especialidade, como um *gestor de ativos.*

Quando Arthur Wellington publicou sua obra pioneira *The economic theory of the location of railways*, em 1877, ele se dirigiu ao engenheiro profissional que, em sua avaliação, atuava pobremente na gestão de alguns dos mais importantes ativos da época, aqueles requeridos pela construção e operação de ferrovias. Nascia uma disciplina gerencial, em que o engenheiro associa economia à técnica, partindo sempre dos problemas que sua profissão lhe apresenta. Perspectiva que foi também adotada por outros eminentes precursores, que relaciono em uma seção do Capítulo 1.

Hoje, engenheiros pelo mundo afora participam e contribuem para o desenvolvimento de uma nova disciplina gerencial chamada Engineering Asset Management (EAM). Essa disciplina pode ser definida como um conjunto de atividades sistemáticas e coordenadas entre si, através das quais uma organização otimiza o gerenciamento de seus ativos físicos em termos de desempenho, riscos e custos ao longo de seu ciclo de vida, objetivando cumprir as metas de um determinado plano estratégico. Infelizmente, a EAM vem crescendo sem conhecer a economia da engenharia. Quanto a esta, a se julgar pelo conteúdo da maioria dos livros didáticos, tampouco enxerga a EAM. *Isso precisa mudar*.

Neste livro, correndo os graves riscos de, talvez, ser o primeiro autor contemporâneo de economia da engenharia a trabalhar seguindo essa orientação, procuro acoplar seus conteúdos a cada uma das etapas do processo de gerenciamento físico de ativos de engenharia. A caixa de ferramentas do engenheiro é construída passo a passo, perseguindo os problemas e os desafios que ele encontrará como gestor de ativos que adota a metodologia EAM. E fiz isso com a preocupação de ser claro, objetivo e didático, finalizando cada capítulo com uma grande dose de atividade prática, abrangendo diferentes tipos de testes, exercícios e casos. Espero ter feito tudo à altura de meus leitores.

Ao escrever este prefácio, vejo concluída uma etapa de meu processo de aprendizado nessa área de conhecimento. Mas existe muito mais para aprender e, espero, a transmitir a um público formado por estudantes universitários de graduação e pós-graduação – não apenas de Engenharia, mas também de Economia, Administração e outras formações com possibilidade de preparar futuros gestores de ativos físicos – e profissionais de todos os tipos, igualmente interessados e necessitados de orientação nesse assunto.

Cheguei aqui, cheio de vontade de prosseguir, porque tive o apoio de pessoas que sabem o quanto lhes devo. No meio acadêmico, foi um privilégio trabalhar durante dez anos com estudantes do curso de Engenharia Civil (com ênfase em construção civil) da Escola Politécnica da Universidade Federal do Rio de Janeiro. Na vida familiar, de importância infinita, sou grato à Odi e à família maravilhosa que criamos. O afeto e o estímulo dessas pessoas adicionaram forças para que eu produzisse essa expressão de meu pensamento. A vida é boa.

Capítulo 1 Introdução à economia da engenharia

1.1 Apresentação

Escrevi este livro *Introdução à economia da engenharia* com os seguintes objetivos:

1. Responder a uma necessidade pessoal de dispor de um texto didático atualizado, conciso, prático e objetivo, que facilitasse ministrar meus cursos universitários de Economia da Engenharia, bem como programas de treinamento de profissionais.
2. Compartilhar este produto com muitos colegas, estudantes e profissionais que devem sentir, assim como eu, a necessidade de alternativas de textos didáticos brasileiros com as características mencionadas anteriormente. Espero poder atender a essa demanda.

Tentando atingir esses objetivos, com base no conhecimento teórico[1] e experiências docente e profissional, procurei apoiar o engenheiro que enfrenta problemas no exercício profissional e precisa ter e saber usar uma boa caixa de determinadas ferramentas de economia da engenharia. As próximas seções, deste capítulo, são o ponto de partida para o estudo dessa disciplina.

O que é economia da engenharia?

A economia da engenharia é parcela necessária na boa formação do engenheiro. Ela não existe em um vácuo, mantendo fronteiras com outras áreas de conhecimento e prática, de onde retira valiosos insumos para operar seus processos de análise e apoio à tomada de decisão.

---

1 O que adquiri foi estudando ótimos autores. Eles, certamente, não têm culpa por meus erros e omissões.

Origens da economia da engenharia

Um breve histórico da criação e do desenvolvimento desta disciplina parece-me útil para reforçar a convicção de que ela, como um produto intelectual de engenheiros preocupados com sua prática, é um requisito indispensável do engenheiro bem preparado.

Relação entre engenharia e administração

Aqui, argumento que o engenheiro, em sua vida profissional, mais cedo ou mais tarde ocupará postos administrativos. Desde o início, ele será um gestor de ativos – recursos tangíveis (como máquinas e veículos) e intangíveis (conhecimento, reputação e outros).

Estrutura do processo de gestão de ativos

Gestão de ativos é um processo gerencial de tomada de decisões e exercício de controles, apresentado a meus leitores neste capítulo inicial.

Princípios básicos de economia da engenharia

Uma disciplina madura, a economia da engenharia tem seus princípios básicos que, juntos, exprimem uma visão, uma forma de pensar.

Estrutura deste livro

Para concluir, esta seção oferece uma visão panorâmica do conteúdo do livro.

1.2 O que é economia da engenharia?

Economia da engenharia é a disciplina que pesquisa e aplica métodos de avaliação econômica de alternativas, tecnicamente viáveis, de solução de problemas de engenharia. Nenhuma solução é estritamente técnica, envolvendo necessariamente a consideração de aspectos econômicos. Constitui um produto cultural de engenheiros e fornece uma poderosa caixa de ferramentas de grande utilidade para o engenheiro profissional, que em sua vida poderá enfrentar escolhas difíceis, em que pesarão fatores técnicos e econômicos. Adquirir e usar competências nesse domínio são indispensáveis para preparar o engenheiro do futuro.

Foi-se o tempo em que se tratavam economia e tecnologia como assuntos separados: atualmente, o engenheiro precisa incorporar os conceitos e as ferramentas da engenharia econômica a seu capital intelectual. A excelência em seu desempenho profissional o exige, a disponibilidade de recursos para adquirir mais essa competência não deixa lugar para desculpas.

O que devem aprender engenheiros de economia? No passado, as maiores barreiras ao trabalho do engenheiro eram tecnológicas. Era preciso avançar na ciência e na técnica para superar as restrições da natureza, a fim de fazer as coisas que requeria uma sociedade faminta de progresso material. Isso mudou. No final do século XIX, Arthur M. Wellington[2] advertia seus colegas engenheiros civis para o desperdício de recursos na construção de ferrovias nos Estados Unidos. Hoje, outras considerações relevantes se somam à questão econômica, como a preservação ambiental. Os desafios tecnológicos continuam presentes na vida do engenheiro, mas agora se encontram em um contexto de múltiplas dimensões – econômica, ambiental, política, cultural etc.

As lições de Wellington e outros pioneiros são fundamentais para a formação do engenheiro do futuro, se não do presente. Ele terá de pôr seus projetos dentro de uma ampla estrutura de objetivos e restrições, buscando eficácia (fazer a coisa certa) e eficiência (fazer a coisa da maneira certa), considerando horizontes temporais apropriados.

Reconhecendo essa mudança de paradigma na educação e no exercício profissional do engenheiro, a Abet (Accreditation Board for Engineering and Technology) dos Estados Unidos define engenharia[3] como "a profissão em que um conhecimento de matemática e ciências naturais, adquirido por estudo, experiência e prática, é aplicado com julgamento para desenvolver meios para utilizar, economicamente, os materiais e as forças da natureza para o benefício da humanidade".

A consideração de fatores econômicos é tão importante quanto o respeito às leis da natureza para determinar o que pode ser alcançado por meio da engenharia, como se mostra no diagrama da Figura 1.1, a seguir:

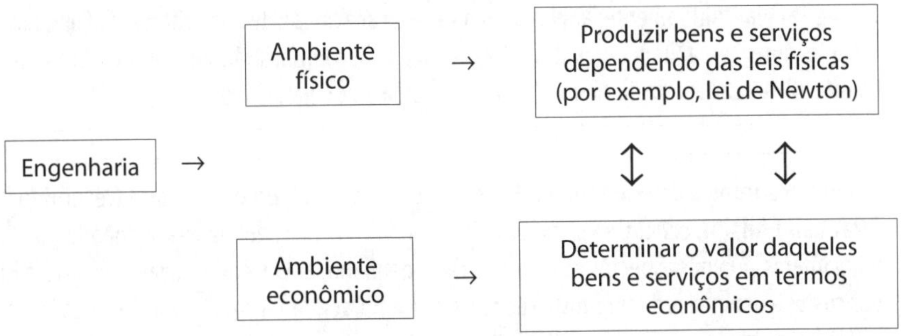

Figura 1.1 Componentes físico e econômico de um sistema de engenharia.

A Figura 1.1 apresenta a engenharia abrangendo componentes físicos e econômicos:

1. **Ambiente físico.** Os engenheiros produzem produtos (bens e serviços), submetidos às leis da natureza (física, química e outras), cujo estudo ocupa

2 Veja as referências sobre Arthur Mellen Wellington na Seção 1.3.

3 Disponível em: <http://users.ece.utexas.edu/~holmes/Teaching/EE302/Slides/UnitOne/sld002.htm>.

parte expressiva da maioria dos currículos de cursos de graduação, sobretudo nos primeiros dois anos. Nesse contexto, predomina uma preocupação com a eficiência física traduzida no quociente:

Eficiência (física) = Saídas de um sistema (produtos) / Entradas de um sistema (insumos)

2. **Ambiente econômico.** Os recursos produtivos são escassos e caros, seu emprego precisa ser otimizado, e os engenheiros precisam saber escolher, a partir de um elenco de alternativas tecnicamente viáveis, aquela que melhor satisfaz critérios econômicos. Alguns exemplos incluem escolhas de: (1) melhor projeto de um equipamento; (2) compra ou aluguel de veículos de transporte; e (3) utilização de plástico moderno ou material metálico na produção de móveis.

   Há cerca de um século, John J. Carty[4] perguntava a seus engenheiros quando lhe traziam uma proposta de investimento:

1. Por que fazer isso, afinal de contas? (O projeto é rentável, cria valor para o investidor?)
2. Por que fazê-lo agora? (Existe a opção de adiamento?)
3. Por que fazer isso desse modo? (Existem alternativas de escala, tecnologia etc.?)

Habilidades requeridas para lidar efetivamente com projetos. Cada vez mais, será exigido do engenheiro um rico perfil de competências intelectuais (técnico-científicas e de análise financeira, por exemplo) e comportamentais (ênfase em comunicação oral e escrita). Estas deverão se apoiar mutuamente: um bom exemplo é a capacidade de falar diferentes "linguagens organizacionais" – a "linguagem das coisas", com que se comunicará com os atores do ambiente físico, e a "linguagem do dinheiro", demandada pelo ambiente econômico.

Análise econômica de engenharia: introdução à economia da engenharia (resumido por Jafar Kabir Ansari, executivo principal, GEA). Definição: "A economia de engenharia é a disciplina interessada nos aspectos econômicos da engenharia, envolvendo a avaliação sistemática dos custos e benefícios das propostas de projetos e empreendimentos técnicos e de negócios. Os princípios e a metodologia da economia da engenharia são parte integrante da gestão cotidiana e do funcionamento de empresas do setor privado, serviços públicos regulamentados, unidades ou agências governamentais e organizações sem fins lucrativos. Eles são utilizados para analisar alternativas de uso dos recursos financeiros, especialmente em relação aos ativos físicos e ao funcionamento de uma organização. Por último, mas certamente não menos importante, a economia da engenharia provará ser inestimável para você apreciar o mérito econômico dos usos alternativos de seus fundos pessoais".

---

4 O general John J. Carty foi um grande executivo da indústria de telefonia nos Estados Unidos no início do século XX, tendo exercido o cargo de engenheiro chefe da New York Telephone Company.

Asme (American Society of Mechanical Engineers) – PPC Online Engineering Economics Analytical Design. As pessoas têm projetado produtos e processos por milhares de anos. De uma simples roda a complexos sistemas automatizados, o projeto tem sido um fator dinâmico no sucesso pessoal e organizacional ao longo da história. Quando fizeram os primeiros projetos, consideraram-se separadamente tecnologia e mercados. Com frequência, os departamentos de engenharia e de marketing trabalharam de modo independente, com objetivos diferentes e, por vezes, conflitantes. Um exemplo do projeto tradicional é que engenheiros ferroviários, no século XIX, ignoraram a influência do traçado da via sobre os custos e as receitas potenciais do transporte ferroviário. Wellington, pioneiro da economia da engenharia, publicou, em 1877, *The economic theory of the location of railways*, talvez o primeiro livro sobre o assunto. Nele, mostrou seu desgosto com os projetos da época, afirmando: "Não há campo de trabalho profissional em que uma quantidade limitada de modesta incompetência a US$ 150 por mês pode pôr tantas pás, picaretas e locomotivas no trabalho sem nenhum objetivo qualquer". Essa condenação grave indica que os planejadores não planejavam realmente – não de forma que os custos pudessem ser minimizados e as receitas, maximizadas. Isso o levou à definição de engenharia como "a arte de fazer bem por um dólar o que qualquer desastrado pode fazer por dois".

Fronteiras da economia da engenharia. Essa disciplina ajuda o engenheiro a escolher entre alternativas tecnicamente viáveis, mas não ensina como criá-las. Na avaliação de uma proposta de investimento, pede-se um anteprojeto de engenharia da nova unidade de produção: a economia da engenharia precisa dele, mas não lhe compete produzi-lo. Igualmente, um estudo de mercado é necessário para determinar se as quantidades procuradas e seus preços são compensadores. Em todos esses casos, e em muitos outros, a economia da engenharia requer o apoio de insumos produzidos por profissionais de outras áreas de conhecimento.

1.3 Origens da economia da engenharia

Há mais de um século, a disciplina economia da engenharia vem sendo desenvolvida por engenheiros (com apoio de outros acadêmicos, inclusive economistas), ajudando-os a tomar melhores decisões. Segue-se um resumo – não tão completo e preciso quanto queria apresentar – que oferece uma perspectiva ampla desse desenvolvimento e das transformações sofridas pela disciplina como vem sendo ensinada nos Estados Unidos (sua pátria mãe) e no exterior (o Brasil incluído). Significativa mudança de ênfase ocorreu desde o nascimento dessa disciplina.

1.3.1 Um quadro geral

Existe uma longa história de cálculo financeiro, e sua documentação, embora fragmentada, mostra o homem preocupado com as consequências econômicas de suas decisões cotidianas. Em um passado distante, tabelas de fatores de juros eram uma raridade de alto valor, principalmente para os fornecedores de empréstimos e seguros.

Mudanças se aceleraram nos últimos anos do século XIX. A ascensão do capitalismo industrial trouxe o nascimento de um novo profissional técnico-científico: o engenheiro de produção, capaz de prover uma diferente forma de pensar e agir. Enquanto os pioneiros dessa engenharia se concentraram no chão de fábrica,[5] os engenheiros civis adicionaram as doses de racionalidade econômica que faltavam a uma variedade de projetos de engenharia - ferrovias, rodovias, pontes etc. Infelizmente, foram menos ouvidos do que mereciam. Nas primeiras décadas do século XX, os contadores assumiram o papel de avaliadores de decisões econômicas tão importantes quanto, por exemplo, o investimento em novas máquinas e tecnologias. Valendo-se de instrumentos derivados da contabilidade histórica, em certa medida, bloquearam a introdução da economia da engenharia.

1.3.2 Antes da economia da engenharia

Damodaran[6] expõe sucinta e claramente a formação das primeiras ideias sobre conceitos financeiros que hoje são parte destacada do corpo de conhecimentos da economia da engenharia.

"A noção de que o valor de um ativo é o valor presente dos fluxos de caixa que você espera obter mantendo-o não é nova nem revolucionária. Enquanto o conhecimento de juros compostos remonta a milhares de anos, a análise de valor presente foi bloqueada por séculos em virtude das proibições religiosas da cobrança de juros sobre empréstimos, o que era tratado como usura. Em um levantamento histórico do uso do fluxo descontado de caixa, Parker (1968) observa que as primeiras tabelas de taxas de juros datam de 1340 e foram preparadas por Francesco Balducci Pegolotti, comerciante e político florentino, como parte de seu manuscrito *Practica della mercatura*, que não foi oficialmente publicado até 1766. O desenvolvimento das ciências atuariais e de seguros nos séculos seguintes forneceu um impulso para um estudo mais completo do valor presente. Simon Stevin, matemático belga, escreveu um dos primeiros livros didáticos sobre matemática financeira em 1582 e estabeleceu as bases para a regra do valor presente em um apêndice.

A transferência de valor presente de seguros e empréstimos para finanças empresariais e avaliação pode ser rastreada a impulsos comerciais e intelectuais. Do lado comercial, o crescimento das ferrovias nos Estados Unidos, na segun-

5 Mas também ofereceram valiosas contribuições para a administração geral, contábil e financeira, como demonstrado por trabalhos de Taylor e Gantt, ambos precursores das análises de custos e capacidade.

6 DAMODARAN, Aswath. *Valuation approaches and metrics*: A survey of the theory and evidence. Nov. 2006. Disponível em: <http://www.stern.nyu.edu/~adamodar/pdfiles/papers/valuesurvey.pdf>.

da metade do século XIX, criou uma procura por novos instrumentos que permitissem a análise de investimentos de longo prazo com significativas saídas de caixa nos primeiros anos, seguidas por fluxos positivos posteriormente compensatórios. Um engenheiro civil, A. M. Wellington, observou não apenas o valor do dinheiro no tempo, como também que o valor presente dos futuros fluxos de caixa deveria ser comparado ao custo do investimento inicial. E foi seguido por Walter O. Pennel, engenheiro da Southwestern Bell, que desenvolveu equações de valor presente para anuidades, para comparar a instalação de equipamento novo com a retenção de equipamento antigo.

As bases intelectuais para a avaliação de fluxo de caixa descontado foram criadas por Alfred Marshall e Bohm-Bawerk, que discutiram o conceito de valor presente em seus trabalhos no início do século XX. Com efeito, Bohm-Bawer (1903) forneceu um exemplo explícito de cálculo de valor presente, usando o caso da compra de uma casa com 20 prestações anuais. Contudo, os princípios modernos de avaliação foram desenvolvidos por Irving Fisher em dois livros que ele publicou - *The rate of interest*, em 1907, e *The theory of interest*, em 1930. Nesses livros, sugeriu abordagens alternativas para analisar investimentos, que, segundo ele, produziriam resultados idênticos. Argumentou que, quando confrontado com múltiplas alternativas de investimento, você deveria escolher aquela (a) que tivesse o maior valor presente líquido à taxa de juros do mercado; (b) cujo valor presente de benefícios excedesse o valor presente dos custos ao máximo; (c) que tivesse a "taxa de retorno sobre o sacrifício" que mais excedesse a taxa de juros do mercado; ou (d) que, quando comparada ao próximo mais caro investimento, gerasse uma taxa de retorno sobre custo que excedesse a taxa de juros do mercado.

Note que as duas primeiras abordagens representam a regra do valor presente líquido, a terceira é uma variante da TIR (taxa interna de retorno) e a última é a taxa marginal de retorno. Ainda que Fisher não tenha mergulhado profundamente na noção de taxa de retorno, outros economistas o fizeram. Observando um investimento isolado, Boulding (1935) derivou a taxa interna de retorno para um investimento de seus fluxos esperados de caixa e do investimento inicial. Keynes (1936) argumentou que a "eficiência marginal do capital" poderia ser computada como a taxa de desconto que torna o valor presente dos rendimentos de um ativo igual a seu preço atual e que isso era equivalente à taxa de retorno sobre o investimento de Fisher. Samuelson (1937) examinou as diferenças entre as abordagens da taxa interna de retorno e do valor presente líquido e alegou que investidores racionais deveriam maximizar esta e não aquela. Nos últimos 50 anos temos visto modelos de fluxo de caixa descontado estenderem seu alcance à avaliação de títulos e empresas, e esse crescimento tem sido ajudado e encorajado por desenvolvimento em teorias de formação de carteiras.

1.3.3 Os precursores

A economia da engenharia nasceu nos Estados Unidos, em 1877, com a obra de um engenheiro civil, Arthur Mellen Wellington, *The economic theory of the location of railways*. Seguiram-se contribuições de engenheiros (civis, sobretudo), acadêmicos e/ou profissionais (envolvidos em projetos de obras de infraestrutura). Infelizmente, falta um histórico completo e rigoroso de seu desenvolvimento. Aqui ofereço um levantamento incompleto (e inconcluso), na esperança de desenhar uma cronologia do processo por meio do qual se formou tão importante acervo de conhecimentos e experiências. Minha cronologia se interrompe em 1975; nos últimos 35 anos, a maioria dos livros publicados apurou seu aspecto didático, sem maior enriquecimento de conteúdo.

O quadro a seguir mostra alguns dos mais importantes precursores. Note que essa lista é mais ampla que a proposta por Thuesen e Sullivan (veja o quadro seguinte), mesmo assim, acredito que seja incompleta. Como disse antes, este é ainda um trabalho não concluído.

Autor(es) e título	Edição consultada/1. ed.
Arthur Mellen Wellington. Engenheiro civil, especialista em transporte ferroviário. *The economic theory of the location of railways*.	6. ed., revisada. Nova York: John Wiley & Sons, 1911. Mais de 900 páginas. Primeira edição de 1877, 200 páginas.
Ernest Brown Skinner. *The mathematical theory of investment*.	Boston: Gin and Co, 1913
W. O. Pennell. "Present worth calculations in engineering studies".	*Journal of Association of Engineering Societies*, n. 53, p. 112-145, 1914.
John J. Carty Engenheiro chefe da New York Telephone Co. Franklin Medal, em 1916, por suas contribuições ao avanço da telefonia.	Não consta publicação de livro didático em seu nome, mas sua contribuição à prática da economia da engenharia foi precoce e importante, segundo relatos de sua vida profissional.
John Alexander Low Waddell. Engenheiro civil, especialista em pontes. "Engineering economics".	*A Series of Lectures Delivered Before the Students of the University of Kansas, School of Engineering*, fev. 1917. Reimpressão feita por BiblioBazaar, Estados Unidos, sem data.
John Charles Lounsbury Fish. *Engineering economics: First principles*.	2. ed. Nova York: McGraw-Hill, 1923. Primeira edição de 1907 ou 1915 (?).
Otto Berger Goldman. *Financial engineering*: text for consulting, managing and designing engineers and for students.	1923. Nova York: Wiley.

Autor(es) e título	Edição consultada/1. ed.
Eugene Lodewick Grant. Engenheiro civil. *Principles of engineering economy.*	Ronald Press, 1930.
E. Paul DeGarmo (com B.M.Woods). *Introduction to engineering economy.*	Macmillan, 1942.
Holger George Thuesen. *Engineering economy.*	Prentice-Hall, 1950.
H. G. Thuesen; W. J. Fabrycky. *Engineering economy.*	3. ed. Englewood Cliffs: Prentice Hall, 1964. Primeira edição de 1950.
Arthur Lesser, Jr. Fundador do periódico *Engineering Economist*, em 1950.	*Engineering Economist*. v. 1, n. 1. Adam Abruzzi escreveu o primeiro artigo.
George A. Taylor. *Managerial and engineering economy.*	2. ed. Nova York: D. Van Nostrand, 1975.

Engineering economy: a historical perspective

Gerald J. Thuesen, William G. Sullivan

Georgia Institute of Technology/Virginia Polytechnic Institute and State University

O objetivo deste artigo é familiarizar o leitor com as realizações e contribuições feitas por quatro indivíduos no campo da economia da engenharia. Esses 'pioneiros' da profissão habilitaram-se no campo a ser desenvolvido desde sua infância na década de 1879 até se tornar um componente crítico da prática e da educação em engenharia. Sua introdução de ideias fundamentais, o desenvolvimento de metodologias de análise, a organização de um corpo de conhecimento e seus escritos para disseminar esse conhecimento foram as forças construtivas necessárias para criar e apoiar o campo da economia da engenharia. (...) Os quatro pioneiros considerados aqui são Arthur Mellen Wellington, H. G. Thuesen, E. Paul DeGarmo e Arthur Lesser, Jr.

Paralelamente aos engenheiros, economistas trabalharam para desenvolver a teoria do capital. Algumas contribuições importantes são relacionadas a seguir.

Autor(es) e título	Edição consultada/1. ed.
Eugen V. Böhm-Bawerk. *Capital and interest.*	Londres: Macmillan, 1890.
Alfred Marshall. *Principles of economics.*	Londres: Macmillan, 1890.
Irving Fisher. *The rate of interest:* its nature, determination and relation to economic phenomena. *The theory of interest:* as determined by impatience to spend income and opportunity to invest it. Nova York: Macmillan, 1930.	Nova York: Macmillan, 1907. Nova York: Macmillan, 1930. Reimpressão. Nova York: Augustus M. Kelley, 1955.

Autor(es) e título	Edição consultada/1. ed.
Kenneth Ewart Boulding. "The theory of a single investment". *Economic analysis.*	*Quarterly Journal of Economics*, v. 49, n. 3, p. 475-494, maio 1935. CP I, p. 41-62, 1935. Harper & Brothers, 1941.
John Maynard Keynes. *The general theory of employment, interest and money.*	Londres: Macmillan, 1936.
Paul Anthony Samuelson. "Some aspects of the pure theory of capital".	*Quarterly Journal of Economics*, v. 51, 1937.
John Burr Williams. *The theory of investment value.*	Harvard University Press, 1938. Reimpresso por Fraser Publishing, 1997
Joel Dean. *Capital budgeting.*	Nova York: Columbia University Press, 1951.
Friedrich August Lutz; Vera Lutz. *The theory of the investment of the firm.*	Nova York: Greenwod Press, 1951.
J. Lorie e L.U. Savage. "Three problems in capital rationing".	*Journal of Business*, outubro, 1955.
Jack Hirschleifer. "On the theory of optimal investment decisions".	*Journal of Political Economy*, agosto 1958.
Harold Bierman e Smidt. *The capital budgeting decision:* Economic analysis of investment projects.	8. ed. New Jersey: Prentice-Hall, 1993.
Myron J. Gordon. *The investment, financing, and valuation of the corporation.*	Homewood: Richard D. Irwin, 1961.

1.3.4 Transformações no conteúdo e no ensino de economia da engenharia

Do seu nascimento aos dias de hoje, tanto o conteúdo quanto o ensino da economia da engenharia se transformaram. Com relação ao conteúdo, houve um grande aperfeiçoamento conceitual e metodológico, a disciplina recebeu contribuições significativas de diversas outras fontes, como contabilidade, custos, finanças, administração, microeconomia, direito, probabilidade e estatística, teoria da decisão, computação e pesquisa operacional.

O ensino, por sua vez, ao mesmo tempo em que alcançou elevados contingentes de estudantes de graduação e pós-graduação, foi influenciado por mudanças.

Os livros didáticos tornaram-se efetivamente mais didáticos, mais bem produzidos, constituindo-se em agradáveis (tanto quanto seja possível...) meios de instrução. Grande variedade de atividades práticas, resolvidas e propostas enriqueceu a qualidade didática dos produtos oferecidos. Este é um aspecto positivo que se deve ressaltar.

Eles incorporaram recursos computacionais avançados, como calculadoras financeiras e planilhas eletrônicas (Lotus há 20 anos, Excel depois e até hoje). Outro ponto a favor.

Grandes editoras abriram sites na internet, dos quais é possível baixar arquivos contendo recursos facilitadores de aprendizagem – as planilhas já mencionadas, arquivos PowerPoint etc.

Surgiu, entretanto, um (primeiro) aspecto negativo, enfatizado por Hartmann,[7] certa banalização do conteúdo, dominado por matemática financeira em lugar de instrumentos de tomada de decisão em projetos de engenharia. Essa crítica é de natureza metodológica.

Aspecto negativo não menos grave é o crescente afastamento dos problemas de engenharia que ocuparam espaço maior nas obras de autores como Wellington, Waddell e Fish. Engenheiros profissionais ativos em suas especialidades, buscaram aperfeiçoar procedimentos de tomada de decisão ao incluir considerações econômicas em projetos de engenharia. O universo de autores vem sendo tomado por excelentes acadêmicos, dotados, todavia, de menor experiência prática. Nesse contexto, a engenharia (solução de problemas) foi gradualmente substituída por fórmulas e recursos computacionais.[8] Uma coisa não deveria excluir a outra.

1.4 Relação entre engenharia e administração

Goste ou não, queira ou não, provavelmente um dia o engenheiro assumirá função administrativa no desenvolvimento de sua carreira profissional, porque engenheiros:

1. Costumam migrar para posições gerenciais após alguns anos de exercício profissional – esta é uma consequência inevitável de seu desenvolvimento pessoal e das exigências do ambiente empresarial que produz, bem como utiliza, tecnologias cada vez mais sofisticadas.
2. Participam ativamente das decisões de investimento em bens de capital e tecnologia; precisam, portanto, estar preparados para cumprir bem esse papel. É na fase de pré-investimento (análise e decisão) que se encontram as maiores oportunidades para otimizar soluções e reduzir custos. Nessa fase, decidem-se 70% a 80% dos custos que um projeto de investimento virá a desembolsar ao longo de seu futuro ciclo de vida.

---

7 Veja HARTMANN. *Engineering economy and the decision-making process*. New Jersey: Pearson Education, 2007.

8 Veja SCHMAHL, Karen E. et al. "Where is the engineering in engineering economy?", *Proceedings from the 2000 ASEE Annual Conference and Exposition*, St. Louis, Mo., jun. 2000. Disponível no site da ASEE (procurar Christine D. Noble), faz uma crítica contundente a alguns dos principais livros didáticos.

Economia da engenharia: ajudando o engenheiro a administrar recursos

A cada ano, perto de US$ 300 bilhões são aplicados em investimentos reais na economia brasileira: imóveis, máquinas e equipamentos, veículos, pesquisa e desenvolvimento, hardware e software, formação de recursos humanos etc. Quando uma decisão de investimento é tomada, com baixa reversibilidade no tempo, algo entre 70% e 80% dos custos no ciclo de vida dos projetos de investimento está comprometido. Depois de a decisão ter sido tomada, pouco se pode fazer para modificar o comprometimento de custos. *Bom planejamento se paga!*

Em uma sociedade cada vez mais tecnológica, os engenheiros são também administradores de recursos. O domínio da tecnologia é necessário, mas não suficiente. Não se deixe apanhar desprevenido nem despreze fatores econômicos e financeiros. Una competências em tecnologia e análise econômico-financeira, permita que suas decisões sejam mais bem fundamentadas.

1.5 Estrutura do processo de gestão de ativos

Um processo decisório envolve determinadas etapas, percorridas na seguinte ordem:

Reconhecimento e definição do problema	→	Identificação de alternativas viáveis	→	Análise das alternativas	→	Escolha da melhor alternativa

1. Reconhecimento e definição do problema

É a fase mais importante, mas costuma receber menos atenção, o que contribui para que más decisões sejam tomadas. Antes de se tentar aplicar algum instrumento da matemática financeira, é preciso verificar se o problema foi claramente definido.

Confusão *versus* Problema. Segundo Ackoff[9], citado por Eschenbach[10], o mundo contém confusões, não problemas. Uma mistura caótica de objetivos conflitantes, restrições não (ou mal) definidas e dados contraditórios ou incompletos constitui uma confusão, não um problema. Um processo decisório bem estruturado permite converter uma confusão em um problema. Hartman[11] define problema como diferença entre estado atual e estado futuro (desejado).

9 ACKOFF, Russell L. *The art of problem solving*: Accompanied by ackoff's fables. Wiley, 1987.

10 ESCHENBACH, Ted G. *Engineering economy*: Applying theory to practice. Chicago: Irwin, 1995.

11 Op. cit.

2. Identificação de alternativas viáveis

Se não há alternativas, não existe problema de decisão. A economia da engenharia ajuda a resolver problemas de escolha entre alternativas sempre que suas consequências possam ser traduzidas em termos financeiros. Muitas vezes, ela permite descartar alternativas irrelevantes, reduzindo o campo de alternativas que precisam ser submetidas à análise. Contudo, a economia da engenharia não cria alternativas: isso cabe ao engenheiro fazer.

3. Análise das alternativas

Deve-se basear em critérios de decisão claramente definidos e coerentemente aplicados. A economia da engenharia fornece critérios sólidos de apoio à tomada de decisão.

4. Escolha da melhor alternativa

Inclui a descrição da alternativa selecionada, os planos e as instruções para a sua implantação e os resultados esperados em termos que permitam posterior verificação.

Envolvido no processo de gestão de ativos, o engenheiro deve ampliar horizontes. Atualmente, as melhores empresas – de verdadeira classe mundial – estão prolongando essa cadeia de análise, adicionando elos tão importantes e necessários quanto os já referidos:

0. Marco zero: vinculação do planejamento financeiro com o planejamento estratégico

O melhor ponto de partida é o orçamento estratégico de capital, instrumento que integra o planejamento estratégico com o planejamento financeiro. Aqui, identificam-se os principais programas de investimento, que se desdobrarão oportunamente em projetos.

5. Execução de programas e projetos

Não basta escolher os melhores programas e projetos de investimento. Eles terão de passar para a fase de execução, em que os métodos de gerenciamento de projetos serão úteis. Mais ainda: é bem possível que projetos demandem revisão nessa fase, à medida que algumas incertezas são reduzidas e, infelizmente, outras aparecem ou se expandem.

6. PIR (Post Investment Review)

Não basta executar os melhores projetos. É preciso *a posteriori* comparar expectativa com realização. O procedimento PIR permite aprender com a experiência – com os acertos bem como com os erros cometidos nas fases de planejamento e execução de projetos.

1.6 Princípios básicos de economia da engenharia

Ao amadurecimento de uma disciplina corresponde a instituição de um conjunto de princípios básicos. Reunidos, eles definem como a disciplina percebe seu objeto e seus métodos de trabalho. Nesta seção, expõe-se um seleto número de princípios básicos da economia da engenharia.

N.	10 Princípios básicos de economia da engenharia
1	Decisões devem se basear nas futuras consequências. Os projetos de engenharia exercem ações de mudança no ambiente (para melhor ou para pior), seus efeitos se desdobrando no futuro. As consequências econômicas têm de ser apreciadas dentro da mesma estrutura de tempo.
2	As consequências futuras (para quem?) devem ser determinadas a partir de uma perspectiva bem-definida. Os projetos afetam pessoas, organizações e meio ambiente de diferentes modos, com distintas consequências para cada *stakeholder*.[12]
3	A comparação de alternativas requer o uso de uma unidade comum de medida de todas as consequências. A unidade monetária é a única que atende às exigências de comparabilidade entre alternativas, devendo-se, contudo, observar que o dinheiro tem valor no tempo. A avaliação econômica de alternativas parte de dois elementos: o fluxo de caixa projetado (expectativa de futura geração de entradas menos saídas de dinheiro) e o valor do dinheiro no tempo (taxa de juros que remunera o capital dos financiadores do projeto).
4	No entanto, a comparação de alternativas deve igualmente considerar os aspectos intangíveis ou não redutíveis a termos monetários. Em certos casos (projetos públicos, principalmente), devem-se levar em conta os aspectos ditos intangíveis (não redutíveis a termos monetários). Uma rodovia feia pode ser tão eficiente quanto uma rodovia bonita, mas a beleza conta.
5	Decisões ocorrem a partir de alternativas. Se não há alternativas, não existe problema de decisão. A economia da engenharia lida com alternativas criadas por engenheiros, com base em seu conhecimento técnico do problema que se deseja resolver.
6	Somente diferenças entre alternativas são importantes. O que duas ou mais alternativas têm em comum é irrelevante, porque não as diferencia.
7	Decisões separadas devem ser tomadas separadamente. O analista deve ser capaz de perceber quando mais de um projeto deve ser examinado em um "pacote" e quando diversos investimentos devem ser vistos separadamente.

12 *Stakeholder* é todo ator que, de algum modo, é afetado por um empreendimento. Por exemplo, a construção de uma usina hidroelétrica beneficia usuários de eletricidade, contudo pode prejudicar populações ribeirinhas.

N.	10 Princípios básicos de economia da engenharia
8	É necessário que haja um (ou mais de um) critério de decisão, dependendo do objetivo da análise econômica de cada diferente projeto de engenharia. Há projetos voltados para a criação de valor para o investidor, que exigem a aplicação de medidas de retorno sobre o investimento. Existem também projetos sem receita, apenas custos, que devem ser avaliados por outros critérios de decisão.
9	Deve-se incorporar à análise a incerteza associada às estimativas do futuro. A única coisa certa na vida é que o futuro é incerto.
10	É preciso aprender com a experiência. Revisões de projetos em andamento ou finalizados enriquecem o conhecimento dos analistas e apoiam trabalho futuro de melhor qualidade.

1.7 Estrutura deste livro

Existem bons livros didáticos e bons cursos de Economia da Engenharia, no exterior e no Brasil. Mas penso que a muitos[13] falta um eixo que estruture e oriente o fluxo de problemas apresentados e as técnicas fornecidas para resolvê-los. Aqui, ofereço uma solução para sanar essa carência: desenvolver o conteúdo de acordo com um modelo de gestão de ativos desdobrado como a seguir:

Aquisição	→	Operação, manutenção e renovação	→	Baixa/recuperação e/ou reposição

Em sua vida profissional, os engenheiros estarão provavelmente envolvidos com o processo mencionado antes. Será sua responsabilidade participar de processos de tomada de decisões e exercícios de controles relativos a compra, operação, manutenção, renovação e, por último, baixa ou reposição de imóveis, máquinas, equipamentos, sistemas e outros ativos tangíveis e intangíveis. Outro fator importante a ser considerado é a crescente complexidade tecnológica desses ativos, muitas vezes uma barreira à atuação de profissionais com outras formações universitárias naquele processo.

A descoberta dessa abordagem não veio com facilidade. Atualmente, bons livros didáticos seguem a trilha das ferramentas de análise, que vão sendo aplicadas a um número limitado de problemas. Dois deles se destacam: a aquisição de um ativo (no tempo presente) e sua baixa ou reposição (no tempo futuro). Note que os dois problemas são tratados como independentes, muito embora a

13 Ao contrário do que faz a maioria dos autores, que seguem as ferramentas de análise, prefiro seguir os problemas que, na perspectiva delineada anteriormente, vão requerer o uso daquelas ferramentas.

análise de uma aquisição sempre requeira que se estipule um período de operação do novo ativo – após esse tempo, logicamente, o ativo deverá ser descartado ou substituído, mas essa ligação entre as duas decisões não costuma ser feita.

Conclui-se, portanto, que a cadeia de análise está incompleta, quebrada. Aparentemente, o mais correto seria reunir todas essas etapas do ciclo de vida do ativo em uma só decisão, mas isso exigiria do analista um conhecimento completo das condições futuras em que o ativo será empregado. Uma proposta intermediária será adotada neste livro:

1. Parte-se do reconhecimento de que a gestão de ativos compreende as etapas descritas antes e que, idealmente, todas deveriam ser consideradas quando da tomada de decisão de compra.
2. Mas também se reconhece que no momento de tempo $t = 0$, em que se toma essa decisão, são ainda muito grandes as incertezas relativas ao desempenho futuro do ativo, logo quanto às datas em que convenha avaliar se ele deve ser baixado ou reposto.
3. O mesmo não se diria do processo de manutenção. Já na etapa de aquisição, é preciso ter em conta o programa de manutenção a que será futuramente submetido. Sem conhecer esse programa, não é possível garantir que efetiva capacidade de produção o ativo terá nem quanto isso custará. A projeção dos custos e benefícios do investimento requer essa informação.

Não estou sozinho nem acredito que seja pioneiro em perceber o engenheiro como gestor de ativos. EAM (*Engineering Asset Management*)[14] é uma disciplina emergente que vem atraindo a atenção e conquistando adeptos pelo mundo afora. Ela adota uma perspectiva ampla e profunda do trabalho do engenheiro como administrador de ativos, com responsabilidades que se estendem por todo o ciclo de vida de um ativo de engenharia. Requer integração de atividades hoje ainda dispersas entre vários compartimentos de qualquer organização, assim como uma formação intelectual rica em uma variedade de disciplinas, não apenas as técnicas típicas dos currículos universitários de engenharia. Como gestor de ativos, o engenheiro tem de lidar com várias facetas de qualquer problema: técnica, organizacional, comportamental e financeira, para citar algumas. Para cumprir esse papel de forma eficaz, necessita estar bem preparado. Espero contribuir para isso.

1.8 Atividade prática

O(a) estudante que utilizar este livro terá à sua disposição um elenco de atividades práticas com a finalidade de testar e consolidar seu conhecimento:

14 Consultar, por exemplo, <http://www.wceam.com>, entre outras interessantes páginas da internet.

Questões de múltipla escolha (marque com um X a única alternativa correta).
Questões de Verdadeiro (V) ou Falso (F).
Questões de combinação (qual das alternativas à direita melhor combina com cada alternativa à esquerda?).
Questões discursivas.
Exercícios resolvidos.
Exercícios propostos.
Minicasos.
Casos.
Soluções de exercícios propostos, minicasos e casos.

1.8.1 Questões objetivas de natureza conceitual

As atividades de 1 a 3 da relação anterior constituem testes objetivos de natureza conceitual. Visam estimular o estudo e a fixação do conhecimento teórico, sobre o qual se apoiará a atividade aplicada, que virá em seguida.

1.8.2 Questões discursivas de natureza conceitual

A atividade número 4 completará o trabalho anterior.

1.8.3 Questões aplicadas

Compreendem as atividades: 5, exercícios resolvidos; 6, exercícios propostos, com respostas incluídas; 7, minicasos; e 8, casos.

Problemas de final de capítulo *versus* casos

De acordo com Eschenbach,[15] algumas diferenças separam os conhecidos "problemas de final de capítulo" dos casos. Pode-se dizer que, na lista a seguir, enquanto aqueles são comuns e se encontram em quase todo livro didático, os casos são bem menos frequentes.

Aspectos	Problemas de final de capítulo	Casos
Identificação do tópico	Muito fácil	Potencialmente difícil
Dados e premissas	Fornecidos no problema	Procurados pelo analista
Incerteza quanto ao futuro	Reduzida a valores esperados	Variedade de tratamentos

continua

15 ESCHENBACH, Ted G. *Cases in engineering economy*. Wiley, 1989. Capítulo 1, Analyzing a case.

continuação

Aspectos	Problemas de final de capítulo	Casos
Metodologia *versus* recomendações	Ênfase em metodologia	Ênfase em tomada de decisões
Fatores não quantificáveis	Geralmente ignorados	Importantes
Complexidade e tamanho	Problemas simples e curtos	Casos complexos e longos

Resolver problemas é bem mais fácil que analisar casos – acrescente-se que estes não têm uma "resposta objetiva". Portanto, não surpreende que o livro de Eschenbach, agora reeditado em parceria com Peterson,[16] seja uma peça única na literatura de economia da engenharia.

Atividade prática

I) Questões objetivas de natureza conceitual (respostas no final desta seção)

1) Assinalar com X a única opção correta nas seguintes questões:

A.1	Uma das seguintes opções não é um princípio fundamental de engenharia econômica.	
a	O dinheiro tem valor no tempo.	☐
b	O regime de juros compostos deve ser sempre preferido ao regime de juros simples.	☐
c	Critérios de análise de alternativas de investimento devem refletir seus graus de risco.	☐
A.2	**Uma das opções a seguir é um princípio fundamental de engenharia econômica.**	
a	Taxas de juros reais podem ser negativas.	☐
b	Em condições de risco, deve-se ajustar a taxa de desconto dos fluxos de caixa.	☐
c	Decisões separadas devem ser tomadas separadamente.	☐
A.3	**O principal objetivo de analisar projetos já executados é:**	
a	Aprender com a experiência.	☐
b	Premiar analistas por sua superior capacidade de identificar projetos rentáveis.	☐
c	Punir maus executores de projetos.	☐

16 PETERSON, William; ESCHENBACH, Ted G.. *Cases in engineering economy*. 2. ed. Oxford, 2009.

A.4	Na estrutura de um processo decisório, a economia da engenharia contribui	
a	Formulando alternativas.	☐
b	Tomando decisões.	☐
c	Apontando a melhor escolha econômica.	☐

2) Assinalar Verdadeiro (V) ou Falso (F) em cada uma das seguintes questões:

B.1	Na comparação de alternativas de investimento, somente as diferenças são relevantes.	☐
B.2	O maior desafio da economia da engenharia é construir alternativas de investimento.	☐
B.3	O dinheiro tem valor no tempo por causa da inflação.	☐
B.4	Na tomada de decisão de investimento, vários pontos de vista são importantes.	☐

3) Questões de associação: identificar a alternativa da coluna à direita que melhor se associa à alternativa da coluna à esquerda:

C.1	☐	Ambiente econômico.	V.1	Baixa e reposição de equipamentos.
C.2	☐	Arthur M. Wellington.	V.2	Primeiro engenheiro industrial.
C.3	☐	Efeitos financeiros futuros.	V.3	Escassez de recursos.
C.4	☐	Ciclo de gerenciamento de ativos.	V.4	Pioneiro da economia da engenharia.
			V.5	Incerteza.

Respostas: A1(b); A2(c); A3(a); A4(c); B1(V); B2(F); B3(F); B4(V); C1 e V3; C2 e V4; C3 e V5; C4 e V1.

II) Questões discursivas de natureza conceitual

1) Qual é o papel do engenheiro na empresa moderna?
2) Para exercer esse papel, que competências ele deve possuir e desenvolver?
3) Qual é a importância de engenheiros atuarem na avaliação de projetos de investimento?
4) Como se diferenciam os ambientes físico e econômico?

III) Minicaso

Luiza, engenheira recém-formada, foi contratada como parte de uma equipe responsável pela preparação do projeto de um shopping center. Dois outros colegas e ela devem encontrar a melhor solução para iluminar os corredores e praças do estabelecimento. Com base no que você aprendeu com a leitura deste capítulo, o que recomendaria a Luiza e seus colegas?

Referências

ABET – Accreditation Board for Engineering and Technology. A definição de engenharia atribuída à Abet pode ser encontrada em: <http://users.ece.utexas.edu/~holmes/Teaching/EE302/Slides/UnitOne/sld002.htm>.

ACKOFF, Russell L. *The art of problem solving*: accompanied by ackoff's fables. Wiley, 1987.

ANSARI, Jafar Kabir. *Engineering economy essay*. Disponível em: <www.exampleessays.com/viewpaper/12769.html>.

ASME – American Society of Mechanical Engineers. *PPC (Professional Practice Curriculum) Online*. Disponível em: <http://professionalpractice.asme.org/Design/Analytical/Introduction.cfm>.

BLANK, Leland; TARQUIN, Anthony. *Engenharia econômica*. 6. ed. Tradução de José Carlos Barbosa dos Santos. Revisão técnica de Daisy Aparecido do Nascimento Rebelatto. São Paulo: McGraw-Hill, 2008.

BOHM-BAWERK, A. V. *Recent literature on interest*. Macmillan, 1903.

DAMODARAN, Aswath. *Valuation approaches and metrics: a Survey of the theory and evidence*, nov. 2006. Disponível em: <http://www.stern.nyu.edu/~adamodar/pdfiles/papers/valuesurvey.pdf>.

DEGARMO, E. Paul et al. *Engineering economy*. 8. ed. Nova York: Macmillan e Londres: Collier Macmillan, 1989. Capítulo 1, Introduction and the basic principles of engineering economy.

ESCHENBACH, Ted. *Cases in engineering economy*. John Wiley & Sons, 1989. Capítulo 1, Analyzing a case.

ESCHENBACH, Ted G. *Engineering economy*: applying theory to practice. Chicago: Irwin, 1995. Capítulo 1, Making economic decisions.

FISHER, I. *The rate of interest*. Nova York: Macmillan, 1907;

FISHER, I. *The theory of interest*. Nova York: Macmillan, 1930.

HARTMANN, Joseph C. *Engineering economy and the decision-making process*. New Jersey: Pearson Education, 2007. Capítulo 1, Engineering economy and the decision-making process.

MARSHALL, A. *Principles of economics*. Londres: Macmillan, 1907;

NEUGEBAUER, O. E. H. *The exact sciences in antiquity*. Copenhague: Ejnar Munksgaard, 1951.

NEWNAN, Donald G.; LAVELLE, Jerome P. *Fundamentos de engenharia econômica*. 1. ed. Tradução de Alfredo Alves de Farias. Revisão técnica de Alceu Salles Camargo Jr. Rio de Janeiro: LTC, 2000.

PARK, Chan S. *Contemporary engineering economics*. 2. ed. Menlo Park: Addison--Wesley, 1997.

PARKER, R. H. "Discounted cash flow in historical perspective", *Journal of Accounting Research*, v. 6, p. 58-71, 1968.

PENNELL, W. O. "Present worth calculations in engineering studies", *Journal of the Association of Engineering Societies*, 1914.

SCHMAHL, Karen E. et al. "Where is the engineering in engineering economy?", *Proceedings from the 2000 ASEE Annual Conference and Exposition*, St. Louis, Mo., jun. 2000. p. 6905-6910.

SULLIVAN, William G. et al. *Engineering economy*. 14. ed. New Jersey: Pearson Prentice Hall, 2009. Capítulo 1, Introduction to engineering economy.

THUESEN, Gerald J.; SULLIVAN, William G. *Engineering economics tutorial*, p. 1-4. Disponível em: <http://www.isr.umd.edu/~austin/ence202.d/economics.html>.

THUESEN, Gerald J.; SULLIVAN, William G. *Engineering economy*: a historical perspective. Disponível em: <http://www.succeed.ufl.edu/papers/99/00182.pdf>.

TORRES, Oswaldo Fadigas Fontes. *Fundamentos da engenharia econômica e da análise econômica de projetos*. Revisão técnica de Mauro Zilbovicius. São Paulo: Thomson Learning, 2004.

WELLINGTON, A. M. *The economic theory of the location of railways*. Nova York: Wiley, 1887.

Capítulo 2 Valor do dinheiro no tempo

2.1 Introdução à matemática financeira

A matemática financeira é um instrumento poderoso a serviço do administrador de ativos, principalmente quando assentada sobre sólido fundamento conceitual. Este capítulo apresenta os conceitos e as ferramentas essenciais ao desenvolvimento do restante do livro.

2.1.1 Medidas de resultado: fluxo de caixa *versus* lucros

> A matemática financeira envolve necessariamente três principais variáveis: o fluxo projetado de caixa de uma operação, a taxa de juros que será aplicada à análise desse fluxo e o espaço de tempo em que a operação se realizará (refletido na dimensão temporal do fluxo de caixa).

O fluxo de caixa projetado é o resultado líquido de entradas e saídas de dinheiro que se espera que ocorram em cada futuro intervalo de tempo que durar uma operação com efeitos financeiros. É o primeiro importante conceito de que se necessita no estudo da matemática financeira. Nesta, todo problema começa a ser resolvido preparando-se seu fluxo de caixa, que traduz em termos monetários as consequências de cada alternativa de ação.

Eis alguns exemplos da aplicação do conceito de fluxo de caixa:

1 O recebimento de uma venda à vista proporciona uma entrada de caixa. Porém, a realização de uma venda a prazo não gera imediata entrada de caixa, somente quando do recebimento.

2 O pagamento da folha de salários de uma empresa é uma saída de caixa.
3 A contabilização de depreciação de um equipamento não implica saída de caixa; na medida em que a depreciação é uma despesa dedutível no cálculo do imposto de renda a pagar, ela afeta o fluxo de caixa, mas somente dessa forma indireta.

Pode-se representar formalmente um fluxo de caixa de vários modos. A seguir, são apresentadas três, sendo que a terceira forma de representação – gráfica – pouco será utilizada neste texto.

1a. Construção e exibição tabular do fluxo de caixa

Todo fluxo de caixa, antes de ser representado, precisa ser construído, com entradas e saídas de caixa devendo ser estimadas e dispostas em uma tabela. Esta pode ser a síntese de diversas tabelas auxiliares, cada uma delas destinada a prover um elemento que ajudará a formar o fluxo de caixa final.

Tempo "j"	Entradas de caixa B_j	Saídas de caixa C_j	Fluxo de caixa $F_j = B_j - C_j$
0	B_0	C_0	F_0
1	B_1	C_1	F_1
2	B_2	C_2	F_2
...	...	...	...
$n-1$	B_{n-1}	C_{n-1}	F_{n-1}
n	B_n	C_n	F_n

2a. Representação vetorial

CF simboliza *cash flow* (fluxo de caixa) e é uma notação muito empregada em diversas calculadoras financeiras, entre as quais as da linha HP. Para simplificar, usarei *Ft* em lugar de CF*t*.

$$FC = (F_0, F_1, F_2, \dots, F_{n-1}, F_n)$$

3a. Representação gráfica

O diagrama de fluxo de caixa é um instrumento muito comum para representar esse conceito. Contudo, é preciso ter em conta que apenas se pode representar aquilo que foi previamente calculado – e aqui entra a solução tabular.

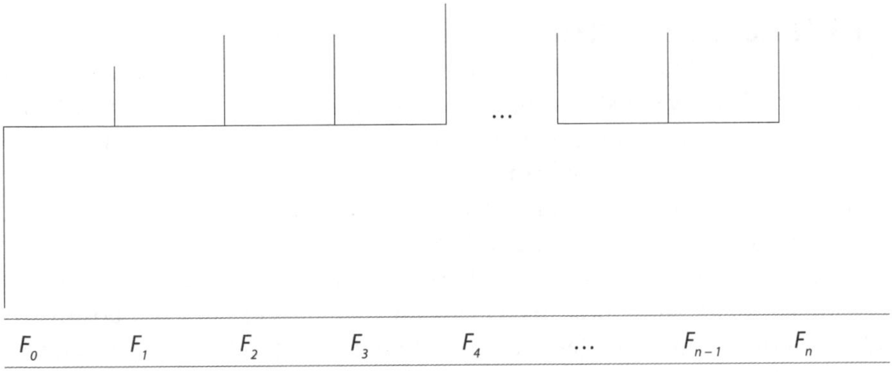

2.1.2 Valor do dinheiro no tempo

Valor do dinheiro no tempo significa, em termos simples, que $ 1 hoje vale mais do que $ 1 em qualquer data futura, porque pode ser aplicado a uma taxa de juros positiva e gerar um rendimento para seu possuidor.

Juro é o que se paga pelo uso de dinheiro emprestado ou se recebe por dinheiro aplicado. Juro é a expressão monetária do valor do dinheiro no tempo. Conceito importante em uma economia de mercado, em que os possuidores de ativos monetários escolhem entre oportunidades **produtivas** e **financeiras** de investimento, é o **custo de oportunidade** desses ativos.

A taxa de juros pode ser medida como:

Taxa percentual *exemplo*	x% a.pt. (pt = período de tempo) 12% a.a.

Taxa unitária *exemplo*	x/100 a.pt. 0,12 a.a.

2.1.3 Regimes de capitalização

Capitalizar é converter um principal ou valor presente **P** em um montante ou valor futuro **S**, a uma taxa de juros **i** em **n** períodos de tempo. Descontar é percorrer o caminho inverso. Há dois regimes de capitalização, a saber: juros simples e juros compostos.

Juros simples. Os juros **J** incidem sempre sobre o principal **P**. Os juros acrescem o principal de acordo com a matemática da progressão aritmética, a taxa de juros sendo sua razão.

Juros compostos. Os juros incidem sobre o principal mais os juros incorridos. Diz-se que se calculam juros sobre juros. Juros compostos seguem a matemática da progressão geométrica.

2.1.4 Capitalização discreta *versus* capitalização contínua

Como juros exprimem o valor do dinheiro no tempo, é preciso resolver como tratar essa última variável, havendo duas possibilidades (veja a seguir). Neste livro, a primeira alternativa será escolhida, pois é mais simples e seu uso não causa nenhum prejuízo significativo.

1. O tempo é tratado como uma variável discreta, assim $t = 0, 1, 2, 3, \ldots, n$.
2. O tempo é tratado como uma variável contínua.

A matemática financeira, em geral, trata o tempo como uma variável discreta – uma evidente simplificação da realidade. Portanto, os juros compostos são adicionados ao capital a intervalos discretos de tempo. Admita-se, entretanto, que os juros sejam formados continuamente. Ou, o que dá no mesmo, que os intervalos de tempo sejam tão curtos que, no limite, o tempo da capitalização se transforme em uma variável contínua – como ele é, na realidade. Nesse caso, a taxa de juros compostos discreta anual é a taxa nominal correspondente a uma taxa efetiva contínua.[1]

2.1.5 Ferramentas computacionais

Visando tornar mais fácil, rápido e seguro o trabalho técnico em matemática financeira, diversos e úteis recursos auxiliares têm sido desenvolvidos ao longo dos anos. Entre eles, incluem-se:

- Formulários reunindo as mais importantes fórmulas da matemática financeira.
- Algoritmos e procedimentos para o cálculo de medidas de retorno sobre o investimento.
- Tabelas de fatores de juros compostos (fatores de capitalização e desconto de um recebimento único, fatores de capitalização e desconto de uma série uniforme de recebimentos, fatores de capitalização e desconto de uma série em gradiente de recebimentos e outros).
- Equipamentos (hardware), com grande ênfase nas calculadoras financeiras especializadas, que embutem diversos programas e funções financeiras; chama-se a atenção, ainda, para os microcomputadores, que tornaram acessível a muitos usuários elevada capacidade de cálculo e vários softwares aplicativos.
- Softwares com linguagens avançadas, planilhas eletrônicas e aplicativos desenvolvidos especialmente para finanças.

2.1.6 Equivalência de capitais

A economia da engenharia lida com equivalência de capitais diferentes, disponíveis em diferentes momentos de tempo e rendendo (ou custando) diferentes taxas de juros, sob diferentes regimes de capitalização. A título de exemplo –

1 Este tópico será abordado adiante.

porque ainda não se estudaram os regimes de juros simples e compostos – os quatro fluxos de caixa, a seguir, são financeiramente equivalentes entre si, no regime de juros compostos, à taxa de 10% a.m.

Fim do mês	FC *(A)*	FC *(B)*	FC *(C)*	FC *(D)*
0	–100	–100	–100	–100
1	0	10	40,21	43,33
2	0	10	40,21	40
3	133,1	110	40,21	36,67

Notas

Fluxo	Descrição
A	Juros e principal são resgatados ao final do prazo da aplicação (recebimento "balão").
B	Juros são recebidos ao fim de cada mês; o principal é resgatado ao final do prazo da aplicação.
C	Juros e principal são resgatados a cada mês; juros incidem sobre saldo devedor, decrescendo mês a mês; a parcela de principal cresce mês a mês; quando aplicado à amortização de dívidas, esse sistema é conhecido como Tabela Price.
D	Principal é resgatado em parcelas mensais iguais (aproximadamente $ 33,33); juros incidem sobre saldo devedor; quando aplicado à amortização de dívidas, esse sistema é conhecido como SAC (sistema de amortização constante).

Os mesmos fluxos de caixa anteriores não são equivalentes entre si quando avaliados:

- A taxas de juros compostos diferentes de 10% a.m.
- À taxa de 10% a.m., em regime de juros simples.

2.2 Juros simples

2.2.1 Introdução

Juros simples são o ponto de partida da matemática financeira. Embora a maioria das operações financeiras se baseie na matemática dos juros compostos, algumas delas, ainda hoje, são resolvidas por juros simples. Neste livro, o regime de juros compostos é usado como um padrão para se comparar aos resultados obtidos quando se aplica a matemática financeira dos juros simples.

2.2.2 Formato do fluxo de caixa

Nessa matemática, o fluxo de caixa possui apenas dois valores, um recebimento (ou um pagamento) presente e um pagamento (ou um recebimento) futuro. Trata-se, como se verá mais à frente, de um caso particular do fluxo de caixa geral, formado por um número de valores (positivos e negativos) maior ou igual a dois. O primeiro valor é o principal *P*, o último é o montante *S*. A convenção de sinais de um fluxo de caixa exige que *P* seja antecedido de sinal negativo sempre que haja um pagamento (aplicação de capital), cujo valor de resgate futuro é positivo e indicado por *S*. Ao contrário, se o primeiro valor for um recebimento (empréstimo), terá sinal positivo, enquanto o montante *S* terá sinal negativo. Pode-se escrever esse fluxo de caixa da seguinte forma:

$$FC = (F_0, 0, 0, \ldots, 0, 0, F_n)$$

Observe-se que

$$F_0 = P\ (< 0 \text{ ou } > 0) \text{ e } F_n = S\ (> 0 \text{ ou } < 0)$$

Fluxo tipo "balão"

Ao investimento (empréstimo) no tempo $t = 0$ segue-se uma única entrada (saída) de caixa no tempo futuro $t = n$. Esse tipo de fluxo de caixa é conhecido como "fluxo balão".

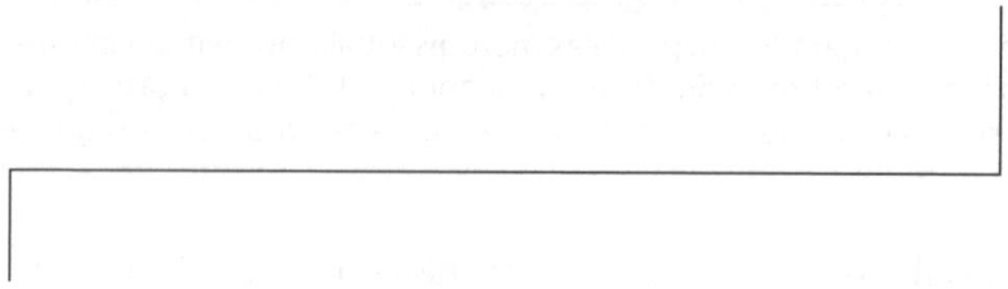

2.2.3 Juros simples: fórmulas e operações

Em regime de juros simples, os juros *J* incidem sempre e exclusivamente sobre o principal *P*. O montante *S* cresce em progressão aritmética, em que a carga fixa de juros (produto da taxa *i* pelo principal *P*) é a razão.

Para fixar o conceito, seja o exemplo de um principal *P* de $ 1 mil, aplicado à taxa mensal *i* de 10% por um prazo de três meses. Como se vê a seguir, a carga de juros *J* é igual em todos os meses e o montante *S* cresce a uma razão mensal constante.

Juros simples: demonstrativo de cálculo

Meses	Principal *P*	Juros *J* / mês	Juros acumulados	Montante *S*
0	1.000,00	–	–	1.000,00

Meses	Principal *P*	Juros *J* / mês	Juros acumulados	Montante *S*
1	1.000,00	100,00	100,00	1.100,00
2	1.000,00	100,00	200,00	1.200,00
3	1.000,00	100,00	300,00	1.300,00

A calculadora financeira HP-12C calcula o montante em regime de juros simples, por meio de determinada combinação de teclas, o que, todavia, possui menor interesse prático, em razão tanto da facilidade de se lidar com juros simples como das limitações da máquina nessa aplicação.

Os problemas envolvendo principal, taxa, prazo e montante resolvem-se com as fórmulas seguintes, que usam fatores multiplicativos nas operações $P \rightarrow S$ (capitalização) e $S \rightarrow P$ (desconto):

Fórmulas de juros simples

Operação	Fórmula	Fator	Nome do fator
$P, i, n \rightarrow S$	$S = P.(1 + i \cdot n)$	–	–
$S, i, n \rightarrow P$	$P = S \cdot (1 + i \cdot n)^{-1}$	–	–
$P, S, n \rightarrow i$	$i = (S/P - 1)/n$	–	–
$P, S, i \rightarrow n$	$n = (S/P - 1)/i$	–	–

No exemplo anterior, poderia ser calculado o montante *S*:

$$S = 1.000 \times (1 + 0{,}10 \times 3)$$
$$S = 1.000 \times (1 + 0{,}30)$$
$$S = 1.000 \times 1{,}30$$
$$S = 1.300$$

A taxa de juros *i* entra em forma unitária; nesse caso, escreve-se 0,10.

Usando-se a HP-12C como uma calculadora não financeira:

3	[ENTER]
.1	[x]
1	[+]
1.000	[x]
1.300	

2.2.4 Reforço conceitual: progressões aritméticas

Uma sequência de números forma uma progressão aritmética (*PA*) quando cada número é igual a seu precedente acrescentado (ou subtraído) de um valor constante, chamado razão da *PA*:

$$A_m = A_{m-1} + r \text{ (}\boldsymbol{r}\text{ é a razão da } PA\text{)}$$

Como exemplo, seja a sequência de números: *100. 105. 110. 115. 120. 125:* que correspondem à capitalização, em regime de juros simples, à taxa de 5% a.m., de um principal de $ 100, aplicado por cinco meses. Trata-se de uma *PA* com $n = 6$ termos, sendo o primeiro termo $A_1 = 100$, a razão $r = 5$ e o sexto (e último) termo $A_6 = 125$.

O *n*-ésimo termo de uma *PA* é obtido pela expressão $An = A1 + r \cdot (n - 1)$. Neste exemplo, tem-se

$$A_6 = 100 + 5 \times (6 - 1)$$
$$A_6 = 100 + 5 \times 5$$
$$A_6 = 100 + 25$$
$$A_6 = 125$$

> Observe-se a semelhança entre as fórmulas dadas anteriormente e do montante em regime de juros simples: troque A_n por S, A_1 por P e $r \cdot n$ por $P \cdot i \cdot n$ (tendo-se em conta que o número de termos da *PA* subtraído de um corresponde ao prazo *n* da fórmula de juros simples).

Portanto, a matemática dos juros simples reproduz fielmente a matemática das progressões aritméticas. Com efeito, representando-se em um sistema de eixos cartesianos retangulares as variáveis prazo **n** (ao longo do eixo horizontal) e o montante **S** (ao longo do eixo vertical), para dados *P* e *i* desenha-se uma linha reta:

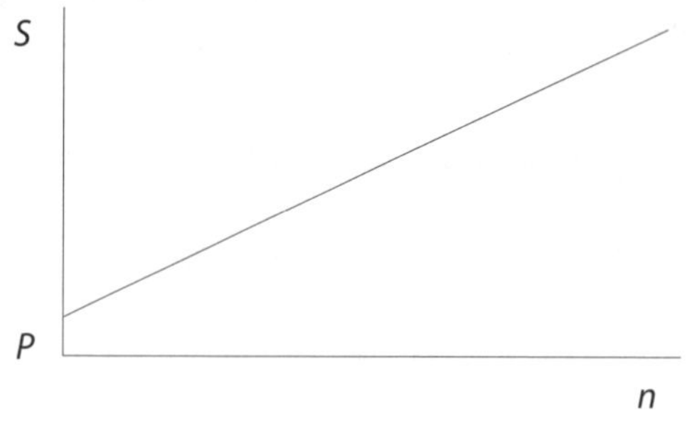

2.2.5 Juros simples: exemplos resolvidos

Os exercícios seguintes vêm acompanhados de soluções por meio de aplicação direta da fórmula financeira e de utilização das funções aritméticas da calculadora HP-12C.

1) Qual é o montante acumulado ao final de seis meses, a uma taxa de 1,5% a.m., no regime de juros simples, de uma aplicação de $ 100 mil?

Solução

Variáveis: conhecidas e variável procurada	Resolução por fórmula (aplicação direta)	Resolução com HP-12C	
		Teclas	Visor
P (principal) = $ 100.000	$S = P \times (1 + i \cdot n)$	.015 [ENTER]	.015
n (prazo) = 6 meses	$S = 100.000 \times (1 + 0{,}015 \times 6)$	6 [x]	.09
i (taxa) = 1,5% a.m. ou 0,015	$S = 100.000 \times (1 + 0{,}09)$	1 [+]	1.09
S (montante) = ?	$S = 109.000{,}00$	100000[ENTER]	109.000,00

2) Quanto se deve aplicar hoje, a juros simples de 2% a.m., para receber $ 100 mil em quatro meses?

Solução

Variáveis: conhecidas e variável procurada	Resolução por fórmula (aplicação direta)	Resolução com HP-12C	
		Teclas	Visor
S (montante) = $ 100.000	$P = S \times (1 + i \cdot n)^{-1}$	0.02 [ENTER]	0.02
n (prazo) = 4 meses	$P = 100.000 \times (1 + 0{,}02 \times 4)^{-1}$	4 [x]	0.08
i (taxa) = 2.0% a.m. ou 0,02	$P = 100.000 \times (1{,}08)^{-1}$	1 [+]	1.08
P (principal) = ?		1 [CHS] [y^x]	−0.92593
		100000 [x]	−92,592.59

3) Você aplica hoje $ 10 mil e receberá $ 12 mil em 120 dias. Que taxa de juros lhe será paga?

Solução

Variáveis: conhecidas e variável procurada	Resolução por fórmula (aplicação direta)	Resolução com HP-12C	
		Teclas	Visor
P (principal) = $ 10.000	$i = (S/P - 1)/n$	12000 [ENTER]	12,000.00
S (montante) = $ 12.000	$i = (12.000/10.000 - 1)/4$	10000 [÷]	1.20
n (prazo) = 4 meses	$i = 5\%$ a.m.	1 [−]	0.20
i (taxa) = ? a.m.		4 [÷]	0.05

4) Em quanto tempo se triplica um capital investido à taxa de juros simples de 12% a.a.?

Solução

Variáveis: conhecidas e variável procurada	Resolução por fórmula (aplicação direta)	Resolução com HP-12C	
		Teclas	Visor
P (principal) = \$ 1	$n = (S/P - 1)/i$	3 [ENTER]	3.00
S (montante) = \$ 3	$n = (3/1 - 1)/0{,}12$	1 [÷]	3.00
i (taxa) = 12% a.a.	$n = 2/0{,}12$	1 [–]	2.00
n (prazo) = ? anos	$n = 16{,}67$ anos	0.12 [÷]	16.67

5) João quer fazer uma aplicação financeira para poder resgatar $ 100 mil daqui a três meses e mais $ 200 mil daqui a seis meses. O banco remunera os investimentos de seus clientes preferenciais – como João – a uma taxa de juros simples de 3% a.m. Quanto deve João aplicar hoje?

Solução: João terá de fazer duas aplicações P_1 e P_2, cada uma lhe permitindo efetuar um resgate futuro: S_1 ($ 100.000) em três meses e S_2 ($ 200.000) em seis meses. O total aplicado somará P_1 e P_2.

$$P_1 = 100.000 \times (1 + 0{,}03 \times 3)^{-1} = 91.743{,}12$$
$$P_2 = 200.000 \times (1 + 0{,}03 \times 6)^{-1} = 169.491{,}53$$
$$P = 91.743{,}12 + 169.491{,}53 = 261.234{,}65$$

2.3 Juros compostos

2.3.1 Introdução

A capitalização composta é demonstrada por meio de um mesmo exemplo muito simples.

Meses	Principal	Juros por mês	Juros acumulados	Montante
0	1.000,00	0,00	0,00	1.000,00
1	1.000,00	100,00	100,00	1.100,00
2	1.000,00	110,00	210,00	1.210,00
3	1.000,00	121,00	331,00	1.331,00

Como se vê, o montante ($ 1.331) é maior em regime de juros compostos do que em juros simples ($ 1.300) – dados (P, i, n) – porque os juros de cada mês se adicionam ao montante preexistente. A diferença de $ 31 entre os montantes em juros compostos e em juros simples corresponde aos "juros sobre juros" característicos do regime de capitalização composta.

O regime de juros compostos traduz melhor a realidade atual de negócios e finanças. Dinheiro empresta-se e toma-se emprestado em espaços de tempo cada vez mais curtos. A facilidade de se reaplicar dinheiro impele naturalmente na direção de um regime de capitalização em que se ganham, ou se pagam, juros sobre juros.

2.3.2 Formato do fluxo de caixa

Operações com juros compostos apresentam fluxo de caixa idêntico àquelas com juros simples, ou seja, o fluxo tem a forma de "balão".

2.3.3 Reforço conceitual: progressões geométricas

Os juros compostos obedecem à matemática das progressões geométricas. Diz-se que uma sequência de números forma uma progressão geométrica (*PG*) quando o quociente de cada número por seu precedente é constante, chamando-se de razão esse valor:

$$:: A1 : A2 : A3 : \ldots : An - 1 : An ::$$

A expressão para o termo de ordem qualquer "n" é a seguinte:

$$An = An - 1 \cdot q \text{ sendo "q" a razão da } PG.$$

É fácil mostrar a correspondência entre essa expressão e a fórmula do montante em juros compostos. Basta substituir *An* por *S*, *A*1 por *P* e a razão (*q*) por (1 + *i*) (tendo-se em conta, de novo, que o número de termos da *PG* menos um corresponde ao prazo "n" da aplicação de capital)

> Sejam duas progressões – uma *PG* e uma *PA* –, ambas começando com o termo $A1 = 10$ e crescendo a razões $r = 2$ e $q = 20\%$. A linha da *PG* estará sempre acima da linha da *PA*. Esta corresponde à composição de um capital inicial de $ 10 à taxa de juros simples de 20% ao período, enquanto aquela representa a capitalização de $ 20 à taxa de juros compostos de 20% ao período.

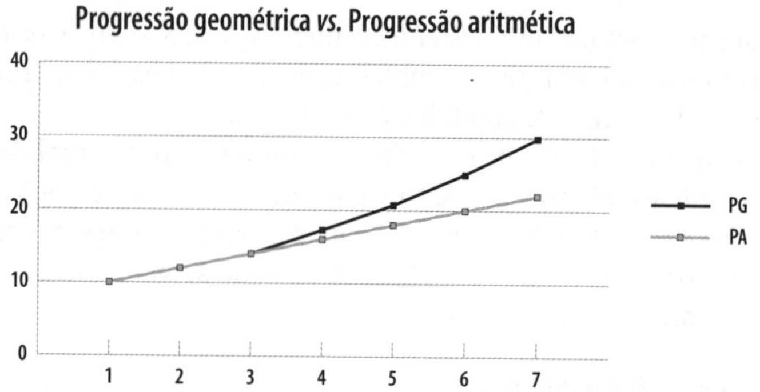

2.3.4 Comparação entre juros simples e juros compostos

Partindo-se de um mesmo principal (P), a capitalização a uma taxa de juros (i) em um espaço de tempo (n) em regime de juros compostos produz um montante (S) superior àquele encontrado em regime de juros simples para qualquer valor $n > 1$.

Para $n = 1$, os montantes são iguais nos dois regimes.

Para $0 < n < 1$, contudo, o montante em regime de juros simples é maior que o montante em regime de juros compostos (a respeito disso, veja comentário ao gráfico anterior).

Quando se trabalha com prazo **n** sendo fração do período de tempo da capitalização, o montante em regime de juros simples é maior que o montante em juros compostos, como se vê a seguir.[2]

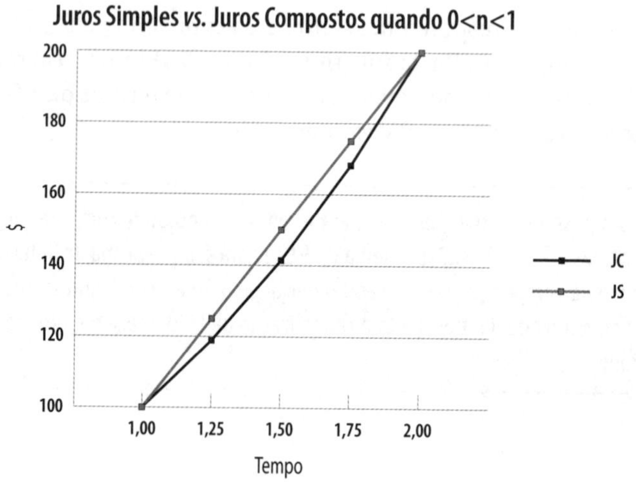

2 O uso da "convenção linear", que aplica o regime de juros simples em partes fracionárias de empréstimos, é, portanto, desfavorável para o devedor.

2.3.5 Juros compostos: fórmulas e operações

Os problemas de juros compostos, incluindo principal, montante, taxa e prazo, resolvem-se com as fórmulas contidas no quadro mostrado nesta página. Essas fórmulas podem ser aplicadas diretamente, com ajuda de fatores de juros compostos contidos em tabelas financeiras ou de calculadoras financeiras como a HP-12C, que processa juros compostos através das teclas:

[PV]	(*Present value* = Valor presente ou principal)
[FV]	(*Future value* = Valor futuro ou montante)
[n]	(número de períodos de formação de juros)
[i]	(taxa de juros em forma percentual)

Fórmulas de juros compostos

Operação	Fórmula	Fator	Nome do fator
$P, i, n \rightarrow S$	$S = P \cdot (1 + i)^n$	*FPS* (*i*, *n*)	Fator de acumulação de capital de um pagamento simples
$S, i, n \rightarrow P$	$P = S \cdot (1 + i)^{-n}$	*FSP* (*i*, *n*)	Fator de desconto ou de valor presente de um pagamento simples
$P, S, n \rightarrow i$	$i = (S/P)^{1/n} - 1$	–	–
$P, S, i \rightarrow n$	$n = \dfrac{\log(S/P)}{\log(1+i)}$	–	–

O problema anterior pode ser resolvido de três modos:

a.	Aplicação direta da fórmula		
$S =$	$1.000 \times (1 + 0{,}10)^3$	.1	[ENTER]
$S =$	$1.000 \times (1{,}10)^3$	1	[+]
$S =$	1.000 x 1,331	3	[y^x]
$S =$	1,331	1,000	[x]

b.	Utilização de fator de juros compostos
$S =$	1.000 x FPS (10%, 3)
$S =$	1.000 x 1.331
$S =$	1.331

c.	Utilização da função financeira da HP-12C
[f] [x≷y]	Limpa os registradores financeiros
1000 [CHS]	Troca o sinal de 1.000 para negativo
[PV]	Introduz –1.000 em [PV]
10 [i]	Introduz 10% em [i]
3 [n]	Introduz três meses em [n]
[FV]	Calcula [FV]

O visor mostra a mensagem **running** por alguns segundos, depois dá o resultado; pressionem-se [f] e o número desejado de casas decimais.

2.3.6 Juros compostos: exemplos resolvidos

Os exercícios a seguir são resolvidos pela aplicação direta da fórmula financeira e utilização das funções da calculadora HP-12C. Dispensou-se a solução via aplicação do fator de juros compostos extraído de uma tabela financeira, não mais uma forma eficiente de resolver esses problemas.

1) Qual é o montante acumulado ao final de seis meses, a uma taxa de 1,5% a.m., no regime de juros compostos, de uma aplicação de $ 100 mil?

Solução

Variáveis: conhecidas e variável procurada	Resolução por fórmula (aplicação direta)	Resolução com HP-12C	
		Teclas	Visor
P (principal) = $ 100.000 n (prazo) = 6 meses i (taxa) = 1,5% a.m. ou 0,015 S (montante) = ?	$S = P \times (1 + i)^n$ $S = 100.000 \times (1 + 0{,}015)^6$ $S = 100.000 \times 1{,}0934433$ $S = 109.344{,}33$	[f] [x≷y] 100000 [CHS] [PV] 1.5 [i] 6 [n] [FV]	Limpa visor −100,000.00 1.50 6.00 109,344.33

2) Quanto se deve aplicar hoje, a juros de 2% a.m., para serem resgatados $ 100.000 em quatro meses?

Solução

Variáveis: conhecidas e variável procurada	Resolução por fórmula (aplicação direta)	Resolução com HP-12C	
		Teclas	Visor
S (montante) = $ 100.000 n (prazo) = 4 meses i (taxa) = 2.0% a.m. ou 0,02 P (principal) = ?	$P = S \times (1 + i)^{-n}$ $P = 100.000 \times (1 + 0{,}02)^{-4}$ $P = 100.000 \times 0{,}9238454$ $P = 92.384{,}54$	[f] [x≷y] 100000 [FV] 2 [i] 4 [n] [PV]	Limpa visor 100,000.00 2.00 4.00 −92,384.54

3) Você aplica hoje $ 10.000 para receber $ 12.000 em 120 dias. Encontre a taxa mensal de juros.

Solução

Variáveis: conhecidas e variável procurada	Resolução por fórmula (aplicação direta)	Resolução com HP-12C	
		Teclas	Visor
P (principal) = $ 10.000	$i = (S/P)^{1/n} - 1$	[f] [x≥y]	Limpa visor
S (montante) = $ 12.000	$i = (12.000/10.000)^{1/4} - 1$	10000 [CHS] [PV]	−10,000.00
n (prazo) = 4 meses	i = 0,0466 ou 4,66% a.m.	12000 [FV]	12,000.00
i (taxa) = ? a.m.		4 [n]	4.00
		[i]	4.66

4) Em quanto tempo se triplica um capital investido à taxa de juros compostos de 12% a.a.?

Solução

Variáveis: conhecidas e variável procurada	Resolução por fórmula (aplicação direta)	Resolução com HP-12C	
		Teclas	Visor
P (principal) = $ 1	$n = \dfrac{\log (S/P)}{\log (1 + i)}$	[f] [x≷y]	Limpa visor
S (montante) = $ 3		1 [CHS] [PV]	−1.00
i (taxa) = 12% a.a.	$n = \dfrac{\log (3/1)}{\log 1{,}12}$	3 [FV]	3.00
n (prazo) = ? anos		12 [i]	12.00
		[n]	10(*)
	n = 9,69 anos		

(*) A HP-12C sempre arredonda *n* para o inteiro imediatamente superior. Calculando-se o montante de $ 1 em dez anos a 12% a.a., serão encontrados $ 3,11 em vez de $ 3. Na verdade, não é um erro, mas a convenção de juros compostos adotada rigorosamente pela HP-12C: os juros somente se formam ao final de, e não durante, períodos. Assim, não faria sentido um prazo fracionário quando a operação é contratada em anos (inteiros). Atualmente, os prazos fracionários são praticados e aceitos sem dificuldades.

5) Dada uma proposta de fornecimento de três materiais, com diferentes valores e prazos de pagamento, pode-se pagar nos prazos oferecidos ou antecipar o valor total para a data de hoje. A taxa de juros do comprador – seu custo de oportunidade de capital – é de 4% a.m. Qual é o máximo que se pode pagar à vista por essa compra? É melhor comprar à vista ou a prazo?

Item	Valor $	Pagamento em (*dd*)	À vista $
AA	100.000	45	93.500
MM	200.000	60	186.000
ZZ	300.000	75	270.000

Solução: O quadro a seguir contém os valores presentes (principais) de cada valor futuro (montante), a juros compostos de 4% a.m., nos prazos respectivos de um mês e meio, dois meses e dois meses e meio. Comparados aos preços à vista, mostram a alternativa mais barata para o comprador. O item *AA* pode ser comprado mais barato à vista que seu equivalente financiado em 45 *dd*. A última coluna revela que o fornecedor cobra juros de 4,57% a.m., acima do custo de oportunidade do comprador. O item *MM* deve ser comprado a prazo: o preço em 60 *dd* tem um valor presente inferior ao preço à vista, porque o fornecedor está cobrando juros de apenas 3,70% a.m. Por fim, o item *ZZ* deve ser adquirido à vista, tal como o item *AA*.

Item	Montante *S*	Principal *P*	À vista	Diferença	Taxa % a.m.
AA	100.000	94.286,60	93.500	786,60	4,58
MM	200.000	184.911,24	186.000	(1.088,76)	3,70
ZZ	300.000	271.980,59	270.000	1.980,59	4,30

2.4 Séries uniformes de pagamento ou recebimento

2.4.1 Introdução

As séries uniformes são fluxos de caixa que, do primeiro ao *n*-ésimo período de tempo, repetem um valor *R*, positivo (recebimento) ou negativo (pagamento), constituem um tipo especial de série em gradiente, tópico que será estudado na próxima seção. Aqui, serão estudadas as séries postecipadas, fluxos de caixa que ocorrem em fim de período. Existem ainda as séries antecipadas (fluxos ocorrem no início de cada período) e as diferidas (fluxos vêm após um prazo de diferimento). As séries uniformes também podem ser finitas (temporárias) e infinitas (perpétuas ou perpetuidades).

Certos projetos de investimento apresentam fluxos uniformes de recebimentos ou desembolsos em sua fase de operação. Além disso, muitas operações comerciais e financeiras de curto prazo geram séries uniformes de pagamento ou de recebimento, tais como:

- A amortização de financiamentos a clientes de acordo com o sistema Price. Nele, ocorrem prestações iguais (normalmente mensais), somando-se uma parcela crescente de amortização do principal a outra decrescente de juros que incidem sobre o saldo devedor.
- O recebimento (ou pagamento) antecipado de um aluguel constante durante "n" meses.
- O pagamento em parcelas iguais de uma compra financiada pelo fornecedor: uma compra de $ 20 mil à vista ou em quatro parcelas mensais de $ 6 mil.

O comprador tem um custo de oportunidade de 6% a.m. e quer decidir: compra à vista ou a prazo? Resolve-se o problema comparando-se o valor presente da série uniforme de quatro parcelas de $ 6 mil, à taxa de 6% a.m., ao preço à vista:

$$VP = 6.000/(1{,}06) + 6.000/(1{,}06)^2 + 6.000/(1{,}06)^3 + 6.000/(1{,}06)^4$$
$$VP = 6.000 \times [1/(1{,}06) + 1/(1{,}06)^2 + 1/(1{,}06)^3 + 1/(1{,}06)^4]$$
$$VP = 6.000 \times (0{,}94340 + 0{,}89000 + 0{,}83962 + 0{,}79209)$$
$$VP = 6.000 \times 3{,}46511$$
$$VP = 20.790{,}63 > 20.000 \therefore \text{é melhor compra à vista!}$$

Esse processo é ineficiente. Pode-se fazer melhor. A matemática financeira oferece fórmulas para o cálculo de cada variável em séries uniformes.

2.4.2 Formato do fluxo de caixa

A seguir, exibe-se um investimento (FC < 0) seguido de várias entradas positivas e iguais de caixa (uma série uniforme). Caso se tratasse de um empréstimo, o diagrama seria invertido.

Série uniforme

Ao investimento no tempo $t = 0$ seguem-se n entradas de caixa, iguais e consecutivas.

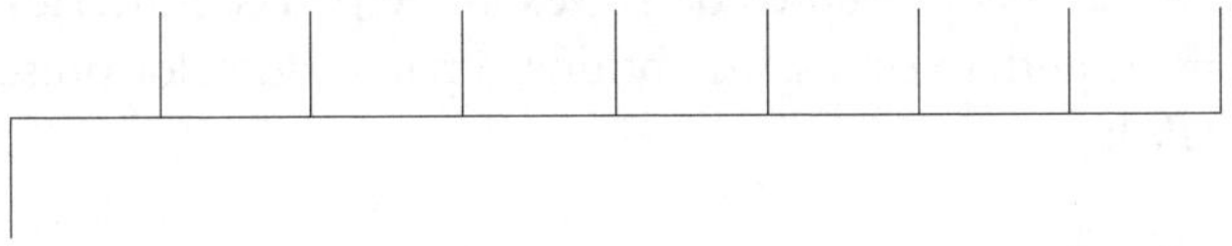

2.4.3 Séries uniformes: fórmulas e operações

As fórmulas a seguir podem ser computadas diretamente para cada problema que se queira resolver ou utilizadas junto dos fatores de juros compostos constantes nas tabelas financeiras. Por último, pode-se recorrer a uma calculadora financeira – como a HP-12C – que computa a fórmula e produz a solução desejada (veja adiante nota sobre o uso da HP-12C na resolução de problemas de séries uniformes).

Fórmulas de séries uniformes

Operação	Fórmula	Fator	Nome do fator
$R, i, n \rightarrow P$	$R = \frac{R \cdot (1+i)^n - 1}{i \cdot (1+i)^n}$	$FRP\,(i, n)$	Fator de valor presente de uma série uniforme de pagamentos ou recebimentos
$P, i, n \rightarrow R$	$R = \frac{P \cdot i \cdot (1+i)^n}{(1+i)^n - 1}$	$FPR\,(i, n)$	Fator de recuperação de capital de uma série uniforme de pagamentos ou recebimentos
$R, i, n \rightarrow S$	$S = \frac{R \cdot (1+i)^n - 1}{i}$	$FRS\,(i, n)$	Fator de acumulação de capital de uma série uniforme de pagamentos ou recebimentos
$S, i, n \rightarrow R$	$R = \frac{S \cdot i}{(1+i)^n - 1}$	$FSR\,(i, n)$	Fator de formação de capital de uma série uniforme de pagamentos ou recebimentos

Observação 1: Os fatores das séries uniformes guardam relações entre si, como se pode ver a seguir. O uso dessas relações pode simplificar a solução de alguns problemas de séries uniformes.

$$FRP\,(i, n) = FRS\,(i, n)\,/\,FPS\,(i\ n)$$
$$FPR\,(i, n) = FSR\,(i, n)\,/\,FSP\,(i, n)$$

Observação 2: Os valores presentes de séries antecipadas e diferidas (prazo de diferimento = *m*) podem ser assim obtidos, a partir do valor presente da série postecipada (*Pp*):

$$Pa = Pp\,(1 + i)$$
$$Pd = Pp\,(1 + i)^{(1 - m)}$$

Observação 3: O valor presente *P* de uma série uniforme também pode ser calculado pela expressão

$$P = R/i - R/i\,[1/(1 + i)]^n$$

O problema dado pode ser resolvido mais facilmente usando-se um fator de juros compostos (obtido em uma tabela financeira) ou a calculadora financeira (no presente caso, a HP-12C):

- Precisa-se do fator de juros compostos que converta uma série uniforme **R** de **n** termos, a uma taxa de juros **i**, em um valor presente **P**, ou seja, o fator **FRP (i, n)**. Quer-se o fator **FRP (6, 4)**, cujo valor é 3,46511 (com cinco casas decimais de aproximação). Portanto,

$$VP = 6.000 \times 3{,}46511 = 20.790{,}63$$

- Recorre-se às teclas financeiras da HP-12C (veja a seguir), obtendo-se igual resposta.

Utilizando a HP-12C

A HP-12C processa séries uniformes com as mesmas teclas utilizadas em juros compostos mais a tecla [PMT] (*payment* = termo uniforme).

Após haver limpado os registradores financeiros, o operador assim procederá para computar cada variável, a partir dos dados de que dispuser (para facilitar a compreensão, usam-se os dados do problema anterior e obtêm-se apenas alguns resultados):

Operação	Visor
(R,i,n) ⟹ P	
[f] x≷y	Limpa visor
6,000 [CHS] [PMT]	–6,000.00
6 [i]	6.00
4 [n]	4.00
[PV]	20,790.63
(P,i,n) ⟹ R	
[f] x≤y	Limpa visor
20,000 [PV]	20,000.00
6 [i]	6.00
4 [n]	4.00
[PMT]	–5,771.83
(P,R,n) ⟹ i	
[f] x≷y	Limpa visor
20,000 [PV]	20,000.00
6,000 [CHS] [PMT]	–6,000.00
4 [n]	4.00
[i]	7.71

2.4.4 Séries uniformes: exemplos resolvidos

1) Que capital pode ser amortizado em 12 prestações mensais iguais e sucessivas de $ 12.590,20 a juros de 7% a.m.?

Solução

Variáveis: conhecidas e variável procurada	Resolução por fórmula (aplicação direta)	Resolução com HP-12C	
		Teclas	Visor
R (FC uniforme) =$ 12.590,20	$P = R \cdot \dfrac{(1+i)^n - 1}{i \cdot (1+i)^n}$	[f] [x≷y]	Limpa visor
i (taxa) = 7% a.m. ou 0,07 a.m.		12590,20 [CHS]	−12,590.20
n (prazo) = 12 meses	$P = 12.590,20 \times \dfrac{(1+0,07)^{12} - 1}{0,07 \times (1+0,07)^{12}}$	[PMT]	7.00
P (principal) = ?		7 [i]	12.00
	$P = 100.000,01$	12 [n]	100,000.01
		[PV]	

2) Qual é o valor da prestação mensal (soma de parcelas de amortização e juros) de um empréstimo de $ 5 milhões, concedido por uma instituição financeira que cobra juros compostos de 13% a.m., considerando-se um prazo de resgate de 18 meses?

Solução

Variáveis: conhecidas e variável procurada	Resolução por fórmula (aplicação direta)	Resolução com HP-12C	
		Teclas	Visor
P (principal) =$ 5.000.000,00	$R = \dfrac{P \cdot i \cdot (1+i)^n}{(1+i)^n - 1}$	[f] [x≷y]	Limpa visor
n (prazo) = 18 meses		5000000 [PV]	5,000,000.00
i (taxa) = 13% a.m. ou 0,13	$R = \dfrac{5.000.000 \times 0,13 \times (1+0,13)^{18}}{(1+0,13)^{18} - 1}$	13 [i]	13.00
R (FC uniforme) = ?		18 [n]	18.00
	$R = 731.004,27$	[PMT]	−731,004.27

3) Quanto vale ao final de 24 meses uma série de depósitos iguais e sucessivos de $ 50 mil, a juros compostos de 10% a.m.?

Solução

Variáveis: conhecidas e variável procurada	Resolução por fórmula (aplicação direta)	Resolução com HP-12C	
		Teclas	Visor
R (FC uniforme) = $ 50.000	$S = R \cdot \dfrac{(1+i)^n - 1}{i}$	[f] [x≷y]	Limpa visor
n (prazo) = 24 meses		50000 [CHS] [PMT]	−50,000.00
i (taxa) = 10% a.m. ou 0,10	$S = 50.000 \times \dfrac{(1+0,10)^{24} - 1}{0,10}$	10,0 [i]	10.00
S (montante) = ?		24 [n]	24.00
	$S = 4.424.866,34$	[FV]	4,424,866.34

4) Um aparelho de som “3 em 1” foi oferecido por \$ 300, com pagamento à vista ou financiado em quatro (1 + 3) prestações mensais de \$ 90. O comprador tem um custo de oportunidade de 12% a.m. Qual é sua melhor alternativa?

Solução

Comparem-se o preço à vista P_1 (\$ 300) e o valor presente P_2 (\$ 306,16) do fluxo de pagamentos na hipótese de compra a prazo. Conclui-se que a compra à vista é mais vantajosa. Pode-se ainda calcular a taxa de juros cobrada pelo vendedor, referente ao fluxo de caixa visto por ele: FC = (–210.000, 90.000, 90.000, 90.000). A taxa é 13,70% a.m., superior ao custo de oportunidade do comprador, o qual, portanto, deve preferir a compra à vista.

2.5 Séries gradientes

É comum, no estudo econômico de problemas de engenharia, encontrarem-se fluxos de caixa que variam no tempo de acordo com uma progressão aritmética ou geométrica. Fala-se, nesses casos, de séries gradientes lineares ou geométricos.

Séries uniformes: um caso particular de séries gradientes

As séries uniformes são um caso particular de séries gradientes:

1 Lineares, em que o gradiente linear **R** é nulo;

2 Geométricos, em que o gradiente geométrico **g** é igual à unidade.

2.5.1 Séries gradientes lineares

Cada fluxo pós-investimento adiciona a (ou subtrai de) seu antecedente uma quantia igual – o chamado gradiente linear *G*. Essas séries são tratadas como a soma de duas, a saber:

- Uma série uniforme *R*;
- Uma série gradiente propriamente dita, formada por fluxos de caixa *G*, 2*G*, 3*G*, … , $(n - 1) \cdot G$.

O valor presente *P* de uma série em gradiente linear com um número finito *n* de termos é dado por:

$$P = R \cdot \frac{(1+i)^n}{i \cdot (1+i)^n} - 1 + G \cdot \frac{(1+i)^n - i \cdot n - 1}{i^2 \cdot (1+i)^n}$$

Exemplo: Uma fábrica comprou uma empilhadeira com vida prevista de cinco anos. Os engenheiros estimaram o custo de manutenção em $ 1 mil no primeiro ano, crescendo em $ 250 por ano até o final da vida do equipamento. Admite-se que os custos de manutenção ocorram ao fim de cada ano. O custo do capital é 12% a.a. Encontre o valor presente da série de custos de manutenção.

Solução: O fluxo de custos de manutenção da empilhadeira é formado por duas séries:

Série uniforme *R*	1	=	1.000	1.000	1.000	1.000	1.000
Série gradiente propriamente dita	2	=	0	250	500	750	1.000
Fluxo de custos	3 = 1 + 2	=	1.000	1.250	1.500	1.750	2.000

O valor presente desse fluxo de custos é, então, de $ 5.204,04. Note que o aumento anual (gradiente linear) desses custos acrescenta 44% aos custos iniciais expressos como série uniforme.

$$P\,(12\%\text{ a.a.}) = 1.000 \times FRP\,(12\%, 5) + 250 \times FGP\,(12\%, 5)$$
$$P\,(12\%\text{ a.a.}) = 1.000 \times 3{,}60478 + 250 \times 6{,}39702$$
$$P\,(12\%\text{ a.a.}) = 3.604{,}78 + 1.599{,}26$$
$$P\,(12\%\text{ a.a.}) = 5.204{,}04.$$

2.5.2 Séries gradientes geométricos

Cada fluxo pós-investimento multiplica seu antecedente por um fator constante $(1 + g)$, sendo g o gradiente geométrico. O valor presente P de uma série em gradiente geométrico com um número finito n de termos é dado pela expressão:

$$P = R \cdot \frac{1-(1+g)^n \cdot (1+i)^{-n}}{i-g} \qquad \text{se } i \neq g$$

$$P = n \cdot R/(1+i) \qquad \text{se } i = g$$

Exemplo: Encontre a solução mais econômica para uma unidade de serviço que fornece ar comprimido para uma fábrica. O custo de capital é de 12% a.a. Com o passar do tempo, as perdas na tubulação causam ao sistema uma gradual perda de eficiência. Um compressor hoje funciona por 70% do tempo durante o qual a fábrica opera (250 dias/ano, 24 horas/dia). Isso requer 260 kWh de eletricidade ao custo de $ 0,05/kW. Os engenheiros estimam que o compressor aumente a carga de trabalho em 7% a.a. até que, em cinco anos, o sistema não terá mais capacidade para atender à demanda da fábrica. A empresa tem duas alternativas para lidar com o problema:

- Manter o sistema como está, incorrendo em custos crescentes de fornecimento de ar comprimido, até esgotar a capacidade do sistema, ao final de cinco anos;
- Trocar toda a tubulação agora, a um custo de $ 28.750; o compressor funcionará o mesmo número de dias anuais, porém reduzirá sua utilização para 53,9% em cada dia.

Solução: É preciso comparar os custos, medidos em valor presente, de duas alternativas:

A. Deixar o sistema como está; e

B. Reparar o sistema.

Aos desembolsos futuros aplica-se a expressão:

$$P = R \cdot \frac{1-(1+g)^n \cdot (1+i)^{-n}}{i-g}$$

O fator que converte o custo inicial *R* é igual para as duas alternativas. Substituindo-se g, i, n por seus valores 0,07, 0,12 e 5, obtém-se 4,083089626, aproximadamente. Agora, é preciso calcular *R* para cada alternativa, o que se faz na tabela a seguir.

Variável	Alternativa A	Alternativa B
Dias por ano	250	250
Horas de operação por dia	24	24
Horas de operação por ano	6.000	6.000
% de tempo de compressor	70%	53,9%
Horas de compressor por ano	4.200	3.234
Consumo kWh por hora de compressor	260	260
Consumo kWh por ano	1.092.000	840.840
$ por kWh	0,05	0,05
Custo $ anual	54.600	42.042

Os custos totais descontados das alternativas A e B, mostrados a seguir, indicam a Alternativa B como a melhor decisão a ser tomada: vale a pena reformar o sistema.

Variável	Alternativa A	Alternativa B
Custo $ anual (consumo de eletricidade)	54.600	42.042
Fator de conversão para valor presente (*FGP*, 12%, 5)	4,083089626	4,083089626
Valor presente do custo de eletricidade	222.936,69	171.661,25
Investimento em reparo do sistema	0	28.750,00
Custo total descontado	222.936,69	200.411,25

Séries infinitas em gradientes geométricos

Algumas vezes, tem-se oportunidade de encontrar fluxos de caixa que são séries em gradientes geométricos infinitos. Pode-se provar que o valor presente de uma série em gradiente **g**, a uma taxa de desconto **i**, sob a condição de que $g < i$, é igual a

$$VP = R/(i - g)$$

Demonstre!

Este é um resultado útil, que simplifica cálculos e interpretações. Observe como o aumento do gradiente eleva o múltiplo que transforma *R* em *VP*: empresas com perspectivas de crescimento excepcionalmente rápido vendem por múltiplos que muitos denunciam como exagerados. Será mesmo? Ou será uma válida aplicação de sólidos princípios de economia?

2.6 Taxas de juros: proporcionais *versus* equivalentes; aparentes *versus* reais

2.6.1 Taxas proporcionais

Duas taxas de juros – não importa o regime de capitalização, se de juros simples ou juros compostos – **i** e **i'**, referidas a períodos **t** e **t'**, sendo **t** > **t'**, são ditas proporcionais se $i/i' = t/t'$. Se o período t' cabe k vezes dentro do período t, então $i' = i \cdot k$. Exemplo: são proporcionais as taxas de 1% a.m. e 12% a.a..

2.6.2 Taxas equivalentes

São equivalentes taxas que, aplicadas a igual principal durante igual prazo, mas com diferentes períodos de capitalização, produzem igual montante em qualquer regime de capitalização. Existem equivalentes taxas tanto no regime de juros simples quanto no de juros compostos.

No regime de juros compostos, equivalem-se as taxas que mantêm entre si certa relação exponencial, não proporcional. Exemplo: são equivalentes as taxas de juros compostos de 12,68% a.a., 6,15% a.s., 3,03% a.t., 1,0% a.m. e 0,033% a.d. De modo geral, observa-se:

$$(1 + id)^{360} = (1 + im)^{12} = (1 + it)^4 = (1 + is)^2 = 1 + ia$$

Convertem-se taxas de juros compostos de um prazo dado para outro, usando-se a expressão

$$iQ = (1 + iT)^{Q/T} - 1$$

em que
iQ = taxa para o prazo "que eu quero" (em dias)
iT = taxa para o prazo "que eu tenho" (em dias)
Q = prazo "que eu quero" (em dias)
T = prazo "que eu tenho" (em dias)

Por exemplo, determinar a taxa para 113 dias, equivalente a 95% a.a.:

$$113 = (1 + 0{,}95)^{113/360} - 1 = 0{,}2332 \text{ ou } 23{,}32\ \%$$

2.6.3 Taxas nominais e efetivas

O cálculo financeiro baseia-se na condição de que a unidade de tempo da taxa de juros coincide com a unidade de tempo dos períodos de capitalização. Por exemplo: juros de 12% a.a. capitalizados anualmente. Contudo, nem sempre as unidades de tempo coincidem, havendo então discrepância entre a taxa efetiva e a taxa nominal de juros.

Taxa efetiva. É aquela em que a unidade de referência de seu tempo coincide com a unidade de tempo do período de capitalização. Exemplo: taxas de 12% a.a. com capitalização anual, de 5% a m. com capitalização mensal etc.

Taxa nominal. É aquela em que não se verifica essa coincidência. Exemplo: 60% a.a. capitalizados mensalmente – trata-se de juros efetivos de 5% a.m., ou ainda, de 79,6% a.a.

Conversão de taxa nominal para taxa efetiva e vice-versa

Dados:

i_{nom} = taxa nominal
i_{efet} = taxa efetiva
m = número de composições de juros

Então $$i_{efet} = \left(\frac{1 + i_{nom}}{m}\right)^m - 1$$

Quando $m \rightarrow \infty$

$$i_{efet} = e^{i_{nom}} - 1$$

Exemplo: Em uma operação financeira aplicam-se juros de 12% a.a. capitalizados mensalmente – de fato, trata-se de uma taxa de juros de 1% a.m. ou de 12,68% a.a., como se pode ver a seguir.

$$i_{efet} = \left(\frac{1+i_{nom}}{m}\right)^m - 1 = \left(\frac{1+0,12}{12}\right)^{12} - 1 = 0,1268 \text{ ou } 12,68\% \text{ a.a.}$$

2.6.4 Taxas reais e taxas aparentes

Em condições inflacionárias, é preciso levar em conta a taxa de inflação (passada ou esperada no futuro) na formação das taxas de juros.

Taxa real. Mede o verdadeiro retorno (ou custo) sobre o capital aplicado (emprestado), após esse capital ter sido corrigido monetariamente (ajustado pela inflação).

Taxa aparente. Acrescenta a inflação à taxa real, podendo-se escrever:

$$(1 + i \cdot \text{real}) \times (1 + \text{taxa de inflação}) = (1 + i \cdot \text{aparente})$$[3]

Exemplo: A Cia. Verde tomou um empréstimo de $ 100 mil do Banco Bom por um prazo de 60 dias à taxa real e efetiva de 4,5% a.m. mais correção monetária pós-fixada de acordo com a variação do IGP (Índice Geral de Preços), que tende a se manter, no prazo da operação, em 0,5% a.m. Admitindo-se que principal e juros sejam pagos ao final de 60 dias, qual será o desencaixe da Verde?

Solução

$$i_{60} = \{[(1 + 0,045) \times (1 + 0,005)]^2 - 1\} \times 100 = 0,1029726 \text{ ou } 10,29726\%$$
$$S = 100.000,00 \times (1 + 0,1029726) = 110.297,26$$
$$J = 110.297,26 - 100.000,00 = 10.297,26.$$

2.6.5 Taxas de juros: exemplos resolvidos

1) Quais são as taxas semestral, trimestral e mensal equivalentes a juros compostos de 60% a.a.?

---

3 Esta é conhecida como "equação de Fisher", reconhecimento da contribuição de Irving Fisher para o estudo da relação entre taxas de juros "reais" e "nominais" (linguagem de economistas). Fisher expôs uma relação teórica entre taxas reais e nominais, não meramente aritmética: a inflação refletiria-se nas taxas nominais de juros.

Solução: Em regime de juros compostos, a equivalência de taxas se estabelece por meio da relação:

$$i_Q = (1 + i_T)^{Q/T} - 1$$

Portanto,

Aplicação da fórmula	Utilizando a HP-12C
$i_s = (1 + 0{,}60)^{180/360} - 1 = 0{,}2649$ ou 26,49% a.s.	1 [CHS] [PV]
$i_t = (1 + 0{,}60)^{90/360} - 1 = 0{,}1247$ ou 12,47% a.t.	1.6 [FV]
$i_m = (1 + 0{,}60)^{30/360} - 1 = 0{,}0399$ ou 3,99% a.m.	2 [n] *ou* 4 [n] *ou* 12 [n]
	[i] → 26.49 *ou* 12.47 *ou* 3.99

2) Uma operação de empréstimo foi contratada a juros mensais de 6,5%. Tendo havido uma renegociação entre credor e devedor para que os juros passem a ser cobrados trimestralmente, pede-se a nova taxa de juros compostos.

Solução: O que se deseja é a taxa trimestral equivalente à taxa mensal de 6,5%, em regime de juros compostos. Aplicando-se a relação de equivalência já conhecida, tem-se:

$$i_t = (1 + 0{,}065)^{3/1} - 1 = 0{,}2079 \text{ ou } 20{,}79\% \text{ a.t.}$$

3) Dois capitais foram aplicados em diferentes fundos de investimento, que asseguram um rendimento periódico em regime de juros compostos. O fundo X proporciona um rendimento anual de 16%, ao passo que o fundo Y, de menor risco, oferece um rendimento mensal capaz de trazer ao aplicador 80% do rendimento de X. Qual é a taxa de juros mensal do fundo Y?

Solução: Y promete 80% do rendimento de X, ou seja, 80% × 16% = 12,8% a.a. A taxa mensal equivalente a 12,8% a.a. é:

$$i_m = (1 + 0{,}128)^{1/12} - 1 = 0{,}0101 \text{ ou } 1{,}01\% \text{ a.m.}$$

4) Uma operação de crédito foi contratada a juros de 16% a.a., capitalizados mensalmente. O principal e os juros serão pagos ao final de um ano. Qual será a carga de juros?

Solução: É preciso converter a taxa nominal de 16% a.a. em taxa efetiva:

$$i_{efet} = \left(\frac{1 + i_{nom}}{m}\right)^m - 1 = \left(\frac{1 + 0{,}16}{12}\right)^{12} - 1 = 0{,}1723 \text{ ou } 17{,}23\% \text{ a.a.}$$

Portanto, os juros representarão 17,23% do capital tomado de empréstimo.

5) Ontem, foi noticiado que a taxa de juros em operações de crédito ao consumidor (CDC) baixou para 84,2% a.a. Admitindo-se que a inflação fique em 5,5% neste ano – meta fixada pelo governo –, qual seria a taxa real de juros % a.m. cobrada dos felizes clientes de operações CDC?

Solução: A taxa real anual é $i_a = (1{,}842/1{,}055 - 1) \times 100 = 74{,}5972\%$.
Seu equivalente mensal é $i_m = (1{,}745972)^{1/12} - 1 = 0{,}04754$ ou 4,754% a.m.

2.7 Aplicação: sistemas de amortização de dívidas (planos equivalentes de financiamento)

2.7.1 Elementos do fluxo de caixa de uma dívida

Compõe-se o fluxo de caixa de uma dívida dos seguintes elementos, para fins de análise financeira, seja empresarial ou pessoal:

#	Evento	Entrada de caixa	Saída de caixa
1	Contratação do empréstimo (custos de contratação)		x
2	Liberação de parcelas do empréstimo	x	
3	Pagamento de juros		x
4	Pagamento de amortizações		x
5	Benefício fiscal (redução de imposto sobre a renda)	x	

2.7.2 Sistemas de amortização

Sistemas de amortização de empréstimos usados no Brasil incluem os seguintes:

#	Denominação	Em que consiste
1	Tabela Price (ou sistema francês de amortização)	Pagamentos periódicos iguais, adicionando-se parcelas de amortização (crescentes) e juros (decrescentes). Emprega matemática financeira de séries uniformes.
2	SAC (ou sistema hamburguês de amortização)	Sistema de amortização constante, adicionando-se parcelas de amortização (constantes) e juros (decrescentes). Utiliza matemática financeira de séries em gradientes lineares.
3	Pagamento no final (ou "pagamento balão")	Empréstimo resgatado no final do prazo concedido. Um único pagamento reúne amortização e juros. Emprega matemática financeira de juros compostos.

#	Denominação	Em que consiste
4	Pagamento periódico de juros	Pagamentos periódicos de juros somente, exceto o último, que soma juros com amortização. Utiliza matemática financeira de juros simples.

A seguir, demonstra-se a equivalência desses quatro planos na amortização de um financiamento de $ 1.000 a juros compostos de 8% a.a. em quatro anos.

Planos equivalentes de amortização de um empréstimo de $ 1.000,00 a juros compostos de 8% aa em 4 anos

Convenções/Parâmetros		
SD = saldo devedor	SD Final (1) = saldo devedor ao final do ano, antes dos pagamentos	
	SD Final (2) = saldo devedor ao final do anos depois dos pagamentos	
Taxa = 8%	SD Inicial = 1.000,00	Prazo n = 4

PLANO 1: TABELA PRICE

Ano	SD Inicial	Juros	SD Final (1)	Pagto. Juros	Pagto. Amort.	Pagto. Tot.	SD Final (2)
0	1.000,00	0,00	1.000,00	0,00	0,00	0,00	1.000,00
1	1.000,00	80,00	1.080,00	–80,00	–221,92	–301,92	778,08
2	778,08	62,25	840,33	–62,25	–239,67	–301,92	538,40
3	538,40	43,07	581,48	–43,07	–258,85	–301,92	279,56
4	279,56	22,36	301,92	–22,36	–279,56	–301,92	0,00
Totais		207,68		–207,68	–1.000,00	–1.207,68	

PLANO 2: SAC

Ano	SD Inicial	Juros	SD Final (1)	Pagto. Juros	Pagto. Amort.	Pagto. Tot.	SD Final (2)
0	1.000,00	0,00	1.000,00	0,00	0,00	0,00	1.000,00
1	1.000,00	80,00	1.080,00	–80,00	–250,00	–330,00	750,00
2	750,00	60,00	810,00	–60,00	–250,00	–310,00	500,00
3	500,00	40,00	540,00	–40,00	–250,00	–290,00	250,00
4	250,00	20,00	270,00	–20,00	–250,00	–270,00	0,00
Totais		200,00		–200,00	–1.000,00	–1.200,00	

PLANO 3: PAGAMENTO NO FINAL

Ano	SD Inicial	Juros	SD Final (1)	Pagto. Juros	Pagto. Amort.	Pagto. Tot.	SD Final (2)
0	1.000,00	0,00	1.000,00	0,00	0,00	0,00	1.000,00
1	1.000,00	80,00	1.080,00	0,00	0,00	0,00	1.080,00
2	1.080,00	86,40	1.166,40	0,00	0,00	0,00	1.166,40
3	1.166,40	93,31	1.259,71	0,00	0,00	0,00	1.259,71
4	1.259,71	100,78	1.360,49	−360,49	−1.000,00	−1.360,49	0,00
Totais		360,49		−360,49	−1.000,00	−1.360,49	

PLANO 4: PAGAMENTO PERIÓDICO DE JUROS

Ano	SD Inicial	Juros	SD Final (1)	Pagto. Juros	Pagto. Amort.	Pagto. Tot.	SD Final (2)
0	1.000,00	0,00	1.000,00	0,00	0,00	0,00	1.000,00
1	1.000,00	80,00	1.080,00	−80,00	0,00	−80,00	1.000,00
2	1.000,00	80,00	1.080,00	−80,00	0,00	−80,00	1.000,00
3	1.000,00	80,00	1.080,00	−80,00	0,00	−80,00	1.000,00
4	1.000,00	80,00	1.080,00	−80,00	−1.000,00	−1.080,00	0,00
Totais		320,00		−320,00	−1.000,00	−1.320,00	

COMPARAÇÃO DOS QUATRO PLANOS DE AMORTIZAÇÃO

Plano	Juros	Amortização	Total
1	207,68	1.000,00	1.207,68
2	200,00	1.000,00	1.200,00
3	360,49	1.000,00	1.360,49
4	320,00	1.000,00	1.320,00

Utilizando a HP-12C

Resumo do emprego das principais funções financeiras

Este guia rápido visa facilitar o trabalho de estudantes de Economia da Engenharia que dispõem da calculadora HP-12C. Não pretende substituir o manual da calculadora HP-12C, recurso que o usuário deve manter sempre disponível e conhecer em sua totalidade.

Juros compostos

A calculadora financeira HP-12C processa juros compostos por meio das seguintes teclas:

[PV]	*Present value* = Valor presente ou principal
[FV]	*Future value* = Valor futuro ou montante
[n]	número de períodos de tempo de formação de juros
[i]	taxa de juros em forma percentual

Dados os valores de três das quatro variáveis anteriores, obtém-se o quarto valor (incógnita do problema) usando-se a HP-12C. Introduzem-se os valores conhecidos através das teclas indicadas anteriormente e, em seguida, pressiona-se a tecla correspondente à variável desconhecida. Deve-se limpar os registradores financeiros antes de começar o trabalho.

Cálculo do montante de uma aplicação de $ 1.000 a juros de 10% a.m. ao final de um prazo de três meses. Nesse caso, tem-se, por conseguinte:

Teclas	Resultado
[f] [x≷y]	Limpa os registradores financeiros
1.000 [CHS]	Troca o sinal de 1.000 para negativo
[PV]	Introduz –1.000 em [PV]
10 [i]	Introduz 10% em [i]
3 [n]	Introduz 3 meses em [n]
[FV]	Calcula [FV]

O visor mostra a mensagem *running* por alguns segundos e depois fornece o resultado com a aproximação (número de casas decimais) que se quiser (basta pressionar [f] e o número de decimais desejado); no caso, com duas casas, tem-se 1,331.00.

Conversão de taxas de juros

No cálculo financeiro, com frequência, é necessário converter taxas nominais em taxas efetivas de juros, e vice-versa. A seguir, explica-se como utilizar a HP-12C para converter taxas nominais em taxas efetivas. O procedimento inverso, de conversão de taxas efetivas em nominais, não será exigido neste evento de treinamento nem incluído neste guia.

> A taxa efetiva de juros é toda aquela cuja unidade de tempo de capitalização coincide com a unidade de tempo de sua cotação. Por exemplo: juros de 20% a.a. capitalizados anualmente.

A taxa nominal de juros é toda aquela que, sendo cotada a determinada unidade de tempo, é capitalizada em outra unidade de tempo. Por exemplo: juros de 48% a.a. capitalizados mensalmente são, na realidade, juros de 48/12 = 4% a.m.

De taxa nominal	**Para taxa efetiva**
1	Tecle [g] [END] e [f] [CLEAR] [FIN]
2	Introduza a taxa nominal como % e pressione [ENTER]
3	Introduza o n. de períodos de composição de juros por ano e pressione [n] ÷ [i]
4	Tecle [CHS] [PMT] [FV] para obter a taxa efetiva de juros em % a.a.

Exemplo: Converter a taxa nominal de 60% a.a. (com capitalização mensal) em taxa efetiva anual.

1	[g] [END]	
2	[f] [CLEAR] [FIN]	
3	60 [ENTER]	60
4	12 [n] ÷ [i]	5
5	[CHS] [PMT] [FV]	79,59

Séries uniformes de pagamento ou recebimento

A HP-12C processa séries uniformes com as mesmas teclas utilizadas em juros compostos mais a tecla [PMT] (*payment* = valor uniforme). Deve-se evitar utilizar todas as teclas ao mesmo tempo, pois o resultado mostrado no visor não corresponderá às expectativas do operador.

Depois de ter limpado os registradores financeiros, o operador procederá como demonstrado para computar cada variável, a partir dos dados de que dispuser (para facilitar a compreensão, usam-se os dados do problema anterior e obtêm-se apenas algumas variáveis).

A seguir, alguns exemplos de utilização dessa função da HP-12C:

1) Encontre o valor presente de quatro depósitos mensais de $ 6 mil a uma taxa de 6% a.m.

Dados (R, i, n) deve-se obter P	
Teclas	**Visor**
6000 [CHS] [PMT]	–6,000
6 [i]	6
4 [n]	4
[PV]	20,790.63

2) Encontre a prestação de uma compra de $ 20 mil com prazo de quatro meses e juros de 6% a.a.

Dados (*P*, *i*, *n*) deve-se obter *R*	
Teclas	**Visor**
20,000 [PV]	20,000.00
6 [i]	6
4 [n]	4
[PMT]	–5,771.83

3) Encontre a taxa de juros de um financiamento de $ 20 mil com quatro prestações mensais iguais de $ 6 mil.

Dados (*P*, *R*, *n*) deve-se obter *i*	
Teclas	**Visor**
20,000 [PV]	20,000
6,000 [CHS] [PMT]	–6,000
4 [n]	4
[i]	7,71

Fluxo de caixa geral: valor presente e taxa interna de retorno

Entende-se por fluxo de caixa geral aquele que contém mais que dois valores significativos e não seja necessariamente uma série uniforme. Este é um caso particular do fluxo geral.

A calculadora financeira HP-12C introduz o fluxo de caixa geral através das teclas [CFo] (*cash flow* do período 0) e [CFj] (*cash flow* de um período *j*, sendo *j* = 1,2,3,…); ambas são acessadas pela tecla azul [g]. Ela computa valor presente líquido e taxa interna de retorno através das teclas [NPV] (*net present value*) e [IRR] (*internal rate of return*), acessadas pela tecla amarela [f].

TIR é a taxa de juros que anula a função de valor presente líquido.

O cálculo da TIR pela HP-12C é bastante lento. Nos casos em que a TIR não existe ou apresenta multiplicidade de valores, a HP-12C mostra no visor a mensagem Error 3. Se houver solução para o problema, ela pode ser encontrada. Deve-se fornecer à máquina uma estimativa da TIR, introduzindo-a em [i] e pressionando-se as teclas [RCL] [g] [R/S].

Seja feita a análise do investimento a seguir, considerando-se uma taxa de desconto de 10% a.a.: (–1.000, 300, 500, 600, 500, 300, 300). O fluxo de caixa é assim introduzido:

Teclas	Visor
1.000 [CHS] [g] [CFo]	–1.000
300 [g] [CFj]	300
500 [g] [CFj]	500
600 [g] [CFj]	600
500 [g] [CFj]	500
300 [g] [CFj]	300
2 [g] [Nj]	2

Observação: A instrução 2 [g] [Nj] diz à máquina que o fluxo (300) deve entrar (2) duas vezes.

Para calcular o valor presente líquido e a taxa interna de retorno, deve-se assim proceder:

10 [i]	10
[f] [NPV]	833,86
[f] [IRR]	35,37

Fatores de juros compostos: exemplos selecionados

	TAXA DE JUROS	5%						
Tempo	Juros Compostos		Séries Uniformes				Séries Gradientes Lineares	
	Fator de Capitalização FPS (i,n)	Fator de Desconto FSP (i,n)	Fator de Capitalização FRS (i,n)	Fator de Formação SU FSR (i,n)	Fator de Recuperação FPR (i,n)	Fator de Desconto FRP (i,n)	Fator de Desconto FGP (i,n)	Fator de Recuperação FGR (i,n)
1	1,05000	0,95238	1,00000	1,00000	1,05000	0,95238	0,00000	0,00000
2	1,10250	0,90703	2,05000	0,48780	0,53780	1,85941	0,90703	0,48780
3	1,15763	0,86384	3,15250	0,31721	0,36721	2,72325	2,63470	0,96749
4	1,21551	0,82270	4,31013	0,23201	0,28201	3,54595	5,10281	1,43905
5	1,27628	0,78353	5,52563	0,18097	0,23097	4,32948	8,23692	1,90252
6	1,34010	0,74622	6,80191	0,14702	0,19702	5,07569	11,96799	2,35790
7	1,40710	0,71068	8,14201	0,12282	0,17282	5,78637	16,23208	2,80523
8	1,47746	0,67684	9,54911	0,10472	0,15472	6,46321	20,96996	3,24451
9	1,55133	0,64461	11,02656	0,09069	0,14069	7,10782	26,12683	3,67579
10	1,62889	0,61391	12,57789	0,07950	0,12950	7,72173	31,65205	4,09909

TAXA DE JUROS 10%

Tempo	Juros Compostos		Séries Uniformes				Séries Gradientes Lineares	
	Fator de Capitalização FPS (i,n)	Fator de Desconto FSP (i,n)	Fator de Capitalização FRS (i,n)	Fator de Formação SU FSR (i,n)	Fator de Recuperação FPR (i,n)	Fator de Desconto FRP (i,n)	Fator de Desconto FGP (i,n)	Fator de Recuperação FGR (i,n)
1	1,10000	0,90909	1,00000	1,00000	1,10000	0,90909	0,00000	0,00000
2	1,21000	0,82645	2,10000	0,47619	0,57619	1,73554	0,82645	0,47619
3	1,33100	0,75131	3,31000	0,30211	0,40211	2,48685	2,32908	0,93656
4	1,46410	0,68301	4,64100	0,21547	0,31547	3,16987	4,37812	1,38117
5	1,61051	0,62092	6,10510	0,16380	0,26380	3,79079	6,86180	1,81013
6	1,77156	0,56447	7,71561	0,12961	0,22961	4,35526	9,68417	2,22356
7	1,94872	0,51316	9,48717	0,10541	0,20541	4,86842	12,76312	2,62162
8	2,14359	0,46651	11,43589	0,08744	0,18744	5,33493	16,02867	3,00448
9	2,35795	0,42410	13,57948	0,07364	0,17364	5,75902	19,42145	3,37235
10	2,59374	0,38554	15,93742	0,06275	0,16275	6,14457	22,89134	3,72546

TAXA DE JUROS 15%

Tempo	Juros Compostos		Séries Uniformes				Séries Gradientes Lineares	
	Fator de Capitalização FPS (i,n)	Fator de Desconto FSP (i,n)	Fator de Capitalização FRS (i,n)	Fator de Formação SU FSR (i,n)	Fator de Recuperação FPR (i,n)	Fator de Desconto FRP (i,n)	Fator de Desconto FGP (i,n)	Fator de Recuperação FGR (i,n)
1	1,15000	0,86957	1,00000	1,00000	1,15000	0,86957	0,00000	0,00000
2	1,32250	0,75614	2,15000	0,46512	0,61512	1,62571	0,75614	0,46512
3	1,52088	0,65752	3,47250	0,28798	0,43798	2,28323	2,07118	0,90713
4	1,74901	0,57175	4,99338	0,20027	0,35027	2,85498	3,78644	1,32626
5	2,01136	0,49718	6,74238	0,14832	0,29832	3,35216	5,77514	1,72281
6	2,31306	0,43233	8,75374	0,11424	0,26424	3,78448	7,93678	2,09719
7	2,66002	0,37594	11,06680	0,09036	0,24036	4,16042	10,19240	2,44985
8	3,05902	0,32690	13,72682	0,07285	0,22285	4,48732	12,48072	2,78133
9	3,51788	0,28426	16,78584	0,05957	0,20957	4,77158	14,75481	3,09223
10	4,04556	0,24718	20,30372	0,04925	0,19925	5,01877	16,97948	3,38320

Atividade prática

1. Introdução à matemática financeira

I) Questões objetivas de natureza conceitual (respostas ao final desta seção)

1) Assinalar com X a única opção correta nas seguintes questões:

A.1	**O fluxo de caixa de um projeto de investimento inclui:**	
a	Somente efeitos tangíveis.	☐
b	Somente efeitos intangíveis.	☐
c	Ambos os efeitos – tangíveis e intangíveis.	☐
A.2	**A projeção do fluxo de caixa de um investimento deve ser feita:**	
a	Na forma de um gráfico.	☐
b	Considerando-se o valor do dinheiro no tempo.	☐
c	Com a ajuda de tantas tabelas quantas forem necessárias.	☐
A.3	**Regimes de capitalização compreendem:**	
a	Prazo e taxa da operação.	☐
b	Juros simples e juros compostos.	☐
c	Taxa de juros e correção monetária.	☐
A.4	**A matemática financeira trata os efeitos futuros de uma decisão de investimento como:**	
a	Imprevisíveis.	☐
b	Antecipados com certeza.	☐
c	Previsíveis com algum grau de risco.	☐

2) Assinalar Verdadeiro (V) ou Falso (F) em cada uma das seguintes questões:

B.1	Em capitalização discreta, o tempo é contado $t = 1, 2, 3...$	☐
B.2	A matemática financeira lida com efeitos tangíveis e intangíveis.	☐
B.3	Recursos computacionais ainda são um obstáculo à prática da matemática financeira.	☐
B.4	A matemática financeira é muito mais antiga do que a economia da engenharia.	☐

3) Questões de combinação: identificar a alternativa da coluna à direita que melhor se associa à alternativa da coluna à esquerda:

C.1	☐	Incerteza.	V.1	Taxa de juros.
C.2	☐	Entradas e saídas de dinheiro.	V.2	Planilha eletrônica.
C.3	☐	Valor do dinheiro no tempo.	V.3	Fluxos de caixa.
C.4	☐	Tabelas de fatores de juros.	V.4	Recebimento de duplicata.
			V.5	Fluxos de caixa futuros.

Respostas: A1(a); A2(c); A3(b); A4(b); B1(V); B2(F); B3(F); B4(V); C1 e V5; C2 e V3; C3 e V1; C4 e V2.

II) Questões discursivas de natureza conceitual (responda ou discuta)

1) Por que deve o engenheiro aprender matemática financeira?
2) Quais são os elementos fundamentais no estudo da matemática financeira?
3) Que importância têm, nesse contexto, os recursos computacionais modernos?
4) Uma soma de dinheiro aplicada a juros compostos com capitalização contínua cresce mais depressa do que o faria se a capitalização fosse discreta? (*Use sua intuição para responder.*)

III) Minicaso

Depois de ter estudado este capítulo, que recomendações adicionais você faria a Luiza e seus colegas, responsáveis pelo planejamento de um shopping center?

2. Matemática financeira: juros, taxas de juros e séries em gradientes

I) Questões objetivas de natureza conceitual (respostas ao final desta seção)

1) Assinalar com X a única opção correta nas seguintes questões:

A.1	Verifica-se um fluxo de caixa do tipo "balão" em operações envolvendo:	
a	Séries em gradientes geométricos.	☐
b	Juros compostos.	☐
c	Séries uniformes.	☐

A.2	**Um valor futuro positivo descontado a uma taxa de juros positiva *i*% produzirá um valor presente:**	
a	Maior se o regime de capitalização for de juros simples.	☐
b	Maior se o regime de capitalização for de juros compostos.	☐
c	Indiferente ao regime de capitalização.	☐
A.3	**Em uma série em gradiente linear, dois fluxos de caixa consecutivos:**	
a	Diferem por uma porcentagem constante.	☐
b	São sempre iguais.	☐
c	Diferem por um valor constante.	☐
A.4	**Taxas efetivas de juros são aquelas em que:**	
a	Prazo da taxa e período de formação de juros são idênticos.	☐
b	Remove-se o efeito da inflação.	☐
c	Existe proporcionalidade entre taxas referidas a diferentes prazos.	☐

2) Assinalar Verdadeiro (V) ou Falso (F) em cada uma das seguintes questões:

B.1	No regime de juros compostos, os juros representam uma carga periódica variável.	☐
B.2	Séries uniformes são um caso particular de séries em gradientes.	☐
B.3	O regime de juros simples é o mais utilizado em operações financeiras.	☐
B.4	Duas taxas de juros equivalentes são sempre proporcionais entre si.	☐

3) Questões de associação: identificar a alternativa da coluna à direita que melhor se associa à alternativa da coluna à esquerda:

C.1	☐	Tempo.	V.1	Valor presente.
C.2	☐	Taxa real de juros.	V.2	Efeitos tangíveis.
C.3	☐	Fator de desconto.	V.3	Inflação.
C.4	☐	Taxas de juros proporcionais.	V.4	Juros simples.
			V.5	Capitalização contínua.

Respostas: A1(b); A2(a); A3(c); A4(a); B1(V); B2(V); B3(F); B4(F); C1 e V5; C2 e V3; C3 e V1; C4 e V4.

II) Questões discursivas de natureza conceitual (responda ou discuta)

1) Do que depende o valor presente de um recebimento futuro?

2) Por que não existe uma fórmula para se obter a taxa de juros aplicada a uma série uniforme?
3) Modernos recursos computacionais resolvem facilmente qualquer problema de matemática financeira.
4) Quanto mais elevada a inflação, maiores os ganhos em aplicações financeiras.

III) Exercícios resolvidos (juros simples)

1) Um investidor aplica $ 1 mil a juros simples de 1,5% a.m. por quatro meses. Qual será seu ganho?

Solução. Este exercício pede a diferença (juros *J*) entre o que foi aplicado (principal de $ 1 mil) e o que será resgatado ao final de quatro meses (montante *S*). O primeiro passo é calcular o montante:

$$S = P \cdot (1 + i \cdot n) \therefore S = 1.000 \times (1 + 0{,}015 \times 4) \therefore S = 1.000 \times 1{,}06 \therefore S = 1.060$$
$$J = S - P \therefore P = 1.060 - 1.000 \therefore J = 60$$

2) O mesmo investidor resgatou $ 816 de uma aplicação feita a juros simples de 12% a.a. em um prazo de três anos. Quanto foi aplicado?

Solução. Sabendo-se que $S = P \cdot (1 + i \cdot n)$, deduz-se que $P = S \cdot (1 + i \cdot n)^{-1}$, em que:

$$P = 816 \times (1 + 0{,}12 \times 3)^{-1} \therefore P = 816 \times (1{,}36)^{-1} \therefore P = 600$$

3) No exercício anterior, qual deveria ser o prazo da aplicação para que o investidor recebesse um montante de $ 960?

Solução. Conhecem-se as variáveis $S = 960$, $P = 600$ e $i = 12\%$ a.a. (juros simples); pede-se a variável n (prazo da aplicação). Consultando-se o formulário, encontra-se $n = (S/P - 1)/i$, logo:

$$n = (960/600 - 1)/0{,}12 \therefore n = 0{,}6/0{,}12 \therefore n = 5 \text{ anos}$$

4) Qual deveria ser a taxa anual de juros simples para que, no exercício nº 3, o montante fosse igualmente de $ 960, mas em um prazo de apenas quatro anos?

Solução. Agora, são dados $S = 960$, $P = 600$ e $n = 4$ anos; deve-se encontrar i, fornecido pela expressão:

$$i = (S/P - 1)/n \therefore i = (960/600 - 1)/4 \therefore i = 0{,}60/4 \therefore i = 0{,}15 \text{ ou } 15\% \text{ a.a.}$$

IV) Exercícios propostos (juros simples)

1) Qual é o montante acumulado ao final de seis meses, a uma taxa de 4,5% a.m., no regime de juros simples, de uma aplicação (principal) de \$ 80 mil? R.: \$ 101.600,00.
2) Quanto se deve aplicar hoje, à taxa de juros simples de 1,8% a.m., durante quatro meses, para se resgatar um total de \$ 25 mil? R.: \$ 23.320,90.
3) Luiz aplicou hoje \$ 10 mil para receber \$ 10.500,00 daqui a 120 dias. Qual é a taxa de juros mensal que será paga? R. 1,25% a.m.
4) Em quanto tempo se multiplica por 5 um capital investido a juros simples de 2% a.m.? R.: 200 meses.
5) A Cia. Rei do Caixa desconta dois títulos em um banco, que cobra juros simples de 4% a.m. O primeiro título, no valor de \$ 50 mil, vence em 60 dias; já o segundo, de \$ 80 mil, vence em 90 dias. Quanto será creditado na conta da empresa? R.: Um total de \$ 117.724,87, soma de duas parcelas, a primeira de \$ 46.296,30 e a segunda de \$ 71.428,57.

V) Exercícios resolvidos (juros compostos)

1) Quanto ganharia o investidor do Exercício V.1, se sua aplicação rendesse juros compostos?

Solução. Troca-se a fórmula do montante S de juros simples para juros compostos, acha-se o novo S e dele se subtrai o principal P; o resultado são os ganhos em regime de juros compostos.

$$S = P \cdot (1 + i)^n \therefore S = 1.000 \times (1 + 0{,}015)4 \therefore S = 1.000 \times 1{,}061364 \therefore S = 1.061{,}36$$
$$J = S - P \therefore J = 1.061{,}36 - 1.000 \therefore J = 61{,}36$$

2) Maria espera receber uma soma de capital e juros igual a \$ 10 mil dentro de 12 meses. Aplicando um capital a juros compostos de 2% a.m., quanto deverá desembolsar hoje?

Solução. O exercício fornece os valores de S (\$ 10.000), i (2% a.m.) e n (12 meses); falta encontrar o valor de P, capital a ser aplicado hoje. Recorrendo à fórmula de P em juros compostos, tem-se:

$$P = S \cdot (1 + i)^{-n} \therefore P = 10.000 \times (1 + 0{,}02)^{-12}$$
$$\therefore P = 10.000 \times 0{,}788493 \therefore P = 7.884{,}93.$$

3) No exercício anterior, por quanto tempo se deveria aplicar caso o principal fosse reduzido para \$ 5 mil?

Solução. O prazo *n* é dado pela expressão:

$$n = \log (S/P)/\log (1 + i) \therefore n = \log (10.000/5.000)/\log (1{,}0{,}2)$$
$$\therefore n = \log 2 / \log 1{,}02 \therefore n \approx 35 \text{ meses}$$

4) Que taxa deveria ser paga para que o prazo da aplicação de Maria fosse de 24 meses?

Solução. A taxa *i* é encontrada pela fórmula:

$$i = (S/P)^{1/n} - 1 \therefore i = (10.000/5.000)^{1/24} - 1 \therefore i = 0{,}0293 \text{ ou } 2{,}93\% \text{ a.m.}$$

VI) Exercícios propostos (juros compostos)

1) Qual é o montante acumulado ao final de seis meses, a uma taxa de 4,5% a.m., no regime de juros compostos, de uma aplicação (principal) de $ 80 mil? R.: $ 104.180,81.
2) Quanto se deve aplicar hoje, à taxa de juros compostos de 1,8% a.m., durante quatro meses, para se resgatar um total de $ 25 mil? R.: $ 23.278,17.
3) Araújo aplicou hoje $ 10 mil para receber $ 10.500,00 daqui a 120 dias. Qual é a taxa de juros mensal que será paga? R.: 1,23% a.m.
4) Em quanto tempo se multiplica por 5 um capital investido a juros compostos de 2% a.m.? R.: Aproximadamente 81,27 meses (81 meses e oito dias).
5) A Cia. Rei do Caixa desconta dois títulos em um banco que cobra juros compostos de 4% a.m. O primeiro, no valor de $ 50 mil, vence em 60 dias; o segundo, no valor de $ 80 mil, vence em 90 dias. Quanto será creditado na conta da empresa? R $ 117.347,52.

VII) Exercícios resolvidos (taxas de juros)

1) Um banco oferece uma linha de crédito com juros de 24% a.a., capitalizados mensalmente. Qual é sua taxa anual efetiva de juros?

Solução. A taxa anunciada é nominal. A taxa efetiva pode ser encontrada como a seguir:

$$i_{efet} = \left(\frac{1 + i_{nom}}{m}\right)^m - 1$$

$$i_{efet} = (1 + 0{,}24/12)^{12} - 1$$

$$\therefore i_{efet} = 26{,}82\% \text{ a.a.}$$

2) Que taxas de juros (simples e compostos) anuais equivalem à taxa mensal de 5%?

Solução. Diferentes regras de equivalência se aplicam:

- Juros Simples – proporcionalidade – $i_a = 12 \times i_m = 12 \times 5\% = 60\%$ a.a.
- Juros Compostos – não proporcionalidade – $i_a = (1 + i_m)^{12} = (1 + 0{,}05)^{12} - 1 \approx 79{,}59\%$ a.a.

3) Uma aplicação deverá render 16% nos próximos três meses; espera-se uma taxa mensal de inflação de 2%. Qual será a taxa equivalente real anual?

Solução. A taxa mensal equivalente a 16% em três meses é 5,07%; descontada a inflação de 2% a.m., encontra-se a taxa mensal real de 3,01%; seu equivalente anual é 42,77%.

VIII) Exercícios propostos (taxas de juros)

1) Encontrar as taxas mensal e diária equivalentes à taxa de juros compostos de 12% a.t.

Resposta:

Taxa	Juros compostos
i_m	3,8499%
i_d	0,1260%

2) Obter as taxas mensal, semestral e anual equivalentes à taxa de juros compostos de 0,2% a.d.

Resposta:

Taxa	Juros compostos
i_m	6,1773%
i_s	43,2814%
i_a	105,2957%

3) Uma pessoa deposita $ 100 em um banco que paga 6% de juros a.a., capitalizados a cada trimestre. Quanto essa pessoa poderá receber ao final de um ano? R.: $ 106,14.

4) Qual deve ser a taxa nominal anual do cheque especial oferecido pelo Banco Amigo, que corresponde a uma taxa efetiva de 6,8% a.m.? R.: 81,6% a.a.

5) Com relação ao exercício anterior, suponha uma inflação mensal de 1,5%. Qual seria a taxa efetiva real anual cobrada pelo banco? R.: 84,19 % a.a.

IX) Exercícios resolvidos (séries uniformes)

1) Uma estação de tratamento de esgotos adquire uma bomba ao custo de $ 20 mil; seu custo anual de operação e manutenção foi estimado em $ 4 mil. Ao final de 20 anos a bomba será substituída por um modelo mais avançado, sua venda proporcionando um valor residual de $ 3 mil. Qual seu custo anual no ciclo de vida? Aplica-se uma taxa de juros de 8% a.a.

Solução. O fluxo de custos pode ser formado por duas séries uniformes. A primeira consiste na conversão em série uniforme do custo inicial ($ 20.000) menos o valor presente do valor residual ($ 3.000); a segunda corresponde ao custo anual de operação e manutenção ($ 4.000). Portanto:

CA (custo anual)	=	CC (custo de capital)	+	COM (custo de operação e manutenção)
CA	=	*FPR* (8%, 20) x [20.000 – *FSP* (8%, 20) x 3.000]	+	4.000
CA	=	2.037,04 – 65,56	+	4.000

CA = 5.971,48

2) Um cliente de uma instituição financeira deseja formar um patrimônio aplicando $ 200,00 por mês durante os próximos dez anos. Admite-se que a taxa de rendimento dessas aplicações permaneça constante em 1,5% a.m. ao longo de todo o período de investimento. Quanto poderá esse cliente resgatar ao final de dez anos?

Solução. O que se pede é o montante da série uniforme de pagamentos de $ 200 por mês durante os próximos 120 meses, a juros de 1,5% a.am.:

$$S = FRS\ (1{,}5\%;\ 120) \times 200 = 331{,}28819 \times 200 = 66.257{,}64$$

3) Admita-se agora que o cliente do exercício anterior desejasse acumular uma soma de $ 100 mil em 120 meses, aplicando-a a 1,5% a.am. Quanto ele deveria depositar mensalmente?

Solução. O termo *R* da série uniforme é fornecido pela expressão:

$$R = FSR\ (1{,}5\%;\ 120) \times 100.000 = 0{,}003019 \times 100.000 = 301{,}85$$

4) Duas soluções de tratamento de efluentes de uma fábrica estão sendo consideradas. A primeira tem um custo inicial mais alto, seguido por custos mais baixos de operação e manutenção. Já a segunda custa menos para instalar e mais para operar e manter. Que taxa de juros torna as duas soluções equivalentes em termos financeiros? Os ativos têm vidas de cinco anos, sem valor residual.

Solução. Exercício de maior grau de dificuldade, inserido aqui visando "ensinar fazendo". O passo inicial é construir os dois fluxos de custos. Para facilitar, suponha que eles sejam dados como no quadro abaixo. Em seguida, acha-se o fluxo de diferença entre eles e encontra-se a taxa de juros implícita no "empréstimo" que a segunda alternativa faz à primeira – 7,931% a.a. A essa taxa, as duas alternativas têm igual custo atual (ano 0), de $ 18 mil.

Ano	Alternativa I	Alternativa II	Diferença I – II
0	10.000	6.000	4.000
1	2.000	3.000	−1.000
2	2.000	3.000	−1.000
3	2.000	3.000	−1.000
4	2.000	3.000	−1.000
5	2.000	3.000	−1.000
P (7,931% a.a.)	≈ 18.000	≈ 18.000	≈ 0

X) Exercícios propostos (séries uniformes)

1) Que valor se financia em seis prestações mensais iguais de $ 295,69, sendo a primeira paga no ato da contratação? A taxa de juros cobrada pelo financiador é 7,25% a.m. R.: $ 1.500,00.

2) Uma loja está financiando um refrigerador que custa $ 1.900,00 em quatro prestações mensais, a primeira vencendo dentro de 30 dias. Se o lojista deseja obter um rendimento de 8,40% a.m., qual deve ser o valor da prestação? R.: $ 578,77.

3) Silva fez um *leasing* de um carro novo, que custa $ 25 mil à vista, para pagar $ 2.146,99 em 12 parcelas mensais iguais, sendo a primeira dentro de 30 dias. Como entrada, Silva deu seu carro usado, avaliado em $ 7 mil pelo vendedor. Qual é a taxa cobrada no *leasing*? R.: 6% a.m.

4) Silva negociou com a loja um prazo maior de pagamento, reduzindo sua prestação mensal para $ 1.662,42. Em quantos meses ele deverá quitar essa compra? R.: 18 meses.

XI) Exercícios resolvidos (séries em gradientes)

1) Fez-se uma revisão das estimativas de custos das duas soluções de tratamento de efluentes de uma fábrica e encontraram-se os seguintes números:

Ano	Alternativa I	Alternativa II
0	10.000	6.500
1	2.000	3.000
2	2.250	3.300
3	2.500	3.630
4	2.750	3.993
5	3.000	4.392,3

Qual solução deve ser escolhida, a uma taxa de desconto de 7% a.a.?

Solução. Os custos anuais formam séries em gradientes geométrico (Alternativa I) e aritmética (Alternativa II) cujos valores presentes foram obtidos aplicando-se as fórmulas conhecidas.

- Alternativa I. VP de Série em Gradiente Aritmético = 20.112
- Alternativa II. VP de Série em Gradiente Geométrico = 21.327

Vencedora a Alternativa I, porque:

- A taxa de desconto relativamente baixa (7% a.a.) favorece a solução intensiva em capital.
- O custo inicial da Alternativa II foi elevado de $ 6 mil para $ 6.500.

2) Qual precisaria ser o gradiente aritmético da Alternativa I para que ela equivalesse financeiramente à Alternativa II?

Solução. Esse gradiente teria de ser aproximadamente $ 408,90 para elevar o custo total (em valor presente) a $ 21.327. A fórmula requerida é:

$$P = R \cdot \frac{(1+i)^n}{i \cdot (1+i)^n} - 1 + G \cdot \frac{(1+i)^n - i \cdot n - 1}{i^2 \cdot (1+i)^n}$$

Nela, inserem-se os valores conhecidos de R (2.000), i (7%), n (5) e P (21.327). Com um pouco de paciência e atenção aos cálculos, chega-se ao valor desejado.

XII) Exercícios propostos (séries em gradientes)

1) A Cia. Beta tem a previsão de produção para os próximos cinco anos (veja a tabela). Sendo 12% a.a. seu custo de capital, será conveniente investir $ 1.200 em uma mudança de processo de fabricação que poupará $ 5 por unidade produzida?

Ano	1	2	3	4	5
Produção	100	110	120	130	140

Solução: A poupança de custos gerará um valor presente de $ 2.122 que, subtraído do investimento de $ 1.200, deixará um ganho líquido de $ 922; portanto, o investimento é viável financeiramente.

2) Examine novamente o caso da Cia. Beta, introduzindo as seguintes modificações:

- A produção crescerá 8% a.a. nos próximos cinco anos;
- A economia de custo é agora de $ 10 por unidade produzida;
- O investimento necessário é de $ 3.500.

Solução: O investimento continua sendo atrativo, embora o ganho líquido tenha-se reduzido para $ 657.

XIII) Minicaso

Mário é engenheiro, trabalha por conta própria e, assim, percebe rendimentos mensais variáveis. Preocupado com o futuro, decide constituir um fundo para sua aposentadoria: seu alvo é acumular $ 1 milhão em um prazo de 20 anos. Uma instituição financeira lhe ofereceu um investimento que rende juros de 8% a.a. (para simplificar o exercício, ignora-se qualquer custo de intermediação). Mário espera que seu rendimento médio anual cresça a 6% a.a. até a data de sua planejada aposentadoria. Ele pensa em manter uma proporção constante entre os depósitos e sua renda anual. Quanto ele deverá depositar ao final do ano 1 e ao final do ano 20?

Resposta: $ 13.756,85 ao final do ano 1; $ 41.622,72 ao final do ano 20.

XIV) Caso

Antonio é engenheiro da divisão de projetos da Novatech, uma empresa voltada para novas tecnologias. Ele está avaliando uma proposta de lançamento de um produto novo – um colar magnético com grandes benefícios para a saúde mental de seus usuários. Os custos para concluir o projeto e preparar a linha de montagem serão de $ 80 mil; essa linha ocupará um espaço atualmente vazio, que foi reformado seis meses atrás ao custo de $ 20 mil. A equipe de marketing projetou vendas de 1.000 unidades mensais no primeiro ano, crescendo depois à taxa geométrica de 5% a.a. O preço unitário de venda será de $ 50. O custo de produção e distribuição do produto foi dividido em custo fixo anual ($ 20.000) e custo variável unitário ($ 15). A Novatech requer uma taxa de retorno mínima de 15% a.a. em todos os seus investimentos.

Ajude Antonio a preparar seu relatório de avaliação. Faça uma lista dos principais aspectos a serem considerados, adote premissas, selecione dados e aponte lacunas no enunciado anterior.

Referências

Entre outros bons textos, os livros a seguir apresentam o cálculo financeiro básico com clareza. Qualquer um deles constitui boa leitura adicional.

BLANK, Leland; TARQUIN, Anthony. *Engenharia econômica*. 6. ed. Tradução de José Carlos Barbosa dos Santos. Revisão técnica de Daisy Aparecido do Nascimento Rebelatto. São Paulo: McGraw-Hill, 2008. Capítulos 1, Fundamentos de engenharia econômica; 2, Fatores: Como o tempo e os juros afetam o dinheiro; 3, Combinação de fatores; e 4, Taxas nominais de juros e taxas efetivas de juros.

DEGARMO, E. Paul et al. *Engineering economy*. 8. ed. Nova York: Macmillan e Londres: Collier Macmillan, 1989. Capítulo 1, Introduction and the basic principles of engineering economy.

HARTMANN, Joseph C. *Engineering economy and the decision-making process*. New Jersey: Pearson Prentice Hall, 2007. Capítulos 2, Cash flows and the time value of money, e 3, Interest formulas.

NEWNAN, Donald G.; LAVELLE, Jerome P. *Fundamentos de engenharia econômica*. 1. ed. Tradução de Alfredo Alves de Farias. Revisão técnica de Alceu Salles Camargo Jr. Rio de Janeiro: LTC, 2000. Capítulos 3, Juros e equivalência, e 4, Outras fórmulas de juros.

PARK, Chan S. *Contemporary engineering economics*. 2. ed. Menlo Park: Addison-Wesley, 1997. Capítulos 2, Equivalence and interest formulas, e 3, Extending equivalence to real-world transactions.

SULLIVAN, William G. et al. *Engineering economy*. 14. ed. New Jersey: Pearson Prentice Hall, 2009. Capítulo 4, The time value of money.

TORRES, Oswaldo Fadigas Fontes. *Fundamentos da engenharia econômica e da análise econômica de projetos*. São Paulo: Thomson Learning, 2006. Capítulo 1, Conceitos básicos.

Capítulo 3

Projeção do fluxo de caixa de um projeto de investimento

3.1 Objetivos e resumo do conteúdo

Prever o fluxo de caixa de um projeto é difícil, mas indispensável. Este capítulo encara o desafio da aquisição do conhecimento requerido por essa previsão: conceitos, formatos e técnicas de modelagem que fornecerão os *inputs* que serão "abrigados" naqueles formatos:

Conceitos → Formatos → Técnicas de modelagem

Dominando esses conceitos e instrumentos, o estudante estará apto a responder, e justificar suas respostas, às seguintes perguntas relativas à projeção do fluxo de caixa de um projeto:

O que é investimento e como se diferencia de outros dispêndios?

Investimento é o gasto de capital em ativos tangíveis (construções, equipamentos etc.) e intangíveis (marcas, patentes, reputação em negócios etc.) que criarão as futuras capacidades requeridas da organização para gerar fluxos de benefícios que deverão exceder os fluxos de custos.

Por que se precisa de uma projeção do fluxo de caixa?

Na avaliação econômica de projetos privados, os futuros fluxos de caixa pagam e remuneram o investimento exigido pelo projeto. Sem essa previsão, não se pode avaliar um investimento.

Especificamente, que conceito de fluxo de caixa é preciso medir?

É o fluxo de caixa livre, grandeza obtida depois de computadas todas as entradas e saídas de caixa decorrentes da criação de capacidade, de seu uso e manutenção e, por fim, do término da vida do projeto. O fluxo de caixa livre mede o que ficará disponível para remunerar os detentores dos capitais (fontes de recursos) que financiaram os investimentos no projeto.

Como proceder para produzir as estimativas do fluxo de caixa livre?

Primeiro, cria-se um formato contábil para conter as estimativas de todas as variáveis componentes do fluxo de caixa livre. Segundo, cada variável será modelada tecnicamente; por exemplo, a variável custo fixo de operação será "enraizada" em um particular modelo de geração de custos.

Que formas pode assumir a projeção do fluxo de caixa livre?

Existem fluxos regulares e irregulares. Aqueles incluem fluxos "balão" e séries em gradientes de três tipos – séries uniformes, em gradientes aritméticos e em gradientes geométricos. Os fluxos irregulares não exibem padrão matemático. A análise do ciclo de vida, contudo, faz pensar que muitos projetos devem apresentar seu fluxo de caixa em forma de "S": retornos financeiros começam pequenos, crescem até um máximo e, a partir de então, declinam continuadamente até se igualarem a zero; se o projeto fosse estendido por mais tempo, seu fluxo de caixa se tornaria negativo.

3.2 O que é um projeto de investimento

Projeto é o plano prospectivo de uma unidade de ação capaz de materializar a produção de um bem ou serviço. A palavra ***projeto*** costuma designar tanto o empreendimento proposto quanto o documento técnico em que se reporta o estudo de suas vantagens e desvantagens. Quando necessário, é possível evitar confusão semântica falando-se de ***relatório do projeto*** como o conjunto de estudos parciais que servem de base para a tomada de decisão de investimento.

Como empreendimento, um projeto passa por fases de (i) planejamento; (ii) negociação com partes interessadas; (iii) execução; (iv) operação e (v) encerramento. Aqui, projeto é um vetor de mudança na organização empreendedora: modifica capacidades física e tecnológica de operação, desenvolve e aplica novas competências, prepara a organização para enfrentar seu futuro. Os projetos são o elo entre os planos e programas estratégicos de uma organização e as necessárias transformações em seu perfil de capacidades. O balanço de atividades rotineiras e de projetos revela como uma organização emprega os recursos do presente para construir as fundações do futuro.

Como relatório técnico, a um projeto se têm atribuído fases de (i) identificação de oportunidades de negócio; (ii) estudo preliminar de viabilidade; (iii) anteprojeto definitivo (estudo de viabilidade técnico-econômica e ambiental) e (iv) projeto completo (projeto final de engenharia) para implantação e operação. Além disso, projeto é um plano de ação, que gera expectativas e compromissos, e deve ser monitorado e atualizado ao longo de sua vida.

Realizam-se projetos por diversos motivos, que incluem (i) implantação de uma nova unidade de produção; (ii) ampliação de uma unidade existente; (iii) modernização de uma unidade existente; (iv) relocalização etc. Um projeto é de caráter econômico se a decisão final sobre sua realização tiver por fundamento uma demanda efetiva, capaz de pagar o preço do bem ou serviço que será oferecido. De outro modo, é de caráter social se esse preço, ou parte dele, tiver de ser pago pela comunidade por meio de outros mecanismos – impostos, por exemplo. Os projetos econômicos podem ser agrícolas, industriais, de infraestrutura econômica e de prestação de serviços. Já os projetos sociais, em geral, ocorrem em áreas de infraestrutura social – como educação e saúde.

A elaboração de um projeto, idealmente, deve atravessar uma sequência de fases ou etapas. A identificação da oportunidade de negócio é, de modo geral, o primeiro passo na cadeia de eventos que levará à decisão final de investimento e sua execução. A identificação da oportunidade de investimento pode ser focada na ótica governamental ou na ótica privada.

Para o governo, na expressão de Melnick:[1] "O projeto é o tijolo com o qual se constroem os muros dos planos de desenvolvimento". Em outras palavras, o projeto representa a unidade elementar dos planos e programas de desenvolvimento, em seu mais elevado nível de concretização. A geração de projetos é, assim, parte do processo de planejamento governamental, buscando-se imprimir maior grau de racionalidade à utilização dos recursos produtivos nacionais.

Para a empresa privada, o projeto é o instrumento que auxilia suas tomadas de decisão de orçamento de capital: como alocar os (escassos e caros) fundos financeiros disponíveis entre as oportunidades conhecidas, dentro do horizonte temporal de planejamento da empresa. Os projetos derivam do orçamento de capital; este, por sua vez, é subordinado à estratégia competitiva da empresa. Idealmente, essa estratégia se materializa em programas que, por sua vez, relacionam os projetos que promoverão as desejadas mudanças na organização. Dados os objetivos e as restrições da empresa com referência à obtenção de certa combinação de retorno e risco em sua carteira de investimentos, o projeto – em sua qualidade de relatório técnico – oferece os subsídios de informação necessários à estimativa daqueles parâmetros de desempenho financeiro para cada oportunidade de investimento identificada.

1 MELNICK, Julio. *Manual de projetos de desenvolvimento econômico*. Rio de Janeiro: Unilivros, 1981.

O estudo preliminar de viabilidade ordena informações que permitem, em uma análise mais rápida, decidir se convém ir em frente ou não. Alguns obstáculos podem ser logo reconhecidos, capazes de inviabilizar a iniciativa: o estudo preliminar esclarece se este é o caso, evitando mais gastos com a etapa posterior de anteprojeto. Em geral, as instituições governamentais que fornecem crédito ou administram incentivos fiscais exigem a apresentação de uma carta-consulta para fins de enquadramento do projeto em suas linhas de atuação, documento que se aproxima do estudo preliminar. Nessa conexão, um erro comum e caro é tratar o projeto como mera formalidade necessária à obtenção daquelas vantagens. O projeto é um guia para a ação; monitorado ao longo de seu ciclo de vida, apontará os ajustes exigidos por sua consecução com êxito.

O anteprojeto definitivo (ou estudo de viabilidade) é a fase final, reunindo um elenco de estudos parciais que se inter-relacionam organicamente e permitem aferir as expectativas de sucesso do empreendimento. Uma, entre outras formas de se agrupar logicamente esses estudos, corresponde ao que segue:

- *Antecedentes gerais do projeto.* Objetivos do projeto, descrição do grupo empreendedor (quem são os empresários, sua capacidade técnica, gerencial e financeira) e das exigências da instituição que vai avaliar o projeto, bem como seu atendimento pelo relatório técnico.
- *Aspectos econômicos.* Análise e projeção do mercado, determinação do tamanho e da localização da unidade de produção.
- *Aspectos técnicos.* A engenharia do projeto abrange ensaios e investigações preliminares, seleção e descrição do processo produtivo, escolha e especificação de equipamentos, plantas de edifícios e sua distribuição no terreno, arranjo físico dos equipamentos. E mais: projetos complementares (utilidades e tratamento de efluentes, por exemplo), rendimentos dos recursos produtivos empregados, flexibilidade da capacidade de produção, programa de produção e engenharia da implantação (cronograma físico de implantação e de desembolso).
- *Aspectos ambientais.* Sua análise constitui exigência cada vez mais comum em projetos de investimento, sobretudo quando dependem de licença governamental. Um EIA (Estudo de Impacto Ambiental) pode ser exigido.
- *Aspectos financeiros.* Estimativas (projeções) de investimentos em capital fixo e capital de giro, financiamento (capital próprio *versus* capital de terceiros), receitas e custos (de operação e encerramento do projeto ao final de seu ciclo de vida).
- *Avaliação do projeto.* Análise privada (ou social, no caso de projetos públicos) da atratividade do investimento: retorno e risco – aplicação de critérios de fluxo de caixa descontado, que depende dos elementos fluxo projetado de caixa e taxa de desconto (custo do capital).

O quadro a seguir reúne as fases que se pode encontrar no ciclo de desenvolvimento de projetos:

Fase de pré-investimento			
Identificação de oportunidades de investimento	Estudo de pré-viabilidade	Estudo de viabilidade técnico-econômica	Avaliação do projeto: análise risco-retorno
Fase de investimento			
Negociação e contratação	Projeto final de engenharia	Construção	*Start up*
Fase de operação			
Operação/manutenção/acompanhamento		Encerramento/*Post Investment Review*	

Essa longa e complexa sequência de tarefas necessárias para conceber e executar um projeto requer o esforço e as competências de uma variedade de especialistas, em um trabalho de equipe.

3.3 Projeções determinísticas do fluxo de caixa

A análise de um projeto é tão boa quanto as estimativas de seus fluxos de benefícios e custos. Os investimentos geram fluxos de benefícios e custos tangíveis (fluxos de caixa) e intangíveis (não redutíveis a termos monetários), que devem ser previstos em horizontes temporais longos. Suas estimativas devem evitar armadilhas de vieses e erros que geram tanto "falsas minas de ouro" quanto previsões sombrias, nem umas nem outras refletindo o futuro mais provável.

Aqui, abordo a projeção do fluxo de caixa de um projeto privado de investimento, estudo final de viabilidade que apoiará os patrocinadores em sua tomada de decisão, adotando a premissa de que projetistas são clarividentes – capazes de antever o futuro. Risco – a realidade – aguarda sua vez.

Simplificando o diagrama da página anterior, o ciclo de vida de um projeto pode ser desdobrado em três grandes fases, a cada uma se associando diferentes entradas e saídas de caixa:

- **Implantação.** Reúne as fases de pré-investimento e investimento. Predominam saídas de caixa – investimentos em capacidade de produção de bens e serviços. As estimativas de investimentos em instalações, equipamentos, software etc dependem do planejamento de capacidade e tecnologia.
- **Operação.** As entradas de caixa devem superar as saídas de caixa, em projetos típicos com retorno financeiro. As estimativas de fluxos de caixa de-

pendem de volume produzido e vendido, preços de venda, custos fixos e variáveis de produção de bens e prestação de serviços, imposto de renda etc. Um procedimento comum em modelagem financeira adota o volume inicial de vendas (base) e sua taxa de crescimento (crescimento) como geradores do fluxo de caixa operacional.

- **Encerramento.** Ao final de sua vida, o projeto deve ser encerrado, podendo oferecer valor residual positivo, nulo ou negativo. Quando a empresa encerra uma operação, pode recuperar alguns valores investidos – o prédio (se for próprio), móveis, equipamentos etc. Mas pode haver expressivos custos para encerrar uma operação, como no caso de uma clínica radiológica que emprega equipamentos e materiais radioativos, de elevado risco para a vida humana.

Como se formam valores residuais negativos?

A literatura de economia da engenharia pouco se refere às causas de valores residuais negativos ao final do ciclo de vida de um projeto. Dois autores de livros de elevada qualidade didática oferecem algumas razões para que o fluxo de caixa de um projeto se torne negativo ao seu final.

ESCHENBACH, Ted G. *Engineering economy*: applying theory to practice. Chicago: Irwin, 1995. p. 185-190. 7.6, Multiple sign changes.

O autor aponta três casos em que múltiplas trocas de sinal podem acontecer, logo o fluxo de caixa pode ser negativo ao seu final.

Extração mineral. O exemplo clássico de problemas no cálculo da TIR (taxa interna de retorno) é o da extração mineral. Por exemplo, novos poços de petróleo podem ser adicionados a um campo: o efeito é recuperar o óleo mais depressa em vez de aumentar o total recuperado do campo. Meu comentário: A explicação do autor não é muito clara; ele parece sugerir que a antecipação de entradas de caixa (em virtude da maior velocidade de extração do óleo) aumenta as chances de haver mais saídas do que entradas de caixa ao final da vida do campo.

Extração de recursos naturais. Meu comentário: O autor não justifica a menção dessa causa.

Construção em estágios ou expansão. Meu comentário: De novo, o autor não justifica a causa apresentada. Posso admitir que, ao se executar um projeto em estágios (ou módulos), ou ao se expandir sua capacidade a cada "n" anos, cada novo "pico" de investimentos fará com que o fluxo de caixa se torne negativo. Contudo, prefiro pensar que cada novo módulo ou incremento de capacidade seja um novo projeto, com seu próprio fluxo de caixa

HARTMANN, Joseph C. *Engineering economy and the decision-making process*. New Jersey: Pearson, Prentice Hall, 2007.

Esse autor, do mesmo modo, aponta três casos em que múltiplas trocas de sinal podem acontecer (p. 393-396).

continua

continuação

Investimentos com custos de disposição ou remediação de resíduos. Como ilustrado no Exemplo 9.7, um investimento que requeira a remoção de equipamento ou limpeza de um sítio pode levar a uma troca de sinal no último período do projeto. Uma usina nuclear é um exemplo, mas, em qualquer situação em que uma unidade de produção é desmontada ou equipamentos são descartados, essa mudança de sinal é possível. Meu comentário: De pleno acordo, e ainda acrescento: essa causa tende a se manifestar com maior frequência em face de políticas e leis de conservação ambiental.

Expansão em fases. No instante de tempo zero, uma empresa pode decidir que os investimentos serão distribuídos por vários períodos. Meu comentário: Prefiro ver cada módulo ou aumento de capacidade como um projeto a parte.

Extração de recursos naturais. Meu comentário: O autor compara o caso com *phased expansion*, observando que projetos de extração de recursos minerais têm uma vida limitada pela capacidade da reserva sendo explorada. Esgotada a reserva, os custos de restauração ambiental geram fluxos de caixa negativos. Parece-me um argumento idêntico ao de Eschenbach.

Dos motivos apresentados anteriormente para que o fluxo de caixa seja negativo ao seu final, aceito um: a necessidade de investir para encerrar o projeto, cumprindo exigências tecnológicas e legais. Outro alvo de atenção, talvez não exposto com suficiente clareza – ao menos para mim – por diversos autores, é a necessidade de investimento para se manter a capacidade ao longo da vida do projeto. Com efeito, isso não torna negativo o último fluxo de caixa, mas pode causar problemas na apuração da TIR, em razão da ocorrência de mais de uma inversão de sinal do fluxo de caixa.

Suponha que um projeto requeira dois tipos de equipamento: equipamento A, com vida útil de 12 anos, e equipamento B, que dura quatro anos. Portanto, haverá duas reposições do equipamento B até o final da vida do projeto, igualada à vida do equipamento A, mais longevo. Os números a seguir mostram como isso poderia provocar mais de uma troca de sinal no fluxo de caixa do projeto.

Projeção do fluxo de caixa de um projeto X[2]

Ano	Eqpto. A	Eqpto. B	FC$ Operacional	FC$ Livre
0	–10.000	–2.600	0	–12.600
1	0	0	2.500	2.500
2	0	0	2.500	2.500

2 Admite-se que os equipamentos encerrem suas vidas úteis subitamente (modelo conhecido como *light bulb* e *one hoss shay* de equipamentos que mantêm sua capacidade de produção inalterada até seu "último suspiro").

Ano	Eqpto. A	Eqpto. B	FC$ Operacional	FC$ Livre
3	0	0	2.500	2.500
4	0	−2.600	2.500	−100
5	0	0	2.500	2.500
6	0	0	2.500	2.500
7	0	0	2.500	2.500
8	0	−2.600	2.500	−100
9	0	0	2.500	2.500
10	0	0	2.500	2.500
11	0	0	2.500	2.500
12	0	0	2.500	2.500

O fluxo de caixa de um projeto de investimento tem natureza incremental, incluindo todas as entradas e saídas de caixa provocadas pela realização do projeto:

Fluxo de caixa do projeto = Saldo de caixa da organização com projeto – Saldo de caixa da organização sem projeto

Sua projeção se apoia em um programa de criação e uso de capacidade. Estudos de mercado e legislação constituem o ponto de partida da preparação desse programa, composto por elementos:

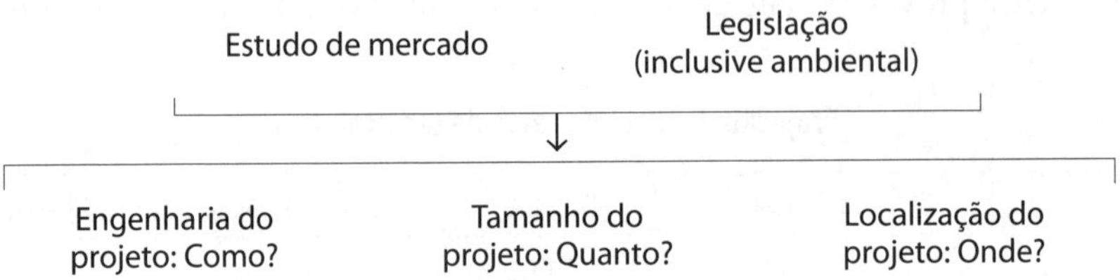

Esse conjunto de levantamentos e análises pode ser chamado de estudo técnico-econômico, que fornece a base para as projeções financeiras:

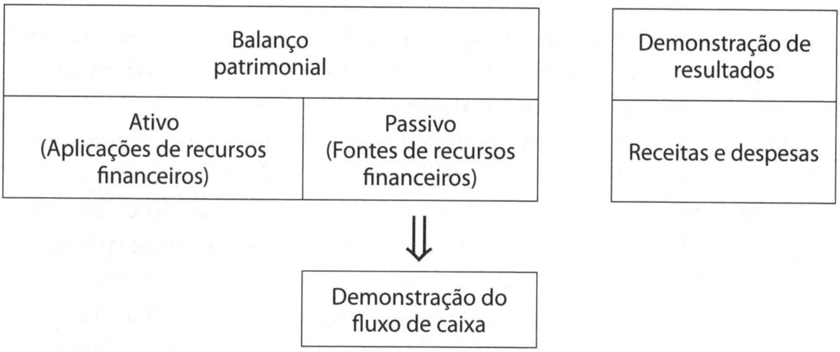

Tão logo se dá o "estalo" da ideia de investir em algo, duas perguntas se impõem:

- É legal? Existem normas jurídicas regulamentando a atividade objeto do investimento?
- Há um mercado para o projeto?

Seria preciso mais de um capítulo para expor passo a passo como se chega a uma aceitável (realista) estimativa do fluxo de caixa de um projeto ao longo de seu completo ciclo de vida. Farei o seguinte: apresentarei a sequência de procedimentos, o A-Z da projeção do fluxo de caixa de um projeto de investimento, com algumas sugestões de como lidar com cada variável que precisa ser estimada.

- Em primeiro lugar, oferecerei um formato contábil, estrutura formal que abrigará as estimativas de receitas, custos, investimentos e outras variáveis que comporão o fluxo de caixa.
- Em seguida (ou paralelamente), mostro como cada variável depende de algum estudo adicional; e sugiro um tipo de modelagem financeira.
- Por último, chamo a atenção para as incertezas rodeando nossas projeções. Desde já, é útil aplicar o que se denomina "análise de sensibilidade", que permite avaliar como se altera uma projeção de fluxo de caixa quando se varia uma, e apenas uma, variável sensitiva.

As fronteiras da economia da engenharia

Como abordado no Capítulo 1, a economia da engenharia é uma disciplina gerencial, criada e desenvolvida por engenheiros, cujo avanço depende de contribuições de outras disciplinas – gerenciais, tecnológicas e legais. Isso fica muito claro quando se visualiza o quadro hierárquico (veja a página anterior) que descreve o processo de elaboração de um projeto de investimento, estudo necessário à tomada de decisão de criar capacidade adicional de produção de bens e/ou serviços.

O quadro demonstra que a elaboração de um projeto de investimento requer a colaboração de profissionais de diferentes formações – nesse caso, engenheiros, advogados, economistas, estatísticos, especialistas em marketing etc. O engenheiro líder de projeto, qualificado em economia da engenharia, precisa receber insumos essenciais desses colaboradores.

Assim, os dois primeiros passos dependem de profissionais competentes em estudos de mercado e legislação. Identificadas as condições legais que permitem (ou não) realizar o projeto, tem-se uma primeira etapa de decisão. Caso o projeto seja aprovado nessa etapa, estuda-se o mercado. Justificada a expectativa de uma oportunidade legítima de mercado, a equipe de planejadores volta-se para a preparação de um plano de capacidade - engenharia, tamanho da unidade produtiva e sua localização. Os engenheiros descrevem e avaliam tecnologias de processo e produto, assim como fornecem estimativas de investimentos e, pelo menos, alguns custos de operação e encerramento.

Reunidos todos esses elementos, é possível preparar as projeções de fluxos de caixa. Daqui para a frente, o engenheiro líder e sua equipe assumem. Se necessário, se recorre à *expertise* (habilidade) de contadores e economistas com formação em finanças e, talvez, de engenheiros com conhecimento e experiência em processos de produção e distribuição, capazes de fornecer estimativas de custos.

Evidentemente, mais que competência técnica, será exigido do engenheiro que lidere uma equipe responsável pela elaboração de um projeto de investimento. Convém lembrar o Capítulo 1, a respeito do perfil de competências do engenheiro do futuro (do presente?).

Contribuição das metodologias de gerenciamento de projetos ao planejamento técnico, econômico e financeiro de projetos

As metodologias de gerenciamento de projetos mostram os seguintes aspectos influenciando a projeção dos efeitos financeiros de um projeto:

Sigla	Tradução	Descrição de	Engenharia de (ênfase)
PBS	*Product Breakdown Structure*	Estrutura de produto, resultado físico final do projeto.	Produto/processo voltado para operação.
WBS	*Work Breakdown Structure*	Estrutura de tarefas necessárias à produção do produto anterior.	Orientada para projeto e execução de obra.
RBS	*Resource Breakdown Structure*	Estrutura de recursos exigidos pelas tarefas anteriores.	Idem WBS.

Como podem essas ferramentas de gerenciamento de projetos contribuírem para o planejamento de projetos como aqui entendido?

- PBS (estrutura do produto final do projeto) é um ponto de partida natural desse planejamento. Oferece-nos a visão do que será o projeto (empreendimento) quando pronto para entrar em operação. E, certamente, nada nos impede de construir uma PBS olhando para o encerramento da vida do projeto.
- WBS (estrutura de tarefas), ferramenta indispensável ao gerenciamento de qualquer empreendimento, é de grande utilidade para determinar as necessidades de recursos (RBS).
- RBS (estrutura de recursos exigidos para realizar as tarefas especificadas na WBS) ajuda a garantir que o projeto seja executado de acordo com suas especificações técnicas e que os custos de implantação, operação, manutenção e encerramento sejam corretamente estimados.

3.4 Formato contábil

3.4.1 Conceitos básicos

As projeções dos fluxos de caixa de um projeto de investimento serão inseridas em um formato contábil abrangendo três relatórios: balanço patrimonial (BP), demonstração de resultados do exercício (DRE) e demonstração do fluxo de caixa (DFC). A DFC integra os dois relatórios precedentes: uma vez projetados BP e DRE, a DFC combina valores de variáveis neles contidas:

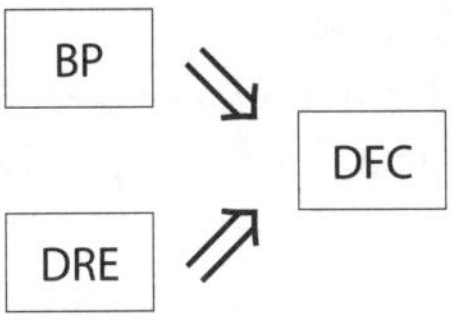

Cia. W: Balanço patrimonial

Como relatório estático, o BP expõe a posição patrimonial instantânea. Em jargão dimensional, contém variáveis de estoque (dimensão de tempo zero). Mostra usos de capital no lado esquerdo (ativo), fontes no direito (passivo ou capital de terceiros mais patrimônio líquido ou capital próprio):

Cia. W: BP em 31/12/XY

Ativo			Passivo e patrimônio líquido		
Discriminação	**1/1/XY**	**31/12/XY**	**Discriminação**	**1/1/XY**	**31/12/XY**
Disponível (caixa)	0	100	Bancos curto prazo	0	250
Contas a receber	0	400	Contas a pagar	0	250
Estoques	100	300	Bancos longo prazo	400	400
Imobilizado	1.300	1.200	Capital social	1.000	1.000
			Lucros acumulados	0	100
Total	**1.400**	**2.000**	**Total**	**1.400**	**2.000**

Cia. W: Demonstração de resultados do exercício

A DRE é um relatório dinâmico, de variáveis de fluxo (dimensão de tempo variável: ano, mês etc.), que mostra o movimento de contas modificadoras da posição patrimonial durante um intervalo de tempo. Ela confronta receitas, despesas e impostos até chegar a um resultado de lucro (ou prejuízo), como no exemplo simplificado a seguir, de uma empresa que iniciou operação em 1/1/XY.

Cia. W: DRE em XY

Discriminação	$
Receita operacional bruta	1.000
(–) Impostos faturados	(100)
(=) Receita operacional líquida	900
(–) Custos dos produtos vendidos	(360)
(=) Lucro operacional bruto	540
(–) Despesas operacionais (exclusive depreciação)	(140)
(–) Depreciação	(100)
(=) Lucro operacional líquido	300
(–) Despesas financeiras	(90)
(=) Lucro antes do imposto de renda	210
(–) Provisão para imposto de renda	(60)
(=) Lucro líquido	150

Cia. W: Demonstração do fluxo de caixa

A DFC mostra todas as movimentações de caixa em certo período (dinheiro que entrou e saiu). Explica a variação do disponível revelada por dois balanços patrimoniais consecutivos:

Ativo circulante disponível em 31/12/XY0	$ 0
Ativo circulante disponível em 31/12/XY1	$ 100
Variação do disponível	$ 100

A Cia. W começou a operar com $ 0 em caixa e fechou o ano devendo a bancos ($ 250) mais do que tinha disponível ($ 100), logo teve um fluxo negativo de caixa no exercício. Como isso é possível, se houve um lucro líquido de $ 150 no ano?

Geração de capital de giro. Operando, a empresa utiliza sua capacidade, produz e vende produtos, incorre em custos e obtém receitas. O fluxo decorrente dessas operações é chamado Geração de capital de giro: lucro líquido acrescido de despesas que não absorvem caixa (como depreciação) e subtraído de receitas que não geram caixa (como reavaliação de um ativo).

Cia. XYZ: geração de capital de giro em XY

Item	$
Lucro líquido	150
(+) Depreciação	100
Geração de capital de giro (GCG)	250

Absorção de capital de giro. IOG (Investimento operacional em giro) é a diferença entre ACO (Ativo circulante operacional = Contas a receber mais estoques) e PCO (Passivo circulante operacional = Contas a pagar). Aumentos do IOG absorvem caixa, reduções do IOG geram caixa. Assim, o fluxo de caixa medido neste bloco pode ser positivo ou negativo.

Cia. W: absorção de capital de giro em XY

Item	$
Aumento de contas a receber	400
(+) Aumento de estoques	200
(–) Aumento de contas a pagar	(250)
Absorção de capital de giro (ABG)	350

Fluxo operacional de caixa. A diferença entre geração de capital de giro e absorção de capital de giro é o fluxo operacional de caixa (ou caixa gerado/absorvido pelas operações).

Cia. XYZ: fluxo operacional de caixa em XY

Item	$
Geração de capital de giro	250
(–) Absorção de capital de giro	(350)
Fluxo operacional de caixa (FCO)	(100)

Fluxo de caixa livre. Deduzindo-se do FCO os investimentos líquidos em novos ativos fixos, tem-se o fluxo de caixa livre (disponível para quitar empréstimos, pagar dividendos etc.).

Cia. W: fluxo de caixa livre em XY

Item	$
Fluxo operacional de caixa	(100)
(–) Investimento líquido em ativos fixos	(0)
Fluxo de caixa livre (FCL)	(100)

Como foi utilizado o Fluxo de caixa livre pela Cia. W? Cabe observar que:

- A W contraiu $ 400 de empréstimos bancários de longo prazo e, estando em período de carência, não quitou parcela alguma dessa dívida. Logo, esse item não afetou o fluxo de caixa, a não ser por meio do pagamento de juros e do efeito redutor do imposto de renda desses juros.
- Ela pagou dividendos de $ 50 e reteve $ 100 do lucro obtido em seu primeiro ano de vida.

Cia. W: uso do fluxo de caixa livre em XY

Item	$
Fluxo de caixa livre	(100)
(–) Pagamento de dividendos	(50)
Fluxo de caixa	(150)

O fluxo de caixa da Cia. W em XY foi negativo, o que se confirma confrontando o saldo de caixa ($ 100) com a dívida bancária de curto prazo ($ 250). Tomando dinheiro em bancos, por meio de fontes de curto prazo – como desconto de duplicatas e operações de *hot money* –, a empresa obteve um saldo de Caixa de $ 100 em 31/12/XY. Sua posição de tesouraria, contudo, é negativa:

Cia. W: posição de tesouraria em 31/12/XY

Item	$
Disponível	100
(–) Bancos curto prazo	(250)
Posição de tesouraria	(150)

3.4.2 Tópicos adicionais em projeção de fluxo de caixa

Esta seção aborda outros 15 tópicos envolvidos na projeção do fluxo de caixa de um projeto:

1. Depreciação.
2. Valor residual.
3. Custos "enterrados".
4. Efeitos colaterais.
5. Juros sobre capitais de terceiros.
6. Custos de oportunidade.
7. Imposto de renda.
8. Inflação.
9. Discretização.
10. Convenção de fim de período.
11. Capital de giro.
12. Horizonte temporal da projeção.
13. Grau de precisão das estimativas.
14. Certeza, risco e incerteza.
15. Fluxos convencionais e não convencionais.

1. **Depreciação.** É o reconhecimento contábil do desgaste e obsolescência de um ativo – uma máquina, um prédio ou um veículo. Quando se adquire um ativo, dada a sua capacidade de gerar benefícios por um grande espaço de tempo, a contabilidade o trata como um imobilizado (fixo) que será depreciado ao longo de sua vida de serviço. O prazo de depreciação, seu parcelamento e a atribuição de valor residual seguem a legislação fiscal. Eis um exemplo simples:

Investimento fixo em equipamento	$ 100.000
Vida útil estimada para fins de depreciação	10 anos
Depreciação linear anual	10 parcelas anuais iguais
Valor residual (valor de venda do equipamento usado)	$ 10.000 (10% do investimento)
Cota anual de depreciação de $ 90.000/10	$ 9.000

A parcela de $ 9 mil será somada aos custos da empresa (ou projeto) ano após ano, até esgotar-se o valor depreciável do ativo ($ 90 mil). Assim, faz-se o reconhecimento contábil do custo de desgaste do equipamento. Note que inexiste desembolso (saída de caixa) cada vez que o ativo é depreciado: é um custo contábil (regime de competência) e não uma saída de caixa (regime de caixa). Esse custo reduz o lucro tributável e o IR a pagar, porque oferece um benefício fiscal igual ao produto da alíquota do IR pela cota anual de depreciação. Se, no exemplo, a alíquota fosse de 30%, o benefício fiscal anual seria de 30% × $ 9.000 = $ 2.700.

2. **Valor residual.** É o fluxo de caixa (positivo ou negativo) cuja ocorrência se dá em função do encerramento da vida do projeto. Em sua formação entram itens como o valor de revenda (mercado de segunda mão) de ativos fixos remanescentes, custos de recuperação ambiental e imposto de renda sobre lucro (diferença entre valor de mercado e valor contábil) na venda do ativo usado.

3. **Custos "enterrados".** São custos incorridos no passado e que não mais se pode evitar. Por exemplo, os custos já incorridos de uma obra são irrelevantes para a decisão de concluí-la ou não. Os custos futuros são os únicos relevantes, em comparação aos benefícios esperados.

4. **Efeitos colaterais.** Podem ser positivos ou negativos. São efeitos colaterais positivos os benefícios que um projeto traz para outras atividades da organização patrocinadora; por exemplo, um projeto de tratamento de efluentes

industriais, obrigatório por lei, evita penalidades como multas ou suspensão de atividades (benefícios diretos), ao mesmo tempo em que favorece a imagem pública da organização. Constituem efeitos colaterais negativos perdas sofridas por outras atividades em função do projeto; por exemplo, um projeto de novo produto "canibaliza" parte da produção de produtos antigos, causando perda de receita (e fluxo de caixa).

5. **Juros sobre capitais de terceiros.** O financiamento do projeto pode unir capital próprio (patrimônio) a capital de terceiros (dívida). Dívida gera pagamento de um serviço periódico somando amortização (quitação do principal) e juros (custo financeiro dedutível no cálculo do IR).

6. **Capital de giro.** Além de ativos fixos, os projetos requerem ativos de giro líquido (estoques mais contas a receber menos contas a pagar). Todo aumento de capital de giro líquido absorve caixa, o oposto gera caixa. No ciclo de vida do projeto, prevê-se que o capital de giro líquido seja inteiramente reposto, suas variações se compensando e produzindo saldo zero.

7. **Imposto de renda.** As empresas estão sujeitas ao pagamento de IR sobre o "lucro real", apurado de acordo com a legislação fiscal. Os valores devidos devem ser introduzidos no fluxo de caixa do projeto de acordo com a distribuição temporal esperada de seu recolhimento. Adotarei a premissa conservadora de pagamento no final do ano corrente – ano em que a obrigação é gerada.

8. **Inflação.** As estimativas de fluxos de caixa devem ser produzidas de forma coerente: todas a preços constantes de alguma data de referência ou todas a preços futuros, projetados por uma taxa de inflação de acordo com plausíveis cenários macroeconômicos. No segundo caso, a taxa de desconto usada na avaliação do projeto deverá incorporar a inflação futura.

9. **Discretização.** Um fluxo de caixa é projetado no tempo, podendo este ser tratado como contínuo ou discreto. Na prática, discretiza-se o tempo em unidades como anos, semestres, meses etc. Por comodidade, aqui serão adotados fluxos discretizados em anos.

10. **Convenção de fim de período.** Os fluxos de caixa realizam-se ao longo do tempo, não necessariamente de forma regular. Sua atribuição a pontos de tempo é uma conveniente simplificação. É comum adotar-se a premissa de que eles se realizem ao fim de cada período, parte do horizonte temporal da projeção. Uma abordagem conservadora recomenda alocar entradas de caixa a finais de período e saídas de caixa a inícios de período, principal-

mente quando houver dúvidas sobre o mais preciso instante de tempo de sua ocorrência.

11. **Horizonte de tempo da projeção.** Pode ser fixado em função de um ou mais dos seguintes fatores: vida útil dos equipamentos, ciclo de vida do produto, exaustão de recursos naturais não renováveis e duração de contratos.

12. **Grau de precisão das estimativas.** Lembre-se de que estamos lidando com estimativas: uma estimativa exata é um paradoxo! No entanto, obtêm-se soluções de alta qualidade desde que se observem alguns princípios e se apliquem certos instrumentos. Siga as regras de ouro:
    1. Confie em quem sabe produzir estimativas.
    2. Baseie estimativas em experiência.
    3. Ajuste o nível de precisão da estimativa à sua necessidade.
        - *Guess* (palpite) – recurso de desespero.
        - *Guesstimate* – ordem de grandeza, um pouco melhor.
        - Estimativa detalhada, firme.

Margens de erro em estimativas de custos

Nível da WBS	Quantidade no projeto	Custo médio $	Precisão	
			± e %	± e $
Projeto	1	100.000.000	1	1.000.000
Subprojeto	100	1.000.000	10	100.000
Tarefa	1.000	100.000	30	30.000
Subtarefa	10.000	10.000	100	10.000
Atividade	100.000	1.000	300	3.000

Fonte: Adaptado de TURNER, J. Rodney. *The handbook of project-based management.* Londres: McGraw-Hill, 1993.

13. **Erros e tendenciosidades.** Projeções de fluxos de caixa são produzidas por seres humanos, capazes de cometer erros e ser influenciados por tendenciosidades.
    Brealey e Myers[3] alertam para a tendenciosidade que envolve algumas previsões de fluxos de caixa. Estas costumam ser marcadas por fatores como excesso de otimismo e exagero (ou seus contrários). Por sua vez, tais fatores se associam a uma variedade de causas, entre as quais se incluem o ambiente

3 BREALEY, Richard; MYERS, Stewart. Where positive net present value comes from. 2. ed. *Principles of corporate finance.* Auckland: McGraw-Hill, Capítulo 11, 1984.

geral da economia, o poder e o prestígio de certas áreas funcionais e divisões das empresas, e características pessoais dos proponentes dos projetos. Todas elas contribuem para introduzir vieses e erros naquelas previsões. Enquanto os erros, não raro grosseiros, podem e devem ser eliminados mediante revisão crítica rigorosa das estimativas de fluxos de caixa, os vieses são mais difíceis de detectar e recomendam um tratamento probabilístico que seja capaz de reduzir os excessos, para mais ou para menos.

14. **Certeza, risco e incerteza.** O conhecimento humano dos fluxos de caixa de um projeto de investimento pode ser considerado em três níveis ou estados, hipóteses que simplificam uma realidade mais complexa. Pode-se situar esse conhecimento em uma escala que vai de um extremo (certeza) a outro (incerteza) com infinitas combinações de risco entre eles:

Certeza $\Longleftarrow$ Risco $\Longrightarrow$ Incerteza

Knight[4] estabeleceu a diferença entre as condições de certeza, incerteza e risco:

- **Condições de certeza.** Os fluxos de caixa são considerados determinísticos, isto é, perfeitamente antecipados pelo analista do projeto. É claro que nenhum projeto obedece a essas condições, cuja suposição é uma questão de conveniência destinada a simplificar a análise.
- **Condições de risco.** Os fluxos são considerados probabilísticos e pode-se atribuir probabilidades de ocorrência aos valores que cada um pode tomar em cada período.
- **Condições de incerteza.** Os fluxos são considerados probabilísticos e não se pode atribuir qualquer probabilidade aos valores que cada um pode assumir em cada período.

Neste capítulo, assume-se a posição de vidente, capaz de antecipar com perfeição os fluxos de caixa futuros de um projeto de investimento. Ressalto mais uma vez que esta é uma conveniência didática: está-se apenas iniciando uma jornada, ainda existe muito para se aprender.

15. **Fluxos convencionais e não convencionais.** Um fluxo de caixa convencional apresenta uma, e apenas uma, troca de sinal. Começa com fluxos negativos (fase de criação de capacidade), passa a positivos (fases de uso de capacidade e encerramento) e assim termina. Já um fluxo não convencional

---

4 KNIGHT, Frank H. *Risk, uncertainty and profit*. Cambridge: Harvard University Press, 1921.

possui mais de uma troca de sinal. Como será visto, os fluxos não convencionais podem trazer dificuldades na aplicação de medidas de valor de investimentos. Contudo, há como lidar com cada uma dessas dificuldades. O exemplo a seguir contrasta os fluxos de caixa dos projetos A e B; o primeiro exibe uma só troca de sinal, entre o investimento no ano 0 e as entradas líquidas de caixa no ano 1; o segundo exibe uma troca de sinal entre os anos 0 e 1 e uma segunda troca entre os anos 5 e 6. Está devedor, possivelmente devido a um investimento de reposição ou grande manutenção de equipamentos.

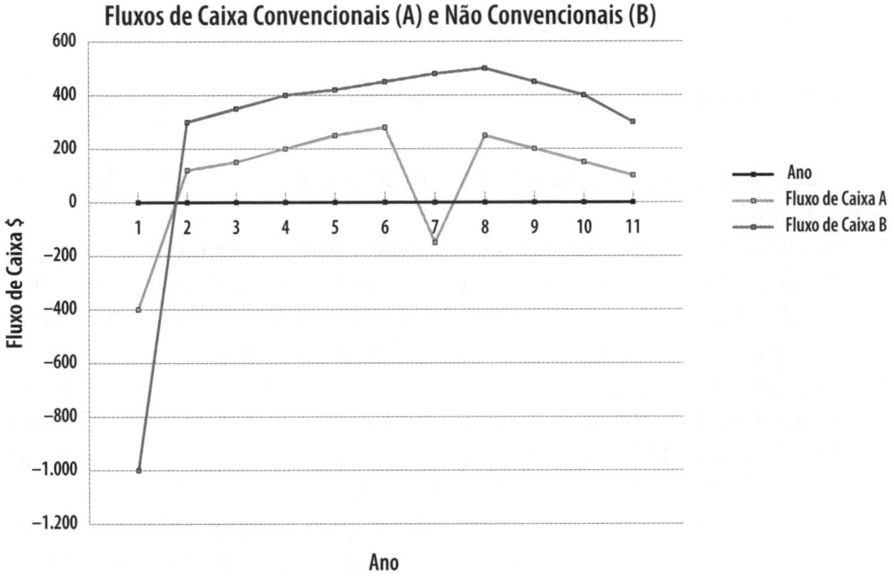

Ano	0	1	2	3	4	5	6	7	8	9	10
FlCx$ A	−1.000	300	350	400	420	450	480	500	450	400	300
FlCx$ B	−400	120	150	200	250	280	−150	250	200	150	100

3.5 Modelagem técnica e financeira

A modelagem de projeção combina o formato contábil a um número de recursos de análise.

Fluxos de implantação

Fluxos de investimento fixo. A implantação de um projeto reúne todas as atividades da identificação da oportunidade de investimento à entrada em operação regular. Esse processo cria uma capacidade finita de produção e demanda recursos físicos e intelectuais cujo custo é o investimento inicial. Referido processo estabelece parâmetros iniciais para a avaliação do projeto:

Investimento

Investimento fixo (custo inicial de criação de capacidade) no tempo 0.	I_F
Capacidade física de produção (volume máximo de produção por período).	$X_{máx}$
Vida útil do investimento (vida física máxima de operação da capacidade).	n

Cabem aqui algumas considerações adicionais relativas à realidade do processo de implantação:

1. Geralmente esse processo consome tempo e investimentos distribuídos por vários períodos; a concentração do investimento em um período "0" é uma simplificação; nada impede que se aloquem os investimentos de acordo com o cronograma de execução física e financeira do projeto.
2. Nem sempre se mede capacidade sem se levantarem dúvidas ou objeções; aqui, interferem fatores como regime de operação (o padrão mundial atual é 24 × 7, ou seja, 24 horas vezes 7 dias por semana; acrescente-se, 52 semanas por ano), composição da linha de produtos etc.
3. A capacidade está sujeita a perdas e danos pelo uso; por melhores que sejam os processos de manutenção e reposição de ativos, com o tempo, ela sofre reduções inevitáveis. Contudo, é comum admitir-se, na projeção de fluxos de caixa, ser a capacidade constante até o limite da vida física, quando tem "morte súbita", em geral coincidindo com o término do prazo de depreciação contábil. Isso facilita as projeções, mas introduz distorções que prejudicam a avaliação econômica.[5]

Estimativas de investimento fixo

Quando baseadas em projeto final de engenharia, essas estimativas apresentam o mais alto grau de precisão e merecem mais confiança. Deverão incluir elementos tais como custos de projetos e ativos fixos – terrenos, construção, equipamentos etc. – assim como instalação, operação experimental e outros gastos necessários à preparação da capacidade produtiva para entrar em uso.

5 Veja o quadro na página seguinte sobre modelos de exaustão de capacidade produtiva.

Em estudos preliminares, é possível aplicar o método de *scaling up*.[6] Sendo a relação entre investimento fixo e capacidade dada pela equação seguinte, estima-se o investimento fixo requerido por uma unidade maior: $I_{FT} = I_{FB} \times (Q_T/Q_B)^a$, em que, por exemplo:

Variável	Valores
I_T = investimento fixo em unidade de produção de capacidade *T* (projetada).	1.624.505
I_{FB} = investimento fixo em unidade de produção de capacidade *T* (base, conhecida).	1.000.000
Q_T = capacidade projetada.	200.000
Q_B = capacidade base.	100.000
a = fator de escala (valores modais situados entre 0,6 e 1).	0,7

Modelos de exaustão de capacidade produtiva

As projeções de fluxos de caixa computam a depreciação de ativos fixos segundo a legislação fiscal; as cotas de depreciação esgotam o valor investido nos ativos até o fim de sua vida útil, que coincide com o horizonte temporal da previsão. Então, a capacidade produtiva sofre "morte súbita" e a produção se encerra. A seguir, contrastam-se dois modelos de exaustão de capacidade:

- ***Net Cap*** supõe que a depreciação contábil e a econômica se igualem, o que é falso. Em vez desse modelo linear de exaustão, uma solução mais refinada deveria ser utilizada, reconhecendo-se a realidade do esgotamento físico da capacidade produtiva dos ativos fixos junto com seu impacto na avaliação pelo mercado do equipamento envelhecido.
- ***One Hoss Shay***[7] é o modelo usado implicitamente na projeção dos fluxos de caixa de um projeto – como se a capacidade sofresse "morte súbita". O OHS mantém fixa a capacidade até o penúltimo período da vida dos ativos; no último, a capacidade cai a zero (a norma é não explicar como isso ocorre), ao mesmo tempo em que os ativos fixos se depreciam como se de fato sofressem

6 Principalmente quando se tratar de instalações em que a capacidade de produção esteja associada a equipamentos cujas capacidades individuais mantêm relações com seu volume – por exemplo, um forno.

7 Textos didáticos parecem ignorar esse modelo. Estudos empíricos e relatórios de consultorias, contudo, a ele fazem referência constante. Um exemplo é dado por FRAUMENI, Barbara M. *Productive highway capital stock measures*, 1999. Disponível em: <www.fhwa.dot.gov/reports/phcsm/phcsm.pdf>.

perdas de capacidade (uma contradição óbvia!).[8] Diewert[9] conta que Bohm-Bawerk já fazia uso do conceito em 1891.[10] São exemplos de ativos submetidos a essa lógica lâmpadas e cadeiras; reconhecidamente, pouco expressivos.

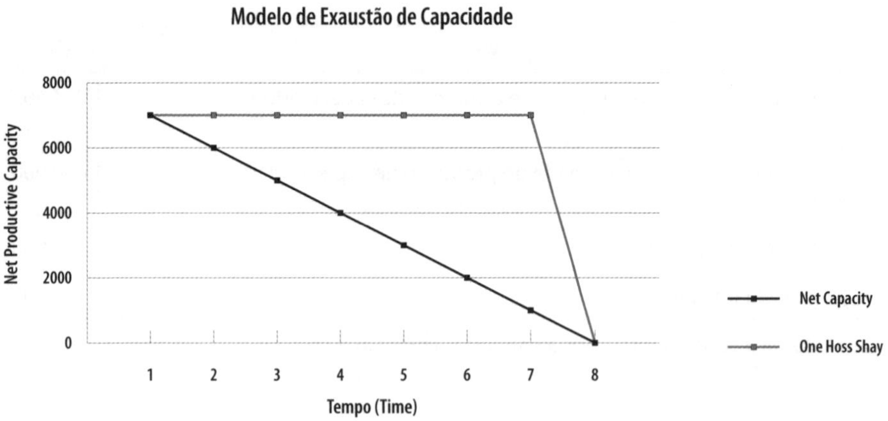

A vida econômica de um ativo pode ser inferior à sua vida física: um projeto costuma sofrer concorrência de outros projetos, um fenômeno normal em um mercado competitivo. Assim, o ciclo de vida de um projeto compreenderia três fases pós-investimento: (i) recuperação do valor investido e dos juros incidentes sobre esse capital; (ii) criação de valor novo; e (iii) destruição de valor (porque são esgotadas as vantagens competitivas desfrutadas pelo projeto). A duração da fase (ii) classifico como "janela de criação de valor", tema que explorei em outro capítulo deste livro.

Fluxos de investimento em capital de giro. É possível que algum investimento em capital de giro precise ser feito para que o projeto possa começar a operar. Por exemplo, uma fábrica somente poderá iniciar sua produção quando dispuser previamente de itens como estoques de matérias-primas e embalagens. Uma vez iniciada a operação, os produtos serão vendidos, às vezes com prazos variados de pagamento concedidos a clientes, o que fará que o projeto passe a

8 Existe uma evidente (e perniciosa) confusão entre depreciação contábil (reconhecimento contábil de um custo) e depreciação econômica (perda de valor de mercado). Autores de textos didáticos deveriam ser mais cuidadosos, alertando seus leitores para a diferença entre esses conceitos e, por extensão, para as implicações de seus usos.

9 DIEWERT, W. Erwin. *Issues in the measurement of capital services, depreciation, asset price changes and interest rates*. Discussion Paper N° 04-1. Department of Economics, The University of British Columbia, ago. 2004. Disponível em: <http://www.econ.ubc.ca>.

10 BOHM-BAWERK, E. V. *The positive theory of capital*. Nova York: G. E. Stechert, 1891. Traduzido do original publicado em 1888.

ter contas a receber. Outros investimentos em capital de giro poderão ser necessários, mas estes costumam ser os mais frequentes e importantes. Tudo somado, tem-se um ativo circulante operacional.

Mas as necessidades de capital de giro podem ser reduzidas por financiamentos de curto prazo, providos por fornecedores (compras de materiais de produção e manutenção), obrigações sociais (folha de salários e encargos) e obrigações fiscais (impostos a recolher). Em cada um desses casos, a organização empreendedora do projeto terá prazo para efetuar o pagamento do débito contraído. Forma-se assim um passivo circulante operacional. Uma forma simplista para estimar o capital de giro necessário às operações presume proporcionalidade e constância das razões entre estoques, contas a receber e contas a pagar, de um lado, e receita de vendas, do outro.

Capital de giro

Capital de giro líquido (Estoques + Contas a receber – Contas a pagar) em % da receita	IOG

As necessidades líquidas de capital de giro, que aqui chamamos investimento operacional em giro (IOG), é, portanto, a diferença entre o total de ativos circulantes operacionais (ACO) e o de passivos circulantes operacionais (PCO). Como se dimensionam?

1. As necessidades de ACO derivam de dois fatores: a duração do ciclo operacional (sequência de atividades indo da aquisição de matéria-prima ao recebimento das vendas) e o nível de atividade (produção e vendas). Pode-se pensar no volume de líquido que enche uma tubulação: ele depende do comprimento (duração do ciclo) e do diâmetro (nível de atividade).
2. Em paralelo à realização de seu ciclo operacional, o projeto contrai débitos de funcionamento, que deverá quitar dentro de prazos concedidos.
3. A diferença entre a duração do ciclo operacional e o prazo médio de pagamento de contas chama-se DCC (duração do ciclo de caixa): DCC = DCO – PMP. Quanto menor, dado o nível de atividade do projeto, menores são as necessidades líquidas de capital de giro, e vice-versa.

<table>
<tr><td colspan="2">Duração do ciclo operacional</td></tr>
<tr><td>Prazo médio de pagamento</td><td>Duração do ciclo de caixa</td></tr>
</table>

Admita-se um projeto com receita anual de \$ 500 mil, custos de produtos vendidos de \$ 420 mil, estoque médio de \$ 83.333, contas a receber de \$ 41.667 e contas a pagar de \$ 62.500. Os estoques renovam-se a cada 71,43 dias (prazo médio = 360 × 83.333 / 420.000, medido em "dias de custos") ou 60 dias (prazo médio = 360 × 83.333 / 500.000, medido em "dias de vendas"). As contas a receber vencerão em 30 dias (de vendas) e as contas a pagar em 53,57 ("dias de custos") ou 45 ("dias de vendas"). O cálculo em "dias de vendas" permite somar vários prazos. Logo, DCC é igual a:

DCC = Prazo médio de renovação de estoques (60 "dias de vendas")
+ Prazo médio de recebimento de contas (30 "dias de vendas")
– Prazo médio de pagamento de contas (45 "dias de vendas")

DCC = (60 + 30) – 45 = 90 – 45 = 45 "dias de vendas" → IOG exigirá o equivalente a um mês e meio de faturamento.

Fluxos de financiamento. Um projeto demanda investimento fixo de $ 1.300 e capital de giro bruto (estoques iniciais) de $ 100. O investimento total de $ 1.400 foi financiado por uma combinação de recursos próprios ($ 1.000) com um empréstimo bancário de longo prazo ($ 400). Por conseguinte, ainda não houve financiamento de estoques – isso poderá ocorrer adiante.

Com o apoio do formato contábil, assim se resumem os fluxos de implantação de um projeto:

Cia. W: BP de abertura em 31/12/XY

Ativo		Passivo e patrimônio líquido	
Discriminação	**1/1/XY**	**Discriminação**	**1/1/XY**
Disponível (caixa)	0	Bancos curto prazo	0
Contas a receber	0	Contas a pagar	0
Estoques	100	Bancos longo prazo	400
Imobilizado (imóveis, máquinas etc.)	1.300	Capital social	1.000
Total	**1.400**	Total	**1.400**

Em período de abertura, não há nem receitas nem despesas e tampouco DRE. Mas existe DFC, que se mostra a seguir. Note que os desembolsos de $ 1.400 foram financiados parte com capital próprio ($ 1.000), parte com capital de terceiros ($ 400), o saldo de caixa se mantendo nulo.

Cia. W: DFC em 19XY

Item	$
Geração de capital de giro	0
(–) Absorção de capital de giro	100
(–) Fluxo operacional de caixa	(100)
(–) Investimento líquido em ativos fixos	1.300
(=) Fluxo livre de caixa	(1.400)

Fluxos de operação

Em operação, um projeto tem receitas e custos operacionais, podendo-se acrescentar fluxos de investimentos (ou desinvestimentos) em ativos fixos e de giro, bem como de financiamento.

Receita

Base (volume inicial de produção/vendas, multiplicado por seu preço)	R_1
Volume-base	X_1
Preço-base	P_1
Crescimento (taxa de crescimento da base no ciclo de vida do projeto)	g

Observações:

1. O volume X_t será o menor de dois números – a demanda de mercado ou a capacidade $X_{\text{máx}}$.
2. A demanda de mercado terá crescimento (ou não), independentemente da capacidade do projeto.
3. A capacidade $X_{\text{máx}}$ será determinada pelos investimentos fixos realizados no projeto e por curvas de decaimento que terão início em algum período de operação do projeto.

Custos

Custo variável unitário (% da receita total R)	v
Custo fixo total por período (inclusive depreciação de ativos fixos)	F
Alíquota do imposto de renda	t
Valor residual dos ativos fixos	Z
Depreciação contábil para fins de imposto sobre a renda $D = (I - Z)/n$	D

Observações:

1. Os custos fixos e variáveis poderão se elevar com a passagem do tempo, refletindo o envelhecimento dos ativos fixos e sua gradual perda de eficiência.
2. A depreciação contábil importa apenas na medida em que é um gasto dedutível no cálculo do imposto de renda a pagar. Ela fornece um "abrigo fiscal" equivalente ao produto de seu valor D pela alíquota do IR.

Financiamento

Juros sobre saldo devedor de empréstimos	J
Amortização de saldo devedor de empréstimos	A
Serviço da dívida	$J + A$

Observação: Os juros fornecem um "abrigo fiscal" equivalente ao produto de seu valor *J* pela alíquota do IR.

O financiamento bancário de longo prazo contraído pelo projeto em sua etapa de implantação será amortizado e remunerado ao longo de sua fase de operação. O serviço total da dívida será formado por duas parcelas, uma de juros sobre o saldo devedor e outra de amortização desse mesmo saldo devedor do empréstimo.

Pode interessar à equipe de analistas do projeto calcular o benefício fiscal resultante desse endividamento, o que demandaria um pouco mais de cálculos, como a seguir.

Juros sobre saldo devedor de empréstimos	J
Benefício fiscal = Alíquota do imposto de renda × Juros sobre saldo devedor	$t \cdot J$
Custo efeito do empréstimo	$J \cdot (1 - t)$
Amortização de saldo devedor de empréstimos	A
Serviço efetivo da dívida	$J.(1 - t) + A$

Fluxos de encerramento

O encerramento da operação de um projeto apresenta as seguintes características:

1. Está limitado no tempo pela vida física máxima dos ativos fixos ou por condições contratuais (caso, por exemplo, de explorações mediante concessão).
2. Deve ser otimizado pela ótica financeira, buscando-se o espaço de tempo que maximiza o valor presente líquido (medida da riqueza criada pelo projeto para seus investidores).
3. Pode ter fluxos de caixa (valores residuais) positivos ou negativos. Os fluxos negativos decorrentes de fatores como custos de recuperação ambiental não devem ser confundidos com perda de vantagens competitivas que geraram valor na fase (ii) do ciclo de vida do projeto.

O fluxo projetado de caixa é então para períodos representativos da vida do projeto:

Discriminação	Período 0	Período 1	Período *j*	Período *n*
Receita	0	$R_1 = P_1 \cdot X_1$	$Rj = R_1 \cdot (1 + g)^j$	$Rn = R_1 \cdot (1 + g)^n$
(–) Custo variável	0	$V_1 = v \cdot R_1$	$V_j = v \cdot R_j$	$V_n = v \cdot R_n$
(=) Margem	0	$R_1 - V_1$	$R_j - V_j$	$R_n - V_n$
(–) Custo fixo	0	F	F	F

continua

continuação

(=) Lajir [a]	0	$R_1 - V_1 - F$	$R_j - V_j - F$	$R_n - V_n - F$
(–) Juros [b]	0	J_1	J_j	J_n
(=) Lair [c]	0	$R_1 - V_1 - F - J_1$	$R_j - V_j - F - J_j$	$R_n - V_n - F - J_n$
(–) PIR [d]	0	$t \cdot \text{Lair}_1$	$t \cdot \text{Lair}_j$	$t \cdot \text{Lair}_n$
(=) Lucro líquido	0	$(1 - t) \cdot \text{Lair}_1$	$(1 - t) \cdot \text{Lair}_j$	$(1 - t) \cdot \text{Lair}_n$
(+) Depreciação [e]	0	$(I - Z)/n$	$(I - Z)/n$	$(I - Z)/n$
(–) Investimento [f]	I_f	?	?	?
(+/–) Investimento [g]	I_g	?	?	?
(=) Fluxo de caixa	$-I\ (= I_f + I_g)$	$(1 - t) \cdot \text{Lair}_1 +$ $(I - Z)/n$	$(1 - t).\text{Lair}_j +$ $(I - Z)/n$	$(1 - t) \cdot \text{Lair}_n +$ $(I - Z)/n + Z$

[a] Lucro antes dos juros e do imposto de renda.
[b] Somente na hipótese de haver empréstimos no projeto.
[c] Lucro antes do imposto de renda.
[d] Provisão para imposto de renda.
[e] Cota periódica igual a custo histórico menos valor residual (*Z*) dividido pela vida do ativo (*n*).
[f] Investimento (ou desinvestimento) em ativos fixos.
[g] Investimento (ou desinvestimento) em capital de giro.

Cada linha do quadro anterior pede uma modelagem particular:

1. A receita do projeto é o produto de preço vezes a quantidade vendida (admitida igual à quantidade produzida). Se o projeto tiver uma linha de produtos, será preciso calcular o somatório de preços vezes as respectivas quantidades. Até este ponto, nada demais, difícil é justificar as relações entre preços e as quantidades ao longo de um período de previsão. Um estudo de mercado é exigido para prover essa justificativa. A equação no quadro anterior multiplica a receita do período 1 por um fator de crescimento à taxa *g*. Esta, por sua vez, depende de variáveis como tamanho e crescimento esperado da população consumidora, níveis de renda real da mesma população, acesso a crédito e seu custo etc.[11] Além disso, o que interessa ao projeto é a receita líquida, que deduz da receita bruta os impostos incidentes na venda e perdas previsíveis, em virtude da falta de recebimentos, descontos etc.
2. Os custos fixos e variáveis podem ser modelados como descrito na Seção 3.10.
3. Os juros serão calculados de acordo com os contratos de empréstimo.
4. PIR (provisão para imposto de renda) provém de cálculos efetuados pelo setor contábil da empresa, em conformidade com a legislação fiscal. Aqui, adota-se uma premissa simplificadora de uma alíquota fixa sobre o Lair (lucro antes do imposto de renda).

11 Uma apresentação completa e rigorosa do tema foge ao conteúdo deste livro, mas veja a Seção 3.7 a respeito.

5. A depreciação é outro item que deve ser calculado pelos contadores e que neste capítulo se trata de modo simplificado, admitindo-se um único tipo de ativo fixo, que se deprecia linearmente ao longo da vida do projeto, com valor residual estimado segundo as normas legais.
6. As estimativas de investimento em capital fixo e capital de giro vêm em linhas diferentes. Uma depende diretamente do projeto de engenharia; a outra decorre em parte desse projeto, mas também de outras variáveis, como a política de vendas a crédito.

3.6 O caso da Cia. Prestadora

A Cia. Prestadora terceiriza serviços de limpeza de escritórios. Constituída em 01/01/XY, ela investiu um total de $ 200 mil de seu próprio capital em equipamentos de limpeza de última geração para explorar um mercado crescente e mal-atendido em qualidade de serviço.

Projeção da receita total

Tendo projetado o número anual de atendimentos e o valor médio de cada atendimento, a Cia. Prestadora estimou sua receita anual em um horizonte de 5 (cinco) anos, após o que precisará renovar todo o equipamento recém-adquirido – sua capacidade também estará esgotada.[12] Como se pode ver no quadro a seguir, o mercado da Prestadora deverá crescer 5% a.a.

Ano	Dias úteis	Atend./dia	Atend. tot.	$/atend.	Receita
1	300	10,0000000	3.000,0000	200	600.000
2	300	10,5000000	3.150,0000	200	630.000
3	300	11,0250000	3.307,5000	200	661.500
4	300	11,5762500	3.472,8750	200	694.575
5	300	12,1550625	3.646,5188	200	729.304

Projeção dos custos e do lucro líquido

O departamento técnico da Prestadora estimou o custo variável unitário de atendimento – mão de obra, transporte, materiais de limpeza, manutenção do equipamento e outros – em $ 120, deixando uma margem de contribuição unitária de $ 80. Já o custo fixo anual – aluguel e outras despesas do escritório, depreciação do equipamento de limpeza e dos veículos de transporte – será constante em $ 200 mil por ano, nos cinco anos da projeção. A alíquota do IR é 35%.

12 Confesso: estou usando o modelo de esgotamento de capacidade *one hoss shay*!

Ano	Receita	Custo variável	Custo fixo	Lajir = Lair[13]	PIR	Lucro líquido
1	600.000	360.000	200.000	40.000	14.000	26.000
2	630.000	378.000	200.000	52.000	18.200	33.800
3	661.500	396.900	200.000	64.600	22.610	41.990
4	694.575	416.745	200.000	77.830	27.240	50.590
5	729.304	437.582	200.000	91.722	32.103	59.619

Projeção do fluxo de caixa do projeto

Está-se a um passo da montagem do fluxo de caixa do projeto da Cia. Prestadora. Falta somente acrescentar o investimento inicial, o efeito da depreciação (que foi deduzida como custo para fins de tributação, mas que não implica saída de caixa) e o valor residual (nesse caso, é nulo).

Ano	Lucro líquido	Depreciação	Fluxo de caixa operacional	Investimento	Fluxo de caixa do investimento
0	0	0	0	200.000	–200.000
1	26.000	40.000	66.000	0	66.000
2	33.800	40.000	73.800	0	73.800
3	41.990	40.000	81.990	0	81.990
4	50.590	40.000	90.590	0	90.590
5	59.619	40.000	99.619	0	99.619

Sensibilidade da projeção do fluxo de caixa do projeto

Qual seria o fluxo de caixa desse projeto se alguns parâmetros assumissem valores diferentes daqueles utilizados na projeção anterior? Os resultados de uma análise de sensibilidade revelam quão sensível é o fluxo de caixa projetado diante de mudanças em duas premissas de projeção.

1. Quando tudo o mais permanece constante, mas a taxa de crescimento se anula, o fluxo de caixa pós-investimento se transforma em uma série uniforme de $ 66 mil por ano.
2. Já com uma elevação do custo variável unitário para $ 150 – de novo, tudo o mais permanece como na projeção-base (*base case*) –, o fluxo pós-investimento revela-se decepcionante, apontando de imediato para a inviabilidade financeira do projeto.

13 Nesse caso particular, Lajir e Lair são iguais, porque o empreendimento é integralmente financiado com recursos próprios. Inexistindo dívida, não há juros, logo Lajir e Lair têm de ser iguais.

	Taxa de Crescimento g % a.a.			Custo variável unitário		
Ano	**0**	**5**	**10**	**$ 100**	**$ 120**	**$ 150**
0	–200.000	–200.000	–200.000	–200.000	–200.000	–200.000
1	66.000	66.000	66.000	105.000	66.000	7.500
2	66.000	73.800	81.600	114.750	73.800	12.375
3	66.000	81.990	98.760	124.988	81.990	17.494
4	66.000	90.590	117.636	135.737	90.590	22.868
5	66.000	99.619	138.400	147.024	99.619	28.512

O quadro anterior contém um pouco de análise de sensibilidade. Mudando-se uma variável por vez, gera-se um diferente fluxo de caixa e, logo, um novo número para cada medida aplicada de valor do projeto. Especular com inteligência sobre os resultados previstos de um projeto permite:

1. Expressar as dúvidas (incertezas) do analista quanto ao que o futuro reserva para o projeto;
2. Chamar a atenção para as principais fontes de risco – possibilidades de que o projeto não se revele economicamente compensador;
3. Criar um conjunto de marcos para se monitorar o projeto. Os procedimentos de acompanhamento (durante execução) e auditoria (pós-encerramento) beneficiam-se de sua existência.

Cia. Prestadora — Um Exercício de Preparação do Fluxo de Caixa

DRE

Item	Ano 0	Ano 1	Ano 2	Ano 3	Ano 4	Ano 5
Receita	0					
(–) Custo Variável	0					
(=) Margem de Contribuição	0					
(–) Custo Fixo	0					
(=) LAIR (Lucro Antes do IR)	0					
(–) Imposto de Renda (35% do LAIR)	0					
(=) Lucro Líquido	0					
Depreciação (incluída no Custo Fixo)	**0**					

BP

Item	Ano 0	Ano 1	Ano 2	Ano 3	Ano 4	Ano 5
Caixa (encontrar por diferença: PT+ PL – imobilizado)	0					
Imobilizado	200.000					
Ativo Total = Passivo Total + PL	200.000					

continua

continuação

Item	Ano 0	Ano 1	Ano 2	Ano 3	Ano 4	Ano 5
Capital	200.000					
Lucros Acumulados	0					

DFC

Item	Ano 0	Ano 1	Ano 2	Ano 3	Ano 4	Ano 5
Lucro Líquido	0					
(+) Depreciação	0					
(=) Geração de Capital de Giro	0					
Investimentos Fixos	200.000					
Fluxo de Caixa Livre (Fluxo de Caixa do Ativo)	–200.000					

Anexo 1: Projeção da Receita Total

Item	Ano 0	Ano 1	Ano 2	Ano 3	Ano 4	Ano 5
Dias Úteis/ano						
Atendimentos/dia						
Atendimentos/ano						
Receita Unitária						
Receita Total						

Anexo 2: Projeção do Custo Variável Total

Item	Ano 0	Ano 1	Ano 2	Ano 3	Ano 4	Ano 5
Atendimentos/ano						
Custo Variável Unitário						
Custo Variável Total						

Solução

Taxa de Crescimento do Mercado (% a.a.)	5.

DRE

Item	Ano 0	Ano 1	Ano 2	Ano 3	Ano 4	Ano 5
Receita	0	600.000	630.000	661.500	694.575	729.304
(–) Custo Variável	0	–360.000	–378.000	–396.900	–416.745	–437.582
(=) Margem de Contribuição	0	240.000	252.000	264.600	277.830	291.722
(–) Custo Fixo	0	–200.000	–200.000	–200.000	–200.000	–200.000
(=) LAIR (Lucro Antes do IR)	0	40.000	52.000	64.600	77.830	91.722
(–) Imposto de Renda	0	–14.000	–18.200	–22.610	–27.241	–32.103
(=) Lucro Líquido	0	26.000	33.800	41.990	50.590	59.619
Depreciação	0	40.000	40.000	40.000	40.000	40.000

BP

Item	Ano 0	Ano 1	Ano 2	Ano 3	Ano 4	Ano 5
Caixa	0	66.000	139.800	221.790	312.380	411.998
Imobilizado	200.000	160.000	120.000	80.000	40.000	0
Ativo Total = Passivo Total + PL	200.000	226.000	259.800	301.790	352.380	411.998
Capital	200.000	200.000	200.000	200.000	200.000	200.000
Lucros Acumulados	0	26.000	59.800	101.790	152.380	211.998

DFC

Item	Ano 0	Ano 1	Ano 2	Ano 3	Ano 4	Ano 5
Lucro Líquido	0	26.000	33.800	41.990	50.590	59.619
(+) Depreciação	0	40.000	40.000	40.000	40.000	40.000
(=) Geração de Capital de Giro	0	66.000	73.800	81.990	90.590	99.619
Investimentos Fixos	200.000	0	0	0	0	0
Fluxo de Caixa Livre (Fluxo de Caixa do Ativo)	−200.000	66.000	73.800	81.990	90.590	99.619
Fluxo de Caixa Acumulado	−200.000	−134.000	−60.200	21.790	112.380	211.998

3.7 Minicaso: Cia. do Progresso

Apresentação

Este exercício de desenvolvimento de previsões de fluxos de caixa aplicará a metodologia que relaciona a DFC ao BP e a DRE a um caso mais completo que o precedente.

Descrição

A Cia. do Progresso iniciou operações em 01/01/XY, data em que entrou em funcionamento o projeto industrial recém-implantado. Seu balanço patrimonial de abertura foi o seguinte:

Cia. do Progresso – balanço patrimonial em 01/01/XY
$ 1.000

Ativo		Passivo e patrimônio líquido	
Caixa	10.000	Bancos	122.500
Estoques	62.500	Capital	100.000
Imobilizado	150.000		

continua

continuação

Ativo		Passivo e patrimônio líquido	
Total	222.500	Total	222.500

As previsões de fluxos de caixa na fase operacional da Cia. do Progresso cobrem os cinco anos de duração estimada do projeto. Essas previsões baseiam-se nos seguintes dados fornecidos.

- As vendas estão previstas em $ 500 mil (10 mil unidades a um preço unitário de $ 50) no primeiro ano e, depois, crescerão a 3% a.a. (em volume, a preço unitário constante). Os custos operacionais são em parte fixos ($ 200 mil), variáveis (50% do valor das vendas). O custo fixo inclui a depreciação (linear, ou seja, em cinco parcelas anuais iguais). O imobilizado não deixa qualquer valor residual ao final de cinco anos, quando seu valor cai para $ 0.
- Todas as sobras de caixa vão para uma caixa "estratégica" que permanece à disposição dos proprietários. Cabe a eles decidir o que fazer com ela, não ao analista do projeto, que simplesmente a registra.
- São mantidos os estoques de materiais e produtos, correspondendo a 60 dias de vendas, e duplicatas a receber representando 30 dias. As compras geram duplicatas a pagar que correspondem a 30 dias de vendas. Todos os ativos e passivos circulantes operacionais são zerados ao final do quinto ano. Essa premissa é adotada de forma a simplificar a solução do problema, evitando-se fazer previsões de fluxos de caixa para os primeiros meses do sexto ano.
- Os empréstimos bancários são parcialmente renovados a cada ano, pois a empresa deseja reduzir esse endividamento à razão de $ 20 mil por ano, até o quarto ano. No quinto ano, ela pretende zerar a dívida bancária remanescente. Os bancos cobram juros de 20% a.a. sobre o saldo devedor no início do ano.
- O imposto de renda é de 40% do lucro após os juros. Admite-se o pagamento do imposto ao final do mesmo exercício social a que ele se refere.

Pede-se o fluxo de caixa do projeto de investimento da Cia. do Progresso, apresentando:

- Balanço patrimonial (BP) de cada ano, de 0 a 5;
- A demonstração de resultado do exercício (DRE) dos anos 1 a 5, evidenciando a formação do resultado (de lucro ou prejuízo) *sem* e *com* empréstimos bancários;
- A demonstração do fluxo de caixa (DF) dos anos 1 a 5.

Solução do exercício: Cia. do Progresso

Roteiro da solução

Passo	O que fazer
1º passo	Preparar as planilhas (modelos) de BP, DRE e DFC, que serão utilizadas para registrar os valores (estimados) de contas de ativo, passivo e patrimônio líquido (BP), resultados (DRE) e fluxos de caixa (DFC).
2º passo	Preencher células com valores conhecidos de itens de ativo (duplicatas a receber, estoques, imobilizado menos depreciação acumulada), passivo (bancos, fornecedores, capital), receita, custos (fixos e variáveis) etc.
3º passo	Apurar o resultado do ano 1; levar ao BP (patrimônio líquido); totalizar passivo mais patrimônio líquido; somar itens do ativo (exclusive caixa estratégica); subtrair do total de passivo e patrimônio a soma (subtotal) de itens do ativo; essa diferença é a caixa estratégica no fim do ano. **Observação**: Isso facilita o trabalho posterior de preparação do fluxo de caixa, se o estudante calcular o resultado do exercício (lucro ou prejuízo) de duas formas: uma, computando juros (apurando o resultado real que reconhece os efeitos da existência de passivos onerosos), e outra, não o fazendo (obtendo resultado simulado e que mede o lucro ou prejuízo operacional, independentemente de serem os ativos financiados apenas com capital próprio ou também com capital de terceiros).
4º passo	Repetir o procedimento anterior (3º passo) para o ano 2, e assim sucessivamente até o ano 5. Trata-se, pois, de um *loop* do tipo "*do... until*" (ou seja, faça a "operação X" até que se cumpra certa condição Y, nesse caso, ano = 5).
5º passo	Se estiverem completos o BP e a DRE, fica fácil elaborar a DFC de acordo com o modelo analítico proposto, bastando, para tanto, transcrever dados contidos naquelas duas primeiras demonstrações.

Quadros: DRE, BP e DFC

DRE – Anos 1 a 5

Item	Ano 1	Ano 2	Ano 3	Ano 4	Ano 5
	Com endividamento				
Receita (–) CV	a b				
MC (–) CF	c d				
Lajir (–) juros	e f				
Lair (–) PIR	g h				
LL	i				

continua

continuação

Item		Ano 1	Ano 2	Ano 3	Ano 4	Ano 5
				Sem endividamento		
Lajir	j					
(–) PIR	k					
LL	l					
Lajir	j					
(–) PIR	k					
LL	l					
Depreciação	m					

Observação:

a. Vendas crescem 3% a.a.
b. Custo variável (CV) representa 50% das vendas.
c. Margem de contribuição (MC) é igual a vendas menos custo variável.
d. Custo fixo (CF) é igual a $ 200 mil por ano.
e. Lucro antes dos juros e do imposto de renda.
f. Juros representam 20% do saldo devedor da conta Bancos.
g. Lucro antes do imposto de renda.
h. Imposto de renda representa 40% do Lair.
i. Lucro (ou prejuízo) líquido do exercício.
j. Hipótese de o projeto não utilizar capital de terceiros.
k. Imposto de renda correspondente à hipótese anterior.
l. Lucro (ou prejuízo) líquido do exercício, idem.
m. Destacada nesta linha para facilitar futura apuração do fluxo de caixa.

BP – Anos 0 a 5

Item		Ano 0	Ano 1	Ano 2	Ano 3	Ano 4	Ano 5
Cx. estratégica	a						
Ds/receber	b						
Estoques	c						
Imobilizado	d						
Ativo total	**e**						
Bancos	f						
Fornecedores	g						
Capital	h						
Lucros acum.	i						
IOG	j						
Var. do IOG	k						
FC do IOG	l						

Observação:

a. Obtida como resíduo (total do passivo menos a soma dos itens conhecidos do ativo).
b. Trinta dias de vendas do ano corrente.
c. Sessenta dias de vendas do ano corrente.
d. Depreciado linearmente em cinco anos, sem valor residual.
e. Obtido como igual à soma do passivo.
f. Reduz-se de $ 20 mil entre os anos 0 e 4; zera no ano 5.
g. Sessenta dias de vendas do ano corrente.
h. Constante e igual a $ 100 mil.
i. Valor acumulado dos lucros de todos os anos até então.
j. Investimento operacional em giro = Duplicatas a receber + Estoques – Fornecedores.
k. IOG de cada ano menos o IOG do ano anterior.
l. Fluxo de caixa do IOG; todo aumento do IOG representa absorção de caixa; contrariamente, toda redução do IOG representa geração de caixa.

DFC – Anos 0 a 5

Item		Ano 0	Ano 1	Ano 2	Ano 3	Ano 4	Ano 5
Lucro líq.	a						
(+) Deprec.							
(=) Ge. Cap. G							
Abs. Cap. Giro	b						
Ger. Oper. Cx.	c						
Imobilizações	d						
FC do ativo	e						
Principal							
(–) Juros							
(+) Var. IR							
(=) FC pass.	f						
FC do inv.	g						
FC acumul.	h						

Observação:

a. LL calculado segundo a hipótese de que o projeto não utiliza capital de terceiros.
b. Absorção de capital de giro = Fluxo de caixa do IOG.
c. Fluxo operacional de caixa = Geração de capital de giro + Absorção de capital de giro.
d. Fluxo de caixa da imobilização.
e. Fluxo de caixa do ativo = Fluxo operacional de caixa + Fluxo de caixa da imobilização.
f. Fluxo de caixa do passivo.
g. Fluxo de caixa do Investimento = Fluxo de caixa do ativo + Fluxo de caixa do passivo.
h. Fluxo de caixa acumulado = Saldo de caixa (conta do ativo do balanço patrimonial).

Solução: DRE, BP e DFC

DRE – Anos 1 a 5

Item		Ano 1	Ano 2	Ano 3	Ano 4	Ano 5
Com endividamento						
Receita	a	500.000	515.000	530.450	546.364	562.754
(–) CV	b	(250.000)	(257.500)	(265.225)	(273.182)	(281.377)
MC	c	250.000	257.500	265.225	273.182	281.377
(–) CF	d	(200.000)	(200.000)	(200.000)	(200.000)	(200.000)
Lajir	e	50.000	57.500	65.225	73.182	81.377
(–) Juros	f	(24.500)	(20.500)	(16.500)	(12.500)	(8.500)
Lair	g	25.500	37.000	48.725	60.682	72.877
(–) PIR	h	(10.200)	(14.800)	(19.490)	(24.273)	(29.151)
LL	i	15.300	22.200	29.235	36.409	43.726
Sem endividamento						
Lajir	j	50.000	57.500	65.225	73.182	81.377
(–) PIR	k	(20.000)	(23.000)	(26.090)	(29.273)	(32.551)
LL	l	30.000	34.500	39.135	43.909	48.826
Depreciação	m	30.000	30.000	30.000	30.000	30.000

Observação:

a. Vendas crescem 3% a.a.
b. Custo variável (CV) representa 40% das vendas.
c. Margem de contribuição (MC) é igual a vendas menos custo variável.
d. Custo fixo (CF) é igual a $ 200 mil por ano.
e. Lucro antes dos juros e do imposto de renda.
f. Juros representam 20% do saldo devedor da conta Bancos.
g. Lucro antes do imposto de renda.
h. Imposto de renda representa 40% do Lair.
i. Lucro (ou prejuízo) líquido do exercício.
j. Hipótese de o projeto não utilizar capital de terceiros.
k. Imposto de renda correspondente à hipótese anterior.
l. Lucro (ou prejuízo) líquido do exercício, idem.
m. Destacada nesta linha para facilitar futura apuração do fluxo de caixa.

BP – Anos 0 a 5

Item		Ano 0	Ano 1	Ano 2	Ano 3	Ano 4	Ano 5
Cx. estratégica	a	10.000	14.467	44.167	80.827	124.853	246.870
Ds/receber	c	0	41.667	42.917	44.204	45.530	0
Estoques	d	62.500	83.333	85.833	88.408	91.061	0
Imobilizado	e	150.000	120.000	90.000	60.000	30.000	0
Ativo total	**f**	**222.500**	**259.467**	**262.917**	**273.439**	**291.174**	**246.870**
Bancos	g	122.500	102.500	82.500	62.500	42.500	0
Fornecedores	h	0	41.667	42.917	44.204	45.530	0
Capital	i	100.000	100.000	100.000	100.000	100.000	100.000
Lucros acum.	j	0	15.300	37.500	66.735	103.144	146.870
IOG	k	62.500	83.333	85.833	88.408	91.061	0
Var. do IOG	l	62.500	20.833	2.500	2.575	2.652	(91.062)
FC do IOG	m	(62.500)	(20.833)	(2.500)	(2.575)	(2.652)	91.062

Observação:

a. Obtida como resíduo (total do passivo menos a soma dos itens conhecidos do ativo).
b. Trinta dias de vendas do ano corrente.
c. Sessenta dias de vendas do ano corrente.
d. Depreciado linearmente em 5 anos, sem valor residual.
e. Obtido como igual à soma do passivo.
f. Reduz-se de $ 20 mil entre os anos 0 e 4; zera no ano 5.
g. Sessenta dias de vendas do ano corrente.
h. Constante e igual a $ 100 mil.
i. Valor acumulado dos lucros de todos os anos até então.
j. Investimento operacional em giro = Duplicatas a receber + Estoques – Fornecedores.
k. IOG de cada ano menos o IOG do ano anterior.
l. Fluxo de caixa do IOG; todo aumento do IOG representa absorção de caixa; contrariamente, toda redução do IOG representa geração de caixa.

DFC – Anos 0 a 5

Item		Ano 0	Ano 1	Ano 2	Ano 3	Ano 4	Ano 5
Lucro líq.	a	0	30.000	34.500	39.135	43.909	46.826
(+) Deprec.		0	30.000	30.000	30.000	30.000	30.000
(=) Ge. Cap. G		0	60.000	64.500	69.135	73.909	76.826
Abs. Cap. Giro	b	(62.500)	(20.833)	(2.500)	(2.575)	(2.652)	91.061
Ger. Oper. Cx.	c	(62.500)	39.167	62.000	66.580	71.257	169.887
Imobilizações	d	(150.000)	0	0	0	0	0
FC do ativo	e	(212.500)	39.167	62.000	66.580	71.257	169.887
Principal		122.500	(20.000)	(20.000)	(20.000)	(20.000)	(42.500)
(–) Juros		0	(24.500)	(20.500)	(16.500)	(12.500)	(8.500)
(+) Var. IR		0	9.800	8.200	6.600	5.000	3.400
(=) FC pass.	f	122.500	(34.700)	(32.300)	(29.900)	(27.500)	(47.600)
FC do inv.	g	(90.000)	4.467	29.700	36.660	43.757	122.287
FC acumul.	h	(90.000)	(85.533)	(55.833)	(19.173)	24.583	146.870

Observação:

a. LL calculado segundo a hipótese de que o projeto não utiliza capital de terceiros.
b. Absorção de capital de giro = Fluxo de caixa do IOG.
c. Fluxo operacional de caixa = Geração de capital de giro + Absorção de capital de giro.
d. Fluxo de caixa da imobilização.
e. Fluxo de caixa do ativo = Fluxo operacional de caixa + Fluxo de caixa da imobilização.
f. Fluxo de caixa do passivo.
g. Fluxo de caixa do Investimento = Fluxo de caixa do ativo + Fluxo de caixa do passivo.
h. Fluxo de caixa acumulado = Saldo de caixa (conta do ativo do balanço patrimonial).

3.8 Nota sobre modelos de previsão de procura

Os modelos de projeção de fluxos de caixa dependem de uma previsão da procura pelos bens e/ou serviços que serão ofertados pelo projeto. Esses modelos são chamados *demand driven*, uma vez que muitas variáveis formadoras daqueles fluxos serão estimadas em função das vendas projetadas. Aqui, levanta-se uma questão: é factível prever a demanda por bens e/ou serviços no atual ambiente de negócios? Uma resposta envolve dois aspectos. Um é que toda avaliação de projeto repousa sobre expectativas de vendas futuras; assim, será sempre preferível explicitar o modo pelo qual se formam essas expectativas, aplicando-se um ou mais modelos de previsão. Outro é que convém olhar para um projeto não apenas como um estudo de viabilidade, mas também como um guia para a ação. Nesse sentido, a previsão de vendas revela quanto é preciso vender para que o projeto seja economicamente viável. Concluindo, eu não abriria mão de um estudo de mercado.

É forçoso reconhecer a importância e a dificuldade de se fazer previsão de demanda de longo prazo como exigido por um projeto de investimento. Nenhum investidor minimamente racional vai se comprometer a investir elevados recursos em uma oportunidade de negócio sem possuir expectativas aceitáveis de que haverá um mercado para sua oferta. Por outro lado, a experiência ensina que todos os modelos de previsão acusam falhas – desvios entre previsto e realizado – que crescem com a distância entre o presente conhecido e o futuro que se quer antever. Sendo assim, os projetos intensivos em ativos fixos e tecnologia, com longos prazos de maturação e baixa reversibilidade, sofrem mais com a falência de modelos de previsão, cuja confiabilidade diminui com a extensão do prazo de previsão; modelos ajudam menos quando mais são necessários.[14]

Esta nota visa informar o leitor da existência de métodos de trabalho capazes de ajudá-lo a enfrentar o desafio de prever a procura de bens e/ou serviços para um projeto de investimento. Não é exaustiva nem profunda, porque o assunto é muito vasto para caber em uma seção de um capítulo. Merece uma obra exclusivamente dedicada a ele.

Os modelos de previsão podem ser classificados de muitos modos diferentes. Um deles diferencia modelos fortemente usuários de base estatística (modelos quantitativos) de outros mais orientados pelo conhecimento e pela subjetividade dos planejadores (modelos qualitativos). Existem muitas técnicas de análise e previsão da procura, algumas adequadas a horizontes temporais de curto prazo, outras mais eficazes quando o horizonte se estende por vários anos à frente.

A previsão de curto prazo interessa mais à tomada de decisões operacionais. Em uma indústria, isso abrange planejamento de produção, compras, estoques, financiamento de capital de giro e outras atividades do ciclo operacional. Essa previsão usa, sobretudo, métodos quantitativos que transformam dados passados em previsões futuras. Os métodos existem em variados graus de sofisticação, incluindo análise de séries temporais, mineração de dados (*data mining*) e redes neurais artificiais (ANN ou *artificial neural networks*).[15] Observe que a previsão de curto prazo pode ser relevante para decisões de planejamento de capacidade, como em sistemas de suprimento de energia e água, por exemplo, sujeitos a picos de demanda que precisam ser atendidos.

---

14 Casos como os das indústrias de petróleo e de transporte aéreo ressaltam a necessidade da moderna "gestão de ativos", que se propõe a garantir a disponibilidade de ativos em condições operacionais. É preciso utilizar a capacidade produtiva quando existe demanda por ela!

15 Uma referência útil (e gratuita!) está disponível em <http://www.statsoft.com/textbook/>, um livro eletrônico introdutório à estatística, com algumas seções que abordam os métodos citados anteriormente.

Ainda assim, decisões de capacidade dependem muito de previsões de procura de longo prazo, podendo-se classificar suas técnicas em dois grandes grupos:[16]

Algumas técnicas de análise e previsão da procura

Quantitativas		Qualitativas	
a	Técnicas estatísticas.	a	Painel de especialistas.
b	Modelagem econométrica.	b	Delphi.
c	Coeficientes técnicos de insumo-produto.	c	Cenários.

3.8.1 Técnicas quantitativas

Extrapolação de tendência. Os modelos que extrapolam tendências passadas resumem todas as variáveis explicativas em uma só – o tempo. A seguir, vê-se um exemplo simples de apuração de uma tendência histórica, base de uma previsão de crescimento exponencial à taxa de 12,3% a.a., medida por uma equação capaz de explicar 88% da variação histórica da quantidade procurada.

Ano	1	2	3	4	5	6	7	8	9	10
X	45	65	78	67	102	91	129	125	130	132

Há pelo menos três problemas com a extrapolação de tendência. O primeiro

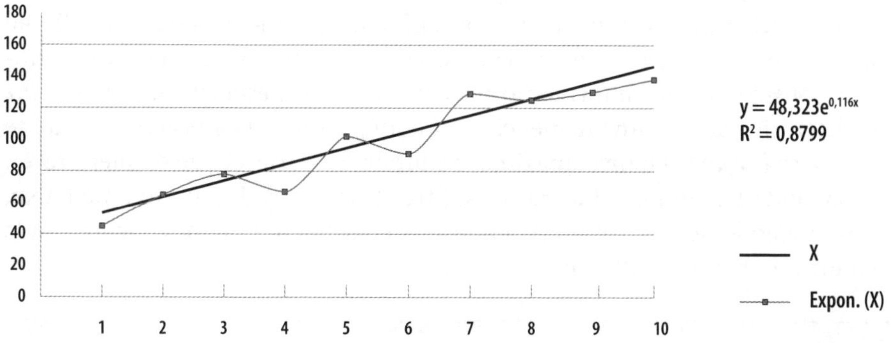

é que ela depende da disponibilidade de uma série histórica longa de dados merecedores de confiança. O segundo é que ela parte da premissa de que o

16 Uma discussão dos conceitos de previsão quantitativa *versus* qualitativa acha-se em JONES, Harry; TWISS, Brian C. *Previsão tecnológica para decisões de planejamento*. Rio de Janeiro: Zahar, 1986. Capítulo 5, Os elementos de um sistema de previsão.

futuro é uma continuação do passado, descartando assim qualquer mudança no processo de crescimento do mercado. Quanto mais longa a série histórica, maior a probabilidade dessa mudança. O terceiro é a progressiva perda de confiabilidade nos valores previstos, à medida que as datas das previsões se distanciam no futuro.

Vale a pena utilizar a extrapolação de tendência? Sim, como uma primeira abordagem, de caráter exploratório, respondendo-se à pergunta: qual será a demanda por esse bem ou serviço caso mantenha a tendência histórica observada? Desde que o repertório de recursos aplicados não se limite à extrapolação de tendência, ela pode ser usada.

Analogia histórica. Admite uma previsão baseada em eventos passados que sejam análogos à situação atual. Trabalha com generalizações de experiências e impactos históricos, comparando valores de características tendenciais previstas e realizadas. Assim, por exemplo, a demanda futura de um produto é baseada em uma analogia com a história de consumo de algum produto que tenha antecedido aquele. Por exemplo, quando os aparelhos de televisão chegaram ao mercado, sua demanda foi comparada àquela dos aparelhos de rádio; mais tarde, a demanda por aparelhos de televisão em cores foi relacionada à demanda por aparelhos P&B.

Curva S. Nem todos concordam com as curvas de séries temporais que implicam a possibilidade de se estender indefinidamente no futuro o crescimento passado, alegando ser isso uma falácia. Assim, em algum momento o crescimento será interrompido e se atingirá um limite finito.

A curva S é um instrumento que formaliza (e quantifica) a ideia de um limite ao crescimento do mercado, ou da parcela de mercado detida por um produto. É construída com informação histórica e técnica estatística, como se faz na determinação de uma tendência. Contudo, acrescenta a necessidade de se encontrar (ou fixar) o nível máximo, ou limite, da variável que se quer prever. A demanda por um produto atravessa três fases: introdução (volume baixo, crescimento lento), expansão (volume alto, crescimento rápido) e maturidade (volume máximo, estagnação).

A curva S a seguir descreve a projetada trajetória da participação no mercado de um hipotético produto Ω.

Saindo de 0% na data de lançamento, o produto cresce no mercado até atingir 60% de *market share* ao final de 12 trimestres.

Observe que o ganho de mercado é muito reduzido a partir do 7º trimestre.

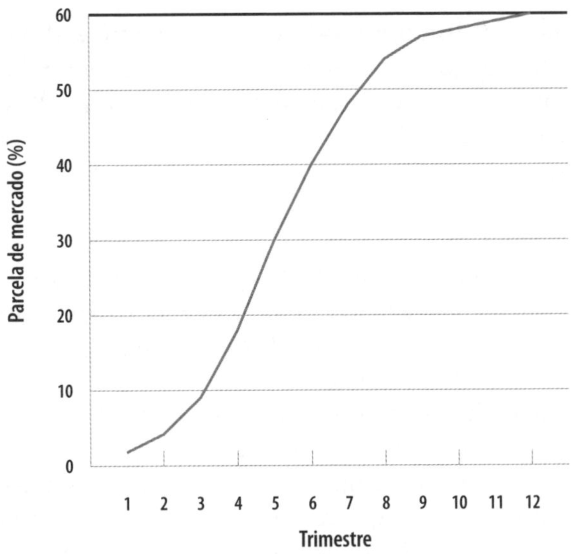

Modelagem econométrica. É um passo adiante, porque faz a quantidade procurada depender de um elenco de variáveis explicativas, com predominância de preço do produto, preços de substitutos e complementos, renda real de consumidores etc. Apoia-se na teoria econômica e na estatística para investigar relações quantitativas de consumo em nível de mercados particulares. Quando se modela a demanda por bens duráveis de consumo, costuma-se adicionar variáveis como estoques previamente possuídos e condições de crédito. A teoria e a prática de modelagem econométrica evoluíram muito desde seus primórdios, há quase um século. Muito ganharam com progressos na estatística e nas facilidades computacionais; contudo, ainda sofrem algumas limitações:

1. Dependem fortemente de dados e padrões históricos de comportamento. Se não há dados históricos ou levantamentos atuais de compras e fatores determinantes, não podem ser aplicadas. Se padrões históricos de comportamento mudam, seus resultados logo ficam obsoletos.
2. Há perda de capacidade preditiva à medida que as datas das previsões se distanciam no futuro.
3. Suas previsões de demanda dependem de outras previsões: preços, renda, condições de crédito etc. Ou seja, constituem "previsões condicionais", cujo grau de acerto futuro depende de quanto se acerte na previsão de variáveis do ambiente geral da economia e dos mercados.

Vale a pena utilizar essa técnica, desde que existam dados merecedores de confiança e capacidade da equipe para tentar diferentes combinações de variáveis explicativas, acima de tudo. Hoje é fácil estimar equações em razão da disponibilidade de ótimos recursos computacionais.

Coeficientes técnicos de insumo-produto. São coadjuvantes de modelos quantitativos. Dada uma projeção das demandas dos grandes consumidores de aço – indústria automobilística, construção civil, construção naval, equipamentos etc. Coeficientes de emprego de aço por unidade de produto seriam aplicados àquelas demandas para se estimar a futura demanda de aço.

3.8.2 Técnicas qualitativas

Esta seção aborda algumas técnicas qualitativas que podem ser úteis na tarefa de análise e previsão de mercado. As técnicas qualitativas reúnem vários e diferentes métodos, como painel de especialistas, Delphi, cenários e outros. Elas têm grande utilidade em certas situações:

1. Existem poucos dados fidedignos disponíveis e/ou faltam dados históricos (como se dá no caso de produtos novos).
2. Processa-se uma significativa mudança estrutural nas condições de oferta e procura de um produto, o que reduz a importância de eventos passados.
3. O uso inadequado e o abuso de técnicas quantitativas, em um turbulento ambiente de mercado, retiraram-lhe credibilidade e abriram espaço para outras técnicas de previsão.

Painel de especialistas. Visa obter consenso entre especialistas. Pressupõe que eles, atuando em conjunto, chegarão à melhor previsão dos acontecimentos futuros. Vem sendo empregada em muitos campos, há muito tempo. Possui o atrativo indiscutível do renome dos especialistas envolvidos e do caráter confidencial que costuma revestir sua comunicação a serviço de um cliente.

O painel reúne um grupo de especialistas para um ou poucos encontros, nos quais a comunicação entre eles é livre, direta e pessoal. O resultado final tende a refletir mais a dinâmica de grupo do que um verdadeiro consenso. Ganha-se em tempo e custo, perde-se, todavia, em precisão, e corre-se o risco de ser o exercício dominado pela opinião de um especialista mais influente. Sem falar que, não raro, os especialistas impressionam mais pelo que custam.

Delphi. Desenvolvida em 1960 na Rand Corporation, tenta corrigir falhas encontráveis na opinião do especialista ou em todo o painel de especialistas. A opinião de especialista não constitui um método satisfatório de previsão porque suas premissas e dados geralmente não são disponíveis para exame e verificação. Os especialistas tendem a fazer segredo de seus processos mentais e fontes de dados como forma de se proteger diante de concorrentes.

Um painel de especialistas daria melhor resultado, pois reúne uma variedade de disciplinas, capacidades e experiências. Também, os especialistas tendem a discutir e corrigir suas opiniões mutuamente, melhorando a qualidade dos dados e suas interpretações. Contudo, reuniões em comissões ou grupos de trabalho são influenciados por tipos autoritários, pela capacidade persuasiva de alguns dos participantes ou pelas alianças e lealdades pessoais que se formam na dinâmica da interação. A Delphi tenta superar problemas do comportamento em grupo mediante três procedimentos: anonimato, disposição estatística dos dados e retroalimentação do raciocínio elaborado.

Seu objetivo é, pois, obter antecipações de especialistas com um mínimo de intimidação ou influências por pressões sociais. Caso estes fossem reunidos em grupos de trabalho, seria grande o perigo de estarem sujeitos a influências e alterarem suas opiniões. De fato, apesar dos méritos ou da validade dos diferentes argumentos e pontos de vista, os membros mais extrovertidos ou de *status* mais elevado no grupo tenderão a exercer maior influência que os outros. Reduzindo ou eliminando o problema do *status*, por manter as contribuições individuais sob anonimato, espera-se obter opiniões ou avaliações bastante fidedignas e sinceras. Pode-se empregar essa técnica de antecipação de eventos de longo prazo em situações em que:

- Os problemas não podem ser equacionados por técnicas analíticas precisas.
- Os problemas e seu equacionamento exigem uma avaliação mediante opiniões subjetivas.
- O tratamento dos problemas requer a contribuição de especialistas em várias disciplinas.
- O número de opiniões ouvidas excede as limitações impostas por comunicações face a face.
- Procura-se evitar influências dominadoras no processo de elaboração de opinião ou parecer, que se manifestam através de *status*, eloquência, rudeza ou outros traços de personalidade.

Outras razões para a aplicação da técnica Delphi incluem:

- O tempo ou as distâncias tornam as reuniões de grupo difíceis ou dispendiosas.
- Grande discordância entre os indivíduos impede o consenso nos encontros face a face.
- Considerações políticas sugerem a conveniência do anonimato das opiniões individuais.

A construção de um exercício Delphi de previsão envolve as seguintes fases:

1. Definir o problema (objeto da previsão).
2. Elaborar e testar as perguntas cujas respostas são consideradas relevantes para a solução do problema; tais perguntas deverão ser parte de um questionário apropriado.
3. Determinar as áreas de conhecimento necessárias ao esclarecimento de todos os aspectos do problema.
4. Escolher os especialistas dessas áreas.
5. Estabelecer o plano e os procedimentos para a condução do exercício Delphi.

A condução de um Delphi assim se desenvolve:

1. Formula-se um conjunto de perguntas, cada uma das quais podendo ser respondida com um simples número – uma data, quantidade, porcentagem etc.
2. As perguntas são encaminhadas a pessoas escolhidas, em geral especialistas em áreas de conhecimento pertinentes ou relacionadas ao assunto.
3. Os questionários são apurados e procede-se à tabulação dos resultados, a fim de identificar a mediana das respostas e a extensão ou amplitude do segundo e terceiro quartis.
4. Retorna-se o primeiro turno ("rodada") de respostas aos participantes com a solicitação de que reavaliem a resposta inicial. Pede-se também que apresentem as razões das respostas se estas estiverem abaixo do primeiro ou acima do terceiro quartil.

Alguns exemplos de aplicação da técnica Delphi incluem:

- Uso de automóveis elétricos no transporte urbano: em que ano a produção de automóveis elétricos chegará a x% do total de veículos produzidos?
- Crescimento econômico: qual será a taxa de crescimento do produto interno bruto a preços constantes, comparando-se o corrente ano (2011) ao ano passado (2010)?
- Produção nacional de petróleo: qual será a produção (em 1.000 b/d) no ano de 2020?
- Penetração de mercado: qual será a parcela de mercado de um produto X no ano Y?

Alguns problemas na aplicação da técnica Delphi incluem:

- Formulação inadequada do problema.
- Formulação inadequada das perguntas.
- Omissão de áreas de conhecimento significativas na seleção de participantes.
- Falta de conhecimento das interações dos diversos fatores pelos especialistas, cuja competência não ultrapassa o próprio campo.
- Possibilidade de engano casual ou deliberado.
- Visão do Delphi como panaceia.
- Otimismo em curto prazo e pessimismo em longo prazo (ou o contrário).
- Profecia.
- Excesso de simplificação.
- Ilusão de especialização.

Enquanto um painel de especialistas pode discutir e chegar a conclusões em matéria de horas ou dias, um exercício Delphi pode, sob certas circunstâncias, consumir desde várias semanas até um ano. Depende muito, por exemplo, da composição do grupo. Especialistas de renome são difíceis de atrair e manter dentro da disciplina de calendário de qualquer atividade, sobretudo quando não se proporciona o destaque público a que estão acostumados.

Não é fácil avaliar os resultados da aplicação do método Delphi. A literatura reporta um número de aplicações, mas se sabe que a grande maioria permanece um segredo dos clientes, que despenderam somas consideráveis nesses estudos na expectativa de obter previsões valiosas.

Cenários. Muitas técnicas de previsão partem do pressuposto (explícito ou não) de que o futuro é algo imposto, resultante da evolução natural dos fatores que o determinam ou, em sentido oposto, de que o futuro é fruto de decisões conscientes tomadas no presente. Nos extremos, fica-se com o fatalismo ou com o voluntarismo. Os cenários constituem uma técnica de antecipação do futuro que parte da premissa de que este resulta da combinação de forças de três distintas naturezas:

- A continuidade do passado (tendências históricas gerais).
- As decisões do presente (desenvolvimentos projetados).
- Os fatores perturbadores (o acaso), que não são resultado de uma escolha, mas nem por isso são sempre indesejáveis; um invento, uma descoberta são exemplos de fatores perturbadores desejáveis (acasos felizes).

A técnica de cenários repousa sobre a impossibilidade de se predizer o futuro. Assim, alguns "futuros possíveis" são considerados para que se concentrem os esforços no sentido de atingi-los (se desejáveis) ou evitá-los (se indesejáveis), ou, ainda, para estar preparado na hipótese de ocorrência de algum deles. Os cenários não são bons nem como predições do que vai acontecer, nem como plano de ação. Só como "mapas de possibilidades" poderão ter utilidade.

A construção de cenários admite a presença de atores (agentes que interferem nos acontecimentos) e de restrições internas e externas à realização de um futuro desejado.

Na tentativa de reduzir as incertezas quanto ao futuro, os cenários procuram demonstrar, em uma sequência lógica e coerente, de forma clara e simples, como determinada cena pode vir a ocorrer, quais as incertezas envolvidas e quais as implicações (consequências) caso venha a ocorrer ou não. Responderiam, então, às seguintes questões:

1. Como determinadas situações hipotéticas podem se concretizar, passo a passo?
2. Que alternativas existem para cada agente social (ator), nos momentos decisivos, desviar ou facilitar o processo?

Os cenários têm, pelo menos, as seguintes vantagens:

1. Obrigam a se investigar aspectos pouco conhecidos (qualidade de vida, relações sociais, meio ambiente etc.).

2. Forçam o analista a examinar toda a dinâmica de interpelações da situação em estudo.
3. Permitem limitar as incertezas a um número de alternativas capaz de ser levado em conta pelos planejadores.

Os cenários compõem-se de três elementos, a saber:

1. Situação inicial ou base é o conjunto de fenômenos, variáveis e atores que formam o panorama atual. Uma análise histórica ajuda a compreender melhor sua formação, que se compõe de variáveis de sistema, sob o controle dos atores, e de variáveis e fenômenos de ambiente, fora daquele controle, mas que agem sobre e/ou são condicionados pelo sistema.
2. Hipóteses de evolução das variáveis ou fenômenos que se acham ligadas a políticas para as variáveis de sistema e a conjecturas (possivelmente baseadas em alguma técnica de previsão) para as variáveis do ambiente. Fala-se também de forças de mudança que impulsionam a mudança e são identificadas por sinais, bem como de trajetória, que descreve a evolução da base até a imagem futura projetada.
3. Situação final consiste na consequência da situação inicial e das hipóteses de evolução. Imagem (situação futura) é projetada desde a base – por tendência ou de modo normativo. A cena final pode ser precedida de cenas intermediárias (cortes). Usando-se cortes, a situação final de um segmento do horizonte de análise será a situação inicial ou base do segmento posterior. Por horizonte entende-se a data para a qual se procura projetar a imagem futura da base transformada. Um cenário, portanto, não se limita a exibir sua situação final; ele também descreve o processo temporal por meio do que se evolui do início ao fim.

Com base nesses componentes e na visão que se tem do futuro (situação final), podem-se elaborar três tipos básicos de cenários:

1. Exploratórios, em que o futuro é investigado desde a situação inicial. Combinam-se políticas definidas *a priori* com conjecturas das variáveis de ambiente e procura-se analisar as consequências de cada uma dessas políticas. Os cenários exploratórios podem ainda ser divididos em três tipos, antecipatórios (omite-se a trajetória que leva da base à situação final), tendenciais (mantêm-se as políticas e evoluções tradicionais de variáveis de ambiente) e alternativos (modificam-se radicalmente aquelas políticas e evoluções).
2. Normativos, em que se parte de um futuro ideal desejado e se definem as políticas necessárias para atingi-lo. Essa concepção traduz com mais vigor a ideia de que o homem é o construtor do futuro. A abordagem permite aproximações sucessivas (cenas intermediárias) para se passar da situação inicial até a (ou próximo da) situação final desejada.

3. Mistos, em que se parte de uma situação inicial, constrói-se um cenário de referência (normalmente, o tendencial) e a partir dele buscam-se variações possíveis ou desejadas, determinando-se, para essas últimas, as políticas necessárias.

Um bom cenário deve possuir certos atributos:

- **Utilidade.** Variáveis e situações exploradas têm de ser relevantes diante dos objetivos e dos usuários do cenário.
- **Identidade própria.** Cada cenário deve ter uma identidade que o caracteriza qualitativamente, dá o tom para seu desenvolvimento e o distingue de outros cenários.
- **Coerência interna.** O cenário deve ser lógico e não pode ser incoerente internamente. Por exemplo, um cenário que antevê o aumento da esperança de vida ao lado da manutenção de um elevado grau de concentração da renda não é coerente.
- **Plausibilidade.** O cenário deve ter uma probabilidade mínima de ocorrência. Assim, não deve se apoiar em hipóteses absurdas ou de remota probabilidade de materialização.
- **Clareza.** Cenários devem ser transparentes, dando uma visão clara de seu conjunto; sua ênfase deve residir nos aspectos qualitativos, tendo a quantificação um papel secundário.

Um cenário é um processador de informações que podem ser classificadas em dois grandes tipos:

- Variáveis constantes e exógenas, cuja evolução é a mesma, em qualquer cenário.
- Variáveis indicadoras de cenários, que caracterizam propriamente o cenário.

Quando se produz um leque de cenários a respeito de certo tema, há, portanto, uma parte invariante que se apresenta do mesmo modo em todos os cenários. Essa parte é formada pelas variáveis constantes (variáveis que supostamente se manterão constantes durante o horizonte temporal de realização do cenário) e pelas variáveis exógenas (variáveis cujas evoluções temporais são previstas "fora" do cenário propriamente dito, não podendo ser objeto de políticas).

De acordo com Schoemaker,[17] a construção de cenários envolve as seguintes fases:

1. Definir o alcance temporal e o escopo do cenário em termos de produtos, mercados, áreas geográficas, tecnologias etc.

---

17 SCHOEMAKER, Paul J. H. Scenario planning: A tool for strategic thinking. *Sloan Management Review*, inverno de 1995.

2. Identificar os principais interessados no cenário. Quem são, quais seus interesses e posições atuais, como serão influenciados pelos resultados do cenário e como poderão influenciar esses resultados – essas são algumas importantes perguntas que se deve fazer.
3. Identificar principais tendências. Que tendências econômicas, legais, tecnológicas etc. parecem estar se desenvolvendo e são capazes de influenciar o cenário? Note a relação com a primeira classe de informações relacionada anteriormente, referida como "variáveis constantes e exógenas, cuja evolução é a mesma, em qualquer cenário".
4. Identificar incertezas-chave. Que eventos, cujos desfechos são incertos, afetarão de modo significativo os resultados do cenário? Esta é a segunda classe de informações processadas por um cenário, as "variáveis que caracterizam propriamente o cenário".
5. Construir cenários iniciais. Schoemaker recomenda que se coloquem as variáveis incertas em dois "mundos extremos"; em um mundo otimista, os melhores desfechos esperáveis; em outro, pessimista, seus contrários. Isso permite construir os extremos balizadores *best case* e *worst case*, esperando-se que a realidade futura esteja entre eles.
6. Verificar coerência e plausibilidade. É preciso verificar se os cenários têm falhas de coerência e plausibilidade, que deverão ser eliminadas. Três testes podem ajudar nessa tarefa. Primeiro, são as tendências identificadas compatíveis com a dimensão temporal do cenário? Por exemplo, uma tendência cujos impactos mais expressivos somente terão lugar em mais de dez anos pouco influencia um cenário competitivo desenhado para os próximos três anos, típico de negócios altamente dinâmicos. Segundo, os cenários combinam incertezas que não se realizam juntas? Por exemplo, eventos macroeconômicos favoráveis como pleno emprego e inflação zero têm baixíssima probabilidade de ocorrerem simultaneamente. Terceiro, interessados poderosos podem não gostar de sua atual posição, logo é provável que tentem mudá-la no espaço de tempo do cenário; se este ignora essa possibilidade, está errado.
7. Construir cenários de aprendizado. Os cenários iniciais forneceram limites futuros, mas podem ser incoerentes, implausíveis ou irrelevantes. O objetivo do exercício é identificar temas que são estrategicamente relevantes e organizar tendências e desfechos em torno deles.
8. Identificar necessidade de pesquisa adicional. As fases anteriores podem ter revelado aspectos mal conhecidos, fazendo-se necessário pesquisar mais.
9. Desenvolver modelos quantitativos. Concluída a pesquisa adicional, deve-se novamente verificar se os cenários são coerentes e plausíveis. Variáveis definidoras de cenários têm de ser quantificadas, e relações estáveis entre elas estabelecidas. Os cenários estão quase prontos.
10. Evoluir para cenários de decisão. Por fim, em um processo interativo, chega-se aos cenários que serão efetivamente utilizados para gerar novas ideias

e testar estratégias. Quatro características de cenários seriam realmente úteis. A primeira refere-se à relevância. A segunda é a coerência interna. Na terceira, os cenários devem ser arquétipos,[18] ou seja, devem descrever diferentes futuros em vez de oferecer variações em torno de um único tema. Por último, cada cenário deve mostrar um equilíbrio ou estado em que o sistema tenda a permanecer por algum tempo.

Antes de concluir esta seção, convém comentar os aspectos organizacionais de sua utilização. Como toda previsão, a previsão por meio de cenários exige acumulação de experiência até dar bons resultados. Impõem-se assim uma abordagem interdisciplinar (reunião e interação de especialistas com distintas formações técnico-científicas) e uma base organizacional. Estas são condições essenciais para que a prática repetitiva do desenvolvimento de cenários produza os resultados desejados. Além disso, são erros que têm de ser evitados, a todo custo:

- Confiar a tarefa a um grupo de consultores externos à organização e sem qualquer vinculação mais estreita com os quadros técnicos dentro dela.
- Confiar a tarefa a especialistas de um único domínio de conhecimento, não importa qual.
- Realizar a tarefa esporadicamente, cada vez parecendo que vai ser a última (definitiva?).
- Desprezar a experiência passada, mesmo que não tenha sido boa (aprende-se muito com os erros cometidos; pelo menos, aprende-se a não repeti-los).
- Não sistematizar os procedimentos de previsão, evitando-se que uma nova equipe seja capaz de começar de algo já existente.
- Tratar a previsão como um fim em si.

3.9 Nota sobre custeio de produtos

As equações que relacionam custos a volumes são muito úteis quando já se conhecem os custos – fixos e variáveis – correspondentes a, pelo menos, um volume de produção que serve de base. Mas elas não foram concebidas para produzir estimativas de custos para esse volume-base.

Explicarei melhor, aproveitando o caso da Cia. Prestadora. Como se obtiveram as estimativas de custos fixos anuais ($ 200.000) e custos variáveis unitários ($ 120)? Um caminho poderia ser:

1. Todas as quantidades necessárias de recursos produtivos (equipamentos, pessoal, materiais de limpeza, serviços de transporte etc.) seriam relacionadas ao volume-base, que poderia ser a capacidade anual de produção – admita-se que fosse de 3.900 atendimentos anuais.

---

18 Um arquétipo é um modelo original, protótipo ou espécime único.

2. As quantidades de recursos seriam multiplicadas por seus preços, encontrando-se os custos totais de cada tipo de recurso. No diagrama a seguir, o primeiro quadro seria do tipo "rol de roupa", contendo uma (longa) lista de despesas (custo monetário dos recursos produtivos).

Esquema de atribuição de custos de recursos a produtos

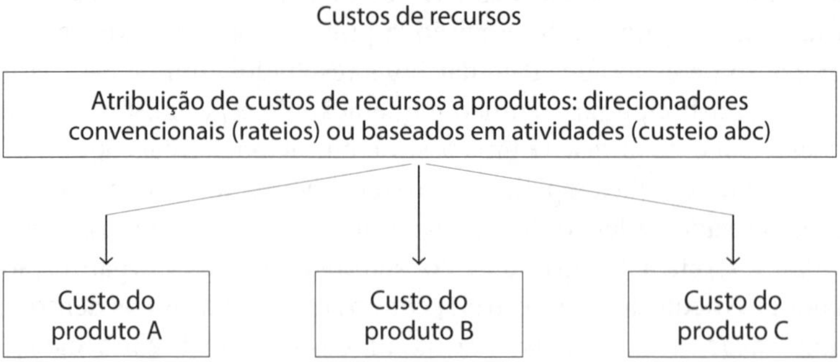

Detalhamento de custos de recursos

Recursos	Contas "naturais" de despesas
Espaço	Aluguel Depreciação IPTU Taxa de condomínio
Equipamento	Aluguel Depreciação
Recursos humanos	Salários Benefícios Encargos sociais
Materiais	Material X Material Y Material Z
...	...

3. Havendo mais de um produto, um método de atribuição de custos (custeio convencional ou ABC – *Activity Based Costing*) será usado – veja o diagrama anterior. Seu ponto de partida é a apuração de todos os custos de recursos, reunidos em um só "pacote". Na outra extremidade do diagrama acham-se "caixas", que receberão os custos que lhes correspondem – produtos A, B, C etc. A descarga de custos de recursos para custos de produtos

requer um método de atribuição. As empresas no mundo inteiro ainda adotam, preferencialmente, o custeio convencional. O custeio baseado em atividades, entretanto, vem pouco a pouco ganhando expressão, à medida que se revela uma ferramenta mais útil para apoiar processos gerenciais internos.[19]

Custeio convencional *versus* custeio baseado em atividades

O **custeio convencional** tem como principais características:

- Objeto de custeio: custeia produtos (em processo, produzidos e vendidos).
- Procedimento de custeio: vai dos recursos aos produtos diretamente (mão de obra direta e materiais diretos) ou indiretamente (por meio de departamentos definidos com base no organograma – estrutura hierárquica formal da empresa).

Ele aplica princípios e conceitos consagrados pela contabilidade financeira (para fins fiscais), cuja preocupação maior é avaliar estoques vendidos e mantidos. Em empresas industriais, o foco do custeio são os produtos produzidos, adotando-se uma separação rígida entre custos de produtos e despesas operacionais (chamadas custos do período). Nelas, os produtos em elaboração ou acabados acumulam custos que são levados para o ativo do balanço patrimonial. Quando os produtos são vendidos, seus custos (antes mantidos no ativo) são descarregados na demonstração de resultados. O fluxo do custeio convencional pode ser assim resumido:

Fluxo do custeio convencional

EIMD
+ Compras MD
– EFMD
= Consumo MD

↘

Consumo MD
+ MOD
+ CIP
= CP Produzidos

↘

CP Produzidos
+ EIPE
– EFPE
= CP Acabados

↘

CP Acabados
+ EIPA
– EFPA
= CP Vendidos

19 Veja os quadros adiante em que se explicam as principais características de cada sistema de custeio.

EIMD	Estoque inicial de materiais diretos	EIPE	Estoque inicial de produtos em elaboração
EFMD	Estoque final de materiais diretos	EFPE	Estoque final de produtos em elaboração
MOD	Mão de obra direta	EIPA	Estoque inicial de produtos acabados
CIP	Custos indiretos de produção	EFPA	Estoque final de produtos acabados

4. Essas despesas seriam classificadas em custos fixos ou custos variáveis conforme se acredite que variem com o volume de produção ou não. Alguns casos se resolvem sem dificuldade: por exemplo, materiais de limpeza serão consumidos proporcionalmente ao número de atendimentos (observe que suponho que "atendimento" seja uma unidade de trabalho homogênea, requerendo iguais insumos de recursos produtivos); salários administrativos podem ser tratados como custos fixos, sempre que o nível de atividade variar dentro de uma faixa estreita. Outras despesas podem se revelar mais difíceis de classificar como custo fixo ou variável; por exemplo, depreciação e custos de manutenção de equipamentos constituem custos variáveis na medida em que tais equipamentos estejam em uso; entretanto, podem ocorrer custos de capacidade ociosa, mais corretamente tratados como custos fixos.
5. A geração de mais de um orçamento de custos permitiria construir relações custo–volume; diferentes estimativas de custos fixos *versus* custos variáveis seriam produzidas e confrontadas com as que descrevi no parágrafo anterior.

Por sua vez, o **custeio por atividades** tem como principais características:

- Objeto de custeio: pode custear produtos, clientes, canais de comercialização etc.
- Procedimento de custeio: vai dos recursos aos objetos por meio de um modelo físico da organização (mapa de processos e atividades, transversais em relação à estrutura organizacional). Priorizam-se atribuições de custos via direcionadores – fatores que traduzem relações de causa e efeito. Um direcionador de atividade revela como mudanças no nível de um objeto final requerem mudanças correspondentes no nível em que se realiza uma atividade, enquanto um direcionador de recurso explica como mudanças no nível em que se realiza uma atividade exigem mudanças no nível de consumo de recursos. Usam-se também atribuição direta (exemplo: matéria-prima consumida por um produto) e rateios (apenas em casos excepcionais). O diagrama a seguir, conhecido como Cruz de CAM-I (*Consortium for Advanced Manufacturing* – International) – organização pioneira nesse tema – demonstra o conceito de ABC/M (*Activity Based Costing and Management*).

Cruz de CAM-I

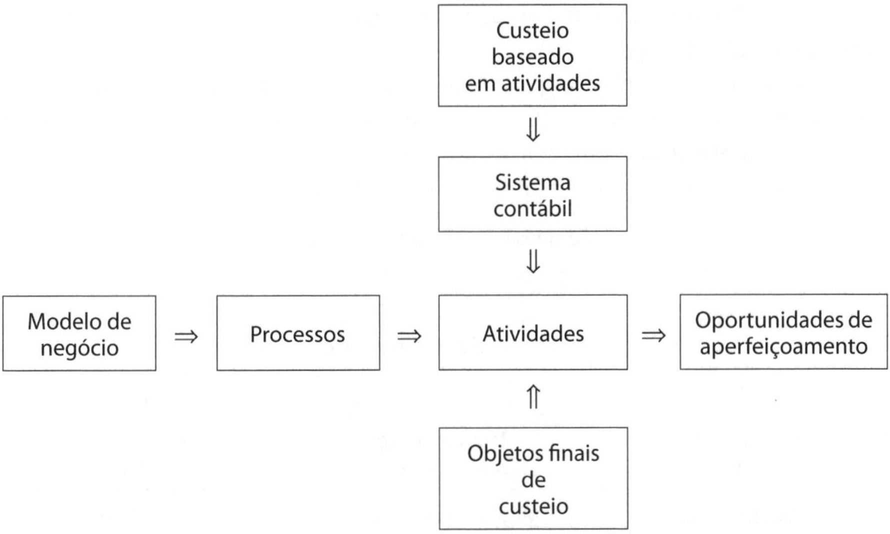

O eixo vertical demonstra o processo de custeio "de cima para baixo", dos arquivos do sistema contábil para o modelo de atividades e deste para os objetos finais de custeio. Poderia, contudo, ser lido ao inverso, "de baixo para cima", os objetos de custeio demandando atividades e estas, por sua vez, consumindo recursos cuja expressão monetária – despesas – se encontra medida no sistema contábil. Já o eixo horizontal mostra a administração baseada em atividades iniciando no "modelo de negócio" (como a empresa se propõe a atender clientes e gerar valor para seus investidores) e culminando nas oportunidades de aperfeiçoamento (melhorias de processos, visando a mais qualidade e produtividade). A conjugação desses dois eixos forma a "Cruz do CAM-I".

A transferência de custos de recursos (despesas) para objetos de custeio se faz em duas etapas: (1) custos de recursos são canalizados para atividades; (2) custos de atividades são atribuídos a objetos. Ao todo, os custos transferem-se de recursos para objetos por meio de três métodos diferentes, com impactos expressivos na precisão do custeio:

Rastreamento de custos por direcionadores

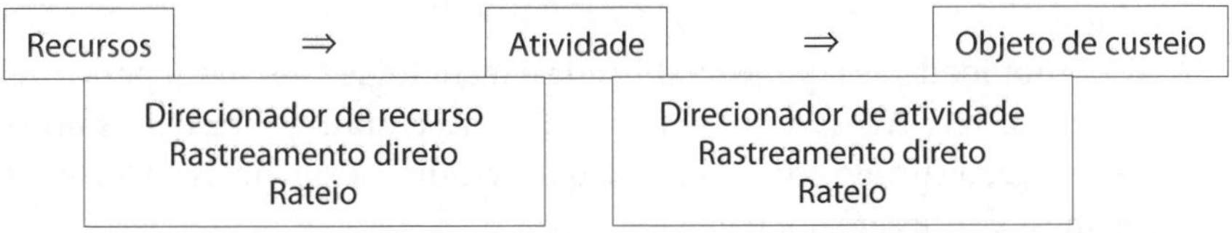

O ideal seria atribuir os custos com base em rastreamento direto. Infelizmente, isso não é possível para a maioria dos custos. Os direcionadores (de recursos e de atividades) melhoram o processo: as relações de causa e efeito tornam o sistema "mais justo" e capaz de oferecer mais oportunidades para a ação gerencial inteligente.

O veredicto final sobre a qualidade de um sistema de custeio dependerá, no que se refere ao processo de custeio, da predominância de atribuições de mais elevada precisão – rastreamento direto e direcionadores de recursos e de atividades. Como se diz, quanto menos rateio e mais rastreio, melhor.

Métodos de atribuição de custos

Custos dos recursos

Direcionadores de recursos

⇓ ⇓ ⇓

Rastreamento direto	Rastreamento por direcionador	Alocação (rateio)
Alta precisão	Média/alta precisão	Baixa precisão
Observação física	Direcionador de atividade	Ligação presumida

⇓ ⇓ ⇓

Objetos de custeio

A que processo deverá recorrer a equipe responsável pela preparação das estimativas de custos de um projeto de investimento? Os seguintes fatores são importantes nessa escolha:

- A variedade de bens e/ou serviços que o empreendimento produzirá. Quanto maior a proliferação de itens em uma carteira de produtos, menor a precisão do custeio convencional. Seu oposto, uma elevada concentração em um ou dois produtos principais, reduz a necessidade de se adotar o custeio baseado em atividades.
- O grau de complexidade tecnológica dos processos e atividades da empresa. Quanto maior, mais se recomenda o custeio ABC, pois emprega direcionadores capazes de efetivamente expressar relações de causa e efeito. Já o custeio convencional, com seu uso e abuso de rateios, tem muita dificuldade para corretamente distribuir a grande massa de "custos indiretos" entre produtos.
- A disponibilidade de equipe qualificada e tecnologia (software) para trabalhar com custeio ABC. A quase totalidade das empresas brasileiras utiliza, tão somente, o custeio convencional, que atende às exigências da lei fiscal – o que lhes parece ser suficiente.

É preciso pensar que as estimativas de custos não se destinam apenas a preencher espaços em tabelas para, juntamente a números de receitas e outros, desaguar naquela indispensável linha chamada fluxo de caixa livre. No futuro, quando o projeto estiver operando, seus resultados reais deverão ser comparados aos resultados projetados. Divergências de qualquer natureza terão de ser interpretadas, para que:

- Se forem positivas (vantajosas), se saiba como preservá-las e, se possível, até melhorá-las;
- Se forem negativas (desvantajosas), se saiba como eliminá-las e melhorar o desempenho financeiro do projeto.

3.10 Nota sobre relação custo-volume

A projeção dos fluxos de caixa de um projeto de investimento recorre a um instrumento conhecido como **relação custo-volume**. Esta se desdobra em dois modelos de análise, a que se aplicam equações lineares, escolhidas por suas simplicidades de estimação e uso:

1. **Análise de longo prazo.** No longo prazo (período de planejamento da capacidade), esta é 100% variável. Seu dimensionamento observa projeções de demanda e disponibilidade de recursos, visando maximizar o valor presente dos fluxos de caixa futuros, descontados a uma taxa que reflita o custo de capital do projeto. Na comparação de alternativas de capacidade, os custos são 100% variáveis. Uma vez dimensionada, contudo, a capacidade é ***um dado para a operação no curto prazo***. Dito de outra forma, implica a contratação de determinado suprimento de recursos - terrenos, construções, máquinas e equipamentos, tecnologia, pessoal qualificado etc. –, fazendo que ***seja fixa uma grande parte dos custos no curto prazo***.
2. **Análise de curto prazo.** No curto prazo (período de utilização da capacidade), a empresa tem um suprimento de recursos cujos custos totais são quase 100% fixos - a exceção maior a essa regra, no caso de uma indústria, são os custos de materiais e energia. Um exemplo extremo, mas interessante, é o de uma aeronave de transporte de passageiros: definidos equipamento e rota, logo comprometidos os recursos com a realização de um voo, quase todos os custos são fixos; pouca importa se a lotação estiver esgotada ou se o avião voar vazio, os custos de capital (depreciação e juros do capital aplicado) e combustível são constantes. Estimativas de custos de operação de um projeto devem separar custos por processos - logística, produção, vendas, administração etc. –, o que requer um sofisticado sistema de custeio.[20]

20 Conforme nota anterior sobre custeio baseado em atividades.

3.10.1 Curto prazo: economias de utilização da capacidade

Custos fixos

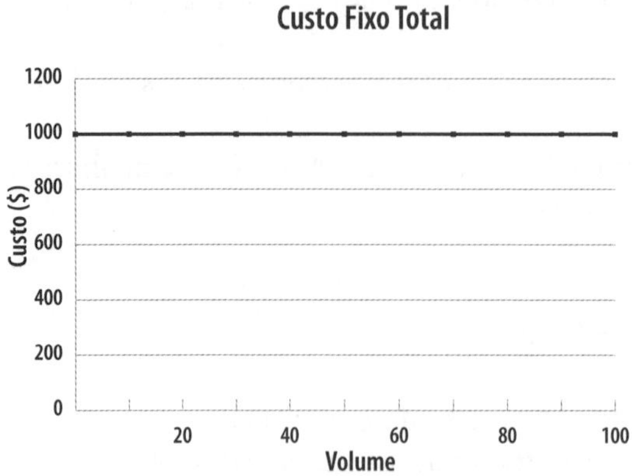

O gráfico ao lado mostra um custo total 100% fixo.

Um exemplo desse comportamento de custo é fornecido pelo aluguel de um prédio: suprimento de um recurso produtivo (espaço) a um custo periódico fixo.

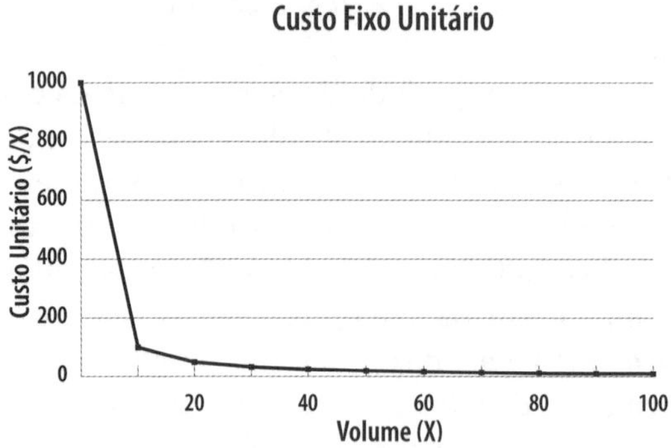

A curva de custo fixo unitário correspondente ao custo total do gráfico anterior é vista à esquerda.

Seu formato em "L" revela a diluição do custo fixo total sobre um nível de atividade cada vez maior, até que o custo unitário seja minimizado ao nível de plena utilização da capacidade.

Custos variáveis proporcionais

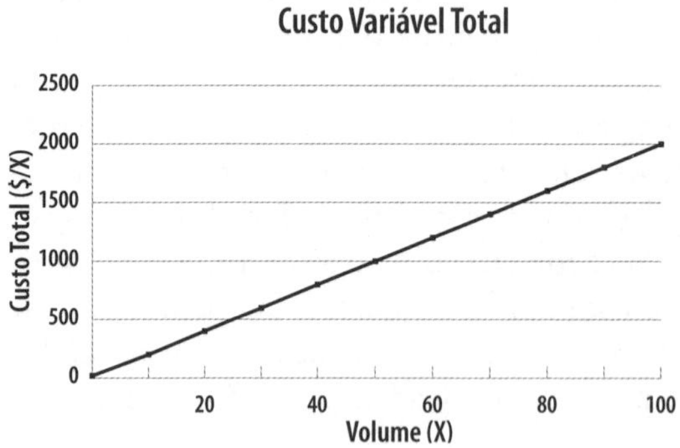

Aqui, mostra-se um custo variável 100% proporcional ao nível de atividade.

Um exemplo é dado por despesas de comissão de vendas estipuladas como uma porcentagem fixa.

Custos semivariáveis (Tipo 1: *Step Costs*)

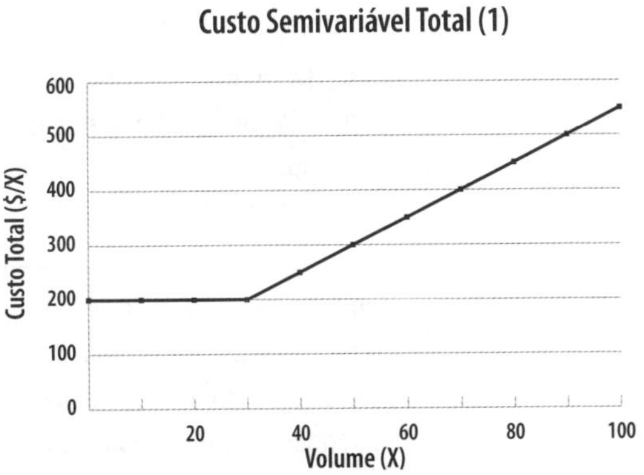

Acompanhando o exemplo anterior, o custo variável unitário é o produto da porcentagem de comissão pelo preço unitário de venda.

Nesse caso, a cada unidade vendida, o vendedor recebe uma comissão de $ 20.

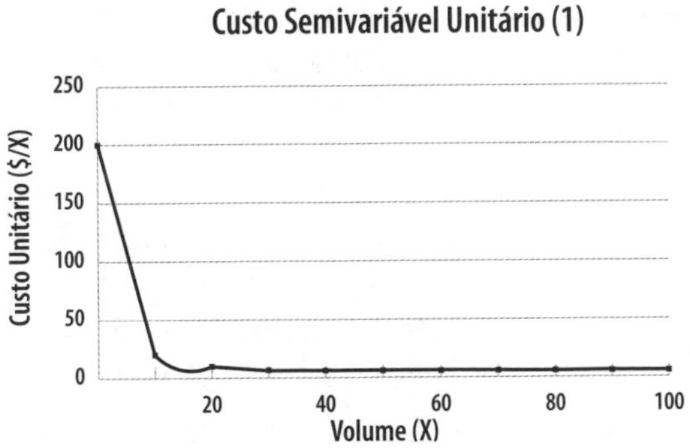

O modelo ao lado descreve um padrão de custos subindo por degraus ou patamares.

Custos de supervisão, em que um supervisor é requerido para cada "n" funcionários, constituem um caso de custos que se movem em degraus.

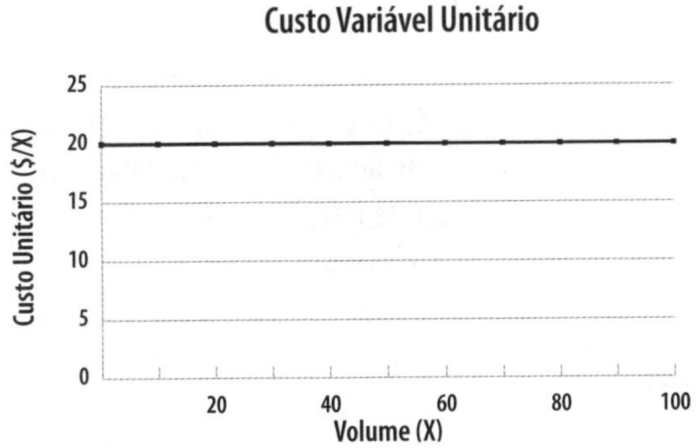

Este é um *One Step Cost*: fixo até certo nível de atividade, depois 100% variável a cada incremento daquele nível.

Exemplo: o custo de aluguel de uma copiadora, fixo até certo número de cópias, depois variável à base de um custo por cópia adicional.

Custos semivariáveis (Tipo 2: *Step Costs*)

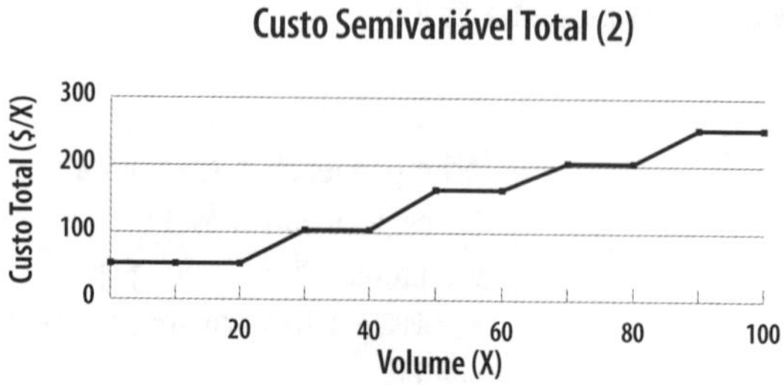

O gráfico ao lado mostra um custo semivariável unitário decrescendo em formato de "L".

Gradativamente, contudo, as "economias de volume" perdem expressão.

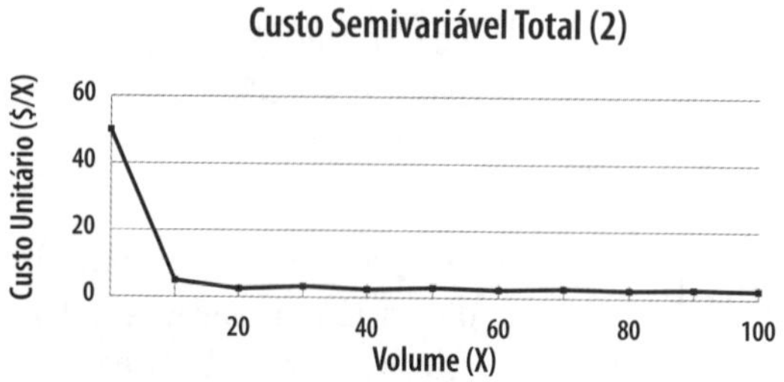

O custo unitário move-se em forma de "L". A partir de 30 unidades (nível de atividade), o custo unitário permanece aproximadamente constante, mostrando o esgotamento das "economias de volume" associadas ao contrato de locação.

Custos totais

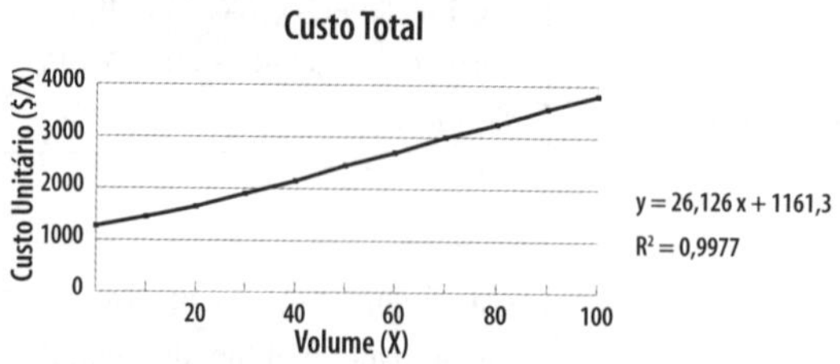

O modelo de custos totais foi construído a partir da soma de todos os componentes – fixo, variável e semivariável (Tipos 1 e 2).

A análise estatística revela forte aderência a um padrão linear bem definido.

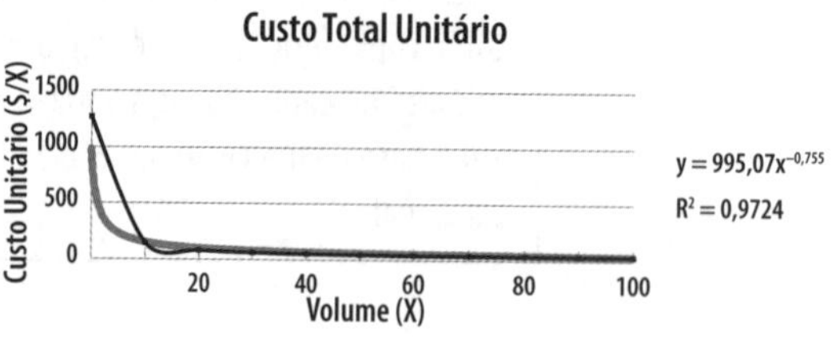

O custo total unitário comporta-se em forma de "L", como os modelos anteriores, que lidavam com parcelas desse custo total.

A rigor, a equação escolhida para a análise de regressão deveria ser $Y = a/X + b$, mas ela não pode ser estimada pelo método dos mínimos quadrados. Uma forma substituta foi utilizada, com excelente ajuste.

Em curto prazo, os custos dividem-se em fixos (constante) e variáveis, de acordo com o nível de produção ou grau de utilização da capacidade (proporcionais ao volume). O custo total unitário decai até o limite da capacidade. O custo variável unitário é constante e igual ao custo marginal.

Os **custos fixos** não se alteram quando varia o volume (pelo menos, dentro de uma faixa de variação habitual e de interesse). Há três tipos de custos fixos, a saber:

- **Custos da capacidade instalada** são custos absorvidos de fábrica ou outra unidade de produção, maquinaria e demais instalações usadas. Exemplos incluem depreciação e amortização.
- **Custos de operação**, necessários para manter e deixar operar a capacidade instalada, como luz, seguros, impostos imobiliários, manutenção e parte fixa do pessoal empregado.
- **Custos programados** ou **discricionários** de programas especiais aprovados pela direção da empresa, como publicidade e treinamento de pessoal.

Muitos custos somente são fixos enquanto o volume varia dentro de uma faixa limitada. São os *Step Costs* ou custos semivariáveis. Procura-se, na prática, separar as partes fixa e variável desses custos, ou tratá-los como absolutamente fixos dentro de uma faixa de variação de interesse.

Os **custos variáveis** tendem a manter uma relação proporcional com o volume, sendo em grande parte custos estruturados, que decorrem da utilização de insumos "ingredientes" dos produtos finais, como matéria-prima e mão de obra direta. *Os processos produtivos definem as quantidades de materiais diretos e mão de obra direta empregadas por unidade de produto final. Conhecidos esses padrões e os preços de cada insumo, pode-se estruturar o custo variável.* Há um pouco mais de dificuldade com os custos indiretos, que são partes fixas e variáveis, e resistem mais à tentativa de estruturá-los por unidade de produto final.

A relação custo-volume pode ser construída por meio de vários métodos, como:

- Enumeração conta a conta com base nos dados contábeis e na experiência do analista.
- Orçamentos para volumes alto e baixo. Registram-se os pontos "alto" e "baixo" em um gráfico e por eles se passa uma linha reta. A intersecção com o eixo vertical define o custo fixo e a inclinação da reta, o custo variável por unidade.
- Análise estatística de regressão, cujas fórmulas fornecem a intersecção e a inclinação. O número de observações não deve ser pequeno (é impossível fixar um mínimo; talvez se possa exigir 12 ou 15, não muito espaçadas no tempo).

Exemplo: O quadro e o gráfico a seguir mostram os custos de uma empresa, classificados em fixos e variáveis.

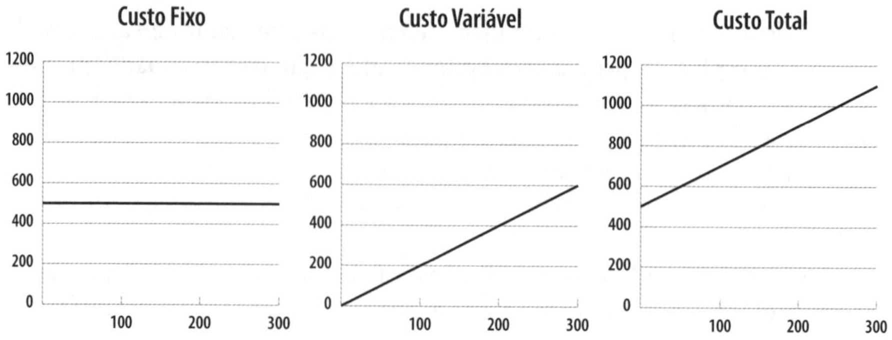

Custos totais e unitários

Volume de produção t/dia	Custo fixo total	Custo variável total	Custo total	Custo fixo unitário	Custo variável unitário	Custo total unitário
0	10.000	0	10.000	∞	50,00	∞
100	10.000	5.000	15.000	100,00	50,00	150,00
200	10.000	10.000	20.000	50,00	50,00	100,00
300	10.000	15.000	25.000	33,33	50,00	83,33
400	10.000	20.000	30.000	25,00	50,00	75,00
500	10.000	25.000	35.000	20,00	50,00	70,00

Custos totais

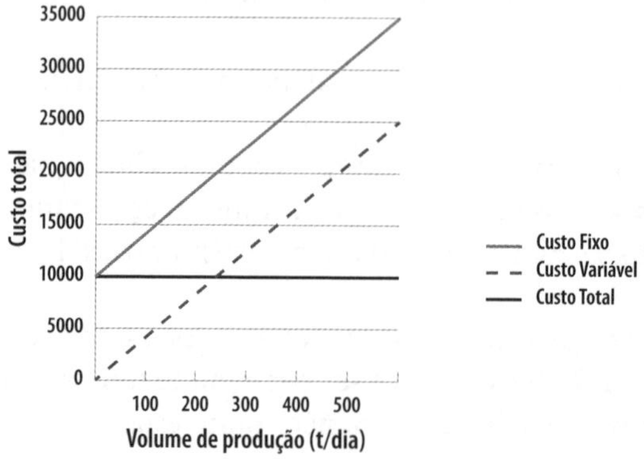

O custo fixo é representado pela linha reta paralela ao eixo horizontal. Dentro do intervalo relevante – de 0 a 500 t/dia –, ele mantém o mesmo nível de $ 10 mil.

O custo variável é descrito pela linha reta positivamente inclinada e que parte da origem dos eixos coordenados.

O custo total é a soma vertical das retas do custo fixo e do custo variável.

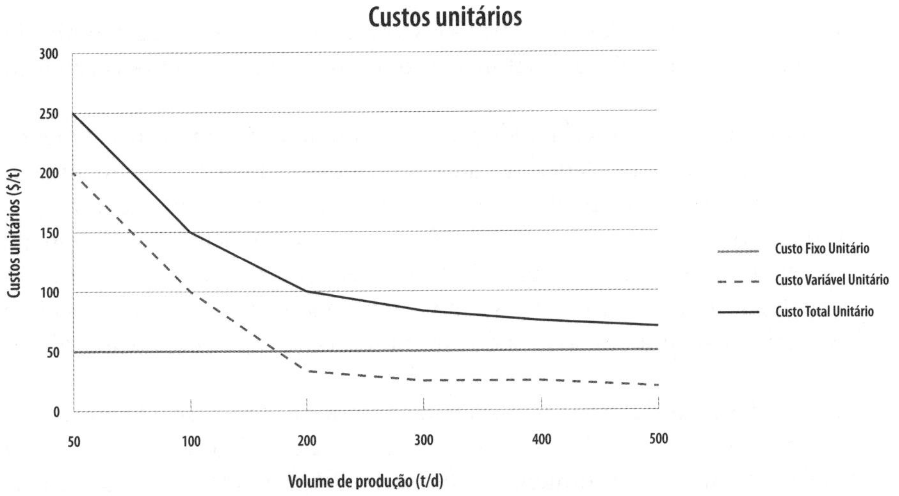

> As curvas de custos unitários mostradas acima revelam que os custos fixos são responsáveis pelo declínio acentuado do custo total unitário à medida que aumenta o volume produzido.
>
> Mas este é um efeito de curto prazo, que se esgota quando a capacidade produtiva se torna plenamente ocupada! Além disso, a imputação aos produtos de custos de capacidade ociosa é plenamente discutível. Uma hipótese alternativa atribui a produtos somente os custos de capacidade efetivamente utilizada, tratando-se os custos de capacidade ociosa como um tipo de imposto pago pela empresa. Isso tem a vantagem de destacar esses custos de desperdício.

3.10.2 Análise de custos no longo prazo: fontes de vantagens de custo

Longo prazo é o período de planejamento em que a empresa escolhe uma entre várias alternativas de capacidade produtiva, cada qual definida por tamanho (capacidade de produção é variável) e tecnologia. Todos os custos são variáveis, de acordo com a escala projetada.

Economias de escala. No planejamento de capacidade, pesam as economias de escala, reduções de custos totais unitários atribuíveis ao maior tamanho da unidade de atividade ou negócios (empresa, planta ou outra dimensão relevante de escala), geradora de custos. Elas tendem a ocorrer em indústrias de processos – química pesada, aço, cimento e outras – e algumas indústrias de montagem – automobilística. Onde existem, essas economias são significativas até o nível MES (*Minimum Efficient Scale*), cuja duplicação reduzirá o custo unitário em menos do que 5%.

Costumam-se destacar as economias de escala na produção – reduções de custos unitários de produção devidos a um tamanho maior da unidade técnica de produção – na forma de:

- Economias monetárias ou pecuniárias de escala, reduções do custo unitário em virtude da aquisição de fatores produtivos a preços menores (privilégio da empresa maior).
- Economias reais de escala, reduções do custo unitário em razão do menor uso relativo de quantidades de fatores produtivos (menor investimento em capital fixo por unidade de capacidade instalada, menos mão de obra por unidade de produto etc.). Por exemplo, custos fixos associados à capacidade podem ser modelados por meio de relações em que Y (custo fixo) = X (capacidade) α, sendo $0 < \alpha < 1$. Essa condição faz que Y cresça mais devagar que X, logo o custo unitário associado diminuirá com o aumento da capacidade.

Economias reais de escala têm origem em todos os processos de produção, marketing, logística etc. Dependendo de como as atividades se realizem em cada processo, mudam as dimensões de escala. Por exemplo, custos de propaganda institucional variam com o tamanho da empresa, não com a produção de um ou outro produto.

Economias de escala e análise de processos

Se existem economias de escala, elas deveriam ser procuradas no estudo das capacidades dos diversos processos empresariais. Economistas (quem mais estuda economias de escala) e analistas de processos até hoje não combinaram suas ferramentas de trabalho para investigar de forma apropriada esse fenômeno.

A seguir, são resumidas as principais fontes de economias reais de escala na produção.

Trabalho	Especialização *versus* qualificação Poupanças de tempo Mecanização e automação Aprendizado	
Capital fixo	Especialização Indivisibilidades Custo de *setup* ⇒ tamanho e duração de *production runs* Custo fixo inicial ⇒ P&D Relação técnica volume-capacidade Capacidade de reserva	
Capital de giro	Estoques de matéria-prima Estoques de produtos em processo Estoques de produtos acabados	estoques variam menos do que proporcionalmente à capacidade produtiva instalada

Exemplo: O quadro e os gráficos a seguir apresentam as relações custo-capacidade para três alternativas de tamanho de uma fábrica de um produto *x*.

Custos unitários segundo utilização de diferentes capacidades

(a) Tabela

Capacidade (t/d)	Utilização 20%	Utilização 50%	Utilização 90%
1.000	65,00	35,00	26,11
2.000	57,00	30,00	22,00
4.000	47,50	25,00	18,33

(b) Gráfico

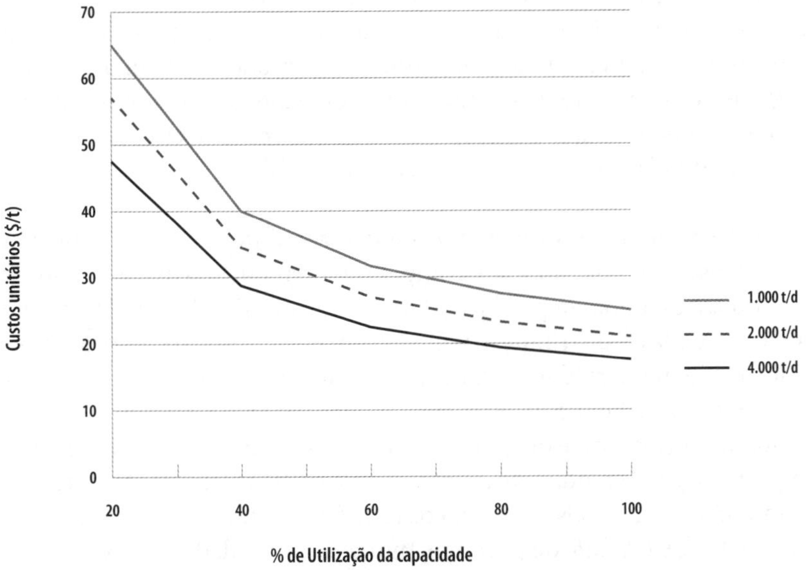

> Os custos unitários declinam em função de dois *volume drivers*:
> - Capacidade, que significa que fábricas maiores são mais eficientes (há economias de escala);
> - Utilização, que confirma a existência de economias de utilização (diluição de custos fixos sobre maior volume de produção, ou seja, maior eficiência com o maior aproveitamento da capacidade produtiva disponível).[21]

21 Esta é uma questão controvertida. O modelo de custos baseados em atividades rejeita a noção de economias de utilização, admitindo que os custos de capacidade ociosa não devam ser atribuídos a produtos. Veja meu comentário anterior sobre o assunto, em que ressalto a importância de trazer à luz esses custos de desperdício de capacidade.

Economias de aprendizado ou experiência. Ao longo do tempo, em paralelo ao aumento da produção acumulada, ocorre uma aquisição de conhecimentos que reduzem custos unitários simplificando produto, processo produtivo, equipamentos, ferramentas e materiais usados. Na prática, "experiência" é uma soma de efeitos de aprendizado, economias de escala e economias de utilização.

O conceito de curva de aprendizado data da década de 1920, mas somente após 1970 foi utilizado em análises de custos e visto como ferramenta de análise estratégica. Uma "curva de aprendizado de x%" significa que, a cada duplicação do volume acumulado de produção, o custo unitário se torna x% de seu nível anterior. São comuns as curvas de 70%, 80% e 90% no estudo dos ganhos históricos de produtividade. Uma "curva de 80%" indica que, cada vez que dobra a produção acumulada, o custo unitário se reduz em 20%. Sendo assim, as empresas devem aumentar seu *market share* para, sobre uma crescente base de volume acumulado, reduzir custos e fortalecer sua competitividade em custo.

Atribuídos ao aprendizado, tais ganhos, na verdade, derivam de vários fatores, alguns dos quais não foram revelados por estudos estatísticos superficiais. As economias de escala, por exemplo, certamente contribuem para as reduções de custo creditadas exclusivamente ao aprendizado.

Flexibilidade *versus* Complexidade. Outros geradores de custos explicam por que algumas empresas são mais competitivas em custo. Um dos motivos é a *complexidade* da linha de produção (custo industrial) e da carteira de clientes (custos de vendas e distribuição). Quanto maior o número de produtos produzidos e clientes servidos, e mais heterogênea a composição de produtos e clientes, mais difícil é medir os custos. A complexidade influencia os custos e dificulta sua correta mensuração, dentro dos sistemas tradicionais de custeio.

A proliferação de produtos e clientes eleva o custo na falta de soluções técnicas e organizacionais. É preciso atender com eficiência a uma demanda customizada por meio da *flexibilidade* de produtos (número e variedade), dos volumes (carga), dos homens (definição de cargos e responsabilidades), das máquinas (troca rápida de ferramentas) e do roteamento (sequência de máquinas e operações).

A automação flexível amplia o leque de produtos produzidos e clientes atendidos (maior eficácia) a custo competitivo (maior eficiência). As *economias de escopo* são vitais para indústrias como a metalmecânica, que produzem muitos artigos diferentes em pequenos lotes e não podem adotar o modelo Detroit de automação rígida.

O gráfico seguinte estabelece, para a indústria metalmecânica, a relação entre o número de partes (escala) e o número de diferentes partes (variedade ou escopo), definindo distintos modelos de produção, categorizados de A a E. Assim, por exemplo, o modelo A (automação rígida) é adequado para produzir em grande escala com pouca variedade. Em total contraste, o modelo E é mais eficiente para produzir em pequena escala com grande variedade.

Indústria metalmecânica: escala *versus* escopo

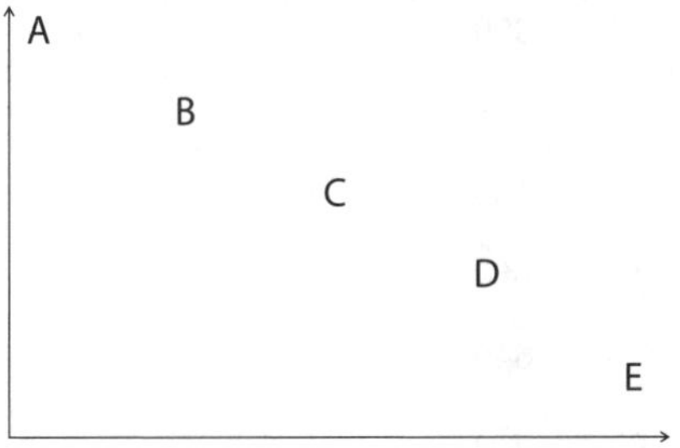

Número de diferentes partes (variedade ou escopo)

Tecnologia	
A	*dedicated transfer line*
B	*flexible transfer line*
C	*flexible manufacturing system*
D	*flexible manufacturing cell*
E	CNC (controle numérico computadorizado)

Um adendo: usando análise de regressão para estimar relações custo--atividade e atividade-volume (com ajuda do *Excel*)

Sabe-se que relações precisarão ser estimadas entre (i) atividades e objetos finais de custeio e (ii) recursos necessários e atividades, porque a construção de direcionadores é um procedimento quantitativo que demanda apoio na realidade.

Em vez de se pressupor que proporcionalidades sejam aplicadas, é melhor coletar dados históricos e utilizar a ferramenta de análise estatística de regressão. Esta seção descreve, de forma sucinta, como fazer isso com ajuda do *Excel*.

Exemplo

A Cia. das Máquinas fabrica certo equipamento que requer, entre outras atividades de "chão de fábrica", duas medidas, cada uma, pelo número de vezes Y (eventos) que se realizam para cada volume de produção X – veja o quadro e a tabela a seguir.

Dados básicos: volume de objeto final de custeio e níveis de utilização de Atividades Y_1 e Y_2		
X	Y_1	Y_2
50	200	95
100	440	140
120	500	60
140	540	45
170	635	265
205	760	325

continua

continuação

Dados básicos: volume de objeto final de custeio e níveis de utilização de Atividades Y_1 e Y_2		
230	800	380
250	1100	158
265	1250	135
300	1300	660
310	1300	640
330	1320	315
350	1380	270

As escolhas de direcionadores de atividades foram testadas estatisticamente por meio de análise de regressão. Para ambos direcionadores, foram estimadas relações lineares (proporcionais), impondo-se ao procedimento de estimação a condição de nulidade do termo independente da equação.

Ou seja, partindo-se da relação linear geral

$$Y = a + b \cdot X$$

fez-se que obrigatoriamente $a = 0$

A seguir, encontra-se uma reprodução da folha de cálculos produzida pelo *Excel*, chamando-se a atenção para os resultados:

A relação X–Y_1 é muito boa – elevados coeficientes R^2 (coeficiente de determinação), t (teste de Student da hipótese de nulidade de b) e F (teste de hipótese de nulidade da equação).
A relação X–Y_2 é pobre – somente R^2 foi calculado (muito baixo).

3.11 Formas assumidas por projeções de fluxo de caixa

O fluxo de caixa estimado de um projeto de investimento pode assumir uma grande variedade de formas matemáticas, equacionáveis ou não. Nos diagramas a seguir, os segmentos de reta dirigidos para baixo designam saídas de caixa e os segmentos orientados para cima exprimem entradas de caixa. Lembre-se de que este é um modo de exibição, não de construção de um fluxo de caixa.

Usando Excel para Estimar Direcionadores de Atividades e Recursos

X	Y1	Y2
50	200	95
100	440	140
120	500	60
140	540	45
170	635	265
205	760	325
230	800	380
250	1100	158
265	1250	135
300	1300	660
310	1300	640
330	1320	315
350	1380	270

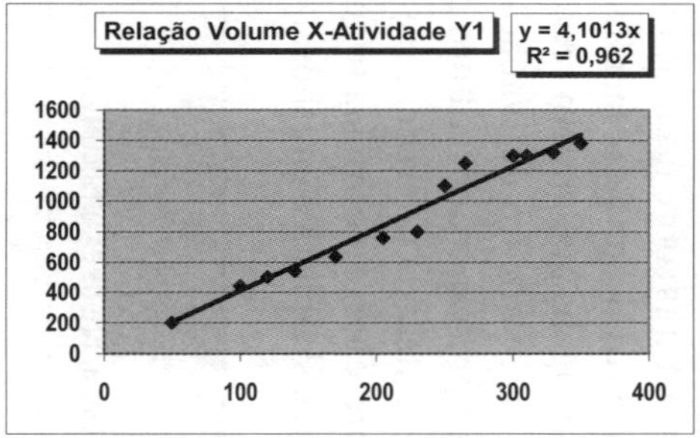

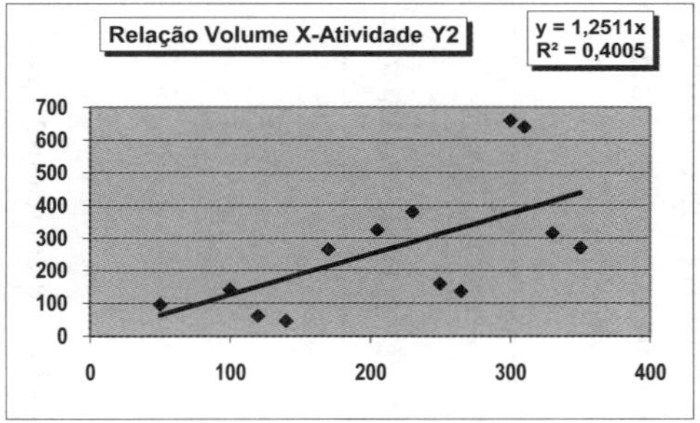

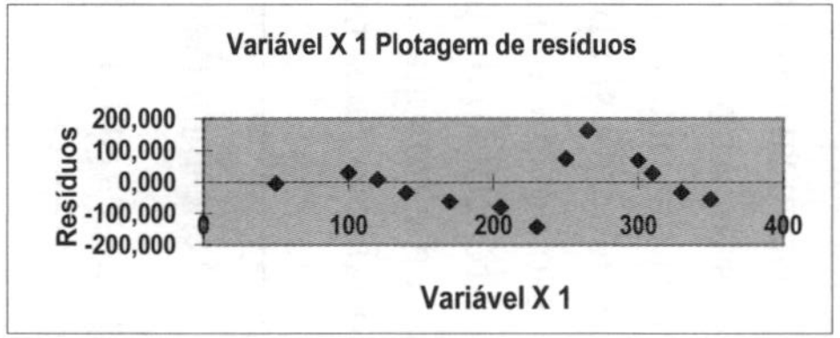

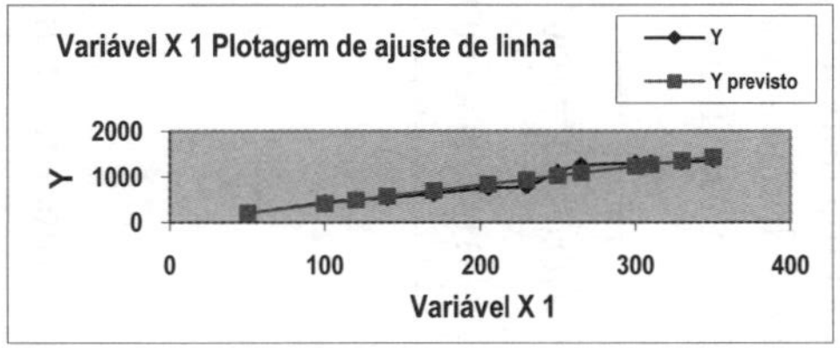

RESUMO DOS RESULTADOS

Estatística de regressão	
R múltiplo	0,980824639
R-Quadrado	0,962016972
R-quadrado aj	0,878683639
Erro padrão	79,12503851
Observações	13

ANOVA

	gl	*SQ*	*MQ*	*F*	*F de signific.*
Regressão	1	1902839,97	1902839,97	303,9305784	2,31944E-09
Resíduo	12	75129,26063	6260,77172		
Total	13	1977969,231			

	Coeficientes	*Erro padrão*	*Stat t*	*valor-P*	*95% inferiores*	*95% superiores*
Interseção	0	#N/D	#N/D	#N/D	#N/D	#N/D
Variável X 1	4,1013	0,0932	43,9988	0,0000	3,8982	4,3044

RESULTADOS DE RESÍDUOS

Observação	*Y previsto*	**Resíduos**
1	205,066	-5,066
2	410,131	29,869
3	492,157	7,843
4	574,184	-34,184
5	697,223	-62,223
6	840,769	-80,769
7	943,302	-143,302
8	1025,328	74,672
9	1086,848	163,152
10	1230,393	69,607
11	1271,407	28,593
12	1353,433	-33,433
13	1435,459	-55,459

1. O "fluxo balão" é um caso especial. Aplica-se, por exemplo, ao envelhecimento de vinho, ao corte de uma floresta[22] e a outros projetos que têm um período de espera – às vezes, longo – entre o investimento inicial e sua recuperação e remuneração em um único fluxo de caixa.

Fluxo tipo "balão"

Ao investimento no tempo $t = 0$ segue-se uma única entrada de caixa no tempo futuro $t = n$.

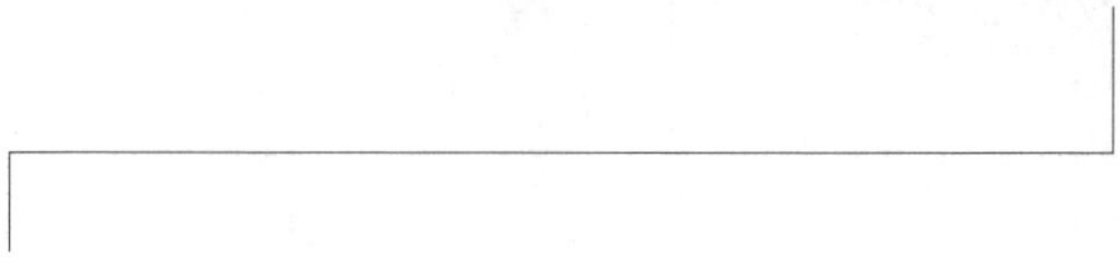

2. Mais comum é a série uniforme, caso particular de séries em gradientes. Estima-se o fluxo de caixa para um período-base e repete-se esse valor para todos os demais períodos. Dispensam-se conjecturas sobre taxas de crescimento ou decrescimento dos retornos financeiros do projeto, facilita-se o trabalho computacional. Sem dúvida, são vantagens que atraem praticantes, contudo, podem perigosamente simplificar o quadro de avaliação da oportunidade de negócio. Isso porque implica presumir que o futuro não é mais do que uma monótona repetição do presente, seja uma premissa conservadora (o futuro não será melhor que o presente) ou otimista (o futuro será pelo menos tão bom quanto o presente), é simplista e enganosa.

Série uniforme

Ao investimento no tempo $t = 0$ seguem-se n entradas de caixa, iguais e consecutivas.

3. As séries em gradientes – aritméticos e/ou geométricos – constituem um passo adiante, mas nem sempre adicionam valor ao processo de estimação. Como a praxe, nesses casos, é mostrar fluxos crescentes até o fim da vida do projeto, deve-se perguntar: por que interromper subitamente essa vida, se o projeto vem proporcionando rendimentos crescentes? Com exceção

22 Trata-se, certamente, de uma simplificação. Esses investimentos requerem gastos de desenvolvimento e manutenção entre a formação inicial do ativo e sua plena maturação.

de casos especiais, como aquele em que a vida do projeto obedece a um limite contratual, é certamente algo estranho, que merece mais atenção do projetista.

Série em gradiente linear

Ao investimento no tempo $t = 0$ seguem-se n entradas de caixa crescendo em progressão aritmética.

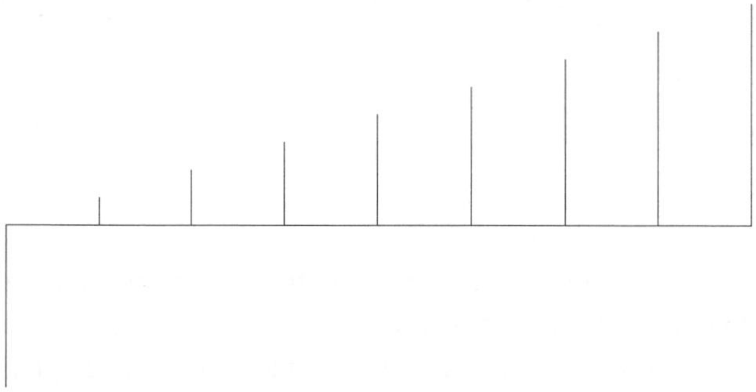

Série em gradiente exponencial

Ao investimento no tempo $t = 0$ seguem-se n entradas de caixa crescendo em progressão geométrica.

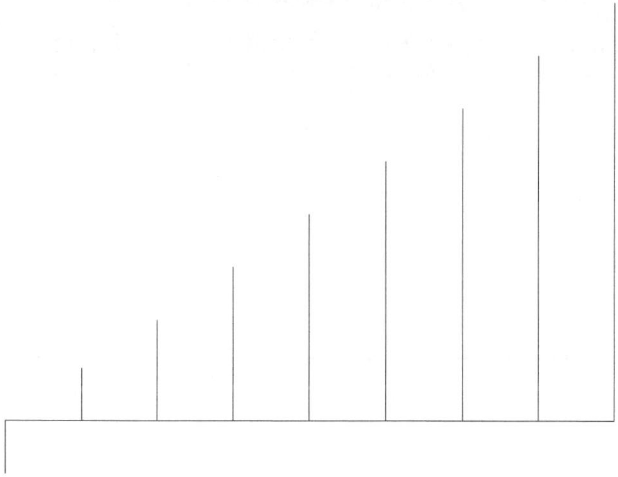

4. Os fluxos irregulares, que não seguem qualquer padrão matemático, aparecem muitas vezes, em geral com tendência crescente, o que nos leva a repetir a pergunta anterior, relativa ao corte na vida do projeto.

Fluxo de caixa irregular

Ao investimento no tempo $t = 0$ seguem-se n entradas de caixa irregulares (sem padrão).

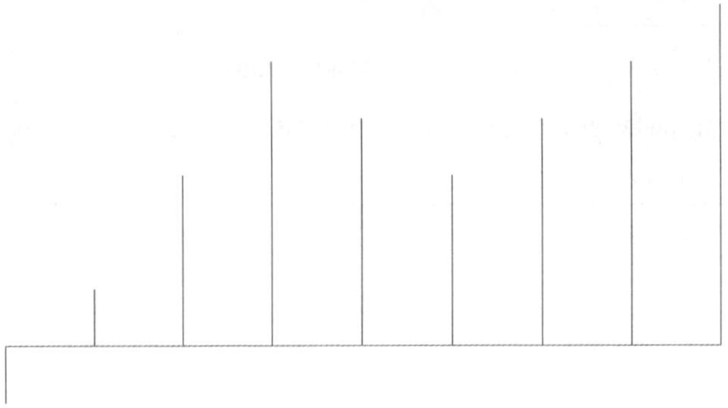

5. Por fim, tem-se o fluxo em forma de "S", típico de projetos em que, uma vez alcançado o ápice de seu retorno financeiro, segue-se uma fase de declínio, até seu encerramento. Nesses casos, é razoável admitir que, se o projeto fosse mantido em funcionamento por um período maior, seus fluxos de caixa se tornariam negativos. Portanto, a previsão de sacrifício de valor levaria os tomadores de decisão a postular o encerramento do projeto antes do esgotamento de sua vida física.

Fluxo de caixa em "S"

Ao investimento no tempo $t = 0$ seguem-se n entradas de caixa em forma de S.

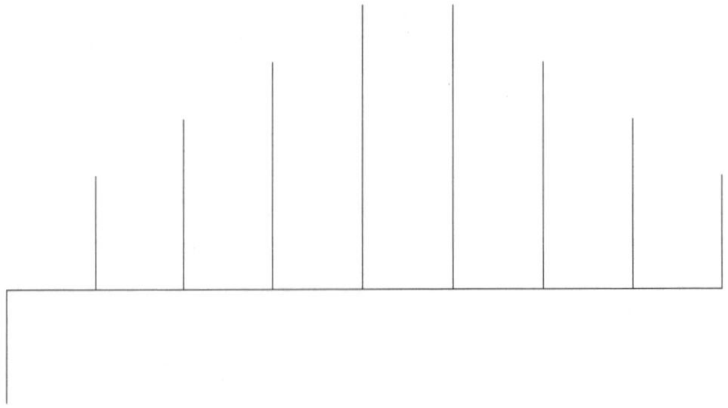

Fluxo Balão

Tempo	FICx
0	−100,00
1	0,00
2	0,00
3	0,00
4	0,00
5	161,05

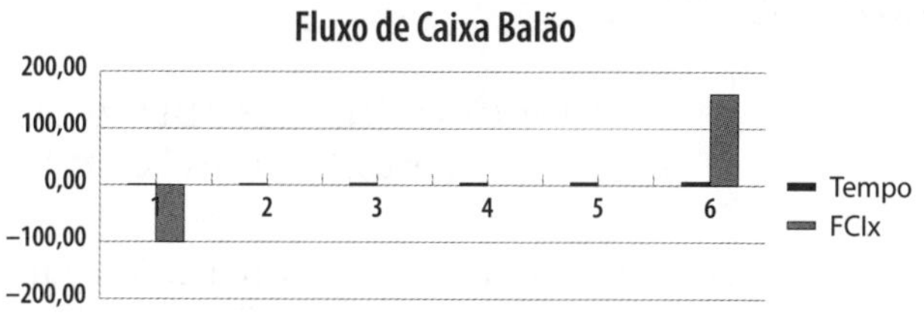

Série Uniforme

Tempo	FICx
0	−100,00
1	115,00
2	115,00
3	115,00
4	115,00
5	115,00

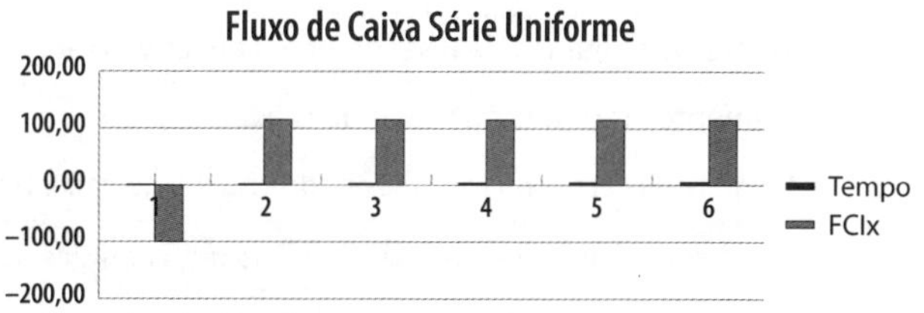

Série em Gradiente Aritmético

Tempo	FICx
0	−100,00
1	110,00
2	120,00
3	130,00
4	140,00
5	150,00

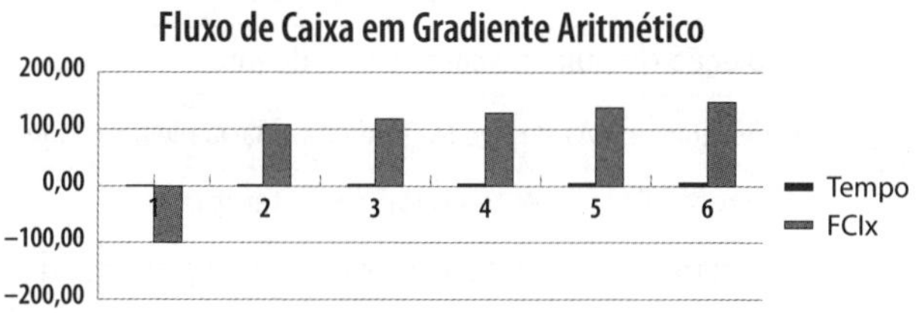

Série em Gradiente Geométrico

Tempo	FICx
0	−100,00
1	110,00
2	115,50
3	121,28
4	127,34
5	133,71

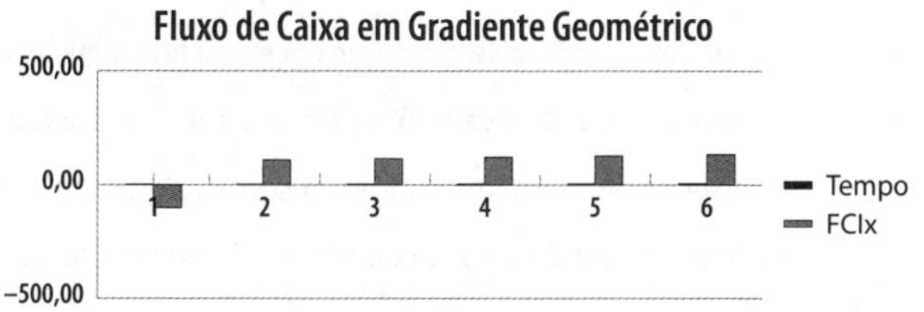

Série Irregular

Tempo	FICx
0	−100,00
1	115,00
2	140,00
3	160,00
4	120,00
5	150,00

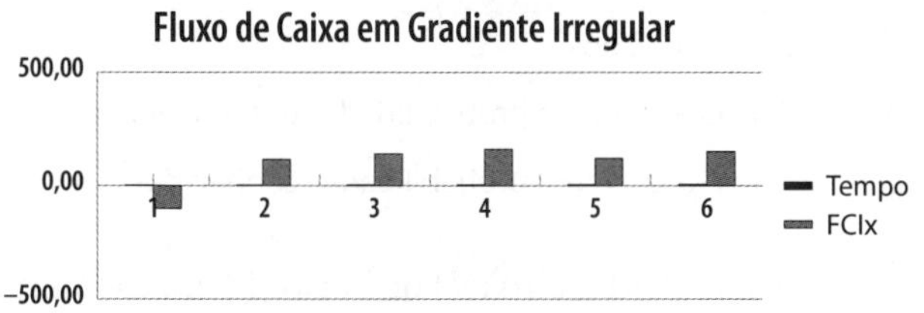

Série "S"

Tempo	FICx
0	−100,00
1	115,00
2	135,00
3	160,00
4	140,00
5	105,00

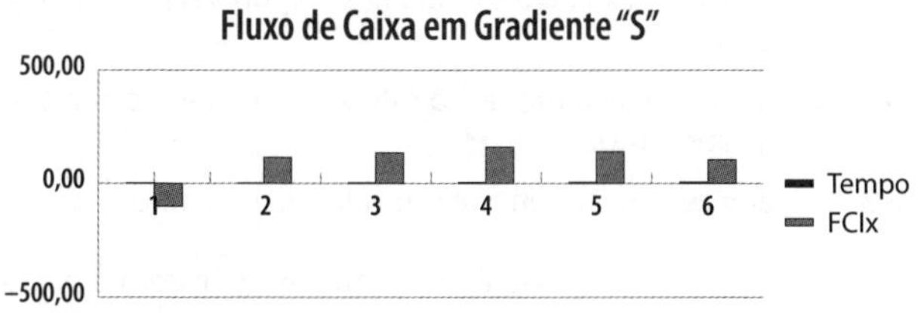

Atividade prática

I) Questões objetivas de natureza conceitual (respostas ao final desta seção)

1) Assinalar com X a única opção correta nas seguintes questões:

A.1	**Efeitos tangíveis são**	
a	Valores monetários de investimentos em ativos tangíveis (físicos).	☐
b	Elementos redutíveis a fluxos de caixa.	☐
c	Elementos certos na montagem dos fluxos de caixa de um investimento.	☐
A.2	**Em última instância, a análise de um projeto requer consideração dos fatores**	
a	Investimento inicial requerido e lucros projetados.	☐
b	Estudo de mercado e dimensionamento da capacidade de produção.	☐
c	Projeção do fluxo de caixa e taxa de juros.	☐
A.3	**O modelo *one hoss shay* de exaustão de capacidade afirma que a capacidade**	
a	Decresce linearmente ao longo do tempo.	☐
b	Mantém-se constante até o fim da vida do projeto, quando sofre "morte súbita".	☐
c	Decresce ao longo do tempo de acordo com a depreciação contábil dos ativos fixos.	☐
A.4	**Entende-se por capital de giro de um projeto de investimento**	
a	O resultado da equação CG = Contas a receber + Estoques – Contas a pagar.	☐
b	A soma dos valores investidos em contas a pagar e estoques.	☐
c	A diferença entre ativo circulante e passivo circulante.	☐
A.5	**Em condições de risco, os futuros fluxos de caixa de um investimento são**	
a	Desconhecidos.	☐
b	Antecipados com probabilidades desconhecidas.	☐
c	Antecipados com probabilidades conhecidas.	☐

2) Assinalar Verdadeiro (V) ou Falso (F) em cada uma das seguintes questões:

B.1	Fluxo de caixa livre é o que fica disponível para remunerar os fornecedores de capital.	☐
B.2	Posição de tesouraria é o saldo acumulado de caixa de um projeto de investimento.	☐
B.3	Valor residual é sempre um valor de mercado.	☐
B.4	Custos variáveis são aqueles que mudam com o passar do tempo.	☐

3) Questões de associação: identificar a alternativa da coluna à direita que melhor se associa à alternativa da coluna à esquerda:

C.1	☐	Economias de escala.	V.1	Custos passados e irreversíveis.
C.2	☐	Custeio baseado em atividades.	V.2	Diluição de custos fixos sobre maior volume.
C.3	☐	Depreciação de ativos fixos.	V.3	Tamanho de projeto é importante.
C.4	☐	Custos "enterrados".	V.4	Benefício fiscal.
			V.5	Direcionadores de custos.

Respostas: A1(b); A2(c); A3(b); A4(a); A5(c); B1(V); B2(F); B3(V); B4(F); C1 e V3; C2 e V5; C3 e V4; C4 e V1.

II) Questões discursivas de natureza conceitual (responda ou discuta)

1. Por onde se deve começar a estimar os fluxos de caixa de um projeto de investimento?
2. Sendo incerto o futuro, é inútil fazer previsões de fluxos de caixa.
3. Um projeto exibe fluxo de caixa crescente até o término de sua vida. Como isso lhe parece?
4. Em que falha o tratamento habitualmente dispensado à variável capacidade?

III) Exercícios resolvidos

1. Um aparelho de televisão custa $ 464,00 à vista ou $ 493,36 a prazo, pagando-se $ 123,34 no ato da compra e três parcelas mensais iguais de $ 123,34, com vencimento da primeira em 30 dias. Qual é o fluxo de caixa da operação?

Solução:

Data (dia número)	0	30	60	90
Entrada de caixa	464,00	0	0	0
Saída de caixa	(123,34)	(123,34)	(123,34)	(123,34)
Fluxo de caixa	340,66	(123,34)	(123,34)	(123,34)

2. A Cia. X está avaliando um investimento em redução de custos em sua oficina de manutenção de veículos. Prevê-se um gasto inicial de $ 25 mil em um equipamento com vida útil estimada de cinco anos e valor residual de $ 5 mil. O equipamento terá um custo operacional anual de $ 2 mil, mas

trará ganhos de produtividade que reduzirão outros custos em $ 10 mil por ano. Defina o fluxo de caixa do projeto.

Solução:

Ano	Investimento inicial (1)	Valor residual (2)	Custo operacional (3)	Redução de custos (4)	Fluxo de Caixa (5) = (1) + (2) + (3) + (4)
0	(25.000)	0	0	0	(25.000)
1	0	0	(2.000)	10.000	8.000
2	0	0	(2.000)	10.000	8.000
3	0	0	(2.000)	10.000	8.000
4	0	0	(2.000)	10.000	8.000
5	0	5.000	(2.000)	10.000	13.000

3. A Cia. dos Faróis, com a falta de caixa, descontou $ 100 mil em duplicatas, com vencimento em 28 dias, no Banco da Praça, em condições de juros antecipados de $ 5.500 e manutenção de "saldo médio" de 10% sobre o valor das duplicatas. Construa o fluxo de caixa da operação.

Solução:

Discriminação	Dias	
	0	28
Depósito em conta-corrente	100.000	0
Recebimento de duplicatas	0	(100.000)
Juros descontados	(5.500)	0
Operações de manutenção de "saldo médio"	(10.000)	10.000
Fluxo de caixa da operação bancária	84.500	(90.000)

4. Compare os fluxos de caixa de duas propostas de fornecimento de produtos, ambas no valor de $ 50 mil à vista, feitas pelos fornecedores Fumaça e Faísca.

Fumaça	Faísca
20% à vista 40% com 30 dias 40% com 60 dias Custo financeiro de 10% embutido no preço	10% à vista 3 parcelas mensais iguais de 30 cada uma Custo financeiro de 10% acrescido a cada parcela

Solução:

Dia	Fumaça	Faísca	Diferença
0	11.000	5.000	6.000
30	22.000	16.500	5.500
60	22.000	16.500	5.500
90	0	16.500	(16.500)

5. Prepare o fluxo de caixa do projeto da Cia. WZ, que aproveitará parte da capacidade da fábrica atual. O investimento de \$ 100 mil em máquinas ocorrerá no ano 0 e terá vida útil de cinco anos, sem valor residual. Um empréstimo de \$ 20 mil, a juros de 30% a.a. e totalmente quitado ao final do 5º ano, financiará parte do investimento. O imposto de renda será de 30% do lucro. Os dados para um ano operacional típico serão:

Vendas à vista	\$ 180.000
Custo dos produtos vendidos (depreciação = \$ 20.000)	80.000
Despesas operacionais (de vendas e administrativas)	40.000
Decréscimo na contribuição (geração de caixa) de outros negócios	4.000

Ocorrerão no ano 1 (aumentos em ativos e passivos circulantes serão zerados ao final do ano 5):

Aumento em estoques	\$ 35.000
Aumento em contas a pagar (fornecedores)	45.000

Discriminação	Ano 0	Ano 1	Ano 2	Ano 3	Ano 4	Ano 5
Geração de Capital de Giro	**0**	**59.200**	**59.200**	**59.200**	**59.200**	**59.200**
Vendas	0	180.000	180.000	180.000	180.000	180.000
Redução de Contribuição	0	4.000	4.000	4.000	4.000	4.000
Custos dos Produtos Vendidos	0	80.000	80.000	80.000	80.000	80.000
Despesas Operacionais	0	40.000	40.000	40.000	40.000	40.000
Lucro Antes do IR	0	56.000	56.000	56.000	56.000	56.000
Imposto de Renda	0	16.800	16.800	16.800	16.800	16.800
Lucro Líquido	0	39.200	39.200	39.200	39.200	39.200
Depreciação	0	20.000	20.000	20.000	20.000	20.000
Absorção de Capital de Giro	**0**	**–10.000**	**0**	**0**	**0**	**10.000**

continua

continua

Discriminação	Ano 0	Ano 1	Ano 2	Ano 3	Ano 4	Ano 5
Variação de Estoques	0	35.000	0	0	0	−35.000
Variação de Fornecedores	0	45.000	0	0	0	−45.000
Investimento fixo	**100.000**	**0**	**0**	**0**	**0**	**0**
Fluxo de Caixa Livre	**−100.000**	**69.200**	**59.200**	**59.200**	**59.200**	**49.200**
Financiamento	**20.000**	**−4.200**	**−4.200**	**−4.200**	**−4.200**	**−24.200**
Variação de Bancos	20.000	0	0	0	0	−20.000
Juros	0	6.000	6.000	6.000	6.000	6.000
Variação de IR	0	−1.800	−1.800	−1.800	−1.800	−1.800
FC$ do Investidor	**-80.000**	**65.000**	**55.000**	**55.000**	**55.000**	**25.000**

6. O inexperiente analista de projetos confundiu-se na montagem do fluxo de caixa. Ajude-o a consertar a seguinte tabela. Outros parâmetros: alíquota do IR = 25% do Lair; depreciação = 20% do Investimento (100% em ativos fixos) e incluída no custo fixo; valor residual = $ 0.

Ano	CT	IR	Inv.	CF	CV	Deprec.	Rec.	Lair	LL	FCL
0	0	0	50	0	0	0	0	0	0	
1	45		0		30		65			
2	45		0		30		65			
3	45		0		30		65			
4	45		0		30		65			
5	45		0		30		65			

Solução:

1. O primeiro passo é ordenar corretamente as colunas da tabela anterior, começando pelas colunas de Receita (Rec.) e Custo variável (CV). Sendo conhecidos os valores de Rec. e CV, eles vêm juntos com o deslocamento daquelas colunas para a esquerda.
2. Colocam-se as colunas de Custo fixo (CF) e Custo total (CT). Este é fornecido na tabela anterior e CF é calculado como a diferença entre CT e CV.
3. Calcula-se o Lucro antes do imposto de renda (Lair) diferença entre Rec. e CT.
4. Deduz-se o Imposto de renda (IR) – 25% do Lair – e obtém-se o Lucro líquido (LL).
5. Calcula-se o Fluxo de caixa livre (FCL) = LL + Depreciação – Investimento.

Ano	Rec.	CV	CF	CT	Lair	IR	LL	Deprec.	Inv.	FCL
0	0	0	0	0	0	0	0	0	50	–50
1	65	30	15	45	20	5	15	10	0	25
2	65	30	15	45	20	5	15	10	0	25
3	65	30	15	45	20	5	15	10	0	25
4	65	30	15	45	20	5	15	10	0	25
5	65	30	15	45	20	5	15	10	0	25

IV) Exercícios propostos

1. A Metal K está avaliando a compra de uma prensa para a sua linha de produtos estampados. O investimento de $ 10 mil trará receitas e custos anuais de $ 5 mil e $ 2 mil, respectivamente. A vida útil da prensa é de dez anos (depreciação linear sem valor residual) e sua instalação ocupará o espaço hoje utilizado por uma linha que gera um lucro anual de $ 1.200. A alíquota do imposto de renda é de 30% do lucro. Prepare o fluxo de caixa do projeto.

2. A Cia. XYZ está planejando a compra de um equipamento de tratamento de efluentes – portanto, não gera receitas – ao custo de $ 15 mil. O ativo será depreciado linearmente em cinco anos. A tabela a seguir mostra os custos anuais de operação e manutenção desse equipamento, ao lado de seu valor residual (mercado) ao final de cada ano. Ignore imposto de renda. Prepare o fluxo de caixa do investimento, admitindo que o equipamento seja substituído, no máximo, ao final de três anos.

Ano	1	2	3	4	5
Custo de O&M	2.500	2.800	3.000	3.500	4.100
Valor residual	12.000	9.200	7.000	3.500	0

3. Projete o fluxo de caixa do projeto Fábrica X, com vida estimada em dez anos, sabendo que:
   a. Sua capacidade de 150 t/mês será o dobro de uma fábrica recém-instalada que custou $ 3 milhões. A relação investimento/capacidade é dada pela função exponencial $I_x = I_b \cdot (Q_x/Q_b)^{0,75}$, em que I_x = investimento na Fábrica X e *Ib* = investimento na Fábrica-base.
   b. A capacidade será utilizada em 70% no primeiro ano, 80% no segundo, 90% no terceiro e 100% entre o quarto e o sétimo anos; a utilização de-

clinará para 85% no oitavo ano, 70% no nono e 75% no décimo ano. O produto será vendido ao preço de $ 1.500/t.

c A fábrica terá custos fixos anuais (exclusive manutenção e depreciação) de $ 300 mil e custo variável unitário de $ 500. O investimento fixo será depreciado linearmente em dez anos, não deixando valor residual. O custo anual de manutenção será de $ 100 mil no primeiro ano, crescendo a 5% até o final da vida da instalação.

d O imposto de renda incidirá à base de 25% sobre o Lair.

4. Discuta o exercício anterior. O perfil do fluxo projetado de caixa lhe parece coerente com o que se pode esperar de um projeto de investimento? A variável capacidade recebeu um tratamento correto ou se reincidiu no equívoco comum de presumir que ela se mantém constante até o final da vida do projeto?

V) Minicaso: Cia. Blue

A Cia. Blue iniciou operações em 01/01/2011, data em que entrou em operação o projeto industrial recém-concluído. Seu balanço patrimonial de abertura foi o seguinte:

Cia. do Progresso – Balanço patrimonial em 01/01/2011
$ 1.000

Ativo		Passivo e patrimônio líquido	
Caixa	50.000	Capital	250.000
Imobilizado	200.000		
Total	250.000	Total	250.000

As previsões de fluxos de caixa na fase operacional da Cia. Blue cobrem os cinco anos de duração estimada do projeto. Essas previsões baseiam-se nos dados fornecidos a seguir.

a. As vendas estão previstas em $ 600 mil (10 mil unidades a um preço unitário de $ 60) no primeiro ano, após o que crescerão a 3% a.a. (em volume, a preço unitário constante). Os custos operacionais fixos ($ 150 mil) e variáveis (60% do valor das vendas). O custo fixo inclui a depreciação (linear, ou seja, em cinco parcelas anuais iguais). O imobilizado não deixa qualquer valor residual ao final de cinco anos, quando seu valor cai para $ 0.

b. Sobras de caixa vão para uma caixa "estratégica" que fica à disposição dos proprietários.

c. O projeto é integralmente financiado com recursos próprios.

d. O imposto de renda é de 30% do lucro. Admite-se o pagamento do imposto ao final do mesmo exercício social a que ele se refere.

Projete o fluxo de caixa do projeto de investimento da Cia. Blue, apresentando:

- Balanço patrimonial (BP) de cada ano, de 0 a 5;
- A Demonstração de resultado do exercício (DRE) dos anos 1 a 5;
- A Demonstração do fluxo de caixa (DF) dos anos 1 a 5.

Feito isso, pede-se, então, para discutir o modelo de projeção utilizado, destacando-se as qualidades e os defeitos. Entre estes, o que poderia ter sido incluído no exercício, tornando-o mais realista?

VI) Soluções dos exercícios propostos

1. Metal K – investimento em uma prensa.

			PIR%	30.					
Ano	**Invest**	**Rec**	**Cust**	**Perda**	**LAIR**	**PIR**	**LL**	**Deprec**	**FCL$**
0	10.000	0	0	0	0	0	0	0	–10.000
1	0	5.000	2.000	1.200	1.800	540	1.260	1.000	2.260
2	0	5.000	2.000	1.200	1.800	540	1.260	1.000	2.260
3	0	5.000	2.000	1.200	1.800	540	1.260	1.000	2.260
4	0	5.000	2.000	1.200	1.800	540	1.260	1.000	2.260
5	0	5.000	2.000	1.200	1.800	540	1.260	1.000	2.260
6	0	5.000	2.000	1.200	1.800	540	1.260	1.000	2.260
7	0	5.000	2.000	1.200	1.800	540	1.260	1.000	2.260
8	0	5.000	2.000	1.200	1.800	540	1.260	1.000	2.260
9	0	5.000	2.000	1.200	1.800	540	1.260	1.000	2.260
10	0	5.000	2.000	1.200	1.800	540	1.260	1.000	2.260

2. Cia. XYZ – investimento em tratamento de efluentes.

F_1, F_2 e F_3 designam fluxos de caixa correspondentes às alternativas de operar o sistema por mais um, dois ou três anos (depois disso, deve haver reposição por sistema igual ou diferente).

Ano	Invest	O&M	VR	F_1	F_2	F_3
0	15.000	0	0	–15.000	–15.000	–15.000
1	0	2.500	12.000	9.500	–2.500	–2.500
2	0	2.800	9.200	0	6.400	–2.800
3	0	3.000	7.000	0	0	4.000

3. Projeto da fábrica X

O quadro na página seguinte exibe as projeções individuais de elementos que, reunidas, formam o fluxo de caixa esperado do investimento na fábrica. Cada projeção individual foi assim obtida:

- Investimento fixo – aplicou-se a relação investimento-capacidade fornecida no enunciado do exercício, estimando-se um investimento na Fábrica X de $ 5.045.378.
- Produção – foi projetada multiplicando-se a capacidade instalada (150 t/mês = 1.800 t/ano) pela taxa prevista de utilização em cada ano.
- Receita – multiplicou-se a produção pelo preço unitário de $ 1.500.
- Custo fixo operacional – $ 300 mil por ano, em todo o horizonte da projeção.
- Custo de manutenção – $ 100 mil no primeiro ano, crescendo a 5% a.a. daí por diante.
- Depreciação – dividiu-se o investimento fixo (sem valor residual) por 10 (número de anos).
- Custo variável – multiplicou-se a produção pelo custo variável unitário de $ 500.
- Custo total – soma dos itens de 4 a 7.
- Lucro antes do imposto de renda (Lair) – diferença entre receita total e custo total.
- PIR (Provisão para imposto de renda) – calculado como 25% do Lair.
- Lucro líquido (LL) – diferença entre Lair e PIR.
- Fluxo de caixa livre (FCL) – soma de LL com depreciação, menos investimento fixo.

O quadro a seguir contém as projeções financeiras relativas a DRE, BP e DFC. Cada variável foi projetada seguindo-se regras que, a esta altura, já devem ter sido bem assimiladas.

A solução retrata um investimento convencional, com uma inversão do sinal do fluxo de caixa, cuja soma é positiva, ou seja, entra mais dinheiro do que sai no ciclo de vida do projeto. O fluxo de caixa pós-investimento é crescente, o que contraria a expectativa de um formato em "S" – um fluxo crescente nos

Projeção de Fluxo de Caixa: O Caso da Fábrica X

Parâmetros

Ib =	3.000.000	Qb =	1.800	CFO =	300.000	g =	5.
h =	2	P =	1.500			Cmnut	100.000
a =	0,75	V =	500			t =	20.

Ano	INV	Q%	Q	P	R	CFO	CFM	Deprec	CVT	CT	LAIR	PIR	LL	FCL
0	5.045.378	0	0	0	0	0	0	0	0	0	0	0	0	–5.045.378
1	0	0,70	1.260	1.500	1.890.000	300.000	100.000	504.538	630.000	1.534.538	355.462	71.092	284.370	788.908
2	0	0,80	1.440	1.500	2.160.000	300.000	105.000	504.538	720.000	1.629.538	530.462	106.092	424.370	928.908
3	0	0,80	1.440	1.500	2.160.000	300.000	110.250	504.538	720.000	1.634.788	525.212	105.042	420.170	924.708
4	0	1,00	1.800	1.500	2.700.000	300.000	115.763	504.538	900.000	1.820.300	879.700	175.940	703.760	1.208.298
5	0	1,00	1.800	1.500	2.700.000	300.000	121.551	504.538	900.000	1.826.088	873.912	174.782	699.129	1.203.667
6	0	1,00	1.800	1.500	2.700.000	300.000	127.628	504.538	900.000	1.832.166	867.834	173.567	694.267	1.198.805
6	0	1,00	1.800	1.500	2.700.000	300.000	134.010	504.538	900.000	1.838.547	861.453	172.291	689.162	1.193.700
7	0	1,00	1.800	1.500	2.700.000	300.000	140.710	504.538	900.000	1.845.248	854.752	170.950	683.802	1.188.340
8	0	0,85	1.530	1.500	2.295.000	300.000	147.746	504.538	765.000	1.717.283	577.717	115.543	462.173	966.711
9	0	0,70	1.260	1.500	1.890.000	300.000	155.133	504.538	630.000	1.589.671	300.329	60.066	240.263	744.801
10	0	0,50	900	1.500	1.350.000	300.000	162.889	504.538	450.000	1.417.427	–67.427	–13.485	–53.942	450.596

Observação: Aceitei um valor negativo para o IR no ano 10, partindo da premissa de que o projeto é um investimento de uma empresa já existente; o prejuízo previsto poderá, portanto, ser compensado na apuração global de resultado da empresa no mesmo exercício fiscal. Se a empresa fosse constituída unicamente por esse projeto, o prejuízo somente poderia ser compensado em exercícios posteriores.

primeiros anos de operação, passando a um valor máximo e declinando nos últimos anos de vida do empreendimento.

Outras descobertas ficam a cargo do leitor!

Cia. Blue

Parâmetros		
	g	3%
	CV/RT	6%
	PIR%	3%.

DRE

Item	Ano 0	Ano 1	Ano 2	Ano 3	Ano 4	Ano 5
Receita	0	600.000	618.000	636.540	655.636	675.305
(-) Custo Variável	0	360.000	370.800	381.924	393.382	405.183
(=) Margem de Contribuição	0	240.000	247.200	254.616	262.254	270.122
(-) Custo Fixo	0	150.000	150.000	150.000	150.000	150.000
(=) LAIR (Lucro Antes do IR)	0	90.000	97.200	104.616	112.254	120.122
(-) Imposto de Renda (30% do LAIR)	0	27.000	29.160	31.385	33.676	36.037
(=) Lucro Líquido	0	63.000	68.040	73.231	78.578	84.085
Depreciação (incluída no Custo Fixo)	**0**	**40.000**	**40.000**	**40.000**	**40.000**	**40.000**

BP

Item	Ano 0	Ano 1	Ano 2	Ano 3	Ano 4	Ano 5
Caixa (encontrar por diferença: PT + PL - Imobilizado)	50.000	153.000	261.040	374.271	492.849	616.935
Imobilizado	200.000	160.000	120.000	80.000	40.000	0
Ativo Total = Passivo Total + PL	**250.000**	**313.000**	**381.040**	**454.271**	**532.849**	**616.935**
Capital	250.000	250.000	250.000	250.000	250.000	250.000
Lucros Acumulados	0	63.000	131.040	204.271	282.849	366.935

DFC

Item	Ano 0	Ano 1	Ano 2	Ano 3	Ano 4	Ano 5
Lucro Líquido	0	63.000	68.040	73.231	78.578	84.085
(+) Depreciação	0	40.000	40.000	40.000	40.000	40.000
(=) Geração de Capital de Giro	0	103.000	108.040	113.231	118.578	124.085
Investimentos Fixos	200.000	0	0	0	0	0
Fluxo de Caixa Livre (Fluxo de Caixa do Ativo)	–200.000	103.000	108.040	113.231	118.578	124.085

Referências

BREALEY, Richard; MYERS, Stewart. *Principles of corporate finance*. 2. ed. Auckland: McGraw-Hill, 1984. Capítulo 11, Where positive net present value comes from.

CÔRTES, José Guilherme Pinheiro. *Texto de apoio*: comportamento de custos. Material didático da disciplina Gestão de Custos. Curso de Engenharia de Produção: Escola Politécnica da Universidade Federal do Rio de Janeiro, 2005.

DEGARMO, E. Paul et al. *Engineering economy*. 8. ed. Nova York: Macmillan; e Londres: Collier Macmillan, 1989. Capítulo 8, Developing cash flows.

FRAUMENI, Barbara M. *Productive highway capital stock measures*. 1999. Disponível em: <http://www.fhwa.dot.gov/reports/phcsm/phcsm.pdf>.

HARTMANN, Joseph C. *Engineering economy and the decision-making process*. New Jersey: Pearson Education, 2007. Capítulo 7, Developing cash flows and gathering information.

JONES, Harry; TWISS, Brian C. *Previsão tecnológica para decisões de planejamento*. Rio de Janeiro: Zahar, 1986. Capítulo 5, Os elementos de um sistema de previsão.

KNIGHT, Frank H. *Risk, uncertainty and profit*. Cambridge: Harvard University Press, 1921.

MELNICK, Julio. *Manual de projetos de desenvolvimento econômico*. Rio de Janeiro: Unilivros, 1981. Capítulos II, Estudo do mercado, e VI, O orçamento de receitas e despesas e a ordenação dos dados básicos para a avaliação.

PARK, Chan S. *Contemporary engineering economics*. 2. ed. Menlo Park: Addison-Wesley, 1997. Capítulo 9, Developing cash flows.

PARK, Chan S. *Advanced engineering economics*. Nova York: Wiley, 1990. Capítulo 3, Transform techniques in cash flow modeling.

REMER, Donald S. et al. "The state of the art of present worth analysis of cash flow distributions", *Engineering costs and production economics*, v. 7, p. 257-278, 1984.

SCHOEMAKER, Paul J. H. "Scenario planning: A tool for strategic thinking". *Sloan Management Review*, inverno de 1995.

STATMAN, Meir; TYEBJEE, Tizoon T. "Optimistic capital budgeting forecasts: An experiment", *Financial Management*, outono de 1985.

SULLIVAN, William G. et al. *Engineering economy*. 14. ed. New Jersey: Pearson, Prentice Hall, 2009. Capítulos 2, Cost concepts and design economics, e 3, Cost-estimation techniques.

TURNER, J. Rodney Turner. *The handbook of project-based management*. Londres: McGraw-Hill, 1993. Capítulo 9, Managing cost.

Capítulo 4 Avaliação de projetos isolados de investimento

4.1 Objetivos e resumo do conteúdo

Investimentos geram benefícios e custos para o investidor. Traduzindo-se tais efeitos em termos monetários, são eles descritos por fluxos de caixa[1] cuja estimativa constitui etapa crucial de sua análise. Esses fluxos diferenciam-se em cada uma das três principais fases da vida de um projeto:

Implantação	Predominância de fluxos de caixa negativos.
Operação	Predominância de fluxos de caixa positivos.
Encerramento	Difícil generalizar se predominam fluxos de caixa positivos ou negativos.

O espaço de tempo da implantação ao encerramento de um projeto é sua **vida útil**. Divide-se essa vida em períodos que podem tomar qualquer dimensão – geralmente mês ou ano – que o analista deseje. Na atribuição de fluxos de caixa ao tempo, costuma-se adotar a **convenção de fim de período**, em que se admite que o fluxo ocorra no final de cada período.

O fluxo de caixa em sua forma generalizada pode ser representado por um vetor:

$$FC = (F_0, F_1, F_2, \ldots, F_{n-1}, F_n)$$

1 Repito passagens introdutórias do capítulo anterior, com o objetivo de facilitar a ligação das estimativas de fluxos de caixa com o tema de avaliação de investimentos com base nessas estimativas.

Como estudo de viabilidade, o projeto termina na avaliação financeira, mas começa nos capítulos técnico-econômicos que embasam a projeção do fluxo de caixa. Esta deve ser precedida por estudos de mercado, localização, escala e tecnologia do projeto, investimentos em ativos fixos e de giro, e plano de financiamento (capital próprio *versus* dívida). Referida projeção depende de várias premissas: alterando-se uma, deve mudar a previsão. O analista de projetos precisa enxergar o que está por trás de suas projeções de fluxo de caixa: sem isso, o exercício de previsão nada vale.

Por conseguinte, a avaliação de projetos é o último elo em uma cadeia de análise e tomada de decisão, que precede a materialização do investimento. Como se pôde ver no capítulo precedente, as diversas etapas de um estudo técnico-econômico de decisão de investimento incluem:

O fluxo de caixa de um projeto de uma unidade de negócio

Estudo do mercado	Capacidade operacional	Investimentos	Fluxo de caixa
⇓	⇓	⇓	⇓
Plano de trabalho	Tecnologia	Financiamento	Avaliação

Toda projeção de fluxo de caixa terá de respeitar a restrição de capacidade: em nenhum período se pode produzir mais que a capacidade instalada do projeto. Neste capítulo, presumirei que essa capacidade ou se mantém constante até o encerramento do projeto ou entrará em declínio algum tempo antes desse encerramento.

Aqui, reitero uma crítica – veja o capítulo anterior – ao procedimento tão comum na análise de projetos de supor que a capacidade é constante: equipamentos têm vida útil inferior à sua vida física; o procedimento correto é maximizar o valor presente líquido dos fluxos de caixa projetados. Na medida em que o projeto se aproxima do limite de sua vida física, a capacidade produtiva deve diminuir e os custos de operação e manutenção devem subir. Isso reduz a rentabilidade do projeto a seguir de seu custo de capital e põe um limite econômico à vida de serviço dos equipamentos.

4.2 Investimentos como fluxos de caixa

4.2.1 Tipos de investimento

Classificam-se investimentos segundo o perfil de seu fluxo de caixa, como se vê no quadro a seguir, que, por conveniência, contém apenas três períodos.

	Sinal do FC no período			
	0	1	2	3
Investimento convencional	–	+	+	+
Investimento não convencional	–	+	+	–
Investimento não convencional	+	–	–	+

Os investimentos convencionais aceitam todas as técnicas que descontam fluxos de caixa. O mesmo não se aplica a investimentos não convencionais. Podem ser investimentos mistos – parte investimento, parte financiamento – e não possuem verdadeira taxa interna de retorno.

4.2.2 Análise determinística

Essa análise pressupõe clarividência do analista, que prevê o futuro com certeza. Embora irrealista, é conveniente porque deixa o leitor se concentrar na aplicação das técnicas de avaliação de projetos sem se preocupar com o tratamento da incerteza, que será introduzida depois.

4.3 Análise determinística de projetos isolados: técnicas de fluxo de caixa descontado

Aqui, expõem-se as principais técnicas de análise de projetos que descontam fluxos de caixa. Parto do princípio de que o objetivo do investimento é criar valor para o investidor. Procuro demonstrar em que medida cada uma atende a esse requisito, bem como às seguintes condições enunciadas.

4.3.1 Condições exigidas de critérios de avaliação de projetos de investimento

De acordo com Harrison,[2] existem quatro condições básicas que uma técnica de avaliação de projetos de investimento (e, portanto, a regra de decisão correspondente) deve satisfazer:

(1) Não pode ser ambígua. Se a mesma informação é submetida à análise utilizando-se a mesma técnica e se chega a diferentes interpretações, é evidente que decisões claras e firmes não podem ser tomadas com base nessa técnica.

(2) Precisa ser coerente com ideias intuitivas. Não deve ser possível apresentar casos ou situações em que a melhor decisão seja A e a regra de decisão indica B.

2 HARRISON, Ian W. "Capital investment appraisal", *McGraw-Hill Management Manual*. Londres: McGraw-Hill, 1973.

(3) Deve ser passível de largo emprego. Uma boa regra de decisão deve poder ser aplicada ao maior número possível de projetos de investimento. Em outras palavras, deve ser o menos vulnerável possível a restrições diversas a seu uso.

(4) Deve ser fácil de aplicar e entender seu resultado. Os cálculos requeridos não precisam ser simples. O mais importante é que o usuário (tomador de decisão) compreenda as implicações do uso de uma regra de decisão e possa avaliar tal decisão. Essa qualidade receberá atenção neste capítulo: se as pessoas não compreendem uma regra, terão dificuldade para aplicá-la corretamente.

4.3.1 Valor presente líquido (VPL)

> Segundo o modelo do VPL, um investimento vale sua capacidade de gerar caixa, descontada a uma taxa de juros apropriada, que reflita a qualidade (grau de incerteza) do fluxo de caixa.

VPL é a diferença entre o valor presente dos futuros fluxos de caixa de um projeto e o investimento inicial. Para o investidor, é a variação de sua riqueza prometida pela propriedade do projeto em questão. Logo, precisa ser positivo para que o projeto interesse. É obtido pela expressão:

$$\text{VPL} = \sum_{t=1}^{\infty} [F_t / (1+i)^t] - I_o; \quad \text{ou, se fizermos} \quad -I_o = F_o \rightarrow \quad \text{VPL} = \sum_{t=0}^{\infty} [F_t / (1+i)_t]$$

Pode-se calcular o VPL com a ajuda de uma tabela de fatores de desconto, como no exemplo a seguir, à taxa de 10% a.a., do fluxo de caixa (–100, 60, 55, 50).

Ano n	Fluxo \$ do ano	Fator de desconto $(1/1,10)^n$	Fluxo \$ descontado do Ano	Fluxo \$ descontado acumulado
0	–100	1,000000	–100,0000	–100,0000
1	60	0,909091	54,5455	–45,4545
2	55	0,826446	45,4545	0
3	50	0,751315	37,5657	37,5657

O VPL de \$ 37,5657 significa que o projeto soma esse valor (presente líquido) ao investimento de \$ 100: investidos no mercado (a 10% a.a.), serão convertidos em \$ 133,1 em três anos. Mas os fluxos de caixa do projeto, capitalizados a 10% a.a., geram um valor futuro de \$ 183,1: um excesso de \$ 50,0 em três anos, igual a um excesso hoje (valor presente líquido) de \$ 37,5657. Outra forma de traduzir esse número é fazer o VPL ($ 37,5657) ser a diferença entre o VPB ou valor presente bruto ($ 137,5657) e o investimento inicial ($ 100). O VPB mede quanto vale o fluxo projetado de caixa, descontado a 10% a.a., enquanto o investimento é o custo que o investidor paga para ter o direito a esse fluxo, logo a seu VPB.

Na falta de bons recursos computacionais – como uma calculadora financeira ou um computador –, resolvem-se problemas de pequeno porte usando-se quadros como o anterior. Fatores de desconto em tabelas financeiras costumam acompanhar os livros didáticos de finanças e matemática financeira. Podem também ser computados para cada problema, aplicando-se a fórmula do montante de juros compostos e invertendo-se o resultado.

O gráfico a seguir mostra a relação curvilínea entre o VPL e sua taxa de desconto: os fluxos de caixa convencionais (com uma única inversão de sinal) exibem esse tipo de comportamento, em que o VPL é uma função monotonamente decrescente da taxa de desconto. Pode-se também dizer que a função VPL é convexa em relação à origem dos eixos coordenados.

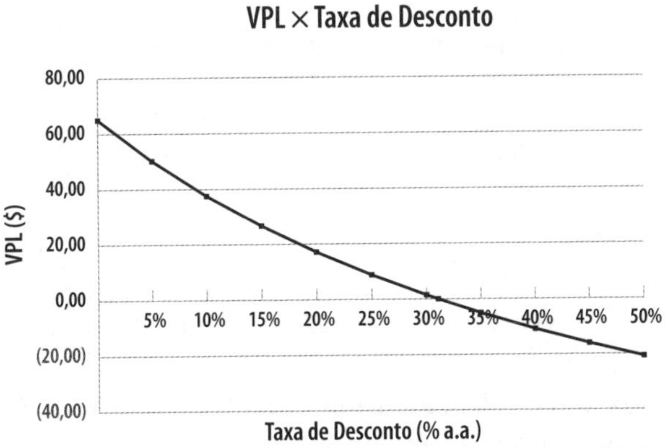

Vê-se no gráfico que o VPL é positivo para taxas de desconto a seguir de, aproximadamente, 30% a.a. – com efeito, a taxa que anula a função VPL é de 31,07% a.a. Para taxas mais elevadas, o VPL é negativo. Como se verá adiante, esse ponto que separa as duas zonas do VPL se chama TIR (taxa interna de retorno), outro importante critério de avaliação de projetos de investimento.

Pode-se provar que a função VPL é monotonamente decrescente em relação à taxa de juros para investimentos convencionais, com uma única inversão de sinal de seu fluxo de caixa. Assim, a curva do VPL tem concavidade voltada para cima.[3] E mais: a função VPL é um polinômio de grau n em $1+ i$, os fluxos

3 A seguir, ofereço ao leitor uma comparação de curvas de VPL para quatro diferentes fluxos de caixa.

de caixa sendo os coeficientes de cada potência; quando se revelam os valores de n e $1 + i$, a relação torna-se uma combinação linear dos fluxos de caixa.

$$VPL = F_0 + \frac{F_1}{1+i} + \frac{F_2}{(1+i)^2} + ... + \frac{F_{n-1}}{(1+i)^{n-1}} + \frac{F_n}{(1+i)^n}$$

Fazendo VPL = y, $F_j = a_j$ e $1/(1 + i) = x$, vem:

$$y = a_0 + a_1 \cdot x + a_2 \cdot x^2 + \ldots + a_{n-1} \cdot x^{n-1} + a_n \cdot x^n$$

Dados x e n, y é uma combinação linear dos fluxos de caixa.

Project Balances (capital aplicado)

O PB (*Project Balance*) de um investimento corresponde ao saldo de uma hipotética conta bancária cujo titular aplica a uma taxa de juros e periodicamente retira o equivalente ao fluxo de caixa esperado. O quadro a seguir calcula o *PB* do investimento usado como exemplo na página anterior. Atenção para os resultados, eles são muito interessantes.

Ano	FlCx$	PB
0	−100	−100
1	60	−50
2	55	0
3	50	50
VPL (10%)	37,57	37,57

1. O *PB* de cada ano é calculado capitalizando-se o fluxo anterior à taxa de juros escolhida – no caso, 10% a.a. – e adicionando-se o fluxo de caixa do período corrente.
2. O *PB* do ano 2 é nulo. Isso quer dizer que o projeto restituiu e remunerou (a 10% a.a.) o capital inicialmente aplicado de $ 100. Como se verá adiante, trata-se do tempo de recuperação (descontado) do investimento.
3. Ao final do terceiro ano, o *PB* é de $ 50. Este é o valor futuro líquido do projeto que, descontado a 10% a.a., produz um valor presente líquido de $ 37,57.

Assim, o *PB* mede, a cada período, a posição do investidor diante do projeto de investimento. Os projetos de investimento convencionais, com uma só inversão de sinal, com o somatório positivo de fluxos de caixa, exibem sempre *PB* positivos a taxas nulas de desconto.

Curva do VPL em relação à taxa de juros

Série uniforme		Gradiente aritmético (positivo)		Gradiente aritmético (negativo)		Série irregular	
Ano	**FCL**	**Ano**	**FCL**	**Ano**	**FCL**	**Ano**	**FCL**
0	–100	0	–100	0	–100	0	–100
1	55	1	50	1	60	1	40
2	55	2	55	2	55	2	70
3	55	3	60	3	50	3	55

Série uniforme

VPL × Taxa de Desconto

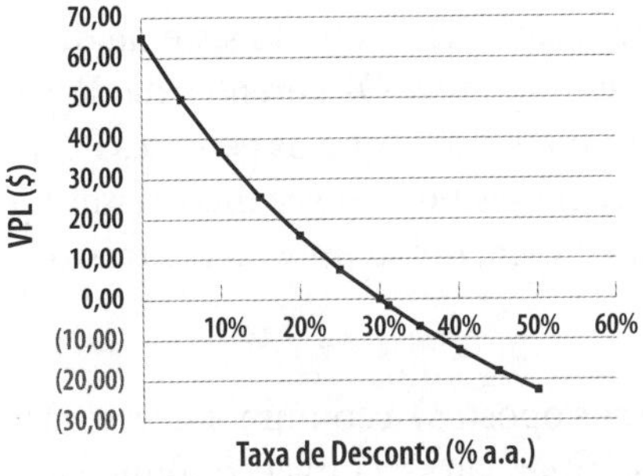

Gradiente aritmético (positivo)

VPL × Taxa de Desconto

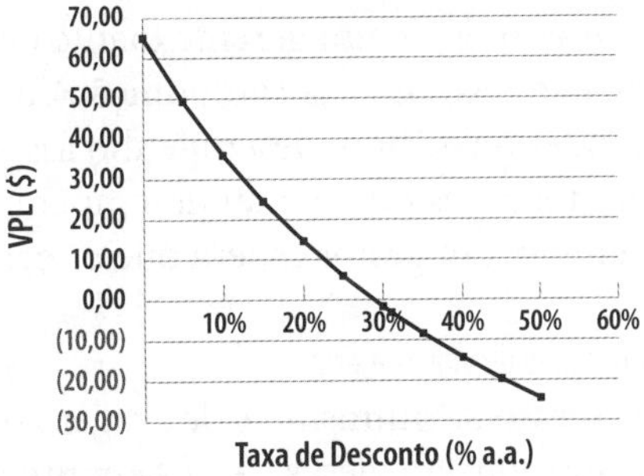

Gradiente aritmético (negativo)

VPL × Taxa de Desconto

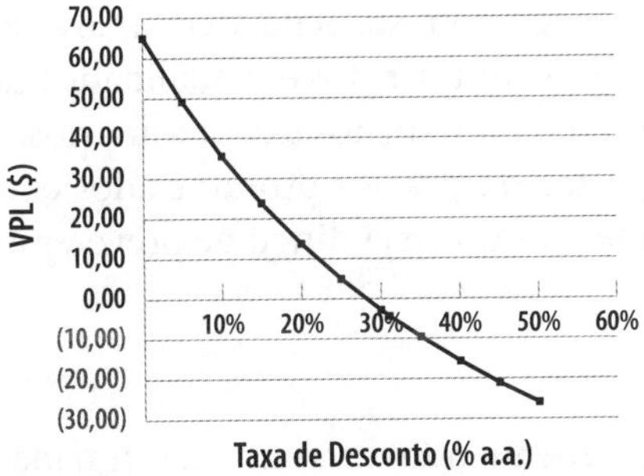

Série irregular

VPL × Taxa de Desconto

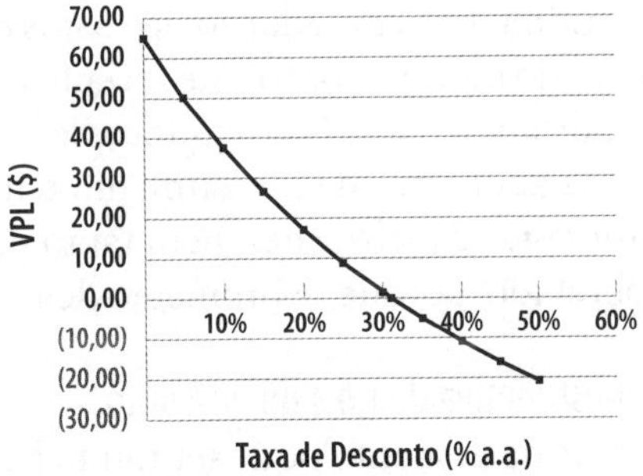

Retornando à análise do projeto, seria fácil concluir que esse investimento é financeiramente viável. Como argumentei, ele tem um custo inicial de $ 100 e gera um valor presente bruto (VPB) de $ 137,6, do qual se tem um valor presente líquido de $ 37,6. Mas a avaliação do projeto ainda não terminou; impõe-se agora indagar: de onde provém esse VPL positivo?

De onde provêm os valores presentes líquidos positivos[4]

As medidas de valor de um projeto baseadas no desconto de fluxos de caixa são tão boas quanto as estimativas desses fluxos e de sua taxa de desconto. Antes de celebrar o achado de uma mina de ouro, o analista deve conferir a validade de suas premissas: o que está por trás das estimativas dos fluxos de caixa e sua estimativa da taxa de desconto. A auditoria de investimentos – PIR (*Post Investment Review*) – é uma ferramenta valiosa para coibir excessos nas seguintes práticas.

Atitudes divergentes e premissas incoerentes

Atitudes e premissas dos autores de propostas de investimento podem divergir. Eliminar esses fatores é o primeiro passo para tornar as previsões financeiras dignas de confiança.

A atitude de um gerente diante do risco depende muito do sistema de avaliação e recompensa (ou punição) pelo desempenho. Os gerentes de divisões grandes ou de bom desempenho assumem mais riscos que os gerentes de divisões menores ou de mau desempenho. Premissas podem ser incoerentes: por exemplo, um gestor espera que o mercado cresça, outro prevê o contrário.

Problemas de vieses e erros

O excesso de otimismo e de exagero (ou seus opostos) é comum. Diversos fatores introduzem vieses e erros em previsões financeiras: clima econômico geral, poder e prestígio de certas áreas funcionais e divisões da empresa, características pessoais dos proponentes de projetos etc.

Há evidências de que bons projetos são desprezados enquanto maus projetos são aceitos em virtude de previsões erradas ou porque os proponentes de projetos têm desiguais capacidades de vender suas ideias. No passado, os investimentos em redução de custos eram vistos com suspeita, deles não se esperando muito retorno. Até recentemente, os investimentos em qualidade (não importando o que isso significasse...) prometiam retornos extraordinários.

As auditorias de investimento têm constatado desvios pronunciados entre promessas e realizações, nem tanto porque o futuro seja difícil de prever, mas, sobretudo, porque se prometeu demais.

Subestimativa da taxa de desconto

A taxa de desconto pode ser muito baixa, dependendo de como foi estimada.[5]

---

4 Felizes expressão e análise de Brealey e Myers (veja as Referências ao final deste capítulo).

5 Veja, a esse respeito, o Capítulo 7.

Legítimos VPL positivos

Feitas as devidas correções, muitos projetos parecem menos atrativos. Aqueles que exibem legítimos VPL positivos são oportunidades de negócio superiores, o que pode ocorrer em decorrência de:

1. **Desfrute de rendas econômicas, mesmo em condições de concorrência.** A obtenção de rendas econômicas em ambientes competitivos resulta de a empresa ter criado bases de **vantagem competitiva** em cada processo significativo da **cadeia de valor** – produção, PD&E (pesquisa, desenvolvimento e engenharia), comercialização, suprimento, financiamento etc.
2. **Poder de monopólio da empresa.** A detenção de uma posição monopolística – ou de grande poder de mercado – depende da criação de vantagens sustentáveis (duradouras) diante da permanente ameaça de concorrentes potenciais, produtos novos, compradores e fornecedores. No mundo real, os mercados não são nem perfeitamente competitivos nem monopólicos. As estruturas de oligopólio são as mais frequentes, com algumas poucas empresas se digladiando para conquistar a demanda dos clientes. Ganha a batalha (a guerra competitiva não tem fim) quem sabe criar valor simultaneamente para si e para seus clientes.

CAP (*Competitive Advantage Period* ou Período de vantagem competitiva)

A conquista de uma posição de vantagem competitiva sobre a concorrência é a base para a construção de valor superior para a empresa. Mas isso enfrenta duas dificuldades:

1. Conquistar essa posição pode custar caro e exigir muito tempo; na arena estratégica não costumam acontecer vitórias fáceis e rápidas.
2. Manter essa posição na presença de contestação por seus concorrentes é talvez ainda mais difícil. No esforço para se manter à frente na corrida competitiva, talvez "somente os paranoicos sobrevivam", na expressão de Andy Grove, executivo da Intel.

O CAP é a medida de por quanto tempo uma empresa se mantém na liderança e transforma essa posição em maior criação de valor para seus investidores. Ou, se alguém prefere a linguagem das porcentagens, por quanto tempo os investidores dessa empresa serão contemplados com mais altas taxas de retorno sobre o capital aplicado. O CAP obriga a pensar que a vantagem competitiva não é eterna, que toda fonte de vantagem pode ser contestada e que competidores fortes surgirão em algum momento. Como criar e sustentar – ou renovar – fontes de vantagem competitiva é um capítulo central em qualquer modelo de estratégia corporativa.

Há evidências de que as empresas que auferiram superior retorno durante anos – por exemplo, uma década – provavelmente ficarão para trás no próximo período observado; o contrário se dará com aquelas que eram antes retardatárias.[6] O sucesso de ontem não garante o sucesso de amanhã.

Quando um projeto de investimento promete grande valor presente líquido – e, portanto, uma taxa interna de retorno amplamente superior ao custo de capital –, o analista astuto deve perguntar "em que o projeto é tão bom para merecer tanto retorno?" A aceitação passiva, sem crítica, de números que parecem favoráveis em uma planilha, é uma decisão imprudente. *Convém recordar, nessa conexão, que o projeto como estudo é também um plano de ação.* Assim, se ele promete retornos excepcionais, estes devem resultar de vantagens competitivas reais e sustentáveis por algum tempo – CAP. Se elas tendem a se extinguir, como seria de esperar, o projeto terá de se adequar a essa nova realidade, passando a se apoiar em novas bases de competitividade.

Janela de criação de valor

Construí esse conceito unindo dois outros, expostos nas páginas anteriores: o *payback* descontado e o período de vantagem competitiva. A seguir, explico como.

O *payback* descontado diz quanto tempo é preciso transcorrer para que um projeto de investimento recupere e remunere (ao custo de oportunidade do capital) o investimento inicial. Em outras palavras, ele informa quando se inicia a criação de valor pelo projeto.

Por sua vez, o período de vantagem competitiva mede por quanto tempo o mesmo projeto segue criando valor – está implícito que presumo ser possível medir CAP em nível de projeto.[7] Note que CAP é medido desde o instante em que o projeto começa a gerar fluxos positivos de caixa, logo ele abrange o período de recuperação e remuneração do investimento inicial.

Por último, subtraindo-se o "tempo de maturação para criar valor" (*payback* descontado) do "tempo de permanência da criação de valor" (CAP), encontra-se a dimensão da janela de criação de valor. Dado um projeto com *payback* de cinco anos e CAP de oito anos, resta-lhe uma estreita janela de três anos para criar valor para seus investidores. Obviamente, o CAP jamais poderá (deverá) ser inferior ao *payback*.

Michael Porter e a análise estratégica de projetos de investimento

Pode-se reforçar a análise estratégica de um projeto de investimento e, por extensão, validar-se ou não sua capacidade de criar valor, recorrendo-se ao traba-

---

6 Veja LITTLE, I. M. D. "Higgledy-piggledy growth", *Bulletin of Oxford Institute of Statistics,* 1962.

7 Reconheço a dificuldade de trazer medidas de CAP do nível corporativo para o nível de projeto. Esta é uma pesquisa em andamento, que espero frutifique em um futuro não muito distante.

lho de Porter, que criou um modelo normativo de comportamento empresarial.[8] Nele, a rentabilidade de uma empresa depende do sucesso de sua estratégia competitiva, que, por sua vez, deve estar em sintonia com duas "coordenadas":

1. A atratividade do setor de negócio em que a empresa opera ou pretende operar – o potencial de geração de lucro oferecido aos concorrentes atuais e potenciais. Este é o tema de *Competitive strategy* (1980), desenvolvido por meio do "modelo das cinco forças competitivas".
2. A capacidade competitiva da empresa, traduzida em sua cadeia de valor, conceito próximo das expressões contemporâneas "arquitetura de processos" ou "perfil de competências". Em *Competitive advantage* (1985), Porter procurou mostrar como uma empresa pode criar e sustentar uma vantagem competitiva em liderança de custo, diferenciação de seu "pacote de valor" ou focalização (segmentação de mercado com ênfase em custo ou diferenciação).

O grau de atratividade do setor de negócio. Segundo Porter, "a essência da formulação da estratégia competitiva reside em relacionar uma empresa a seu ambiente... o aspecto-chave do ambiente da empresa é a indústria ou indústrias em que ela compete". A intensidade da competição em uma indústria determina seu potencial de lucro e depende de cinco forças básicas:

1	Rivalidade entre as empresas existentes.
2	Ameaça de entrada de concorrentes potenciais.
3	Ameaça de produtos ou serviços substitutos.
4	Poder de barganha de fornecedores.
5	Poder de barganha de compradores.

Variável não controlável, parte do ambiente externo à empresa, quanto mais poderosas essas forças, mais intensa a competição e menor o potencial de criação de valor oferecido por uma indústria. Logo, uma decisão de investimento deve ser precedida de um estudo rigoroso do estado atual e das tendências futuras dessas forças, construindo-se cenários estratégicos alternativos.

8 No presente contexto, duas obras de Michael E. Porter são muito importantes: (1) *Competitive strategy techniques for analyzing industries and competitors*. Nova York: The Free Press, 1980; (2) *Competitive advantage*: creating and sustaining superior performance. Nova York: The Free Press, 1985.

As cinco forças competitivas de Porter

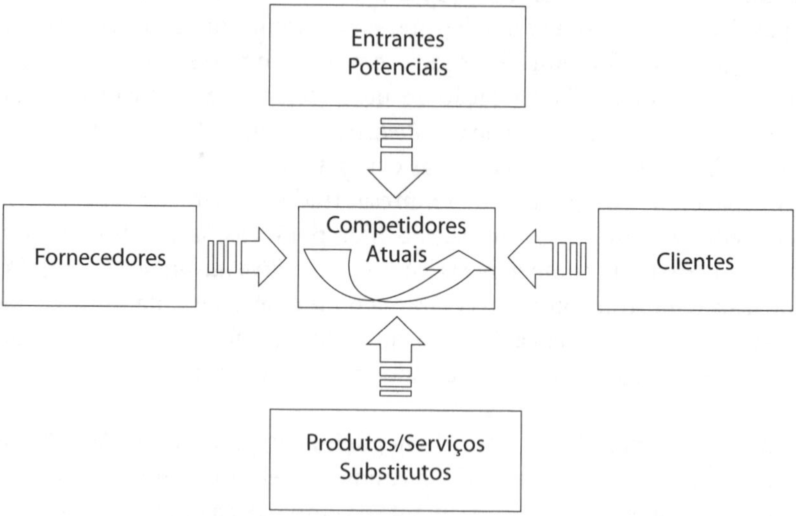

Cada uma dessas forças, por sua vez, desdobra-se em um número de variáveis determinantes da intensidade da competição no mercado. A resultante de todas as forças e variáveis que as representam define o grau de competição, atual quanto potencial, e logo a atratividade do mercado, à qual corresponde dado potencial de realização de lucros.

As cinco forças mostram que a competição em um setor de negócio se estende muito além dos participantes atuais. Percebendo-se uma indústria como um centro de oportunidades de lucro, descobrem-se outros atores que lutam para agarrar parte desses lucros. A intensidade da competição em uma indústria contribui em grande medida para determinar sua rentabilidade e é, por sua vez, o resultado da ação conjunta daquelas cinco forças.

Capacidade competitiva. Em *Competitive advantage*, Porter definiu a cadeia de valor como o instrumento de análise de capacidade da empresa. Criou assim um meio para estudar as fontes da vantagem competitiva e definir a segunda "coordenada" da escolha de estratégia competitiva.

Pode-se recorrer a modelos alternativos de capacidade competitiva, existe uma variada oferta de soluções. O aspecto relevante aqui é usar de modo coerente algum modelo analítico que permita responder à pergunta: "Em que fator se apoia esse particular projeto para ser um poderoso competidor dos projetos já em operação?". Referido fator pode ser um processo ou atividade, uma competência fundamental em um setor de negócio ou ainda a disponibilidade de um recurso-chave produtivo em condições superiores àquelas desfrutadas por competidores atuais e potenciais.

A cadeia de valor de Porter

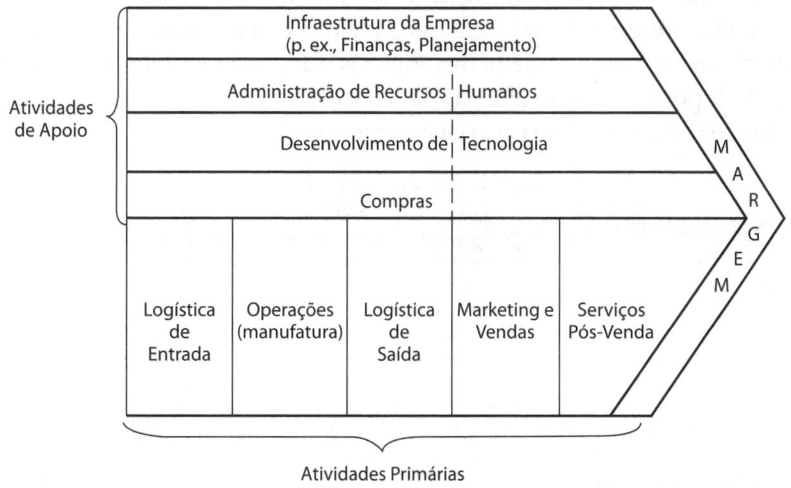

Conclusão. Um projeto de investimento cuja avaliação financeira exiba um VPL positivo precisa comprovar sua capacidade de criar valor por meio de uma análise estratégica. O modelo de Porter combina muito bem com o conceito de CAP (*Competitive advantage period*): as projeções das cinco forças competitivas e das variáveis que sustentam a capacidade competitiva dirão se o projeto será superior à concorrência e por quanto tempo.

Como afirmou Day,[9] há muitas vezes "sinais ilusórios de criação de valor" e "o elo fundamental entre a análise de estratégia e a análise de valor é a transformação de esperanças, temores e expectativas de vantagem competitiva, que estão na declaração formal de uma estratégia, em fluxos de caixa". Atrevo-me a propor um segundo elo: o ajuste da taxa de desconto ao risco oferecido pelo projeto em questão e, por que não, pela estratégia de que ele é instrumento.

Roteiro simplificado de análise estratégica de projetos de investimento

Penso que seria injusto encerrar aqui minhas considerações sobre análise estratégica de projetos sem fornecer ao leitor uma síntese dos argumentos anteriormente expostos, um rascunho de proposta de como efetivamente conduzir essa análise. Mas em hipótese alguma pretendo dispensar o estudo dos autores a que me referi, tampouco de outros dos quais, falha minha, nada falei.

---

9 DAY, George S. *Estratégia voltada para o mercado*. Tradução de Nivaldo Montingelli Jr. Revisão Técnica de Marcos da Costa Moraes. Rio de Janeiro: Record, 1990. Capítulo 13, p. 379.

Atratividade do setor. Aos fatores a seguir (cinco forças competitivas de Porter), acrescentem-se (i) taxa de crescimento do setor (setores estagnados não prometem altos retornos) e (ii) rentabilidade das empresas existentes (quanto mais identificadas com o projeto, melhor). Os números seguintes referem-se a um projeto hipotético e a atribuição de pontos a cada força baseou-se em um exame detalhado das múltiplas variáveis associadas a elas.

Força competitiva	Baixa (0-3 pontos)	Média (5-7 pontos)	Alta (8-10 pontos)	Pontos setor
1. Clientes	3			3
2. Fornecedores		7		7
3. Novos produtos			8	8
4. Novos competidores		5		5
5. Competidores existentes			8	8
Soma	3	12	16	31
Faixa de pontos	0-15	25-35	40-50	50

O setor classifica-se como de média atratividade.

Competitividade do projeto. Criei minha própria lista de fatores de competitividade. Cada um será avaliado de acordo com (i) a condição oferecida pelo projeto *versus* (ii) a condição oferecida por projetos concorrentes, prevista no horizonte de vida do projeto.

Fator de competitividade	Baixa (0-3 pontos)	Média (5-7 pontos)	Alta (8-10 pontos)	Pontos setor
1. Produto			10	10
2. Processo			10	10
3. Escala			10	10
4. *Marketing*		6		6
5. Localização		6		6
Soma		12	30	42
Faixa de pontos	0-15	25-35	40-50	50

O projeto apresenta elevada competitividade.

Atratividade do setor + Competitividade do projeto. Em uma matriz 3 × 3 comparam-se (i) atratividade do setor (média) e (ii) competitividade do projeto (alta).

Atrativ./competiv.	Baixa	Média	Alta
Baixa			
Média			
Alta			

Conclusão. O projeto encontra-se em uma área de aceitação, do ponto de vista estratégico.

Análise de um projeto de investimento isolado – uma decisão mais complexa: investir ou não, investir até quando

Estruturando a decisão de investimento

Como estruturar apropriadamente a decisão de investimento, em vez do tradicional paradigma "aceitar ou rejeitar"? É tentador pensar que, antes de se tomar uma decisão, todas as opções estão disponíveis. Mas não é realista, porque, a qualquer instante de tempo:

- O mundo está mudando.
- Nossa compreensão do mundo está mudando.
- Nossa capacidade de usar essa compreensão está mudando.

Ou seja, vive-se em um permanente estado de fluxo! Talvez jamais alguém tenha parado para pensar o que determina a escolha de um particular instante de tempo para resolver: "É agora que se vai decidir fazer ou não esse projeto de investimento!"[10]

Tomando a decisão de investimento

A análise de um projeto isolado de investimento requer mais que uma decisão de aceitar ou rejeitar o projeto. Com efeito, trata-se de duas decisões:

- Aceitar ou rejeitar o investimento com base em sua capacidade de criar valor para o investidor.
- Determinar o período que maximiza o valor presente líquido. Ou, posto de outra forma, resolver quando interromper o projeto – um problema há muito conhecido como baixa de equipamento sem reposição.

10 E talvez eu não esteja sendo inteiramente justo com John J. Carty (lembram-se dele, citado no Capítulo 1?).

Para encontrar as respostas a essa dupla decisão, é preciso:

- Projetar o fluxo de caixa associado às etapas de criação e uso de capacidade.
- Estimar, para cada período, a preços de mercado, os valores de revenda dos ativos remanescentes (*salvages values*). Nada fácil, reconheço. Contudo, separar a decisão de compra daquela de disposição de um ativo é uma inaceitável falha metodológica que estimula o desprezo pela aquisição das informações necessárias a esse exercício.
- Calcular os VPL correspondentes a cada horizonte temporal de operação do projeto.

Exemplo. Um projeto requer um investimento inicial (ano 0) de $ 50 mil, prometendo retornos variáveis nos próximos seis anos. Os valores de revenda são exibidos para o final de cada ano (de 0 a 6). A uma taxa de desconto de 12% a.a., o projeto é economicamente atrativo e deve ser operado por três anos – ainda que sua vida física lhe permita funcionar por seis anos. Os dados básicos, os fluxos de caixa relacionados a diferentes horizontes de tempo de funcionamento do projeto e os respectivos VPL são mostrados na tabela a seguir.

Ano	FCO$	Salv V	F(0)	F(1)	F(2)	F(3)	F(4)	F(5)	F(6)
0	–50.000	50.000	0	–50.000	–50.000	–50.000	–50.000	–50.000	–50.000
1	10.000	40.000		50.000	10.000	10.000	10.000	10.000	10.000
2	15.000	35.000			50.000	15.000	15.000	15.000	15.000
3	18.000	28.000				46.000	18.000	18.000	18.000
4	13.000	18.000					31.000	13.000	13.000
5	9.000	6.000						15.000	9.000
6	6.000	0							6.000
VPB			**50.000**	**44.643**	**48.788**	**53.628**	**53.400**	**50.472**	**50.107**
Inv			**–50.000**	**–50.000**	**–50.000**	**–50.000**	**–50.000**	**–50.000**	**–50.000**
VPL			**0**	**–5.357**	**–1.212**	**3.628**	**3.400**	**472**	**107**

Assim, esse projeto é viável desde que operado por mais de dois anos, e encontra seu máximo valor presente líquido se for interrompido ao final do terceiro ano.

4.3.2 Taxa interna de retorno

O modelo da TIR é o preferido de empresários, administradores e analistas de projetos de investimento com gosto por matemática. Uns, por motivos de ordem prática; outros, em razão da atração exercida pelo instrumento, formam o clã dos seguidores da TIR.

A TIR é a taxa de juros que anula a função VPL.[11] É uma raiz-solução (única raiz real $i^* > -100\%$, se houver) de uma equação polinomial de grau **n** (número de períodos do investimento). Significa taxa de retorno sobre o capital que permanece investido no projeto (saldo do investimento não recuperado). Aceitam-se projetos cuja TIR exceda o custo do capital.

Um investimento convencional, cujo fluxo de caixa tem uma só inversão de sinal, possui TIR. O VPL e a TIR levam a igual decisão quando se avalia um projeto isolado. Quando se comparam alternativas, eles podem apoiar decisões opostas – sobretudo quando a TIR é mal aplicada.

A TIR pode ser encontrada por tentativa e erro. No exemplo anterior, VPL > 0 para $i = 10\%$ a.a., logo TIR > 10% a.a. Eleva-se gradualmente a taxa de desconto até que VPL = 0. É um método laborioso e ineficiente. Melhora um pouco quando se acham duas taxas de desconto, a menor tal que VPL > 0, a maior sendo VPL < 0. Pode-se, então, obter a TIR por interpolação entre as duas taxas. A localização da TIR é facilitada somando-se os fluxos de caixa: se a soma for positiva, a TIR também será; se for nula, TIR = 0; se for negativa, TIR < 0.

Cálculo da TIR por aproximações sucessivas

Taxa de desconto i % a.a.	Valor presente ($)
10,0	37,57
20,0	17,13
30,0	1,46
31,0	0,09
* 31,1 *	–0,04
32,0	–1,24

Logo, $ 100 aplicados a 31,1% a.a. rendem $ 225,16 após três anos, igual ao fluxo de caixa do projeto aplicado a essa taxa. O mercado igualaria isso se pagasse 31,1% a.a., mas paga apenas 10% a.a.

11 Não me aprofundarei na discussão de como resolver o problema de obtenção da TIR. Matematicamente, é um problema complexo, hoje resolvido com o apoio de modernos recursos computacionais. Contudo, fornecerei algumas indicações de como se pode facilitar o caminho para a solução da maioria dos casos.

Outra interpretação da TIR vê o investimento como um empréstimo feito ao projeto e os fluxos positivos de caixa como o pagamento desse empréstimo, desdobrando-se em parcelas de juros (calculados à própria TIR) e de amortização (o que sobrar). O quadro a seguir mostra essa interpretação da TIR, que contribui para desfazer a impressão costumeira - e errada - de que ela é uma taxa à qual se remunera o investimento inicial de um projeto. Com efeito, a TIR remunera o saldo de investimento a recuperar no início de cada período da vida do projeto de investimento.[12]

Interpretação da taxa interna de retorno

Ano	Investimento a recuperar no início do ano	Fluxo de caixa do ano	Parcela de juros	Parcela de amortização	Investimento a recuperar no final do ano
1	−100,0000	60,0000	31,0683	28,9317	−71,0683
2	−71,0683	55,0000	22,0797	32,9203	−38,1480
3	−38,1480	50,0000	11,8520	38,1480	0,0000
Soma		165	65	100	

Cuidados na utilização da TIR

Condições exigidas pelo uso da TIR. É preciso verificar se três condições são preenchidas:

1. **Existência.** A TIR é uma das "n" possíveis raízes do polinômio VPL que se deseja anular. Nem sempre esse polinômio possui raízes reais superiores a −100% (não servem raízes complexas nem taxas inferiores a −100%, o que implicaria destruir mais que o capital investido, algo fisicamente impossível!).
2. **Unicidade.** Deve haver uma e apenas uma raiz do polinômio atendendo à condição dada anteriormente. Muitas vezes, existe mais de uma raiz real superior a −100%, alguns autores afirmando que um investimento tem "múltiplas TIR". Esta tem de ser única, ou não é TIR. Lorie e Savage[13] alertaram para o fato de que certos fluxos de caixa não admitem uma única raiz real superior a −100%, dando o exemplo da comparação de duas alternativas de bombeamento de óleo. Esse projeto apresenta duas taxas que anulam o VPL, a saber, i_1 = 25% a.a. e i_2 = 400% a.a.

12 Razão pela qual a unicidade da TIR coincide com a preservação de um saldo positivo de investimento a recuperar até o último período do ciclo de vida do projeto de investimento. A ocorrência de um saldo negativo em meio a essa vida implica em multiplicidade das taxas que se poderia chamar pseudo-TIR.

13 LORIE, J.; SAVAGE, L. J. "Three problems in capital rationing", *Journal of Business*, v. XXVIII, n. 4, out. 1955.

O "problema da bomba" de Lorie e Savage

Ano	FC$ com bomba atual	FC$ com bomba maior	FC$ incremental
0	0	−1.600	−1.600
1	10.000	20.000	10.000
2	10.000	0	−10.000

3. **Significado econômico.** Mesmo quando existe uma só raiz real superior a −100%, ainda assim pode-se ter dificuldade com a TIR. Casos existem em que o polinômio VPL se anula para uma particular taxa de desconto e é negativo para todas as demais: a TIR nesses casos não possui significado econômico, não deixa que uma decisão de investimento se baseie nela.

Uso da TIR. Se o projeto de investimento aceita o uso da TIR, de acordo com as condições descritas anteriormente, o passo seguinte é computar e interpretar o resultado.

1. **Cálculo.** Os fluxos de caixa curtos requerem menor esforço de computação. Simples tabelas, uma calculadora financeira e procedimentos como o que está descrito no Anexo B dão conta do recado. Os fluxos longos e talvez com múltiplas trocas de sinais demandem maior capacidade de computação. Planilhas eletrônicas (como *Excel*) são hoje ferramentas indispensáveis.
2. **Interpretação.** O mero cálculo da TIR não exige o prévio conhecimento da taxa de desconto. Mas a interpretação requer esse conhecimento: a TIR de um particular projeto de investimento precisa exceder o custo marginal de oportunidade do capital – a taxa de juros requerida para se levantar uma unidade adicional de capital – para que o projeto seja financeiramente viável.

Sobre a multiplicidade da TIR

A raiz-solução do polinômio deve ser única, real e superior a −100%. Esta é a convicção de muitos autores, como de Faro[14,15]. Hazen,[16] contudo, argumenta de modo diferente: um fluxo de caixa com múltiplas inversões de sinal e, logo, possibilidade de múltiplas raízes reais e menores que −100%, deve ser interpretado como um conjunto de fluxos parciais, cada um com a própria TIR. A discussão sobre unicidade *versus* multiplicidade da TIR está longe de chegar a um final

14 DE FARO, Clovis. *A eficiência marginal do capital como critério de avaliação econômica de projetos de investimento*. Rio de Janeiro: IBMEC, 1985.

15 DE FARO, Clovis; DE FARO, Paula. "Projetos com mais de duas variações de sinal e o critério da taxa interna de retorno", *Estudos Econômicos,* n. 30, Disponível em: <http://www.usp.br/estecon/index.php/estecon/issue/view/82>.

16 HAZEN, Gordon B. "A new perspective on multiple internal rates of return", *The engineering economist*, v. 48, n. 1, 2003.

feliz. Interrompo aqui meus comentários sobre o assunto. Deixo ao leitor uma seleção de textos importantes, que o ajudem a formar sua opinião a respeito.

VPL versus TIR

Uma velha e ruidosa polêmica nos mundos acadêmico e profissional divide partidários de VPL e TIR. O mundo acadêmico pende em favor do VPL, considerado teoricamente superior à TIR porque sempre pode ser calculado. Por sua vez, a TIR é um critério problemático, pois:

1. Nem sempre pode ser calculada (a equação não tem raízes reais ou reais maiores que –1). Exemplo: Fluxo A = (–1.000, 3.000, –2.500).
2. Pode haver raízes múltiplas. Exemplo: Fluxo B = (–400, 2.500, –2.500) => $i^*_1 = 25\%$, $i^*_2 = 400\%$.

Os gráficos a seguir mostram o comportamento do VPL de cada investimento dado como exemplo anterior. Pode-se ver que o primeiro, que chamei Fluxo A, permanece abaixo do eixo das abscissas: seu VPL é sempre menor que zero. Por sua vez, o Fluxo B exibe duplicidade de raízes que anulam a função VPL, assim sua curva intercepta o eixo das abscissas duas vezes.

VPL (A) × Taxa de Desconto

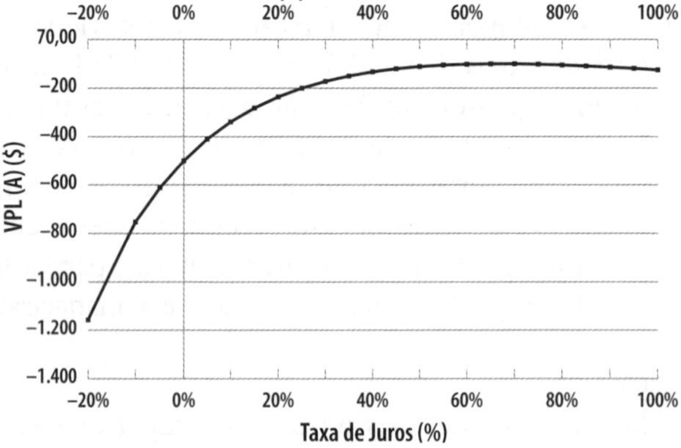

VPL (B) × Taxa de Desconto

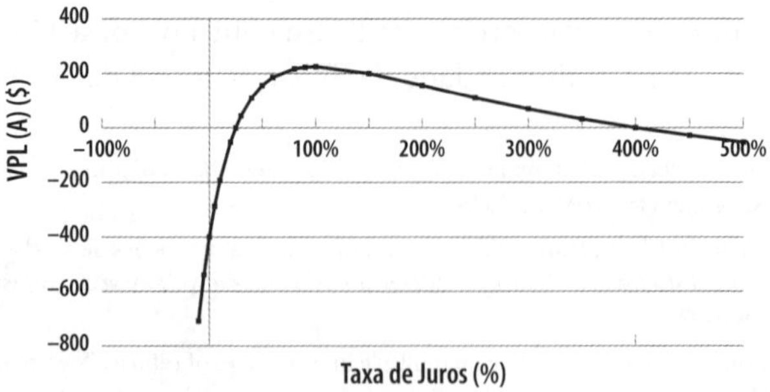

No mundo profissional de homens de negócios e gestores, a TIR mantém uma preferência que resiste às críticas acadêmicas a algumas propriedades supostamente indesejáveis. Já se disse que "para homens de negócio, o fluxo de caixa descontado é taxa interna de retorno". Não obstante, toda análise de projetos deve usar a TIR, satisfazendo às expectativas de gestores e proprietários. Caso contrário, pode o analista ser visto como menos capacitado.

Os "pacotes" computacionais de análise de investimentos confirmam a regra, priorizando o cálculo da TIR. Às vezes, porém, ela não pode (não existe) ou não deve (não faz sentido) ser usada: seus adeptos têm de aplicar medidas relativas de retorno menos conhecidas.[17]

A maioria dos investimentos aceita a aplicação da TIR *e a análise de projetos isolados ou de projetos alternativos não apresenta dificuldade. Contudo, algumas situações pedem cuidado:*

1. Tende a crescer o número de projetos com fluxos complexos de caixa, exibindo mais de uma troca de sinal e tornando possível a inexistência de TIR.
2. Na comparação de alternativas, alega-se que podem surgir conflitos entre as decisões apontadas por VPL e TIR. Boa análise revela que isso nem sempre é verdade.

Utilizando a HP-12C
Fluxo de caixa geral: valor presente e taxa de retorno

O fluxo de caixa geral é aquele que contém mais que dois valores significativos e não é necessariamente uma série uniforme. Esta é um caso particular do fluxo geral.

A HP-12C introduz esse fluxo através das teclas [CFo] (*cash flow* do período 0) e [CFj] (*cash flow* de um período *j*, sendo *j* = 1,2,3,. . .), acessadas pela tecla azul [g]. A taxa de desconto é inserida no registrador [i]. Computam-se VPL e TIR, pressionando, nessa ordem, as teclas [NPV] (*net present value*) e [IRR] (*internal rate of return*), acessadas pela tecla amarela [f].

Mas o cálculo da TIR pode apresentar dificuldades para resolver essa equação polinomial. Existe TIR se o polinômio possui uma, e apenas uma, raiz real positiva. Se o polinômio tem "m" ou nenhuma raiz real positiva, o visor exibe a mensagem Error 3. Uma estimativa da TIR é introduzida em [i], pressionando-se as teclas [RCL] [g] [R/S]. O resultado pode ser TIR ou não, caso em que a HP-12C exibirá uma dentre as "m" raízes reais positivas do polinômio.

continua

17 Existe uma variedade de taxas de retorno "substitutas" da taxa interna de retorno – taxa de retorno modificada, taxa estendida de retorno e outras –, cujo tratamento se acha fora do escopo deste livro.

continuação

Seja a análise do investimento (–1.000, 300, 500, 600, 500, 300, 300), a uma taxa de 10% a.a.	
1.000 [CHS] [g] [CFo] 300 [g] [CFj] 500 [g] [CFj] 600 [g] [CFj] 500 [g] [CFj] 300 [g] [CFj] 2 [g] [Nj]	**Observação:** O fluxo de caixa é introduzido como se mostra na coluna à esquerda. A instrução 2 [g] [Nj] diz à máquina que o fluxo (300) deve entrar 2 vezes.
Obtêm-se VPL e TIR, pressionando as teclas: 10 [i] [f] [NPV] /VISOR 833.86/ [f] [IRR] /VISOR 35.37/	O investimento promete um VPL de $ 833,86 (> 0, logo atrativo) e uma TIR de 35,37% a.a. (> 10% a.a., confirmando a capacidade de criar valor, apontada pelo VPL).

4.3.3 Benefício ou custo uniforme periódico equivalente

Esse critério transforma um fluxo de caixa irregular de benefícios ou custos em uma série uniforme equivalente, ao custo de oportunidade de capital aplicável ao caso. Dependendo de cada situação específica, pode-se transformar o fluxo irregular em uma série uniforme Bupe (benefício uniforme periódico equivalente) ou Cupe (custo uniforme periódico equivalente). Bupe e Cupe são transformações do *VP* (ou VPL), a dada taxa de juros.

Dado o caso de um projeto com uma série irregular de benefícios pós-investimento. Conhecidos o fluxo de benefícios e a taxa de juros, obtém-se o *VP* dos benefícios. Partindo-se agora do *VP*, determina-se o termo de uma série uniforme (PMT) no horizonte temporal previsto, àquela taxa de juros. No exemplo usado para as análises de VPL e TIR, projetam-se benefícios de 60, 55 e 50 em um horizonte de três anos. A 10% a.a., seu *VP* é de 137,5657, ao que corresponde um PMT de 55,3172. Ou seja, gerar um fluxo irregular de entradas de caixa de (60, 55, 50) corresponde, à taxa de 10% a.a., a gerar um fluxo regular de 55,3172 em cada um dos três anos futuros.

Pode-se aplicar o Cupe associado a taxas variáveis de produção de um bem ou serviço, ou uso de um recurso, obtendo-se medidas significativas de custo unitário, como no exemplo seguinte.

Descontando quantidades?!

No exemplo dado, um fluxo de quantidades físicas foi trazido a valor presente, o que parece contradizer a ideia de que somente se descontam fluxos de caixa. Mas esse procedimento é absolutamente correto. Note que todo valor monetário envolve multiplicação de quantidades por preços ou custos unitários. Para trazer um valor futuro ao valor presente, basta descontar o fator quantidade, mantendo-se constante o fator preço (ou custo unitário). Foi o que se fez.

Custo-Benefício de um Projeto de Tratamento de Efluentes de um Processo Industrial

Custo de Capital (Taxa i) = 10%

Ano	Volume	Custo
0	0	2.000
1	100	400
2	150	600
3	110	500
4	80	320
VPL (10% a.a.)	**352,16**	**3.453,73**
Custo-Benefício	**9,81**	

Os fluxos projetados de efluentes tratados e custos têm os seguintes valores presentes à taxa de 10% a.a.:

Volume: 352,16
Custos: $ 3.453,73

O custo unitário no ciclo de vida é, portanto:

$ 3.453,73/352,16 = $ 9,81

Esse custo unitário poderia ser comparado aos custos unitários de alternativas de solução do problema de tratamento de efluentes, encontrando-se a alternativa mais econômica (de menor custo unitário).

4.3.4 *Payback* clássico e *payback* descontado

O *payback time* é um critério de liquidez do projeto de investimento, não uma medida de sua criação de riqueza. Dos mais antigos e polêmicos critérios de decisão de investimento, é rejeitado pela maioria dos autores acadêmicos e permanece em uso no mundo dos negócios – deve haver boas razões para isso! Esse critério de apoio à decisão de investimento aparece em duas formas:

- *Payback* clássico (não descontado) é o tempo necessário para que o fluxo de caixa acumulado se anule. Despreza a taxa de juros que deve remunerar o capital aplicado ou, o que dá no mesmo, admite implicitamente que essa taxa seja zero.
- *Payback* descontado é o tempo necessário para que o fluxo de caixa descontado e acumulado se anule. Revela a demora para recuperar um investimento, remunerando-o ao custo de oportunidade do capital, ao mesmo tempo. Por fim, pode-se dizer que é o espaço de tempo após o qual o VPL passa de negativo a positivo. No caso geral de um fluxo de caixa irregular, seu cálculo rigoroso exige a preparação de um quadro em que os sucessivos fluxos de caixa são descontados e acumulados, até que o valor presente se anule.

No mesmo exemplo fornecido para o cálculo do valor presente líquido, a solução tabular mostra que o VPL se anula ao final do segundo ano da vida do projeto.

Ano	Fluxo \$ do ano	Fator de desconto $(1/1{,}10)_n$	Fluxo \$ descontado do ano	Fluxo \$ descontado acumulado
0	−100	1,000000	−100,0000	−100,0000
1	60	0,909091	54,5455	−45,4545
2	55	0,826446	45,4545	**0**
3	50	0,751315	37,5657	37,5657

Costuma-se depreciar esse critério. A razão que mais pesa é ele desprezar o que o projeto oferece (ou deixa de oferecer), uma vez que o investimento tenha sido recuperado. Mas ele pode ser utilizado como um complemento ao VPL e à TIR. Assim, se dois projetos competidores apresentam o mesmo valor presente líquido, o projeto cujo *payback* for menor deve ser preferido.

O *payback* funciona também como um indicador do risco do projeto no tempo, que se deve procurar minimizar. Portanto, justifica-se seu emprego em casos em que, muito embora o interesse ocorra após o investimento ter sido recuperado, há uma elevada probabilidade de que o futuro seja bem diferente das expectativas por trás dos fluxos de caixa projetados. Ou seja, vale a pena saber a partir de que momento o investimento estará pago (tendo sido remunerado à taxa de desconto apropriada) e o valor presente líquido começará a fluir para os investidores.

A esse intervalo de tempo pode-se chamar "período de recuperação do valor investido". A partir dele, o projeto passa a criar valor para os investidores. Até quando é outra questão, discutida na seção sobre período de vantagem competitiva.

Optimal Cutoff Period

A expressão para o *payback* ótimo, encontrada por Vernon L. Smith,[18] somente pode ser usada em projetos de investimento que gerem fluxos de caixa uniformes (ou aproximadamente uniformes) – e diz que:

$$\Theta^* = \frac{1}{i} - \frac{1}{i(1+i)^n}$$

Admita-se um investimento de \$ 10 mil, gerando um fluxo de caixa anual de \$ 2.500 durante dez anos. O investidor requer um retorno mínimo de 15% a.a. e a recuperação do capital em um máximo de três anos. A análise do investimento é:

$$\Theta^* = 5{,}02 \text{ anos}$$

18 SMITH, V. L. *Investment and production*. Cambridge: Harvard University Press, 1966.

⇒ o projeto pode levar até cinco anos para recuperar o investimento, sendo ainda aceitável; a exigência do investidor – três anos – é, pois, sem fundamento, se ele quiser ganhar 15% a.a.

O parâmetro Θ^* varia diretamente com a vida útil do projeto *n* e inversamente com a taxa mínima de retorno *i*. Pode-se provar que:

$$n = 1 \Rightarrow \Theta^* = 1/(1 + i) \text{ e } n \to \infty \Rightarrow \Theta^* \to 1/i$$

O quadro seguinte mostra os valores de Θ^* calculados para diversos valores de *n* e *i*, exemplificando a relação que existe entre eles.

Relação entre Θ^* e (*n*, *i*)

n	5%	8%	10%	15%	20%	25%	30%
3	2,72	2,58	2,49	2,28	2,11	1,95	1,82
4	3,55	3,31	3,17	2,85	2,59	2,36	2,17
5	4,33	3,99	3,79	3,35	2,99	2,69	2,44
6	5,08	4,62	4,36	3,78	3,33	2,95	2,64
8	6,46	5,75	5,33	4,49	3,84	3,33	2,92
10	7,72	6,71	6,14	5,02	4,19	3,57	3,09
12	8,86	7,54	6,81	5,42	4,44	3,73	3,19
15	10,38	8,56	7,61	5,85	4,68	3,86	3,27
20	12,46	9,82	8,51	6,26	4,87	3,95	3,32
25	14,09	10,67	9,08	6,46	4,95	3,98	3,33
30	18,26	12,23	9,91	6,66	5,00	4,00	3,33
100	19,85	12,49	10,00	6,66	5,00	4,00	3,33

Por que muitos projetos fracassam?

Infelizmente, muitos projetos fracassam, inclusive aqueles cujos estudos de viabilidade pintaram o futuro com cores róseas. Houvesse mais aplicação – e transparência – de procedimentos de avaliação pós-investimento, muito mais se saberia sobre as causas de insucesso. Por conseguinte, deve-se receber com a cautela necessária os comentários a seguir, que expressam um relativo grau de consenso entre autores acadêmicos e praticantes.

Iniciativas não fracassam no final: elas nascem com definidas propensões ao triunfo ou ao fracasso, dependendo de como são projetadas. Decisões de investimento triunfam ou fracassam, em grande medida, de acordo com a maneira como são inicialmente estruturadas. Muitos equívocos são cometidos na estruturação de uma decisão de investimento. Os itens fornecem a seguir um resumo de alguns equívocos comuns e danosos.

1. **Falta de alinhamento com a estratégia competitiva da empresa.** O projeto de investimento não traduz, em termos financeiros, qualquer clara intenção estratégica da empresa. Assim, é impossível verificar se (i) projetos estrategicamente saudáveis prometem VPL negativos e/ou se (ii) projetos estrategicamente desalinhados prometem VPL positivos. Seria muito estranho que projetos do tipo (ii) se mostrassem sistematicamente superiores a projetos do tipo (i).
2. **Trabalho pobre de projeção de fluxos de caixa (1)**, abrangendo estrutura (lógica e conteúdo de itens incluídos) e procedimentos de estimação item a item. Dois exemplos: incoerência entre depreciação de ativos fixos (fenômeno contábil/fiscal, tratado conforme critérios fiscais, visando ao benefício de redução de IR) e manutenção/decaimento de capacidade (fenômeno físico e tecnológico); projeção de receitas sem apoio de adequado estudo de mercado.
3. **Trabalho pobre de projeção de fluxos de caixa (2)**, lidando muito mal com a incerteza. Estimativas requeridas por análise de sensibilidade, por exemplo, deveriam ser feitas logo no início, quando as projeções de fluxo de caixa são elaboradas como se fossem determinísticas.
4. **Trabalho pobre de estimativa do custo de capital apropriado à análise de um particular projeto de investimento.** Modelos conhecidos de ajuste da taxa de desconto ao risco de mercado operam no nível corporativo (comercializável no mercado de capitais), não no nível de projetos individuais de investimento (para os quais não existe um mercado aberto que sirva de referência).
5. **Juntando tudo o que precede, trabalho igualmente pobre de análise estratégica da decisão de investimento.** No que depender de muitos textos didáticos, os futuros analistas de projetos serão educados como "trituradores de números", satisfeitos em encontrar VPL positivos e TIR superiores ao custo de capital aplicado (nem sempre aplicável!) ao projeto.[19]
6. **Formulação do problema de decisão como de estágio único também não ajuda muito.** Essa abordagem despreza a possibilidade de múltiplos estágios de decisão. Somente a futura (se acontecer) ampla disseminação do

19 Refiro-me à maioria de textos introdutórios. Exceções existem, é claro, e a algumas faço referência neste capítulo.

instrumento de opções reais virá remediar essa falha.[20] Esta proporcionaria um enriquecimento à análise, mas quero alertar para o fato de que, em hipótese alguma, dispensa um tratamento rigoroso de cada um dos aspectos expostos anteriormente.

Anexo A

Programa para cálculo do *payback* na HP-12C

Este programa foi adaptado daquele criado por Emilio Recamondi Capelo para a máquina HP-25 em sua tese de mestrado, *Racionamento de capital: análise determinística de propostas de investimento*. São Paulo: Escola de Administração de Empresas da Fundação Getúlio Vargas, 1977.

Passo	Comando	Visor	Observação
00	/–/–/	/–/–/	
01	RCL 1	45 1	← Entram os *Ft*
02	RCL 2	45 2	
03	y^x	21	
04	÷	10	
05	STO 3	44 3	
06	STO + 4	44 40 4	
07	0	0	
08	ENTER	36	
09	RCL 4	45 4	
10	g x <y	43 34	
11	g GTO 23	43.33 23	
12	RCL 5	45 5	
13	CHS	16	
14	RCL 3	45 3	
15	÷	10	

continua

20 Esse tema será abordado adiante, no Capítulo 7, que trata do risco na análise de projetos.

continuação

Passo	Comando	Visor	Observação
16	STO + 2	44 40 2	
17	RCL 2	45 2	
18	1	1	
19	–	30	
20	gPSE	43 31	
21	R/S	31	→ Sai o *Payback*
22	g GTO 17	43.33 17	
23	STO 5	44 5	
24	1	1	
25	STO + 2	44 40 2	
26	g GTO 00	43.33 00	

Registradores

1	(1 + *i*) (*i* = taxa de desconto em %)
2	*n* (contador)
3	último fluxo introduzido e descontado
4	saldo não amortizado na corrida *n*
5	saldo não amortizado na corrida *n* – 1

Operação

(Ache o menor Θ de projetos não convencionais que têm mais de um)

1ª Etapa	Grave o programa.
2ª Etapa	Ative o programa e limpar registradores.
3ª Etapa	Introduza (1 + *i*) em STO 1.
4ª Etapa	Introduza fluxos *Ft* com seus sinais (–) e (+). A cada vez, pressione R/S; enquanto o visor mostrar [1,0], prossiga até *payback* surgir piscando.

Anexo B

Procedimento para cálculo de taxa interna de retorno

O procedimento a seguir é exposto por Gitman,[21] sendo muito útil para quem não dispõe de recursos computacionais mais adequados a essa tarefa. Aplica-se a fluxos de caixa uniformes e não uniformes, bastando acompanhar os passos a seguir para encontrar a TIR de um projeto de investimento puro – tal que a TIR exista e seja única. Os fluxos de caixa com mais de uma troca de sinal podem ser investimentos mistos e, nesses casos, o procedimento de Gitman não é indicado.

Fluxos uniformes

Passo 1: Calcule o período de recuperação do investimento (*payback*) do projeto.
Passo 2: Use uma tabela de fatores de valor presente de uma série uniforme de fluxos de caixa - *FRP* (*i*, *n*) – e encontre as taxas de juros i^*_1 e i^*_2 mais próximas (acima e a seguir) da taxa i^*_2 que corresponde àquele FRP.
Passo 3: Se $i^*_1 = i^*_2$, então $i^*_1 = i^*_2 = i^*$; em caso contrário, i^* deve ser achada por interpolação aritmética entre i^*_1 e i^*_2.

Exemplo: A Cia. Z está analisando um investimento de $ 42 mil que promete um fluxo de caixa líquido de $ 14 mil durante os próximos 5 (cinco) anos. Qual é sua taxa interna de retorno?

Passo 1: *Payback* = 42.000 / 14.000 = 3 anos.
Passo 2: De acordo com as tabelas de fatores de juros compostos, os fatores *FRP* (*i*, 5) mais próximos de 3 são 3,058 (i^*_1 = 19%) e 2,991 (i^*_2 = 20%).
Passo 3: Pode-se escolher i^*_2 = 20% (fator *FRP* mais próximo de 3) ou encontrar, por interpolação, i^* = 19,87%; o cálculo feito na HP-12C fornece TIR = 19,858%.

Fluxos não uniformes

Passo 1: Calcule a média dos fluxos líquidos de caixa a partir do período 1 (isto é, após o investimento inicial).
Passo 2: Divida o investimento inicial pela média dada, achando o período de recuperação do investimento.
Passo 3: Use uma tabela de fatores *FRP* na mesma forma descrita no Passo 2 do procedimento para fluxos uniformes, encontrando assim as taxas de juros que mais se aproximam da TIR; o resultado será uma estimativa inicial da TIR, tão mais grosseira quanto menos uniforme for o fluxo de caixa do investimento.

---

21 GITMAN, Lawrence J. *Principles of managerial finance*. 5. ed. Nova York: Harper & Row, 1988. Capítulo 10: Capital Budgeting and Risk: Certainty, Risk, and Some Refinements.

Passo 4: Ajuste subjetivamente a estimativa i^*_1 produzida no Passo 3, comparando o fluxo de caixa com sua média; se as entradas líquidas forem maiores nos primeiros períodos, acresça a estimativa inicial da TIR de alguns pontos de porcentagem (use sua sensibilidade para aprimorar esse ajustamento); se não, reduza a estimativa inicial de alguns pontos de porcentagem; a rigor, o Passo 4 não é necessário, mas ajuda a apressar o processo de busca da TIR.
Passo 5: Calcule o valor presente líquido (VPL) usando a taxa i^{*1} (ajustada).
Passo 6: Se VPL > 0, então substitua i^*_1 por i^*_2, sendo $i^*_2 > i^*_1$; se VPL < 0, então substitua i^*_1 por i^*_2, sendo $i^*_2 < i^*_1$.
Passo 7: Calcule o VPL com a nova taxa; repita o Passo 6; pare quando duas taxas consecutivas fizerem o VPL mudar de positivo para negativo; a que deixar o VPL mais próximo de zero é a TIR.

Exemplo: Outro projeto da Cia. Z requer um investimento de $ 45 mil e promete um fluxo de caixa líquido irregular conforme tabela a seguir. Qual é sua TIR?

Ano	0	1	2	3	4	5
Fluxo $	−45.000	28.000	12.000	10.000	10.000	10.000

Passo 1: Os fluxos de caixa pós-investimento somam $ 70 mil; sua média anual é $ 14 mil.
Passo 2: *Payback* (aproximado) = 45.000/14.000 = 3,214 anos.
Passo 3: Na tabela de fatores *FRP* (*i*, 5), o valor mais próximo de 3,214 é 3,199; a estimativa inicial da TIR é 17% a.a.
Passo 4: Como o primeiro fluxo de caixa pós-investimento é maior (é o dobro!) do que a média de $ 14 mil, a estimativa inicial da TIR é subjetivamente acrescida de 2 pontos de porcentagem, passando assim a 19% a.a.
Passo 5: VPL (i^*_1 = 19%) = $ 2.102 > 0.
Passo 6: Como VPL > 0, deve-se substituir i^*_1 por $i^*_2 > i^*_1$; um novo acréscimo de 2 pontos faz i^*_2 = 21% a.a.
Passo 7: VPL (i^*_2 = 19%) = $ 494 > 0.

Pode-se continuar repetindo os Passos 6 e 7 até que se encontre um resultado mais preciso. Quando se começa a ajustar casas decimais, é hora de usar interpolação. Com efeito, já se pode usar interpolação, como se vê a seguir:

i^* %	VPL	Δ i^* %	Δ VPL / Δ i^* %
19	2.102		
21	494	2	−804
21 + *x*	0	x	−494 / *x*

O incremento x à taxa 21% a.a. é igual ao quociente 494/804 = 0,614. A estimativa final da TIR é, pois, 21,614 a.a. Já a TIR calculada pela HP-12C é 21,650 a.a.

Por que não seguir um caminho diferente?

Pode-se perguntar: por que não calcular o VPL à taxa de 21,614 a.a., achando-se um VPL positivo de $ 27,61 e recomeçar o processo de iteração até chegar aos precisos 21,650 a.a.? Porque, para quem não tem uma calculadora financeira ou um computador à mão, será muito difícil calcular VPL a taxas não inteiras. Além disso, a diferença de precisão é muito pequena e incapaz de modificar uma decisão de investimento.

Anexo C

Um pouco da matemática da taxa interna de retorno

Encontrar a TIR equivale a resolver uma equação polinomial de grau n, que possui n raízes reais ou complexas. Soluções analíticas existem para equações de graus 1, 2, 3 e 4. As equações de graus superiores somente são resolvidas mediante aplicação de algoritmos.

Minhas referências à matemática da TIR incluem nomes como de Faro[22], Bussey[23], Park e Sharp-Bette[24]. O autor de Faro tem expressivas contribuições, enquanto Bussey, Park e Sharp-Bette fizeram apresentações didáticas de estudos produzidos por outros autores, como Teichroew et al[25]. Não poderia esquecer o grande matemático René Descartes e sua "regra dos sinais de Descartes".

A regra dos sinais de Descartes

Fornece o limite superior do número de raízes reais positivas ou negativas de um polinômio $y = P(x)$. Não é uma regra determinística que indique exatamente quantas raízes reais terá $P(x)$.

Raízes positivas. A regra afirma que, se os termos de um polinômio $y = f(x)$ com coeficientes reais forem dispostos na ordem decrescente dos expoentes, então

22 DE FARO, Clovis. *A eficiência marginal do capital como critério de avaliação econômica de projetos de investimento*. Rio de Janeiro: IBMEC, 1985.

23 BUSSEY, Lynn E. *The economic analysis of industrial projects*. Englewood Cliffs: Prentice-Hall, 1978. Capítulo 7, Evaluating a single project – deterministic criteria and techniques.

24 PARK, Chan S.; GUNTER P. Sharp-Bette. *Advanced engineering economics*. Nova York: Wiley, 1990. Capítulo 6, Measures of investment worth – single project.

25 TEICHROEW, Daniel et al. "Mathematical analysis of rates of return under certainty". *Management science*, v. II, n. 3, jan. 1965.

o número de raízes positivas do polinômio será igual ao número de mudanças de sinal entre coeficientes consecutivos não nulos, ou menos do que ele por um múltiplo de 2. As raízes múltiplas de igual valor são contadas separadamente. Fazendo-se m = número de trocas de sinal e k = um inteiro positivo ou zero, pode-se escrever o número de raízes positivas como $z = m - 2k$.

Raízes negativas. Como um corolário da regra, o número de raízes negativas será igual ao número de mudanças de sinal de $P(-x)$ ou menos do que isso por um número par. Quando se avalia um fluxo de caixa (F_0, F_1, F_2, … , F_n) a uma taxa i, tem-se uma equação polinomial de grau n:

$$V = F_n/(1+i)^n + F_{n-1}/(1+i)^{n-1} + \ldots + F_2/(1+i)^2 + F_1/(1+i) + F_0$$

Fazendo-se $1/(1 + i) = x$ e $F_j = a_j$, obtém-se

$$V = a_n \cdot x^n + a_{n-1} \cdot x^{n-1} + \ldots a_2 \cdot x^2 + a_1 \cdot x^1 + a_0$$

Seja, por exemplo, o fluxo de caixa (−50, +100, −20, +10, +10, −30) com quatro trocas de sinal. Ele pode ter, no máximo, quatro raízes positivas para i. Conferindo, com a ajuda do gráfico do VPL:

O gráfico revela a existência de duas raízes, de valores aproximadamente iguais a i_1 = −18,6% e i_2 = 82%.
Observe-se que, quando $i \rightarrow \infty$, $V \rightarrow -50$. Portanto, quando o valor do dinheiro no tempo se aproxima do infinito, fluxos futuros de caixa não mais interessam, somente o fluxo inicial (−50) conta.

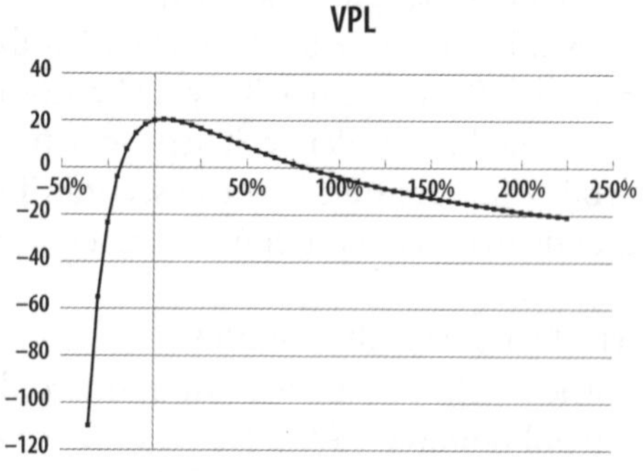

O exame da troca de sinais é útil para uma primeira estimativa do número possível de taxas de desconto que anulam a função VPL. Mas se pode fazer melhor que isso. Para uma discussão completa do tema, recomendo a leitura do trabalho escrito por de Faro[26].

26 O debate sobre a unicidade da TIR havia esfriado até recentemente. Veja, ao final deste capítulo, uma relação de interessantes trabalhos atuais sobre o tema.

Investimentos não convencionais: a condição de Soper

Trata-se o fluxo de caixa do projeto como uma relação entre credor (o investidor) e devedor (o próprio projeto, que tomaria dinheiro "emprestado" do investidor). Ao longo da vida do projeto, o investidor resgata seu capital em parcelas sempre que o fluxo de caixa for positivo ou aumenta seu crédito sempre que o fluxo de caixa for negativo. A TIR fornece a taxa de juros devida ao investidor sobre o seu saldo de capital aplicado (*PB* ou *Project Balance*), ou por ele devida quando esse saldo se tornar negativo (de credor, ele passar a devedor). A condição de Soper afirma existir uma única TIR quando o *PB* se mantém credor do início ao final da vida do projeto.

A expressão matemática do *PB* é a seguinte, em que r = uma taxa interna de retorno do projeto:

$$PB\ (\text{tempo } k) = -\sum_{j=0}^{k} a_j (1 + r)^{k-j},\ j = 0, 1, 2, \ldots, n$$

Veja o projeto (−1.600, 10.000, −10.000), avaliado às taxas de 25% e 400%.

Tempo	*PB* (25%) – Cálculo	*PB* (25%) – Resultado
0	*PB* (0) = −1.600	−1.600
1	*PB* (1) = −1.600 x (1+0,25) + 10.000	8.000
2	*PB* (2) = 8.000 x (1+ 0,25) – 10.000	0
Tempo	***PB* (400%) – Cálculo**	***PB* (400%) – Resultado**
0	*PB* (0) = −1.600	−1.600
1	*PB* (1) = −1.600 x (1+4) + 10.000	2.000
2	*PB* (2) = 2.000 x (1+4) – 10.000	0

O gráfico a seguir mostra a curva do VPL cruzando o eixo horizontal duas vezes, nas abcissas i_1 = 25% e i_2 = 400%. Revela também que o VPL é positivo somente para taxas situadas no intervalo entre 25% e 400%. Este é o que se denomina projeto de investimento misto, parte investimento propriamente dito, parte financiamento do investidor pelo projeto. De acordo com os proponentes dessa abordagem, esse tipo de projeto não aceita a TIR como critério de avaliação.

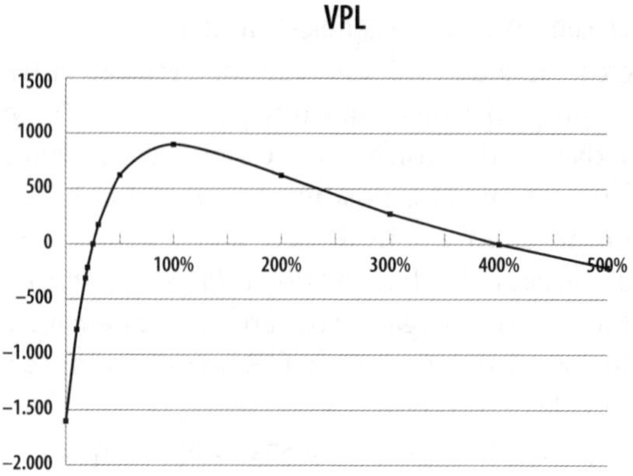

de Faro argumenta que a condição de Soper não é necessária, ainda que seja suficiente, para assegurar a unicidade da TIR, usando-se o contraexemplo fornecido por Karmel[27]: (−2,6 −5,2)

Ano	FC$	PB (1)	PB (2)
0	−2	−2	−2
1	6	2	4,82
2	−5	−1	−2,1562
3	2	0	0,727842
TIR (1)	100%		
TIR (2)	−41,00%		

A tabela anterior, criada em Excel, mostra uma única TIR real e positiva de 100% a.a. Diante da tentativa de-se localizar uma segunda TIR, usando-se o recurso "Atingir Meta", o Excel não encontrou solução, interrompendo seus cálculos em uma taxa de −41% a.a. e um PB de 0,727842.

O recurso WolframAlpha, apresentado adiante neste capítulo, fornece a resposta a seguir. Ela revela a existência de uma raiz real positiva e duas raízes complexas, estas sem interesse nem validade para a aplicação da TIR. A condição de Soper, portanto, não é mesmo necessária.

Input:

$$-2x^3 + 6x^2 - 5x + 2 = 0$$

27 KARMEL, P. H. "The marginal efficiency of capital", *The economic record*, v. 35, n. 72, 1959.

Root plot:

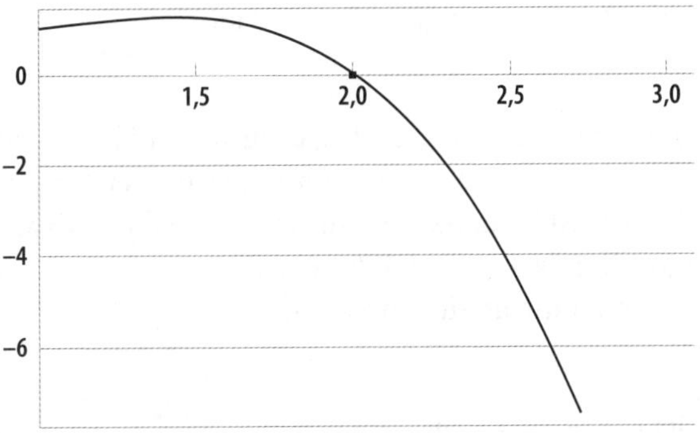

Alternate forms:

$$(x-2)(2(x-1)x+1)=0$$
$$-(x-2)(2x^2-2x+1)=0$$
$$2x^3+5x=6x^2+2$$

Real solution:

$$x=2$$

Complex solutions:

$$x=\frac{1}{2}-\frac{i}{2}$$
$$x=\frac{1}{2}+\frac{i}{2}$$

Investimentos não convencionais: a condição de Norstrom

Dado o fluxo de caixa (F_0, F_1, F_2, … , F_{n-1}, F_n), forme-se a série (S_0, S_1, S_2, … , S_{n-1}, S_n) tal que:

$$S_0 = F_0$$
$$S_1 = F_0 + F_1$$
$$S_2 = F_0 + F_1 + F_2$$
$$\therefore$$
$$S_n = F_0 + F_1 + F_2 + \ldots + F_{n-1} + F_n$$

Se essa série começar com um valor negativo e mudar de sinal apenas uma vez, haverá uma única raiz real positiva.

O seguinte exemplo permite aplicar a regra de Descartes e a condição de Norstrom:

Ano *t*	0	1	2
F_t	−100	140	−10

De acordo com a regra de Descartes, o número máximo de raízes reais positivas é 2, visto que o fluxo de caixa possui duas trocas de sinal. A condição de Norstrom indica a existência de uma única raiz real positiva: $i^*_1 = 32{,}45\%$ a.a. Existe uma segunda raiz $i^*_2 = -2{,}45\%$ a.a. O exemplo valida tanto a regra de Descartes quanto a condição de Norstrom.

Ano *t*	0	1	2
S_t	−100	40	30

A segunda raiz foi localizada com o auxílio da ferramenta WolframAlpha (veja a próxima seção), que resolveu a equação de segundo grau $-10x_2 + 140x - 100 = 0$, em que $x = 1/(1 + i)$.

Input:

$$-10x^2 + 140x - 100 = 0$$

Root plot:

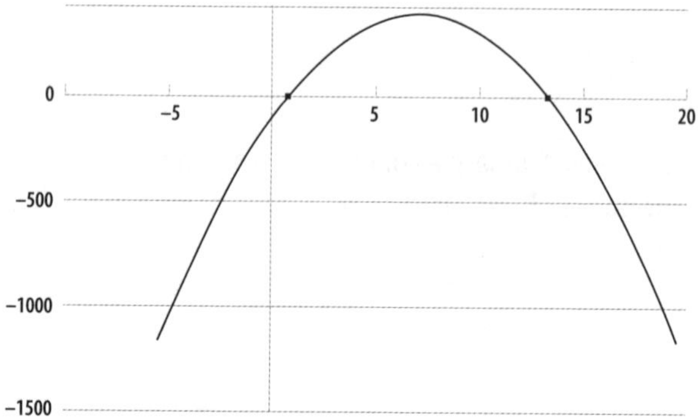

Solutions:

$$x = 7 - \sqrt{39}$$
$$x = 7 + \sqrt{39}$$

WolframAlpha: mais um recurso para facilitar a computação da TIR

São conhecidas as dificuldades de computação da TIR em casos de fluxos não convencionais. Recursos como calculadoras financeiras e planilhas eletrônicas, de modo geral, não funcionam a contento em alguns casos como o do seguinte investimento:

$$x = (-1.000, 3.000, -2.500)$$

a) HP-12C

Ao fornecer os dados anteriores, a máquina responde Error 3. Introduz-se em i uma taxa de 10% (palpite) para facilitar a busca de solução, pressionam-se as teclas RCL g R/S e a máquina entra em *loop* infinito, ou seja, exibe *running* indefinidamente, o que significa não ser capaz de encontrar uma solução.

b) Excel

O Excel revela-se incapaz de reconhecer que esse investimento não possui TIR. No quadro a seguir, a coluna "Resultados" contém os frutos de duas tentativas de solução:

1. Usei a função financeira TIR do Excel; a resposta foi #NÚM!, o que significa que o Excel esgotou o número previsto de iterações e não encontrou um resultado numérico.
2. Apelei para o recurso "Atingir Meta", pedindo que o Excel encontrasse uma taxa de juros que fizesse o VPL (célula seguinte) igual a zero; tampouco funcionou; o valor registrado na célula é o último testado pelo software, sem sucesso.

Excel não encontra solução para *TIR*

Ano	FlCx$	Resultados	
0	-1.000	#NUM!	TIR
1	3.000	2,74092E+13	Veja nota
2	-2.500	-1.000,00	Veja nota

Nota: Excel não encontra TIR nem com o uso da função financeira nem com a utilização de "atingir meta". Com efeito, não existe *TIR* nesse caso.

Nessas condições, a alternativa é traçar a curva VPL × Taxa de desconto e nela localizar as intersecções com o eixo horizontal – se existirem, é claro. Veja o gráfico a seguir. Na próxima página se encontra outro gráfico, produzido pela ferramenta WolframAlpha. As curvas são idênticas, à exceção de diferenças das escalas utilizadas: ambas mostram claramente que, nesse caso, não existem, no domínio dos números reais, taxas de juros que anulem a função VPL.

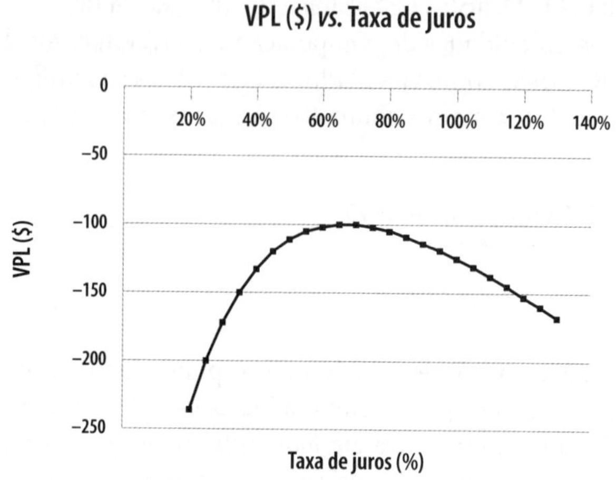

c) WolframAlpha (http://www.wolframalpha.com/)

Ferramenta amigável e poderosa, resolve facilmente problemas como o colocado anteriormente.

Input:

$$-1000x^2 + 3000x - 2500 = 0$$

Plot:

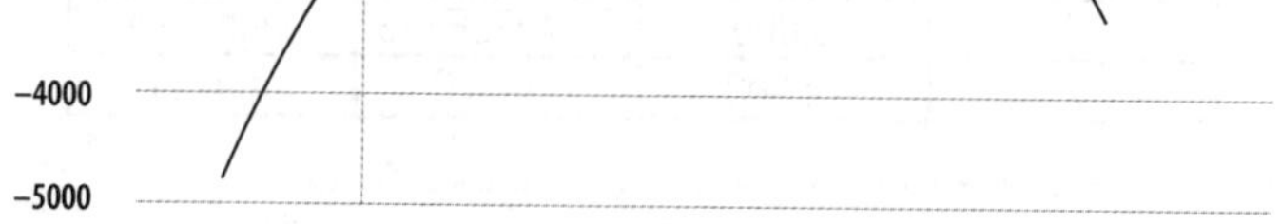

Alternate forms:

$$2(x-3)x + 5 = 0$$
$$2x^2 + 5 = 6x$$
$$-1000x(x - 3/2)^2 - 250 = 0$$
$$-500(2x^2 - 6x + 5) = 0$$

Complex solutions:

$$x = \frac{3}{2} - \frac{i}{2}$$

$$x = \frac{3}{2} + \frac{i}{2}$$

Roots in the complex plane:

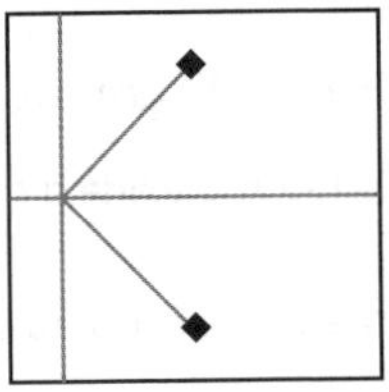

Atividade prática

I) Questões objetivas de natureza conceitual (respostas no final desta seção)

1) Assinalar com X a única opção correta nas questões a seguir.

A.1	**O volume de investimento exigido por um projeto de investimento é uma função de**	
a	Minimização de custos.	☐
b	Maximização de lucros.	☐
c	Planejamento de capacidade.	☐
A.2	**O VPL decresce monotonamente com a taxa de desconto para**	
a	Todos os fluxos de caixa.	☐
b	Fluxos de caixa de investimentos convencionais.	☐
c	Somente fluxos de caixa do tipo série uniforme.	☐
A.3	**O valor residual do investimento ao final da vida de um projeto é**	
a	Positivo ou negativo, dependendo de circunstâncias.	☐
b	Sempre positivo.	☐
c	Sempre negativo.	☐
A.4	**CAP (Competitive Advantage Period) é um fator que contribui para explicar**	
a	O custo de capital apropriado à avaliação de um projeto de investimento.	☐

b	O prazo ótimo de reposição de um equipamento por outro (novo) igual.	☐
c	A expectativa de geração de valor presente líquido positivo.	☐
A.5	**Na análise do payback descontado, o período ótimo de corte é determinado pelos fatores:**	
a	Fluxo de caixa e taxa de desconto.	☐
b	Vida do projeto e taxa de desconto.	☐
c	Investimento inicial e fluxo de caixa pós-investimento.	☐

2) Assinalar Verdadeiro (V) ou Falso (F) em cada uma das seguintes questões:

B.1	A aplicação da taxa interna de retorno exige o conhecimento da taxa de desconto.	☐
B.2	Uma dificuldade com *payback* é que ele ignora o valor do dinheiro no tempo.	☐
B.3	Toda decisão de investimento deveria ter em conta a baixa ou a reposição de ativos.	☐
B.4	Um fluxo de caixa com mais de uma inversão de sinal pode ter TIR legítima.	☐
B.5	O aumento do *payback* reduz a largura da "janela de criação de valor".	☐

3) Questões de associação: identificar a alternativa da coluna à direita que melhor se associa à alternativa da coluna à esquerda:

C.1	☐	Retornos excessivos.	V.1	Benefício fiscal.
C.2	☐	Bupe/Cupe.	V.2	Expectativas.
C.3	☐	Depreciação.	V.3	Fluxo de lucros.
C.4	☐	Valor presente líquido.	V.4	Série uniforme de pagamentos/recebimentos.
			V.5	Período de vantagem competitiva.

Respostas: A1(c); A2(b); A3(a); A4(c); A5(b); B1(V); B2(F); B3(V); B4(V); B5(V); C1 e V5; C2 e V4; C3 e V1; C4 e V2.

II) Questões discursivas de natureza conceitual

1. "A análise de uma proposta de investimento encerra-se no exame de medidas de criação de valor como o VPL ou a TIR." Discuta.
2. Reavalie sua resposta à questão "qual é a importância de engenheiros atuarem na avaliação de projetos de investimento?"
3. Existem vantagens de se aplicar o critério do *payback* à análise de propostas de investimento?

III) Exercícios resolvidos

1. A introdução de um novo equipamento promete reduzir custos em $ 15 mil por ano, em cada um dos próximos oito anos. Alega-se que um investimento de $ 100 mil seria mais que compensado pela redução de custos. Sendo 10% a.a. o custo de oportunidade de capital, você concorda?

Solução. Não. A esperada redução de custos constitui um fluxo de caixa regular (série uniforme) de oito anos cujo valor presente, a 10% a.a., é $ 80.024. O equipamento precisaria gerar uma economia anual de $ 18.744 para recuperar e remunerar o investimento em um horizonte de oito anos.

Ano	0	1-8
FC$	–100.000	15.000

VPL	80.023,89

TIR	4,24%

2. A Cia. Zim está avaliando a exploração de uma jazida de um minério X. Seu custo de capital é 15% a.a. Analise o investimento, com base nos seguintes fluxos de caixa esperados:

Anos	Inv. fixo	Cx. oper.	Total
0	–10.000.000	0	–10.000.000
1-10	0	2.500.000	2.500.000
11-15	0	2.000.000	2.000.000
16-19	0	1.500.000	1.500.000
20	–2.000.000	1.000.000	–1.000.000

Solução. O VPL (15% a.a.) é $ 4.669.316. A TIR é 23,93% a.a. (existe e é única, apesar de o último fluxo de caixa ser negativo). O *payback* descontado fica próximo de 6,6 anos, apenas um pouco acima do ótimo, de 6,3 anos. A Cia. Zim deve aprovar o projeto.

3. A Cia. K planeja investir $ 100 mil em um projeto que promete lucro de $ 5 mil no primeiro ano, $ 10 mil no segundo e assim por diante, até $ 25 mil no quinto e último ano de vida. O ativo deprecia-se total e linearmente. A Cia. K exige retorno de 15% sobre o capital. O projeto é viável?

Solução. Sim, com uma restrição. O projeto promete criar valor acima das expectativas dos investidores. A análise pelo *payback* descontado, embora prejudicada por ser crescente o fluxo de caixa, o que impede o uso do período ótimo de corte para comparação, sugere um risco apreciável: a criação de valor se concentra nos últimos sete meses de vida do empreendimento.

Ano	Investimento	Ativo total	Lucro líquido	Depreciação	Fluxo de caixa
0	100.000	100.000	0	0	−100.000
1	0	80.000	5.000	20.000	25.000
2	0	60.000	10.000	20.000	30.000
3	0	40.000	15.000	20.000	35.000
4	0	20.000	20.000	20.000	40.000
5	0	0	25.000	20.000	45.000

VPL (15% a.a.) = $ 12.680	TIR = 19,7% a.a.	PBD (15% a.a.) = 4,43 anos	PB "Clássico" = 3,25 anos

4. A Cia. R está planejando investir $ 1 milhão (ativos fixos total e linearmente depreciados em dez anos). Ela espera receber fluxos de caixa de $ 200 mil nos primeiros três anos, $ 250 mil nos próximos quatro anos e $ 300 mil nos últimos três anos da vida do projeto. No décimo ano, contudo, será preciso despender $ 350 mil para encerrar a operação, sem causar danos ao meio ambiente. Analise o projeto, aplicando os critérios de FCD. A taxa de desconto é 10% a.a.

Solução. O VPL de $ 340.666 indica um projeto financeiramente atrativo, o que se confirma pela TIR de 17,5% a.a. Prefiro não aplicar o *payback*, uma vez que o projeto se encerra com um fluxo de caixa negativo; assim, a ideia de que o investimento já foi recuperado e remunerado fica um tanto estranha, havendo algo mais a se pagar no final da vida do projeto.

Ano	Investimento	Fluxo de caixa operacional	Fluxo de caixa livre
0	−1.000.000	0	−1.000.000
1	0	200.000	200.000
2	0	200.000	200.000
3	0	200.000	200.000
4	0	250.000	250.000
5	0	250.000	250.000
6	0	250.000	250.000

continua

continuação

Ano	Investimento	Fluxo de caixa operacional	Fluxo de caixa livre
7	0	250.000	250.000
8	0	300.000	300.000
9	0	300.000	300.000
10	–350.000	300.000	– 50.000
		VPL (10% a.a.)	340.666
		TIR (% a.a.)	17,5%

Contrariamente ao que afirmam autores como de Faro (veja Referências ao final deste capítulo), a ocorrência de um fluxo de caixa negativo ao final da vida do projeto não impede que exista uma (e apenas uma) TIR. No caso anterior, a TIR se define para fluxos negativos no décimo ano que sejam inferiores, em módulo, a $ 1.250.510.

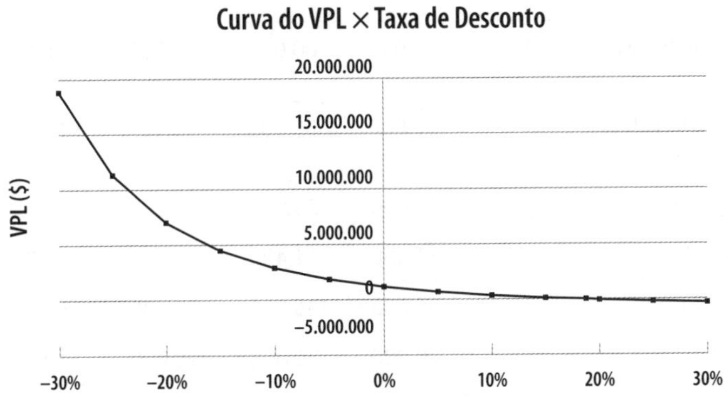

5. Pede-se analisar a proposta de investimento da Cia. WZ, à taxa $i = 10\%$ a.a., em um projeto que aproveitará parte da capacidade da fábrica atual. O investimento fixo de $ 100 mil em máquinas adicionais ocorrerá no ano 0 e elas terão uma vida útil de cinco anos. O imposto de renda será de 30% do lucro. Os dados para um ano operacional típico serão:

Vendas à vista	$ 180.000
Custo dos produtos vendidos (depreciação = $ 20.000)	80.000
Despesas de vendas e administrativas	50.000
Decréscimo na contribuição de outros negócios	12.000

Ocorrerão no ano 1 (aumentos em ativos e passivos circulantes serão liquidados no fim do ano 5):

Aumento em estoques	$ 60.000
Aumento em contas a pagar (fornecedores)	45.000

Solução. O projeto mostra-se financeiramente viável, com um VPL de $ 72.328, uma TIR de 32,8 % a.a. e um PBD de aproximadamente três anos, em linha com o valor ótimo, perto de 3,8 anos, considerando-se uma vida de cinco anos e uma taxa de juros de 10% a.a.

Projeção do Fluxo de Caixa Livre e Cálculo de VPL e TIR do Projeto da Cia. WZ

Discriminação	0	1	2	3	4	5
Geração de Capital de Giro	**0**	**46.600**	**46.600**	**46.600**	**46.600**	**46.600**
Vendas	0	180.000	180.000	180.000	180.000	180.000
Redução de Contribuição	0	12.000	12.000	12.000	12.000	12.000
Custo dos Produtos Vendidos	0	80.000	80.000	80.000	80.000	80.000
Despesas de Vendas e Administrativas	0	50.000	50.000	50.000	50.000	50.000
Lucro Antes do IR	0	38.000	38.000	38.000	38.000	38.000
Imposto de Renda	0	11.400	11.400	11.400	11.400	11.400
Lucro Líquido	0	26.600	26.600	26.600	26.600	26.600
Depreciação	0	20.000	20.000	20.000	20.000	20.000
Absorção de Capital de Giro	**0**	**15.000**	**0**	**0**	**0**	**-15.000**
Variação de Estoques	0	60.000	0	0	0	-60.000
Variação de Fornecedores	0	45.000	0	0	0	-45.000
Investimento	**100.000**	**0**	**0**	**0**	**0**	**0**
FC Livre	**-100.000**	**31.600**	**46.600**	**46.600**	**46.600**	**61.600**

VPL (10% a.a.)	72.328
TIR (% a.a.)	32,81%
PBD (10% a.a.)	≈ 3 anos
Θ ótimo	≈ 3,8 anos

6. A diretoria da Cia. Mais Valor recebeu o relatório sintético de avaliação de um projeto (veja a seguir). Discuta esses resultados. Lembre-se: "pobre, quando vê esmola muito grande, desconfia".

Projeção do FC$

0	1	2	3	4	5	6	7	8	9	10
−10.000	2.000	3.000	4.500	6.000	7.500	9.000	10.500	11.500	13.000	15.000

Análise do fluxo descontado de caixa

VPL de $ 28.921 e TIR de 45% a.a. O fluxo de caixa do projeto foi descontado a 12% a.a. Prazo de recuperação do investimento pouco inferior a quatro anos, de acordo com diretrizes da Cia Mais Valor.

Solução. O projeto é bom demais para ser verdadeiro, diria um analista mais precavido, porque:

1. Promete resultados excepcionais de valor (conforme VPL e TIR) e liquidez (conforme PBD).
2. O fluxo de caixa pós-investimento cresce ano a ano, alcançando seu nível máximo no último ano de vida do empreendimento (sem que explicação alguma tenha sido oferecida).

Análise do Perfil de Caixa do Projeto Mais Valor

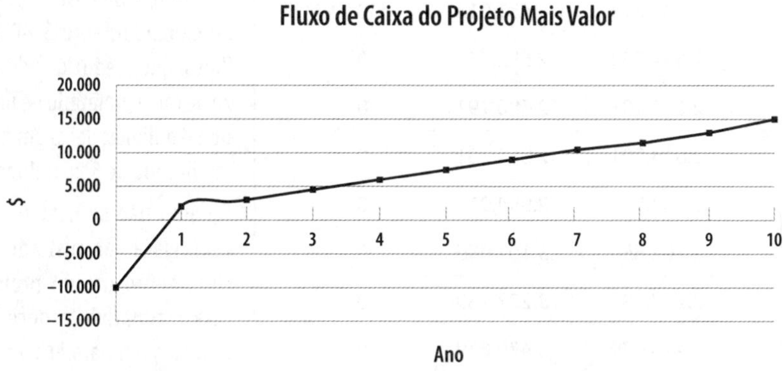

Ano	Fluxo $
0	−10.000
1	2.000
2	3.000
3	4.500
4	6.000
5	7.500

Ano	Fluxo $
6	9.000
7	10.500
8	11.500
9	13.000
10	15.000

Ano	Fluxo $
VPL (12%)	28.921
TIR	45%
PBD (12%)	≈ 3,7 anos

7. Cia. Lucrofácil. Analise um projeto de investimento dadas as seguintes projeções financeiras:

- Investimento inicial (ano 0) de \$ 10 milhões.
- Fluxo de caixa pós-investimento (ano 1) de \$ 2 milhões, crescendo à taxa g=5 % a.a.
- Fluxo de caixa pós-investimento (ano 5) de \$ 2.431.013.
- Vida útil de 15 anos.
- Custo de oportunidade de capital de 15% a.a.

Suponha que o projeto tivesse um custo de encerramento pago ao fim do 15º ano. Qual seria o custo máximo aceitável?

Solução

Ano	FC$	FC$ modif.	Dif.
0	−10.000.000	−10.000.000	0
1	2.000.000	2.000.000	0
2	2.100.000	2.100.000	0
3	2.205.000	2.205.000	0
4	2.315.250	2.315.250	0
5	2.431.013	2.431.013	0
6	2.552.563	2.552.563	0
7	2.680.191	2.680.191	0
8	2.814.201	2.814.201	0
9	2.954.911	2.954.911	0
10	3.102.656	3.102.656	0
11	3.257.789	3.257.789	0
12	3.420.679	3.420.679	0
13	3.591.713	3.591.713	0
14	3.771.298	3.771.298	0
15	3.959.863	−35.832.190	39.792.053

VPL	4.890.224	0
TIR	23,18%	15,00%

A tabela à esquerda contém os cálculos exigidos pela solução desse problema. O máximo custo de encerramento aceitável é aquele que anula o VPL, ou ainda, que faz a TIR igual a 15% a.a.

Portanto, esse custo seria de aproximadamente \$ 40 milhões, que, deduzidos do fluxo de caixa projetado de perto de \$ 4 milhões, deixa um fluxo modificado de \$ 36 milhões.

Quando não se está seguro com relação ao custo de encerramento de um projeto, essa estimativa fornece um teto que, comparado a um valor previsto, permite tomar-se uma decisão.

IV) Exercícios propostos

1. O Sr. H recebeu uma proposta de investimento de \$ 5 mil hoje para receber \$ 5.700 ao final de um ano. "Rejeitei o negócio", explicou, "porque eu tinha apenas \$ 1 mil, assim teria de tomar emprestados \$ 4 mil a juros de 10% a.a., no final receberia um líquido de \$ 5.300". Concluiu, afirmando o seguinte: "Quem hoje está disposto a aplicar \$ 5 mil para receber somente \$ 5.300?" Discuta.
2. Um hospital elaborou um projeto de modernização de seu laboratório de análises clínicas. O investimento de \$ 1,4 milhão em novos equipamentos proporcionará reduções de custos de pessoal de \$ 400 mil no primeiro ano de operação, de \$ 600 mil no segundo e de \$ 800 mil do terceiro ao quinto ano. Após cinco anos, os equipamentos serão substituídos, deixando um valor residual, líquido de IR, de \$ 200 mil. Os custos anuais de manutenção, inicialmente de \$ 70 mil, crescerão a 10% a.a., até o quinto ano. A taxa de desconto aplicada é 10% a.a. Avalie o projeto.
3. A StarPetro distribui combustíveis através de uma pequena rede de postos de serviço, que se expande lentamente, na medida em que novas e rentáveis oportunidades são identificadas. Um exemplo é um posto com volume de vendas esperado de 250 mil litros/mês, requerendo investimentos de \$ 2,5 milhões e gerando receitas e despesas conforme os quadros exibidos a seguir. A Starpetro exige um retorno mínimo de 15% a.a. Avalie a atratividade desse investimento.

Descrição da Unidade

Terreno	1.500 m²
Tanque	1 de 60.000 l
Pistas	2
Bombas	4

Investimento	Bruto	VR	Vida Útil
Terreno	400.000	400.000	∞
Construções	600.000	200.000	15
Equiptos.	1.200.000	0	10
Outros	300.000	0	10
	2.500.000	600.000	

Itens Relativos a Receitas e Despesas da Cia.

Discriminação	Receita	Despesa
Volume (l/ano)	3.600.000	
Margem (\$/l)	0,45	
Aluguel (\$/l)	0,15	
Despesas (\$/l)		0,40

4. A Comercial Postobom está oferecendo três postos de serviço com as seguintes características:

Posto	1.000 l/mês	US$/l/mês	Contrato
Azul	1.000	1,000	5 anos
Branco	600	1,111	5 anos
Cinza	300	1,250	5 anos

Admitindo-se que o comprador tenha um custo de oportunidade de capital de 15% a.a., quanto precisará gerar de caixa por litro vendido de acordo com o tamanho do posto adquirido?

5. A Cia. Apressada está avaliando um investimento de $ 40 mil, que pagará fluxos de caixa de $ 10 mil anuais durante dez anos. Ela exige que seus investimentos retornem em três anos no máximo. A taxa de desconto é 10% a.a. O projeto é viável? Por quê? O que há de errado (ou certo) no modo como a Cia. Apressada avalia investimentos?
6. Um apartamento foi avaliado em $ 1,2 milhão (preço à vista, líquido para o vendedor). Na mesma data, a taxa condominial aumentou de $ 1 mil para $ 1.500 ao mês, para fazer face a despesas crescentes com folha de salários e encargos. O proprietário alegou que isso causaria forte desvalorização de sua unidade. Avalie o impacto desse aumento, considerando-se um prazo de 120 meses e uma taxa de juros de 1% a.m.

V) Minicaso: Cia. Alpha

Este é um problema de investimento em aumento de capacidade produtiva de uma grande fábrica. Ele envolve muitos tipos de fluxos de caixa e fatores que os determinam.

O problema

O produto *Q* é fabricado em uma planta com capacidade para 200 mil toneladas anuais. Espera-se que a demanda supere esse nível já em 2013; assim, não haverá capacidade suficiente para atender à demanda. Contudo, surgiu a oportunidade de se explorar (e desenvolver) a "nata" desse mercado, com um produto *Q* modificado. O novo processo será fornecido por uma empresa estrangeira ao custo de $ 150 mil. A diretoria da empresa solicitou um estudo econômico do investimento.

Dados básicos

a) Previsão da demanda. O produto original será vendido ao preço de $ 50/t; sua nova fórmula custará mais caro, porém sofrerá os efeitos da competição de produtos importados.

Anos	Demanda produto *Q*	Demanda produto *Q**	Preço do produto *Q**
2011	200.000	–	–
2012	215.000	–	–
2013	230.000	20.000	60
2014	250.000	40.000	57
2015-2027	270.000	60.000	55

b) Capacidade produtiva atual. Consiste em duas linhas de produção, cada uma com capacidade de 100 mil t/ano. Uma terceira linha de igual capacidade pode ser instalada no mesmo prédio, mas somente poderia ser usada para fabricar um ou outro produto, nunca ambos na mesma linha.

c) Expansão da capacidade. O custo total da nova linha de produção, com capacidade de 60 mil t/ano e pronta para operar em 01/01/2013, está discriminado no quadro a seguir. Em seu conjunto, a nova linha terá uma vida útil de 15 anos; contudo, alguns equipamentos precisarão ser substituídos antes disso.

d) Vida do projeto. Estimada em 15 anos. A produção terá início em 01/01/2013 e término em 31/12/2027.

e) Taxa de desconto e *payback*. A Alpha exige uma taxa mínima de retorno de 15% a.a. sobre o investimento, que deverá ser recuperado e remunerado em menos de seis anos.

f) Outros dados. A análise deverá ser baseada em fluxos de caixa depois do IR (35%). Presume-se que esses fluxos ocorram ao fim de cada ano. Não há inflação na análise do investimento.

Fluxos de caixa

a) Investimentos fixos. Estão previstos os investimentos a seguir, dos quais somente os equipamentos novos terão um valor residual líquido de IR, correspondendo a 20% de seu valor contábil (saldo da conta de equipamentos não depreciados):

Anos	Investimento em	$
2011	Equipamentos novos	800.000
2012	Equipamentos novos	1.600.000
	Reforma de equipamentos usados, sem valor residual	200.000
	Tecnologia	150.000
	Treinamento de operadores	50.000

continua

continuação

Anos	Investimento em	$
2017	Reposição de equipamentos	200.000
2022	Reposição de equipamentos	200.000

b) Investimentos em capital de giro. Serão proporcionais às variações do volume de vendas:

Anos	Variação $	Total $
2013	+ 80.000	80.000
2014	+ 40.000	120.000
2015	+40.000	160.000
2016-2026	0	160.000
2027	–160.000	0

c) Custos. Incluem incrementos de custos fixos (exclusive depreciação de ativos fixos) e custos variáveis (com expressivos ganhos de experiência acumulada) devidos ao projeto:

Anos	Custo fixo $	Custo variável $/t
2013	1.500.000	10,0
2014	2.000.000	9,5
2015	2.500.000	9,2
2016	2.500.000	9,0
2017	2.500.000	8,8
2018-2027	2.500.000	8,5

Ajuda à solução

Este exercício requer uma considerável quantidade de cálculos. Os estudantes habilitados farão uso de uma planilha eletrônica, que facilitará muito seu trabalho. Seguem-se as principais conclusões, que deverão ser comparadas aos resultados obtidos pelo estudante.

O estudo econômico do investimento envolveu a previsão dos fluxos de caixa e a aplicação de três medidas de mérito: VPL, TIR e PBD. O investimento é puro e não oferece nenhuma restrição ao uso da TIR. As duas medidas de valor devem apontar a mesma decisão.

O projeto foi rejeitado. O VPL é negativo e a TIR fica abaixo da taxa mínima de retorno exigida pelo investidor. O *payback* é infinito, pois, sendo o VPL negativo, é evidente que ele excederá a vida do projeto. Algumas perguntas importantes a serem respondidas:

1. De onde provém esse VPL negativo?
2. Alguma coisa nas previsões de fluxos de caixa chama a atenção?
3. A taxa de desconto não parece um pouco elevada?

VI) Caso Wonder Goods

A Wonder Goods (WG) é uma empresa líder em produtos químicos avançados. Inovadora, fortemente orientada para pesquisa e desenvolvimento, extrai 40% da receita e 30% dos lucros de produtos com menos de cinco anos de introdução no mercado. Agora, a WG está avaliando a oportunidade de lançamento do *Glumax*, produto capaz de substituir com vantagem o produto *Tirox*, hoje suprido por um só fabricante nacional e importações e consumido por grandes indústrias transformadoras.

O produto

O *Glumax*, um novo e revolucionário material adesivo, com propriedades não imitadas por produtos concorrentes, terá uma grande variedade de utilizações nas indústrias manufatureira e de construção civil. Produto de última geração, o *Glumax* será a melhor solução para unir peças de madeira, cerâmica, plástico ou metal. O contrato de fornecimento de tecnologia com uma empresa estrangeira garantirá exclusividade de produção e distribuição desse produto à WG, em todo o território nacional.

O estudo de mercado

Memo
De: João Terranova (Departamento de Marketing)
Para: Osmar Motta (Vice-presidente de Negócios)

Ass.: Previsão do mercado de *Superglue* 2012-2022

Aqui estão as previsões de volumes e preços médios de *Glumax* para os anos 2012-2022, obtidas do estudo completo realizado pelos consultores Fraser & Knowles.

Admitiu-se forte concorrência do produto *Tirox*, importado como insumo pelas grandes indústrias. Esperam-se ofertas a preços com desconto, reduzindo-se as margens de lucro do setor. Atualmente, as vendas anuais de *Tirox* situam-se em torno de 85 mil t/ano. As vendas para 2012-2017 foram projetadas com base em detalhada pesquisa de mercado, incluindo estimativas das compras dos grandes consumidores. Para os demais anos, aplicaram-se técnicas estatísticas de extrapolação de tendência e correlação com variáveis macroeconômicas, como o crescimento do PIB por habitante. Os resultados foram discutidos com especialistas no setor.

	Volumes Projetados (1.000 t)				Parcela de Mercado %	*Glumax* $/t
Ano	*Glumax*	*Tirox*	Importações	Total		
2012	5	30	65	100	5,00%	435
2013	7	60	48	115	6,09%	431
2014	10	70	48	128	7,81%	426
2015	14	80	46	140	10,00%	418
2016	18	80	53	151	11,92%	410
2017	23	80	58	161	14,29%	403
2018	28	80	62	170	16,47%	395
2019	33	80	66	179	18,44%	385
2020	39	80	68	187	20,86%	375
2021	43	80	71	194	22,16%	360
2022	47	80	73	200	23,50%	345
2023	50	80	75	205	24,39%	340
2024	52	80	78	210	24,76%	338
2025	54	80	81	215	25,12%	336
2026	55	80	85	220	25,00%	335
2027	56	80	89	225	24,89%	334

Memo

De: Mario Broz (Departamento Técnico)
Para: Carlos Silva (Departamento de Projetos)

Ass.: Capacidade e investimentos em produção de *Tirox*. Processo de fabricação de *Glumax*.

1 Marc Vader, maior fornecedor nacional de *Tirox*, tem operado uma unidade de 30 mil t/ano nos últimos dois anos e tem outra unidade, de 50 mil t/ano,

entrando em operação no fim do corrente ano. Capacidade adicional deverá ser implantada nos próximos anos, mas não se sabe quanto nem quando.

2 Ele também adquiriu uma unidade de 20 mil t/ano na Argentina. Desconhece-se qualquer plano de ampliação dessa capacidade nos próximos anos.

3 Há sinais de um grupo asiático planejando investir em um produto concorrente na área do Mercosul. Essa ameaça, contudo, parece menos iminente, dadas as dificuldades financeiras que estariam corroendo a capacidade de investimento da matriz.

4 Considerando-se o processo em seu atual estágio de desenvolvimento – maduro para o mercado, conforme relatório técnico WG.RT909 –, estimamos os seguintes custos de investimento e operação:

Custos de investimento fixo		
Capacidade 1.000 t/ano	Investimento $ M	Inv./capac $/t.
20	7,5	375
30	9,6	320
40	11,0	275
50	13,0	260
60	15,0	250
Tempo de construção	1 ano	

Custos de operação		
Custo variável unitário ($/t)		150
Custo operacional fixo ($ M/ano) – veja o quadro a seguir, em que FC = 0,02 * Cap. + 0,6.		
Capital de giro		
$/t de vendas		30
Vida útil (anos)		10
Valor residual	% do investimento fixo	20%
	% do capital de giro	100%

Capacidade (1.000 t/ano)	Custo operacional Fixo ($ M)
20	1,00
30	1,20
40	1,40
50	1,60

Decisão tomada na reunião do comitê gerencial da Wonder Goods

De: Osmar Motta (Vice-presidente de Negócios)

Para: Todos os participantes do Comitê Gerencial

Ref.: Projeto *Glumax*

De acordo com as decisões aprovadas na reunião supracitada, estou instruindo os Departamentos de Marketing, Técnico e de Projetos para formar grupo de trabalho técnico encarregado de reunir todos os elementos disponíveis e preparar avaliação financeira do Projeto *Glumax*. Na análise da escala de 30 mil t/ano, será adotada a taxa de desconto de 10% a.a.

Um roteiro de solução que pode ajudar o estudante é o seguinte:

1. Use o modelo de tabela a seguir para projetar as variáveis formadoras do fluxo de caixa do projeto em 2012 (ano de construção) e no período 2013-2022 (anos de operação).
2. Observe que as vendas de *Superglue* não podem exceder nem o mercado total nem a capacidade instalada (que varia de 20 mil a 50 mil t/ano). Admita ainda a possibilidade de o produto *Tirox* vir a oferecer forte concorrência à penetração do novo produto *Superglue*.
3. Pede-se uma análise estratégica desse projeto de investimento.

Planta B (30.000 t/ano)

Ano	Mercado	Vendas	Preço	Receita	Inv. fixo	Cap. giro	C. var.	C. fixo	C. cap.	FC
2012										
2013										
2014										
2015										
2016										
2017										
2018										
2019										
2020										
2021										
2022										

VII) Soluções dos exercícios propostos

1. Sr. H. e seu investimento

O fluxo de caixa do investimento oferecido ao Sr. H é:

	Hoje	Em 1 Ano	Retorno %
Aplicação	–5.000	5.700	14,00%
Empréstimo	4.000	–4.400	10,00%
Líquido	–1.000	1.300	30,00%

O Sr. H fez uma avaliação errada da oportunidade de negócio. Tomando $ 4 mil emprestados, ele investirá somente $ 1 mil de seu próprio capital (e não $ 5 mil como afirmou); tomar emprestado a 10% a.a. para aplicar a 14% a.a. é um excelente negócio (considerando-se risco nulo!). O resultado final para ele teria sido um ganho de 30% a.a.

2. O caso do laboratório

O projeto deve ser aprovado. É rentável e recupera capital e juros em um prazo aceitável.

Análise de um projeto de modernização de um laboratório

Ano	Investimento	Redução de custos	Custos de manutenção	Fluxo de caixa
0	1.400.000			–1.400.000
1		400.000	70.000	330.000
2		600.000	77.000	523.000
3		800.000	84.700	715.300
4		800.000	93.170	706.830
5	–200.000	800.000	102.487	897.513
VPL (10%)	909.706	TIR	29%	
PBD (10%)	≈ 3,27 anos			

3. StarPetro

Deve-se aceitar o projeto.

Ano	Investimentos	Receita	Despesa	Fluxo de caixa
0	2.500.000			−2.500.000
1		2.160.000	1.440.000	720.000
2		2.160.000	1.440.000	720.000
3		2.160.000	1.440.000	720.000
4		2.160.000	1.440.000	720.000
5		2.160.000	1.440.000	720.000
6		2.160.000	1.440.000	720.000
7		2.160.000	1.440.000	720.000
8		2.160.000	1.440.000	720.000
9		2.160.000	1.440.000	720.000
10	−600.000	2.160.000	1.440.000	1.320.000

Todas as medidas de valor e liquidez do projeto se apresentam satisfatórias. Recomenda-se aceitar o projeto.

VPL (15%)	1.261.824
TIR	26,7%
PBD (12%)	≈ 5 anos

4. PostoBom

Tamanho faz diferença. Os postos de maior galonagem requerem menores margens $/litro.

Passo 1: Calcular o investimento necessário à compra de cada posto

Passo 2: Calcular a anuidade (série uniforme) necessária para remunerar o capital investido (Passo 1) à taxa de 15% a.a.

Passo 3: Dividir a anuidade pela escala (1.000 l/mês) de cada posto.

Posto	1.000 l/mês	US$/l/mês	Contrato	Invest.	FC$/m	FC$/l/m
Azul	1.000	1,000	5 anos	1.000,00	150,03	0,15
Branco	600	1,111	5 anos	666,67	100,02	0,17
Cinza	300	1,250	5 anos	375,00	56,26	0,19

5. Cia. Apressada

Ano	FCL
0	−40.000
1	10.000
2	10.000
3	10.000
4	10.000
5	10.000
6	10.000
7	10.000
8	10.000
9	10.000
10	10.000
VPL	21.446
TIR	21%
PBD	≅ 5,4 anos

O projeto é financeiramente viável, como se vê na tabela ao lado. Se os analistas da Cia. Apressada projetaram corretamente os fluxos de caixa e aplicaram uma taxa de desconto apropriada, o projeto deve ser aprovado, porque promete criar valor.

Sim, existe algo errado no modo como a Cia. Apressada avalia seus investimentos: ela exige um prazo muito curto de recuperação e remuneração do capital. Um investimento (fluxo regular de caixa) com dez anos de duração e avaliado a 10% a.a. requer um *payback* igual ou inferior a 6,14 anos. Esse projeto oferece um *payback* de, aproximadamente, 5,4 anos, portanto satisfaz plenamente às exigências de liquidez (ou percepção de risco associada ao tempo) dos investidores.

7. Valor do apartamento *versus* aumento da taxa condominial

Há um exagero no que diz o proprietário. O valor presente do aumento da taxa condominial é um pouco inferior a $ 35 mil, o que representa menos de 3% do valor do imóvel.

Valor do apartamento (à vista)	1.200.000,00
Valor presente do aumento da taxa condominial	34.850,26
Novo valor do apartamento (à vista)	1.165.149,74
Perda % de valor	2,90%

X) Minicaso: Cia. Alpha

VPL	−495.955
TIR (% a.a.)	14%
PBD (15% a.a.)	∞

2011	800.000
2012	2.080.000
2013	225.000
2014	35.000
2015	626.200
2016	634.000
2017	451.800
2018	663.500
2019	663.500
2020	663.500
2021	663.500
2022	473.500
2023	673.500
2024	673.500
2025	673.500
2026	673.500
2027	535.900

O projeto de investimento no produto Q^* apresenta resultados desfavoráveis. Seu VPL é negativo, logo sua TIR fica abaixo do alvo dos investidores. Sendo negativo o VPL, segue-se que o período de recuperação do investimento é infinito.

Por que este é um projeto financeiramente inviável? A questão pode ser resumida em poucas palavras: é muito caro investir para conquistar uma posição de mercado tão frágil – veja o impacto da concorrência de produtos importados sobre o preço do produto Q^*. Se fosse mantido o preço inicial de $ 60/t, o projeto se tornaria rentável.

Como não houve análise de risco, por ora nada se pode dizer da adequação da taxa de desconto aplicado à análise do investimento.

O que fazer diante disso? Há duas opções. A primeira, e mais fácil, é desistir do projeto. A segunda é adiar sua implantação, usando-se o tempo para buscar meios e modos de reduzir investimentos e custos. Se possível, também aprender a explorar melhor o nascente mercado para esse produto.

XI) Caso *Glumax*

Breve análise financeira do Projeto *Glumax*

O projeto é financeiramente viável. Apesar das pressões competitivas, ele retorna um VPL positivo e uma TIR de 27% a.a. Seu PBD é ligeiramente superior a cinco anos, perfeitamente compatível com uma vida de dez anos e uma taxa de desconto de 10% a.a. Ressalve-se, contudo, o fato de que o fluxo de caixa do projeto forma uma série crescente, o que impede a utilização do conceito de *payback* ótimo. Nessa conexão, cumpre também observar que um fluxo de caixa crescente contraria a expectativa de perda progressiva da capacidade de um projeto gerar valor econômico.

Planta B (30.000 t/ano)

Ano	Mercado	Vendas	Preço	Receita	Inv. Fixo	Cap. Giro	Custo Var.	Custo Fixo	Cash Flow	Lucro
2012	5	0	435	0	9.600				−9.600	
2013	7	7	431	3.017		210	1.050	1.200	557	767
2014	10	10	426	4.260		90	1.500	1.200	1.470	1.560
2015	14	14	418	5.852		120	2.100	1.200	2.432	2.552
2016	18	18	410	7.380		120	2.700	1.200	3.360	3.480
2017	23	23	403	9.269		150	3.450	1.200	4.469	4.619
2018	28	28	395	11.060		150	4.200	1.200	5.510	5.660
2019	33	30	385	11.550		60	4.500	1.200	5.790	5.850
2020	39	30	375	11.250		0	4.500	1.200	5.550	5.550
2021	43	30	360	10.800		0	4.500	1.200	5.100	5.100
2022	47	30	345	10.350	−1.920	−900	4.500	1.200	7.470	4.650
		VPL (10% aa)		**12.732**		TIR (% aa)		**27,19%**		

Breve análise estratégica do Projeto *Glumax*

O grau de atratividade do setor de negócio: as cinco forças competitivas de Porter

1	Rivalidade entre os competidores atuais. O mercado nacional é abastecido por importações e produção de um único fabricante. Este planeja aumentar significativamente sua capacidade, substituindo importações e fechando espaços para o *Glumax*, ainda que à custa de expressivas reduções de preços e margens de lucro. Aparentemente (seria necessário investigar mais), o *Tirox* é um produto inferior ao *Glumax* e seria preferido em função de seu preço mais baixo. **Média atratividade: 5 pontos.**
2	Ameaça de entrada de novos competidores. Fraser & Knowles não fazem referência a barreiras à entrada de qualquer tipo. Portanto, pode-se presumir que a entrada seja livre. **Baixa atratividade: 3 pontos.**
3	Ameaça de substituição por novos produtos. Estaria associada à entrada do grupo asiático, sobre o qual pouco se sabe (haverá mesmo?). Aspecto favorável ao projeto. **Alta atratividade: 8 pontos.**
4	Poder de barganha dos fornecedores. Outro aspecto que requer mais pesquisa: o poder de barganha dos fornecedores dos insumos requeridos pela produção de *Glumax*. **Alta atratividade: 8 pontos (supôs-se que os insumos sejam *commodities*).**
5	Poder de barganha dos consumidores. Sendo *Glumax* um produto dirigido aos clientes de maior porte, isso também significa maior poder de barganha do lado comprador. **Média atratividade: 5 pontos.**
Σ	Total de pontos de atratividade. $\Sigma = 5 + 3 + 8 + 8 + 5 = 29$ pontos. **Setor de média atratividade.**

O grau de competitividade do Projeto *Superglue*.

1	**Produto.** Superior qualidade, produto *premium*. Alta competitividade: 10 pontos.
2	**Processo.** De acordo com o produto, processo exclusivo da Wonder Goods. Alta competitividade: 10 pontos.
3	**Escala.** A WG deverá escolher a escala mais econômica (máximo VPL). Alta competitividade: 10 pontos.
4	**Marketing.** A WG deverá fazer planejamento de marketing que lhe permita conquistar a nata dos clientes, observando aspectos como porte, capacidade financeira, qualidade de seus produtos e processos, e imagem de mercado. Baixa competitividade: 3 pontos (aspecto ausente do estudo de Fraser & Knowles).
5	**Localização.** A WG deverá localizar sua unidade produtiva observando fatores como distâncias, fornecedores-fábrica e fábrica-clientes. Baixa competitividade: 3 pontos (aspecto ausente do estudo de Fraser & Knowles).
Σ	Total de pontos de competitividade. $\Sigma = 10 + 10 + 10 + 3 + 3 = 36$ pontos. Projeto de média-alta competitividade.

Conclusão

A análise estratégica confirma os resultados da análise financeira. O Projeto *Superglue* parece ser, julgando-se pelas informações e projeções disponíveis, um bom investimento.

A seguir, apresenta-se um resumo dos pontos fortes e fracos do Projeto *Superglue*. Recomenda-se uma revisão dos aspectos considerados "pontos fracos".

	Ponto forte	Ponto fraco
Atratividade do setor	Ameaça de substituição Poder de barganha de fornecedores	Ameaça de entrada de novos competidores
Competitividade do projeto	Produto Processo Escala	Marketing Localização

É oportuno lembrar que o sucesso de um empreendimento depende muito do estudo de viabilidade, mas, não em menor proporção, do uso do estudo como plano de ação, acompanhando e comparando realizações com previsões, fazendo ajustes e corrigindo o projeto sempre que necessário. E, além de tudo isso, aprendendo com a experiência.

Referências

Livros didáticos

BLANK, Leland; TARQUIN, Anthony. *Engenharia econômica*. 6. ed. Tradução de José Carlos Barbosa dos Santos. Revisão técnica de Daisy Aparecido do Nascimento Rebelatto. São Paulo: McGraw-Hill, 2008. Nível dois - Ferramentas para avaliar alternativas. Capítulos 5, Análise do valor presente; 6, Análise do valor atual; e 7, Análise da taxa de retorno - Alternativa única.

DEGARMO, E. Paul et al. *Engineering economy*. 8. ed. Nova York: Macmillan e Londres: Collier Macmillan, 1989. Capítulo 4, Application of money-time relationships.

ESCHENBACH, Ted G. *Engineering economy*: applying theory to practice. Chicago: Irwin, 1995. Parte Dois - Analyzing a project. Capítulos 5, Present worth; 6, Equivalent annual worth; 7, Rate of return; e 8, Benefit/cost ratios and other measures.

HARTMANN, Joseph C. *Engineering economy and the decision-making process*. Upper Saddle River: Pearson Education, 2007. Parte III - Making the decision for a single project. Capítulos 9, Deterministic evaluation; e 10, Considering risk.

NEWNAN, Donald G.; LAVELLE, Jerome P. *Fundamentos de engenharia econômica*. 1. ed. Tradução de Alfredo Alves de Farias. Revisão técnica de Alceu Salles Camargo Jr. Rio de Janeiro: LTC, 2000. Capítulos 5, Método do Valor Presente; 6, Método do fluxo anual de caixa; 7, Método da taxa interna de retorno; 7, Dificuldades na obtenção da taxa interna de retorno; 8, Método dos investimentos incrementais; e 9, Outras técnicas de análise.

PARK, Chan S. *Contemporary engineering economics*. 2. ed. Menlo Park: Addison--Wesley, 1997. Capítulos 4, Present worth analysis; 5, Annual equivalent worth analysis; e 6, Rate of return analysis. Apêndice 6A, Computing IRR for nonsimple investments.

SULLIVAN, William G. et al. *Engineering economy*. 14. ed. Upper Saddle River: Pearson, Prentice Hall, 2009. Parte II - Engineering economy in action. Capítulo 5, Evaluating a single project.

TORRES, Oswaldo Fadigas Fontes. *Fundamentos da engenharia econômica e da análise econômica de projetos*. São Paulo: Thomson Learning, 2006. Capítulo 3, Viabilidade econômica em situação de certeza.

Leituras complementares

BREALEY, Richard A.; MYERS, Stewart C. *Principles of corporate finance*. Nova York: McGraw-Hill, 1996.

BUSSEY, Lynn E. *The economic analysis of industrial projects*. Englewood Cliffs: Prentice-Hall, 1978. Capítulo 7, Evaluating a single project - Deterministic criteria and techniques.

CAPELO. Emílio Recamondi. *Racionamento de capital*: análise determinística de propostas de investimento. São Paulo, 1977. Tese de Mestrado. Escola de Administração de Empresas da Fundação Getúlio Vargas.

DAY, George S. *Estratégia voltada para o mercado*. Tradução de Nivaldo Montingelli Jr. Revisão Técnica de Marcos da Costa Moraes. Rio de Janeiro: Record, 1990. Capítulo 13, p. 379.

FARO, Clovis de. *A eficiência marginal do capital como critério de avaliação econômica de projetos de investimento*. Rio de Janeiro: IBMEC, 1985.

FARO, Clovis de; FARO, Paula de. "Projetos com mais de duas variações de sinal e o critério da taxa interna de retorno", *Estudos Econômicos*, n. 30. Disponível em: <http://www.usp.br/estecon/index.php/estecon/issue/view/82>.

GITMAN, Lawrence J. *Principles of managerial finance*. 5. ed. Nova York: Harper & Row, 1988. Capítulo 10, Capital budgeting and risk: Certainty, risk, and some refinements.

HARRISON, Ian W. "Capital investment appraisal", *McGraw-Hill Management Manual*. Londres: McGraw-Hill, 1973

HAZEN, Gordon B. "A new perspective on multiple internal rates of return", *The engineering economist*, v. 48, n. 1, 2003.

KARMEL, P. H. "The marginal efficiency of capital", *The economic record*, v. 35, n. 72, 1959.

LITTLE, I. M. D. "Higgledy-piggledy growth", *Bulletin of Oxford Institute of Statistic*, 1962.

LORIE, J.; SAVAGE, L. J. "Three problems in capital rationing", *Journal of Business*, v. XXVIII, n. 4, out. 1955.

MADDEN, Bartley J. *CFROI valuation*: a total system approach to valuing the firm. Oxford: Butterworth Heinemann, 1999.

MAGNI, Carlo Alberto. "Average internal rate of return and investment decisions: a new perspective". Department of Economics. University of Modena and Reggio Emilia. CEFIN - Center for Research in Banking and Finance, Department of Business Administration. University of Modena and Reggio Emilia. *The engineering economist*, v. 55, n. 2, p. 150-158. Disponível em: <http://papers.ssrn.com/sol3/papers.cfm?abstract_id=1542690>. Acesso em: 27 jan. 2010.

MAUBOUSSIN, Michael; BARTHOLDSON, Kristen. *Measuring the moat*: assessing the magnitude and sustainability of value creation, *Credit Suisse First Boston*, dez. 2002.

MAUBOUSSIN, Michael. *On the shoulders of giants*: mental models for the new millennium, *Credit Suisse First Boston*, nov. 1998.

MAUBOUSSIN, Michael; JOHNSON, Paul. *Competitive advantage period "CAP"*: The Neglected value driver, *Credit Suisse First Boston*, jan. 1997.

MILLS, Roger; DALHOFF, Jürgen. "Competitive advantage period (CAP) analysis: looking at share price and firm value from a different perspective". *Henley Centre for Value Improvement*, Henley Discussion Paper 3, jul. 2003.

MYERS, Stewart C. "Finance theory and financial strategy", *Interfaces*, v. 14, n. 1, jan.-fev. 1984.

OSBORNE, Michael J. "A resolution to the NPV – IRR debate?" *Middlesex University Business School*, dez. 2009.

OSBORNE, Michael J. "The meaning of internal rates of return: an addendum to 'a resolution to the NPV-IRR Debate?'", *Sheffield Business School*, set. 2010.

PARK, Chan S.; SHARP-BETTE, Gunter P. *Advanced engineering economics*. Nova York: Wiley, 1990. Capítulo 6, Measures of investment worth – Single project.

PORTER, Michael E. *Competitive strategy techniques for analyzing industries and competitors*. Nova York: The Free Press. 1980.

PORTER, Michael E. *Competitive advantage*: creating and sustaining superior performance. Nova York: The Free Press, 1985.

SHAPIRO, Alan C. *Capital budgeting and investment analysis*. Upper Saddle River: Pearson, 2005.

SMITH, V. L. *Investment and production*. Cambridge: Harvard University Press, 1966.

TEICHROEW, Daniel et al. "Mathematical analysis of rates of return under certainty", *Management Science*, v. II, n. 3, jan. 1965.

Capítulo 5

Geração e comparação de alternativas de investimento

5.1 Objetivos e conteúdo

Costuma-se iniciar o estudo da avaliação de projetos olhando um projeto isolado. Ainda que se compare esse projeto a um leque de oportunidades de investimento no mercado em geral, é como se ele fosse a única oportunidade aberta para a empresa. Na realidade, empresas alocam recursos entre "n" projetos candidatos, que devem, no âmbito de um processo de orçamento de capital, passar por procedimentos de avaliação. Essa carteira de projetos pode sofrer de restrição de capital – "teto" de recursos para investir – sob condições de racionamento:[1]

1. **Pelo mercado.** A empresa está em má situação financeira e não obtém capital a qualquer taxa finita de juros. Situação-limite, o mercado julga que o risco da empresa "explodiu".
2. **Administrativo (interno).** Nesse caso, o mercado está disposto a suprir os capitais exigidos por novos projetos, mas a própria empresa fixa um limite administrativo interno – quanto ela está disposta a aplicar em novos projetos em cada período orçamentário.

1 Soluções rigorosas para a alocação de capital sob condições de racionamento fogem ao escopo deste livro.

5.2 Geração de alternativas de investimento

A geração de projetos é o processo gerencial estratégico que identifica propostas atraentes de investimento e as canaliza para análise e decisão. Aqui, olharei para onde, ou em função de quais objetivos, os investimentos são direcionados. Hartman[2] expõe métodos de geração de alternativas.

5.2.1 O problema: gerar propostas de investimento

A análise de projetos adota implicitamente um modelo de decisão "racional abrangente", em que o tomador de decisão tem informações completas quanto às oportunidades disponíveis para seleção. *Isso é errado.* Escolhas são feitas sob condições de informações limitadas desde a disponibilidade de alternativas de investimento, o que inclui o conhecimento de propostas alternativas.

O maior pecado da análise tradicional de projetos é começar tarde e terminar cedo. O processo de orçamento de capital começa antes da análise de alternativas e termina depois de as alternativas escolhidas terem sido concluídas. Seu primeiro passo – geração de propostas de investimento – deve ajudar a ampliar o leque de alternativas financeira e estrategicamente significativas.

5.2.2 Processo competitivo e estratégia

A gestão de ativos deve estar em sintonia com a estratégia de negócios da empresa. Uma exige a outra. No longo prazo, quando a capacidade competitiva deve se transformar em sintonia com o mercado, dois instrumentos se aplicam: o orçamento de capital e o planejamento estratégico.

O orçamento de capital reúne os investimentos previstos para certo horizonte de tempo e deve refletir a estratégia. Muitos planos impõem forte orientação de cima para baixo às decisões de investimento,[3] condição para que o orçamento de capital tenha um caráter transformador. *A análise de projetos de investimento requer uma perspectiva estratégica: é necessário investir em estratégias mais que em projetos isolados. Ela não pode padecer de deficiência visual.*

Começando com uma lista de oportunidades de investimento que demandem mais capital do que o disponível, o orçamento de capital desenvolve o componente analítico nobre do processo – a etapa de revisão e análise precedendo a tomada de decisão. Sem desprezar os muitos investimentos de pequeno porte e reduzido alcance no tempo, ele realça o elo de sua parcela

2 HARTMANN, Joseph C. *Engineering economy and the decision-making process.* Upper Saddle River: Pearson Education, 2007. Capítulo Generating and designing feasible alternatives.

3 Pode-se aceitar projetos que apoiam a entrada em um setor com boas perspectivas em longo prazo; pode-se recusar projetos com retorno positivo se a empresa planeja encerrar essa parte de seu negócio. Exemplos clássicos de projetos estratégicos incluem aumentos maiores de capacidade de produção e distribuição e projetos de diversificação.

"estratégica" com a estratégia da empresa. Projetos "estratégicos" têm como características:

1. Grande porte, novidade, não repetitividade e perspectiva em longo prazo.
2. Impacto significativo nas atuais operações – aumento expressivo de capacidade de produção, transformação do perfil de capacidade por meio de novos produtos ou processos; criação de opções de crescimento para a empresa (possível aceitação de projetos com baixo retorno).
3. Dificuldade de redução a termos monetários de todos os benefícios; alguns destes fluem para toda a empresa (são externalidades positivas) ou são de difícil tradução para fluxos de caixa.
4. Origem nos escalões administrativos superiores – é comum supor-se que os administradores de topo tenham mais visão macroscópica que os funcionários de escalões inferiores.

5.2.3 Geração de propostas: problema em orçamento de capital

Um tomador de decisão avalia um leque de projetos que serão comparados segundo um critério de decisão e uma taxa de juros de *i*%. Tudo o que ele precisa fazer é aplicar o critério Δ a cada projeto, usando aquela taxa *i*%. Sendo Δ uma medida de mérito (variação de riqueza, taxa de retorno etc.) associada a cada investimento, os projetos serão ordenados naturalmente. Para escolher entre eles, fixa-se um valor mínimo (*cutoff rate*) para o critério Δ. Muito da literatura sobre orçamento de capital se limita a esse problema, apenas uma parte de um processo que reúne tudo o que ocorre da geração de propostas de investimento à (rara) avaliação de desempenho *ex post*.

No longo trajeto percorrido pelos projetos de investimento, tudo pode ocorrer, excelentes ideias convertendo-se em verdadeiros sucessos ou em rotundos fracassos. A boa técnica não deve inibir o processo decisório. A exposição dos obstáculos a se transpor para tomar boas decisões de investimento será aceita como garantia de que os riscos serão bem pesados e medidos, sem omissões nem exageros.

A formalidade do processo de geração de alternativas varia de uma simples caixa de sugestões a um sistema de canais formais, processos minuciosos de seleção e programas de desenvolvimento e pesquisa com muitos recursos. Propostas provêm de pessoas situadas em todos os níveis hierárquicos e em todas as áreas funcionais ou divisões da empresa. Com efeito, ela é muito mais que isso: é o primeiro e, talvez, mais importante passo de todo o processo. Não obstante, tem merecido escassa atenção de autores mais interessados em técnicas de análise de projetos. A possibilidade de falta de sugestões para investir pode parecer a menor das preocupações da empresa, mas, na verdade, é uma questão de vida ou morte. Sem novos e rentáveis investimentos, a empresa estará se condenando a estagnar e morrer.

5.2.4 Gerando propostas: abrangência do orçamento de capital

Associa-se a geração de propostas de investimento ao uso de classificações de projetos. Parte da "caixa de ferramentas" do orçamento de capital é uma classificação de projetos que defina sua natureza e os relacione à estratégia competitiva. Convém olhar para o orçamento de capital como um *conjunto estruturado* de projetos de investimento. Duas características se sobressaem como bases de estruturação desse conjunto: o tamanho do investimento e o motivo para fazê-lo.

O fator tamanho associa-se, sobretudo, ao nível na hierarquia administrativa em que se decide aprovar ou rejeitar um projeto. As empresas multinacionais requerem que grandes investimentos sejam decididos por suas matrizes ou direções regionais. De acordo com o nível administrativo em que se toma a decisão, variam os cuidados técnicos na avaliação das propostas. Investimentos de pequena monta, repetitivos e de baixo conteúdo estratégico podem ser aprovados por gestores locais, com base em critérios técnicos simples – como o *payback period* –, capazes de introduzir o "viés de seleção preliminar"[4] e induzir alto grau de fragmentação a todo o orçamento de capital.

De outro ângulo, classificam-se os projetos segundo seus motivos. A diversidade de tipos de projetos determina diferentes enfoques em sua avaliação. Por exemplo, uma empresa X poderia adotar uma classificação que realça a diferença entre investimentos táticos e estratégicos:

a. **Orçamento-base:** projetos não relacionados aos programas estratégicos e de pequeno porte, como pequenas reposições de máquinas ou peças, pequenos projetos de redução de custos, pequenos aperfeiçoamentos, equipamentos de escritório etc.
b. **Programas ênfases:** programas especiais definidos pela alta gerência.
c. **Programas estratégicos:** programas de expansão de capacidade e novos produtos, principais programas de aperfeiçoamento de produtos, necessidade de capital para novas *joint ventures*, construção de prédios, principais renovações da fábrica ou aperfeiçoamentos, aperfeiçoamento do ambiente (ar-condicionado, controle de poluição de água e ar etc.).

Classificam-se os ativos segundo os objetivos que visam ou os propósitos a que servem. A classificação a seguir, não obstante curta, exibe certa uniformidade dos vários esquemas conhecidos.

---

4 Veja FLEISCHER, Gerald A. *Teoria da aplicação do capital*: um estudo das decisões de investimento. São Paulo: Edgard Blucher, 1973. Esse "viés" consiste na aprovação de projetos pequenos – por vezes, frutos do desdobramento de projetos maiores – em níveis hierárquicos mais baixos, fugindo de avaliações mais rigorosas em níveis hierárquicos mais elevados da organização.

a. **Expansão da capacidade:** atingir volumes planejados no orçamento de capital. Todos os ativos devem se relacionar diretamente com o desenvolvimento da capacidade de produção em produtos atuais ou novos (investimentos em integração vertical e diversificação).
b. **Novos produtos:** desenvolver novos produtos; projetos nessa categoria dependem muito de intangíveis. Os primeiros projetos em uma nova área de negócios podem não oferecer retorno econômico visível e imediato. Mas a empresa vai em frente para estabelecer uma posição de mercado ou tecnologia e preparar o caminho para futuros projetos rentáveis. Os projetos iniciais são realizados não por seus próprios méritos, mas porque conferem à empresa valiosa opção para empreender projetos subsequentes. Esses projetos dependem menos de previsões de fluxos de caixa do que de considerações estratégicas relativas a algum tipo de vantagem competitiva que a empresa tenha hoje, ou que possa vir a desenvolver ao longo do tempo. Tais considerações passam a se constituir no principal foco da análise do projeto.
c. **Redução de custos:** reduzir os custos de materiais, mão de obra e custos indiretos de fabricação. Esses projetos devem ser completamente opcionais, do ponto de vista de que a empresa poderia desistir do investimento e perder os ganhos projetados.
d. **Reposição de máquinas:** renovar o equipamento existente, mantendo a capacidade. Empresas maduras alocam grande parte de seu orçamento a esses projetos, que geralmente não são opcionais. Caso o motivo básico seja reduzir custos de manutenção, refugos, retrabalho etc., o projeto deve ser classificado em redução de custos.
e. **Renovação de máquinas:** muitas vezes, alternativa à reposição. Pode envolver construção, revisão geral ou recondicionamento de máquina ou instalação existente. Uma prensa de perfuração poderia ser renovada trocando-se seu motor e adicionando-se um controle numérico; uma instalação poderia ser renovada com troca de fiação, adição de ar-condicionado etc.
f. **Aperfeiçoamentos operacionais:** aumentar a eficiência da produção. São investimentos que claramente não se enquadram nas classificações anteriores. Possíveis exemplos incluem equipamento de controle de qualidade, equipamento de manuseio de material, aperfeiçoamentos de fábrica associados ao processo de produção etc.
g. **Aperfeiçoamento do produto:** melhorar produtos atuais para manter ou estender seus ciclos de vida. São projetos de aperfeiçoamento contínuo, pequenas melhorias incrementais.
h. **Aperfeiçoamento da empresa.** *Ambiental*: aperfeiçoamentos do ambiente, lidando com problemas como ruído do ar-condicionado, pó e névoa, fumaça e poluição do ar. Alguns desses investimentos são feitos por imposição legal, outros por norma de política da empresa. *Outros*: programas e projetos não

operacionais, tais como móveis e utensílios, equipamentos médicos e de treinamento etc.

A geração de propostas com base em uma classificação – indispensável, sob todas as circunstâncias – oferece o risco de restringir o âmbito da pesquisa de oportunidades. É tentador, para gerentes burocráticos, repetir práticas passadas: quanto % em cada categoria, quanto % para cada área (antiga) de negócio e assim por diante. Não se quer isso do processo de geração de propostas, que deve subordinar o "varejo" da geração de propostas a grandes blocos (programas) estratégicos, para que a inércia e a falta de criatividade não contaminem todo o processo subsequente. O uso de classificações de investimentos, contudo, é apenas um primeiro passo na busca de esquemas inteligentes de geração de propostas. Agora, a estratégia assume.

5.2.5 Gerando propostas: ferramentas de análise estratégica

a) Processos *bottom-up* versus *top-down*

As propostas de investimento podem "vir do fundo da organização" (*bottom-up*) ou descer dos níveis superiores (*top-down*). Na prática, tendem a fluir em ambos os sentidos. Em geral, projetos gerados *bottom-up* são conservadores, reforçando o negócio atual: são *projetos de alinhamento*. Por exemplo, é improvável que os gestores das fábricas A e B, da mesma empresa, vejam as economias de escala potenciais fechando-as e concentrando a produção em uma só unidade C. Nesse fluxo predominam projetos de atendimento a exigências legais (como controle ambiental), redução de custos, reposição de equipamentos e aperfeiçoamentos operacionais menores – todos visam tornar mais eficiente e adequada a existente capacidade operacional e se baseiam no conhecimento e na visão locais de gerentes de linha.

Os projetos gerados *top-down* têm maior potencial de transformação – *vetores de mudança* de elevado conteúdo de inovação tecnológica, introdução de novos produtos etc. Provêm do conhecimento e da visão do ambiente externo, detidos por executivos de topo e seu *staff* técnico[5] e passíveis de serem estruturados e estendidos com o apoio de técnicas analíticas.

b) Técnicas de geração de propostas de investimento

É preciso produzir uma lista de oportunidades atrativas de investimento – no sentido de adequação à estratégia da empresa e promessa de retorno – demandando mais capital do que a empresa dispõe. A importância da etapa revela-se

---

5 Observe, mais uma vez, a relatividade das definições. Não raro, os inovadores são rebeldes situados em níveis hierárquicos inferiores, como o testemunham inúmeros casos de *intrapreneurs* identificados em grandes empresas que, na sua falta, teriam padecido de grave deficiência de iniciativas de mudança.

em sua conexão com a estratégia competitiva em longo prazo, da qual se definem os projetos que absorverão a maioria dos recursos disponíveis no horizonte de tempo do orçamento de capital, e talvez além dele.

Diversas ferramentas de análise estratégica podem contribuir para orientar a elaboração de uma primeira lista de propostas de investimento que preencham os requisitos anteriores e revelem alto grau de coerência com os objetivos e planos estratégicos da empresa.

Matriz de crescimento-parcela de mercado BCG (Boston Consulting Group)

Destaca o poder de geração/absorção de caixa dos vários tipos de investimento e a direção ótima do fluxo de projetos, do ponto de vista do equilíbrio de caixa da empresa. Apesar de antiga e de ter sofrido muitas críticas, a matriz BCG ainda é uma ferramenta útil.

Matriz direcional de política (DPM)

Desenvolvida por Shell, GE e McKinsey, associa a atratividade da oportunidade de investimento (composto por fatores que determinam sua rentabilidade prospectiva) com a capacidade (posição competitiva) de que dispõe a empresa para desfrutá-la.

Vetores de crescimento de Ansoff

Mostram os caminhos abertos ao crescimento da empresa, combinando dois eixos de produto (tecnologia) e mercado (clientes). A técnica é antiga, mas continua sendo um válido ponto de partida para o estudo das ferramentas de análise estratégica.

Diversas técnicas de análise e previsão ambiental

Cenários econômicos, políticos, tecnológicos, demográficos, legais, culturais e outros.

Várias técnicas de análise e previsão do ambiente competitivo

Ferramentas aplicadas ao ambiente competitivo no qual as empresas se inserem.

Esta não é a hora, nem aqui é o lugar, para tentar resolver a questão estratégica[6]. A menção de algumas ferramentas de análise visa apenas destacar o problema básico no processo de orçamento de capital: a coerência entre as grandes decisões de investimento e os planos estratégicos.

6 Serão as ferramentas estratégicas a tábua de salvação do processo gerador de propostas de investimento? Não fique tão seguro a esse respeito nem tão pobre de esperanças em outros recursos que o planejador possa usar.

Considerações adicionais sobre geração de propostas

Primeira

As classificações de propostas devem-se orientar por uma "lógica de estratégia", sob o risco de se tornarem mecanismos burocráticos ou instrumentos para fazer estatística. A análise de projetos peca por se divorciar das estratégias de negócios. É preciso dar sentido a essa análise, inserindo-as no contexto amplo das estratégias de competição adotadas pelas empresas.

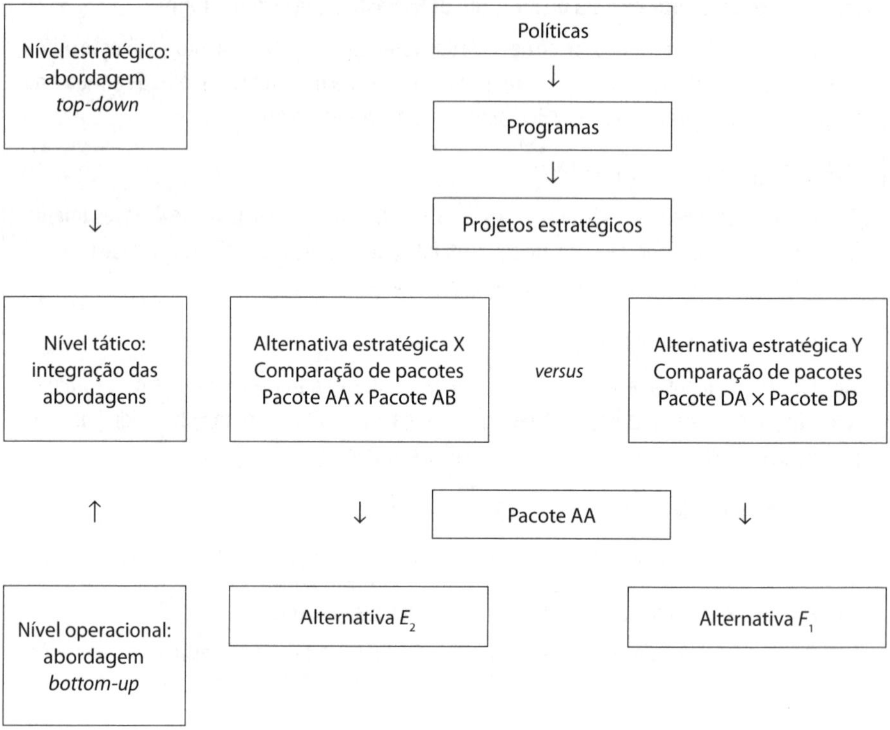

Segunda

Suponha que procedimentos eficazes ampliem vastamente a oferta de propostas elegíveis para análise e decisão. A organização pode se ver inundada por projetos – de todas as qualidades possíveis –, não sendo capaz de realizar análises competentes em curto espaço de tempo. Deveria haver então um procedimento complementar de filtragem de propostas em diversos níveis organizacionais – sempre existe um procedimento assim nas empresas, o problema é que os procedimentos em vigor estão estruturados em níveis decisórios muito fragmentados e "paroquiais". A consequência é a fragmentação do orçamento em projetos, mais do que programas estratégicos, e a perda de identificação com a estratégia competitiva.

5.2.6 Classificando projetos de investimento: dependência entre projetos

Para fins de comparação de alternativas, classificam-se os investimentos como dependentes ou independentes entre si.

1. Dois investimentos são independentes entre si quando a rentabilidade de um de maneira alguma afeta a rentabilidade do outro. Logo, não deve existir qualquer tipo de dependência entre os dois projetos – de natureza técnica, de mercado ou financeira. Outrossim, dois investimentos são dependentes entre si quando a rentabilidade de um de alguma forma afeta a rentabilidade do outro. A implicação, portanto, é de que existe algum tipo de dependência entre os dois projetos – seja de natureza técnica, de mercado ou financeira.
2. Projetos podem ser dependentes entre si em virtude de fatores que os fazem **mutuamente exclusivos** (substituição) ou **complementares**. Por exemplo, se um terreno é disputado por dois projetos de construção, um de um galpão e outro de um prédio de escritórios, tais projetos são dependentes, do tipo mutuamente exclusivo. Já dois projetos de construção de uma fábrica e de ampliação da frota de transportes podem ser dependentes complementares, uma vez que exigidos pelo mesmo programa de expansão da capacidade de produção e distribuição. Bierman e Smidt[7] muito bem sumarizaram a questão:

Classificação de projetos de investimento

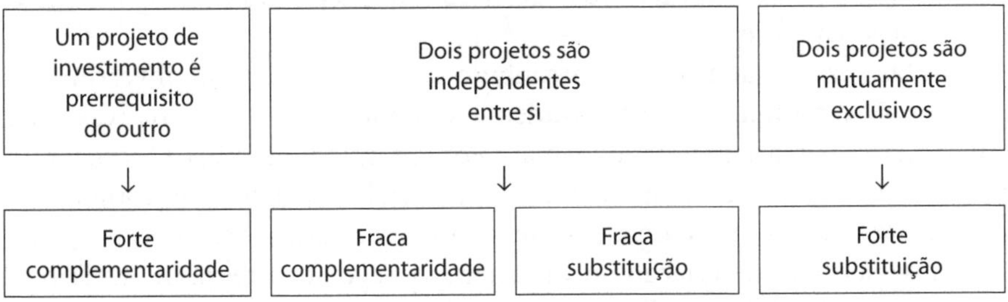
Um projeto de investimento é prerrequisito do outro
Dois projetos são independentes entre si
Dois projetos são mutuamente exclusivos
Forte complementaridade
Fraca complementaridade
Fraca substituição
Forte substituição

Como visto no quadro anterior, dependência é uma questão de complementaridade ou substituição entre projetos. Quanto mais fortes essas relações, maior o grau de dependência entre dois projetos, ainda que sejam diversos os gêneros de dependência. Por outro lado, independência significa ausência de relação de complementaridade ou de substituição entre dois projetos.

Contudo, de acordo com a definição dada, os projetos independentes entre si podem exibir dependência estatística sempre que suas rentabilidades

7 BIERMAN JR., Harold; SMIDT, Seymour. *As decisões de orçamento de capital*: análise econômica e financeira de projetos de investimento. Traduzido por Nivaldo José Mendes e Ricardo Pinto Nogueira. 4. ed. Rio de Janeiro: Guanabara Dois, 1978. Capítulo 5, Classificação de investimentos.

dependerem de fatores comuns e pertencentes ao ambiente geral de negócios, de ocorrência incerta. Essa forma de dependência deve ser tratada em separado. Caso contrário, não haveria muitos projetos independentes entre si!

Projetos mutuamente exclusivos ou complementares – decisões de hierarquizar

Outra situação confronta alternativas competindo por oportunidades ou recursos limitados. A mera existência de vários projetos submetidos à análise não caracteriza essa nova situação, a menos que sejam alternativos em sentido tecnológico, mercadológico ou financeiro.

Por exemplo, são alternativos dois projetos que constituem soluções técnicas para um mesmo problema, já que não há sentido em fazer ambos. São igualmente alternativos dois projetos que disputam o mesmo mercado, sempre que a realização de um afetar o fluxo de caixa do outro. Por fim, a limitação de recursos financeiros, independentemente das características técnicas ou mercadológicas dos projetos, faz que a hierarquização de investimentos se torne obrigatória.

Em condições de racionamento de capital, os critérios conhecidos de análise e decisão de investimento não mais satisfazem. Para se ter uma solução rigorosa do problema de alocar recursos financeiros limitados, é preciso recorrer a métodos de otimização (programação linear e outros). Não apenas isso acresce a complexidade técnica das tarefas nessa fase do orçamento de capital, mas ainda exige o conhecimento de todas as alternativas de investimento ao mesmo tempo, além de todos os objetivos e restrições que o programa de aplicação de capital deve satisfazer.

Muitas vezes, o analista é confrontado com alternativas de investimento: projetos são ditos mutuamente excludentes quando, entre "n" alternativas, escolhida uma, se descartam todas as demais. Por exemplo, a decisão de localizar um ponto de vendas em determinada área comercial se beneficia da comparação de alternativas, das quais uma, e somente uma, será utilizada.

Na perspectiva de criação de valor para o negócio, a regra de decisão do analista é muito clara: escolher sempre a alternativa que promete criar o máximo valor presente líquido. Contudo, visto que a taxa interna de retorno – e, por que não, também o *payback* – costumam frequentar essas análises, conflitos aparentes ou reais podem surgir. *Todos os casos se resolvem dependendo mais da correta definição de cada problema do que da escolha antecipada deste ou daquele critério.*

O exemplo a seguir não apresenta dificuldade. A alternativa *C* é preferível às demais, pois cria mais valor para o investidor, a uma taxa de desconto de 13% a.a. Não importa se o analista aplica o critério do VPL ou da TIR, a hierarquia de criação de valor, àquela taxa, permanece igual: $C > D > B > A$ (essa alternativa, aliás, devendo ser desprezada, porque é destruidora de valor).

Alternativa	FC(0)	FC(1)	FC(2)	FC(3)	FC(4)	FC(5)	VPL	TIR%
A	−1.000	250	260	270	285	300	−50,4	11,0
B	−1.000	300	300	290	280	270	19,7	13,8
C	**−1.000**	**280**	**290**	**320**	**340**	**360**	**100,1**	**16,9**
D	−1.000	240	270	300	350	400	63,5	15,4

Podem surgir três dificuldades na comparação de alternativas, em razão das diferenças em:

1. Tamanho (escala dos investimentos).
2. Vidas úteis dos projetos (horizontes de tempo das análises).
3. Perfil temporal dos fluxos de caixa.

5.3 Diferença de tamanho entre alternativas

Um problema parece surgir quando alternativas de investimento envolvem escalas (capitais iniciais) desiguais. Então, um conflito (aparente, como se verá) pode se manifestar entre as escolhas apontadas pelos critérios VPL e TIR: VPL indica o projeto "maior", TIR recomenda o projeto "menor". Sejam dois investimentos alternativos *A* e *B* analisados a uma taxa de 15% a.a.:

A =	−200	84,69	84,69	84,69	84,69	**B** =	−100	46,16	46,16	46,16	46,16

Segundo a TIR, *B* (30%) é preferível a *A* (25%). Mas o VPL de *A* é maior ($ 41,79) que o de *B* ($ 31,79), parecendo assim haver um conflito: qual critério adotar, qual alternativa escolher?

Uma solução muito conhecida é o método do projeto incremental. Quando se comparam projetos *A* e *B* com tamanhos desiguais, cria-se um projeto fictício $C = A - B$, tendo *A* os maiores investimento inicial e VPL. O fluxo de caixa de *C* é a diferença entre os fluxos de *A* e *B*: *C* = (−100; 38,53; 38,53; 38,53; 38,53). A TIR do projeto *C* é 19,86% (maior que a taxa de desconto de 15%). O VPL é $ 10 (positivo) e igual à diferença entre os VPL dos projetos *A* e *B*. Logo, o melhor projeto é *A*, somando as vantagens de *B* e *C*.

a) Intersecção de Fisher

Quando o gráfico de VPL de dois projetos mostra as curvas se cruzando, a abscissa do ponto de intersecção é a TIR do projeto incremental (chamada "intersecção de Fisher" por causa de Irving Fisher, um dos pioneiros da moderna teoria do investimento). Essa técnica demonstra que o critério do VPL indica o melhor projeto mesmo quando entra em aparente conflito com a TIR, salvo os casos em que existe racionamento de capital – situação cuja análise foge ao escopo deste livro. Além disso, ela realça a propriedade de aditividade do critério do valor presente líquido: o VPL do projeto *A* iguala a soma dos VPL dos projetos *B* e *C*.

Interseção de Fisher: Comparação de Projetos com Diferentes Escalas

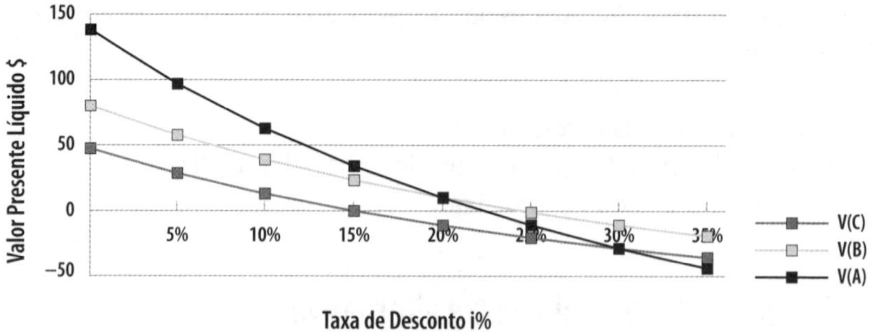

Existe outro modo de se provar o acerto da decisão. Para igualar os dois investimentos, acrescenta-se ao segundo uma aplicação de $ 100 e seu correspondente fluxo pós-investimento. Mas em que se fará essa aplicação? O problema deixa uma só opção: o mercado de capitais, rendendo 15% a.a. O fluxo de caixa de *B* é acrescido de um investimento de $ 100 que rende $ 35,03 em cada um dos próximos quatro anos (e produz VPL nulo à taxa de 15% a.a.):

B' =	−200	81,19	81,19	81,19	81,19

Basta comparar o fluxo anterior ao do projeto *A* para se ver, mais uma vez, que *A* é melhor. O VPL de *B'* é menor ($ 31,79), assim como sua TIR (22,66% a.a.).

Reunindo-se todas as alternativas reais e construídas, tem-se um quadro abrangente do problema:

A =	−200	84,69	84,69	84,69	84,69
B =	−100	46,16	46,16	46,16	46,16
B1 =	−100	81,15	81,15	81,15	81,15
B2 =	−200	92,32	92,32	92,32	92,32

B2 é uma aplicação da TIR que admite a existência de um segundo projeto igual a *B*, proporcionando iguais TIR e VPL. Se tal projeto existisse, deveria ter sido considerado já na formulação do problema. Ao contrário do que muitos afirmam, a diferença de escala não foi ignorada, mas implicitamente se supõe que o "projeto incremental" seja um perfeito clone do projeto *B*.

b) Primeira nota crítica

Por tempo demais se tem dado tratamento incorreto à comparação de alternativas com diferenças de escala. Muitos autores afirmam que a taxa interna de retorno (TIR) falha na comparação de alternativas de investimento com diferentes escalas – logo, com diferentes níveis de investimento – fazendo-se necessária a "análise incremental" (AI) – necessária, talvez, para convencer céticos.

A AI pode introduzir um problema: o fluxo de caixa incremental pode apresentar mais de uma inversão de sinal e se constituir em um investimento misto que não possui TIR. Recordo-me do exemplo clássico das bombas de óleo de Lorie e Savage[8] em que $A = (0, 10.000, 10.000)$, $B = (-1.600, 20.000, 0)$ e $C = A - B = (-1.600, 10.000, -10.000)$ terá TIR inexistente (ou, se alguém assim prefere, terá duas raízes solução, sendo $i^*_1 = 25\%$ e $i^*_2 = 400\%$).

Não se precisa de AI para provar a superioridade de uma escala, ela sempre produz igual resultado: preferir o investimento que gera mais VPL. Logo, seu poder discriminante é zero. AI nada adiciona à capacidade de separação de projetos viáveis de inviáveis, ou de projetos viáveis mais atrativos de projetos viáveis menos atrativos. E mais: a AI pode ser um mau desvio de rota; quando a TIR de uma escala for inferior à daquela imediatamente abaixo (comparando-se escalas discretamente diferentes), mas persiste superior ao custo de capital, ela é um sinal de que se está aproximando da escala ótima. A AI equivale a olhar para o outro lado e ignorar esse aviso importante.

c) Segunda nota crítica

A aplicação da TIR introduz (disfarçadamente) a premissa de que os fluxos de caixa gerados pelo projeto serão reinvestidos à própria TIR. Isso vale na comparação "projeto maior *A*" *versus* "projeto menor *B*": é como se o "projeto incremental" ($A - B$) fosse um perfeito clone do projeto original *B*, logo a TIR insinua uma duplicação (no exemplo dado) do valor criado pelo projeto menor. Em se utilizando todo o capital disponível ($ 200), o VPL seria de 2 × $ 31,79 = $ 63,58 e, portanto, o projeto *B* deveria ser escolhido em lugar do projeto *A*.

8 LORIE, J.; SAVAGE, L. J. "Three problems in capital rationing", *Journal of Business*, v. XXVIII, n. 4, out. 1995.

Tem-se feito a pergunta errada

Comparar um pequeno número de alternativas de escala de um projeto, infelizmente, consiste em fazer a pergunta errada. O que interessa saber não é se a escala *A* é preferível à escala *B*, mas, sim, qual a escala ótima do empreendimento, que pode ser nem *A* nem *B*.

E como responder à pergunta certa? Basta encontrar a escala que maximiza o VPL (valor presente líquido). Essa solução é conhecida dos economistas há muito tempo.[9,10] Entretanto, não apenas *engineering economists* parecem ignorá-la ou tê-la esquecido, também renomados *financial economists* denunciam a falha da TIR (taxa interna de retorno) na escolha da melhor entre um número finito de alternativas de escala e acrescentam que a análise incremental é necessária.

5.4 Diferença de horizonte de análise

Surge outra dificuldade quando se comparam dois projetos de investimento com diferentes vidas úteis. A comparação direta dos VPL pressupõe implicitamente que a riqueza final do projeto de menor duração será aplicada no mercado, à mesma taxa de desconto. Nem todos os analistas a consideram uma suposição aceitável. Uma solução geral não é possível, impondo-se uma classificação prévia do tipo de problema que se deve resolver.

Em uma primeira situação, chamada Tipo I,[11] pode-se admitir que os projetos se repitam no futuro e que seja possível igualar o horizonte temporal da análise. Conhecidas as vidas úteis das alternativas, toma-se seu MMC (menor múltiplo comum) como idêntico período de análise de projetos que não são necessariamente aqueles da situação inicial.

Por exemplo, o projeto *A* tem uma vida de seis anos, enquanto o projeto *B* deve durar nove anos. Criam-se, então, projetos 3*A* (*A* repetido duas vezes) e 2*B* (*B* repetido uma vez), ambos com uma vida útil de 18 anos. É uma solução artificial e que nem sempre poderá ser justificada. Muitas vezes, seu artificialismo se mostrará, dada a impossibilidade de repetição do investimento. É, por exemplo, o caso de um projeto de geração de hidroeletricidade com vida útil estimada acima de 30 anos. Nada garante que esse projeto poderá ser repetido no (incerto) futuro.

---

9 Veja PINHEIRO CÔRTES, José Guilherme. *Comparação de alternativas com diferentes escalas de investimento*: um caso de perda de memória em economia da engenharia? Artigo apresentado ao ICECE 2009 – VI International Conference on Engineering and Computer Education. Buenos Aires, 2009.

10 LUTZ, Friedrich; LUTZ, Vera. *The theory of the investment of the firm*. Westport: Greenwood Press, 1951. Veja, em particular, o Capítulo II, Criteria of profit maximization. MASSÉ, Pierre. *Optimal investment decisions*: rules for action and criteria for choice. Englewood Cliffs: Prentice Hall, 1962.

11 Veja SOTO COSTA, Paulo Henrique; VIEIRA ATTIE, Eduardo. *Análise de projetos de investimento*. Rio de Janeiro: Fundação Getulio Vargas, 1984. Capítulo 6, Alternativas de durações diferentes.

Outra solução transforma os resultados dos vários projetos competitivos em benefícios (ou custos) equivalentes uniformes periódicos e, com base nesses valores, faz-se a melhor escolha. Confirma-se assim a escolha definida pelo VPL, mesmo na ausência de explícita igualação das vidas úteis dos projetos – porque se pressupõe implicitamente que as vidas úteis sejam iguais. Dado um caso em que as vidas úteis são menores, bem como seu menor múltiplo comum: os projetos *A* e *B* duram dois e quatro anos, havendo um horizonte de análise de quatro anos para alternativas 2*A* e *B*.

Projeto	0	1	2	3	4
A	–1.000	700	700	0	0
B	–1.000	400	400	400	400
2A	–1.000	700	–300	700	700

A um custo de capital de 10% a.a., *B* oferece VPL superior ao de *A* (a propósito, a TIR e o VPL conflitam na indicação do melhor projeto). Mas a comparação ignora que os projetos têm diferentes vidas. O Bupe (benefício uniforme periódico equivalente), não obstante, aponta corretamente o projeto *A* como o que maximiza a riqueza do investidor. Em uma base anual, ele agrega um valor de $ 123,81, superior aos $ 84,43 somados pelo projeto *B*. A alternativa 2*A*, por sua vez, produz o mesmo fluxo uniforme anual de incremento de riqueza ao longo de quatro anos ou, o que dá no mesmo, um único aumento de $ 392,46 ao final do período 0 (VPL do projeto).

Os valores dos diversos critérios de avaliação do mérito das alternativas em pauta são, pois:

Projeto	*TIR* (% a.a.)	*VPL* (10% a.a.)	Bupe (10% a.a.)
A	25,69	214,88	123,81
B	21,86	267,95	84,53
2A	25,69	392,46	123,81

Em outra situação, Tipo II, não se pode igualar vidas úteis, por ser impossível repetir os investimentos. É o caso de alternativas de exploração mais ou menos rápida de um recurso natural não renovável. A vida útil de uma alternativa varia inversamente com o ritmo de exploração. Não se podendo repetir as alternativas, pode-se adotar a premissa de que a mais curta será seguida por um investimento no mercado, produzindo, por definição, um VPL nulo.

Sejam dois projetos *A* e *B* com os fluxos de caixa a seguir (mostra-se também o projeto *B**, formado aplicando-se o valor futuro líquido do projeto mais curto à taxa de mercado de 10% a.a. por mais três anos, de forma a se igualarem as vidas úteis das alternativas comparadas *A* e *B**):

Projeto	0	1	2	3	4	5	6	7
A	−3.600	800	820	860	880	920	980	1.040
B	−6.080	2.040	2.080	2.140	2.180	0	0	0
C	−6.080	2.040	2.080	2.140	1.315,7	347,6	347,6	347,6

A análise das alternativas originais *A* e *B*, bem como da nova alternativa *B**, produz resultados:

Projeto	TIR (% a.a.)	VPL (10% a.a.)	Bupe (10% a.a.)
A	15,50	710,26	145,89
B	14,36	590,34	186,23
*B**	14,08	590,34	121,26

Esse caso mostra que o Bupe falha na escolha da melhor alternativa, em situações em que não se aplica sua premissa de que as vidas úteis podem ser igualadas. O VPL não tem dificuldades em escolher o projeto *A*, o que se confirma quando o Bupe é calculado para a alternativa *B**.

5.5 Diferença de perfil de fluxo de caixa

O conflito TIR × VPL pode ainda surgir quando duas ou mais alternativas de investimento apresentam fluxos de caixa com perfis temporais significativamente distintos. Assim, um projeto tem fluxos positivos concentrados no início de sua vida útil, ao passo que outro os concentra no final.

Nesse caso, que não é incomum, a TIR pode apontar um projeto, mas o VPL, a dada taxa de desconto, pode indicar outro. As taxas de desconto mais baixas favorecem projetos com fluxos de caixa "maiores" (com maior soma dos fluxos não descontados), ainda que mais "distantes" (os maiores fluxos ocorrem no final ou nas vizinhanças do término da vida útil). Ao contrário, as taxas mais altas beneficiam projetos com fluxos de caixa mais "próximos", ainda que "menores".

Quando dois fluxos *A* e *B* se apresentam de modo que $A > B$ e *A* não seja mais "distante" que *B*, então VPL (*A*) > VPL (*B*) para toda taxa de desconto $i > 0$. Nesse caso, como se diz, o projeto *A* domina o projeto *B*. Seja o exemplo seguinte:

$$A = (-100, 80, 70) \qquad B = (-100, 70, 60)$$

$$\rightarrow \text{VPL}(A) > \text{VPL}(B) \text{ para } i > 0$$

Já em outros casos, pode não haver dominância de um fluxo de caixa sobre outro. Tome-se o exemplo a seguir:

$$A = (-80, 100, 50) \rightarrow \text{fluxo "mais próximo"}$$

$$B = (-80, 60, 100) \rightarrow \text{fluxo "maior"}$$

A análise dos dois projetos pode ser assim resumida:

a. Para 0 < i < 25%, VPL(A) < VPL(B); B melhor;
b. Para i = 25%, VPL(A) = VPL(B); A e B iguais;
c. Para i > 25%, VPL(A) > VPL(B); A melhor;
d. TIR(A) = 63,28% e TIR(B) = 55,42%; A melhor.

Logo, há conflito entre as indicações: A é melhor de acordo com a TIR (que excede 10% do mercado e 55,42% de B) e com o VPL (para taxas de desconto acima de 25%); B é melhor segundo o VPL (para taxas de desconto abaixo de 25%).

O estudo do projeto incremental C (= $A - B$) revela um lado interessante do problema. É que C é um fluxo de financiamento tendo início no final do período 1 da vida útil do projeto:

$$C = (0, 40, -50)$$

A TIR de C é igual a 25% (intersecção de Fisher) e representa o custo do financiamento. Pode-se, portanto, interpretar o projeto A como a soma de dois projetos: um de investimento (B, que produz uma TIR de 55,42%) e outro de financiamento (C, que oferece uma TIR de 25% para o financiador). O projeto A "alavanca" a taxa de retorno do projeto B com base em um financiamento conveniente.

Anexo

Ferramentas de análise estratégica

De acordo com Soares de Sá,[12] algumas ferramentas de análise estratégica oferecem valiosa contribuição ao estudo de novas oportunidades de investimento. Este anexo é fortemente baseado no segundo capítulo de seu projeto de graduação – veja a Seção 2.1.

12 SOARES DE SÁ, Cristina. *Ferramentas estratégicas de gestão de carteiras de produtos*. Projeto de final de curso. Universidade Federal do Rio de Janeiro, Curso de Engenharia de Produção: jan. 2007.

a) Matriz de Ansoff – matriz produto-mercado

Essa ferramenta surgiu nos anos 1960, criada por H. Igor Ansoff. Também conhecida como matriz produto/mercado, é um instrumento muito usado por profissionais de marketing na modelagem de desenhos de planejamento estratégico. Ela trabalha com dois vetores (produto e mercado) e ainda com uma análise conjunta, colocando em um vetor a variável produto (atuais e novos) e em outro a variável mercado (atuais e novos), gerando quatro opções de ações estratégicas: penetração de mercado, desenvolvimento de mercado, desenvolvimento de produtos e diversificação.

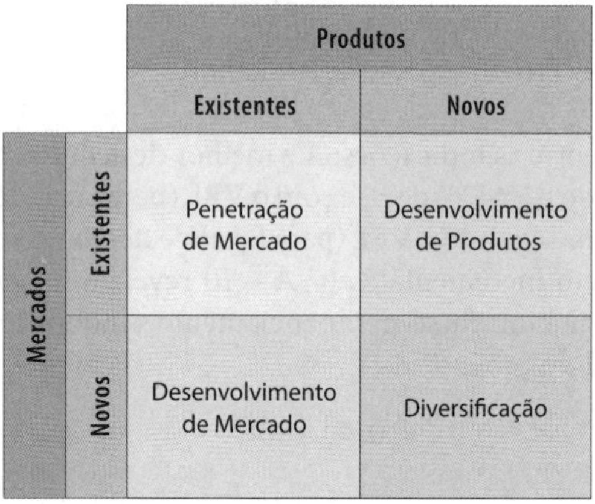
Produtos
Existentes
Novos
Mercados
Existentes
Novos
Penetração de Mercado
Desenvolvimento de Produtos
Desenvolvimento de Mercado
Diversificação

Matriz de Ansoff

Como pode essa matriz ajudar a identificação de oportunidades de investimento?

1. Penetração de mercado é o caminho aparentemente mais fácil. Empresas *pure play* (concentradas em um só ramo de negócio) buscam suas novas oportunidades de crescimento. Esse caminho, contudo, pode mostrar sinais de esgotamento e forçar a empresa a mudar de rumo.
2. Desenvolver novos mercados para os produtos existentes é a alternativa intermediária entre o conservadorismo da penetração de mercado e os riscos da diversificação. Por exemplo, muitas empresas procuram mercados externos após haverem firmado uma base nacional.
3. A alternativa de perfil de risco similar é o desenvolvimento de novos produtos para mercados existentes. Por exemplo, um varejista de roupas adiciona linhas de calçados.
4. Diversificação é a estratégia mais arriscada, com maior distanciamento de sua base original de produtos (logo, de tecnologias) e mercados.

b) Matriz BCG – matriz de crescimento-participação

A Matriz BCG (Boston Consulting Group), ou matriz de crescimento-participação (*Growth and Share Matrix*), é um dos mais antigos e populares modelos de análise estratégica.[13]

Orientada pela noção de que estratégia é essencialmente marketing, a Matriz BCG é um modelo de análise de carteira de produtos ou unidades de negócio baseada em dois conceitos: o ciclo de vida do produto e a curva de experiência. Parte do pressuposto de que uma empresa tem produtos ou negócios em diferentes momentos do ciclo de vida e que alguns sustentam os investimentos dos demais. Dessa forma, para garantir a geração de um saudável fluxo de caixa em longo prazo, a empresa precisa manter um portfólio equilibrado, contendo produtos maduros (geradores de caixa), em amadurecimento (próximos geradores de caixa) e nascentes (promessas futuras). Ao mesmo tempo, precisa descartar produtos que não entraram em processo de amadurecimento e que, portanto, dificilmente se tornarão geradores de caixa.

Matriz BCG

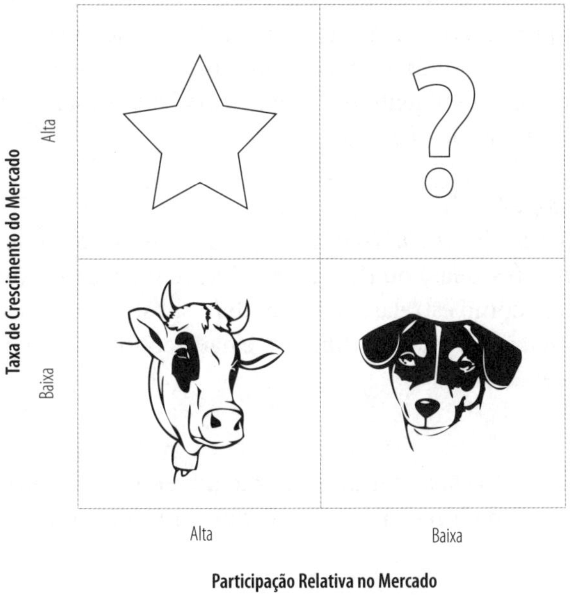

Um antigo conceito conhecido de marketing, sobre o ciclo de vida do produto, é o instrumento que ajuda a classificar produtos conforme seu poder de geração de caixa.

13 Boston Consulting Group. *Perspectives on Experience*. Boston: The Boston Consulting Group, 1968. Boston Consulting Group. *The Product Portfolio*, 1970.

Curva do ciclo de vida do produto

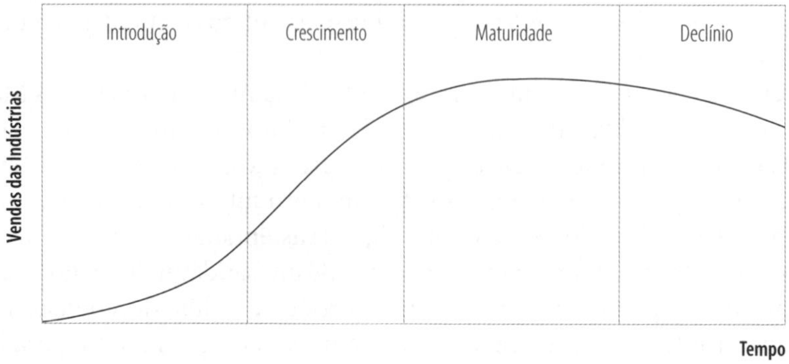

Cash cows (vacas caixeiras)
Produtos classificados no quadrante inferior esquerdo apresentam alta participação de mercado e baixa taxa de crescimento da demanda. Portanto, seu produtor tem muito poder de mercado (pode fixar preços altamente compensadores) e não precisa investir muito para manter essa posição (a demanda cresce lentamente). Esses produtos constituem a principal fonte de caixa para qualquer empresa. Dificilmente, contudo, oferecem muitas novas oportunidades de investimento. A estratégia inteligente trata de preservá-los e usar o caixa gerado para financiar alternativas de negócio.

Question marks (interrogações)
Também chamados *problem children*, são os novos produtos que podem se transformar em *stars* (estrelas) ou *dogs* (cães). Existem em uma condição mutante: amadurecendo como estrelas, virão um dia a substituir as vacas caixeiras; caso contrário, serão cães, custando dinheiro e nada contribuindo para a saúde financeira da empresa.

Stars (estrelas)
Geram e absorvem muito caixa, sendo o padrão um equilíbrio entre entradas e saídas. Espera-se que amadureçam e se convertam em *cash cows*.

Dogs (Cães)
São produtos com baixa participação no mercado e insuficientes ganhos de produtividade (reduções de custos) para serem capazes de gerar caixa de forma significativa.

Aplicando-se a lógica da Matriz BCG, a empresa em busca de oportunidades de investimento deve focalizar *question marks* e *stars*. Aquelas são a entrada em territórios inexplorados – poderiam ser, talvez, as opções 2 e 3 da matriz de Ansoff (desenvolvimento de novos mercados para produtos existentes e de novos produtos para mercados existentes). A área de *dogs*, na impossibilidade de recuperação desses produtos, é alvo de desinvestimento.

Ainda de acordo com essa lógica, o que faz um produto (ou qualquer oportunidade de investimento, podendo ser, por exemplo, um processo de produção ou distribuição) é a combinação de dois fatores: participação de mercado e experiência.

A teoria econômica sempre concedeu um lugar de destaque para a participação de mercado em processos competitivos de formação de preços e desfrute de rendas econômicas. Não obstante as corretas advertências de muitos especialistas em marketing quanto ao custo elevado que pode assumir uma guerra por mercado, permanece o fato de que é difícil ser mais rentável do que o padrão de mercado quando se ocupa uma pequena fatia da demanda de consumidores.

O segundo fator, a curva de experiência, é uma variação da curva de aprendizado e visa explicar o preço e o comportamento competitivo em segmentos de crescimento extremamente rápido. Em 1920, foi criado o conceito da curva de aprendizagem, pelo comandante da Base Aérea de Wright Patterson, nos Estados Unidos. Notou-se, na montagem de aeroplanos, que a produtividade na realização de uma atividade aumentava com o número de repetições. O número de horas de mão de obra para montar o segundo aeroplano era 20% menor que para montar o primeiro e, para montar o quarto, o tempo era cerca de 80% do tempo de montagem do segundo. O aumento de produtividade levava o custo unitário a diminuir, como se exibe na figura a seguir. Assim, ganhar e manter uma elevada participação de mercado é chave para realizar os ganhos dinâmicos de produtividade associados ao processo de aprendizagem. Só aprende quem tem tempo e lugar para isso.

Curva de aprendizagem

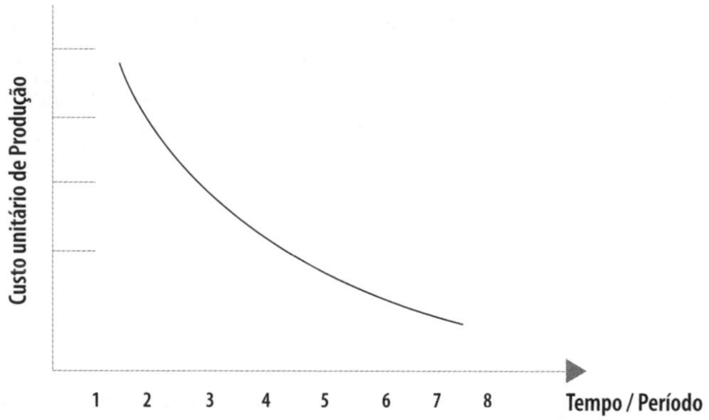

Como a experiência ensina, esses ganhos de produtividade não "acontecem simplesmente". Eles se tornam realidade porque a gestão de operações os busca incessantemente, aplicando todo o seu vasto recurso de métodos e procedimentos.

c) Matriz DPM – *Directional Policy Matrix*

A matriz DPM, criada pela empresa Shell[14, 15] nos anos 1970, teve um enfoque diferente da matriz BCG, sendo considerada um avanço ao apresentar aspectos mais completos. A "atratividade do mercado" e a "força competitiva", os dois eixos da matriz DPM, incluem mais fatores do que apenas o "crescimento" e a "participação de mercado". A matriz DPM ainda funciona com uma grade de 3 × 3 células, enquanto a matriz BCG tem apenas 2 × 2. Dessa forma, a matriz DPM é um modelo mais sofisticado que a matriz BCG.

Matriz DPM: Capacidade competitiva (eixo vertical) *versus* atratividade do negócio (eixo horizontal)

CC / AN	Baixa	Média	Alta
Baixa	Desinvestir	Retirada programada	Dobrar ou sair
Média	Retirada programada	Gerar caixa não investir	Esforçar-se mais
Alta	Gerar caixa, investir em outros negócios	Crescer com o mercado	Liderar

Havia duas dificuldades principais com a matriz DPM da Shell. Em primeiro lugar, ela foi desenvolvida especificamente para uma área secundária de negócios, a de produtos químicos não automotivos. Assim, não teve a oportunidade de ser duramente testada no *core business* da empresa, a área de combustíveis e lubrificantes (ainda que nem todos esses produtos se destinem ao segmento automotivo). Segundo, e também em virtude de sua origem, os fatores explicativos da capacidade competitiva e da atratividade do negócio carecem de generalidade.

14 Veja "The directional policy matrix – A new aid to corporate planning", *Engineering and process economics*, n. 2, p. 181-189, 1977.

15 Também se atribui a criação dessa matriz à empresa de consultoria McKinsey e à General Eletric. Minha experiência prática pessoal com a matriz aconteceu em contato acadêmico com a Shell Brasil na década de 1990.

Poucos anos se passariam até Porter[16] propor dois modelos analíticos de grande poder:

1. Primeiro, o modelo das "cinco forças competitivas" determinantes do grau de atratividade de um setor de negócio substituiu com inegável vantagem o eixo esquerdo da DPM. Essas cinco forças compreendem (1) a rivalidade entre competidores existentes, (2) a ameaça de entrada de novos competidores, (3) a ameaça de substituição de produtos existentes por novos produtos, (4) a ameaça de fornecedores se integrarem para frente, e (5) a ameaça de clientes se integrarem para trás. Quanto mais intensas essas forças, menor a atratividade do setor, isto é, mais pobre a expectativa de rentabilidade de novos investimentos.
2. Segundo, o modelo da "cadeia de valor" introduz a arquitetura de processos e atividades como base da capacidade competitiva de uma empresa. Sem dúvida, um grande avanço em relação às formas até então conhecidas para avaliar o poder de fogo de um concorrente.

Porter foi seguido e contestado por muitos autores. Hoje, a vasta oferta de ferramentas estratégicas impõe reconhecer que não faltam recursos analíticos para melhorar o processo de identificação de oportunidades atrativas de negócio. Praticantes podem preferir métodos mais intuitivos ou confiar em informações privilegiadas, só não podem ignorar essa disponibilidade de recursos.

Atividade prática

I) Questões objetivas de natureza conceitual (respostas no final desta seção)

1) Assinalar com X a única opção correta nas seguintes questões:

A.1	Racionamento de capital é uma	
a	Distribuição igualitária de recursos financeiros entre propostas de investimento.	☐
b	Limitação de recursos financeiros imposta administrativamente ou pelo mercado.	☐
c	Decisão tomada pela administração superior para evitar grandes riscos.	☐

16 Michael Porter, economista americano, produziu forte impacto no pensamento estratégico a partir de 1980. Veja *Competitive strategy* (1980) e *Competitive advantage* (1985). Veja também meu resumo de seus modelos no Capítulo 4 – Análise de projetos isolados de investimento, deste livro.

A.2	**Projetos dependentes entre si**	
a	Podem ser mutuamente exclusivos ou complementares.	☐
b	Não se fazendo o projeto *A*, não se pode fazer o projeto *B*.	☐
c	Fazendo-se o projeto *A*, não se pode fazer o projeto *B*.	☐
A.3	**São "casos especiais" na comparação de alternativas projetos exibindo diferenças de**	
a	Tamanho e número de variações do sinal do fluxo de caixa.	☐
b	Perfil do fluxo de caixa.	☐
c	Tamanho, vida de serviço e perfil do fluxo de caixa.	☐
A.4	**A análise incremental, segundo seus proponentes, é exigida quando há diferenças de**	
a	Horizonte temporal de análise.	☐
b	Escalas dos investimentos.	☐
c	Perfis dos fluxos de caixa das alternativas submetidas à comparação.	☐

2) Assinalar Verdadeiro (V) ou Falso (F) em cada uma das seguintes questões:

B.1	Toda empresa deve subordinar sua estratégia competitiva a seu orçamento de capital.	☐
B.2	Toda decisão de investimento envolve comparação de alternativas.	☐
B.3	Na comparação de alternativas com diferentes vidas, deve-se utilizar seu MMC.	☐
B.4	Projetos gerados "de baixo para cima" tendem a manter a atual capacidade da empresa.	☐

3) Questões de associação: identificar a alternativa da coluna à direita que melhor se associa à alternativa da coluna à esquerda:

C.1	☐	Orçamento de capital.	V.1	Projeto de investimento de Tipo II.
C.2	☐	Escala ótima.	V.2	Opções de crescimento.
C.3	☐	Esgotamento de recurso natural.	V.3	Comparação de alternativas.
C.4	☐	Projeto estratégico.	V.4	Processo gerencial de alto nível.
			V.5	Maximização do valor presente líquido.

Respostas: A1(b); A2(a); A3(c); A4(b); B1(F); B2(V); B3(F); B4(V); C1 e V4; C2 e V5; C3 e V1; C4 e V2.

II) Questões discursivas de natureza conceitual

1) A quem compete gerar alternativas de investimento em uma empresa?
2) Que papel desempenham os *engineering economists* nesse processo?
3) A análise incremental não é indispensável, como muitos afirmam. Discuta.
4) Explique as diferenças entre investimentos de Tipos I e II.

III) Exercícios resolvidos

1) Analise VPL e TIR para dois investimentos *A* e *B* a uma taxa de desconto de 15% a.a.

Anos (*n*)	A (*n*)	B (*n*)
0	−1.000	−800
1	300	400
2	400	500
3	600	550
4	600	500
5	700	450
6	500	200
7	400	100

Solução

Projeto	VPL (15% a.a.)	TIR (% a.a.)	**Conclusão**
A	1.015,45	41,23	← Deve-se preferir o projeto A.
B	921,20	52,54	
A − *B*	94,25	20,63	

2) Compare os projetos *C* e *D* que prometem os fluxos de caixa a seguir. A taxa de desconto adotada pela Cia. Z na análise desses projetos é 10% a.a. Todavia, ela está disposta a considerar um acréscimo de 5% a.a. para o projeto *D*, de maior porte e que envolve certo risco de negócio, por situar-se em setor no qual a empresa tem menos experiência.

Anos (*n*)	C (*n*)	D (*n*)
0	–200	–300
1	60	40
2	60	60
3	60	80
4	60	100
5	60	110
6	60	120
7	60	130
8	60	140

Solução

Projeto	VPL (10% a.a.)	VPL (15% a.a.)	TIR (% a.a.)	**Conclusão**
C	120,10	Não calculado	24,95	← Deve-se preferir o projeto C.
D	182,42	91,13	22,02	

3) Analise os dois projetos a seguir, a uma taxa de desconto de 10% a.a. Qual é o melhor?

Anos	0	1	2	3	4	5
Projeto *U*	–500	167,2	167,2	167,2	167,2	167,2
Projeto *V*	–300	111,6	111,6	111,6	111,6	111,6

Solução. *U* tem VPL ($ 133,82) maior que *V* ($ 123,05), mas TIR inferior (20% a.a. < 25% a.a.). A análise do projeto incremental $W = U - V$ confirma ser *V* melhor: tem VPL positivo ($ 10,77) e TIR (12,09% a.a.) superior ao custo de capital da empresa (10% a.a.).

4) Os dados a seguir foram estimados para dois equipamentos alternativos, com iguais capacidades de serviço e diferentes vidas úteis. Os serviços prestados por esses equipamentos se estendem muito além de suas vidas úteis. Pede-se escolher o melhor equipamento, sendo $i = 10\%$ a.a.

Alternativa	Investimento $	Custo Operacional $/ano	Receita $/ano	Vida (anos)
A	3.500	645	1.900	4
B	5.000	1.383	2.500	8

Solução. Admitindo-se repetição das alternativas, trabalha-se com seu MMC, no caso igual a oito anos. Trazendo-se a valor presente todos os custos e receitas, verifica-se que B é a melhor alternativa.

Item	A	B
Receita anual		
• *VP* de ($ 1.900, 10%, 8 anos)	10.136	
• *VP* de ($ 2.500, 10%, 8 anos)		13.337
Custo operacional anual		
• *VP* de ($ 645, 10%, 8 anos)	3.441	
• *VP* de ($ 1.383, 10%, 8 anos)		7.378
Investimento inicial		
• Custo Inicial	3.500	5.000
• *VP* de (3.500, 10%, 4 anos) (1º custo de reposição)	2.390	-
VPL = *VP* (Receita) – *VP* (Custo operacional) – *VP* (Custo de reposição)	805	959

5) A Cia. Z precisa substituir um equipamento antigo e tem duas alternativas. O custo de capital da empresa é 12% a.a. Qual é a melhor alternativa?

Alternativa	Investimento inicial $	Custo operacional $/ano	Vida útil (anos)
A	1.000.000	120.000	6
B	600.000	180.000	4

Solução. A alternativa A é a melhor. Trazendo-se todos os custos a valor presente, ou transformando-os em um fluxo uniforme anual (Cupe), à taxa de 12% a.a., conclui-se que A supera B.

Alternativa	VPL (12% a.a.) $	Cupe (12% a.a.) $/ano	Horizonte (anos)
A	2.249.956	363.226	12
B	2.338.628	377.541	12

6) A Cia. DSC está avaliando duas perfuratrizes, capazes de realizar uma tarefa em diferentes prazos, após o que seu valor residual será nulo. Qual é a melhor solução, sendo $i = 10\%$ a.a.?

Projeto	0	1	2	3	4	5	6	7	8	9	10
A	–500	100	110	120	130	140	150	135	115	100	90
B	–700	180	200	210	200	180	140				

Solução

Projeto	0	1	2	3	4	5	6	7	8	9	10	VPL
A	–500	100	110	120	130	140	150	135	115	100	90	232
B	–700	180	200	210	200	180	140					114
C'	–700	180	200	210	200	180	-62	64	64	64	64	114

A máquina A é a melhor escolha: mais barata, dura mais e promete um VPL maior, à taxa de desconto de 10% a.a. –$ 232 contra $ 114 da máquina B.

7) Para executar um contrato de prestação de serviços de engenharia, a Cia. Hiper Técnica necessita de uma ferramenta de trabalho, disponível no mercado em duas variedades. Os fluxos de caixa associados a essa duas alternativas aparecem no quadro a seguir. Os valores residuais ao final do quarto ano serão nulos. Pede-se apontar a melhor solução, admitindo-se que $i = 15\%$ a.a.

Ferramenta	Ano 0	Ano 1	Ano 2	Ano 3	Ano 4
Alfa	–200	150	100	80	70
Ômega	–300	100	150	200	250

Solução

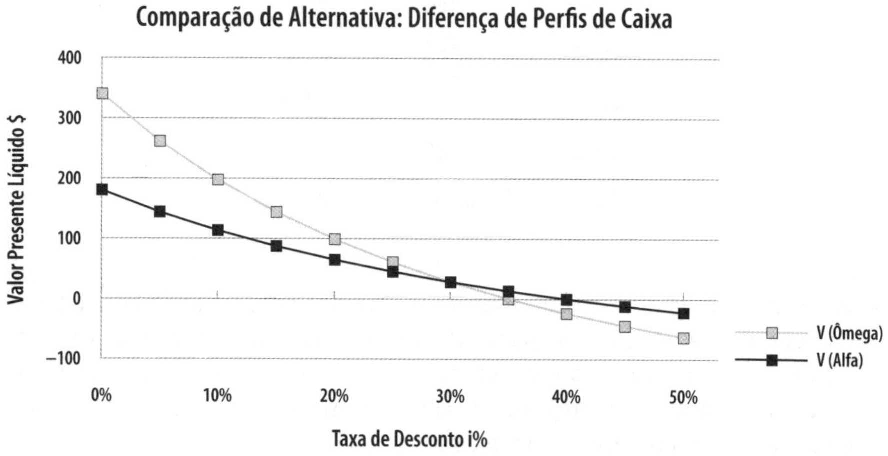

Ômega é a melhor escolha, seu VPL projetado ($ 143,90) superando o de Alfa ($ 87,24). Note que a TIR de Alfa (40% a.a.) é maior que a de Ômega (35% a.a.), mas essa aparente contradição já foi resolvida em seção anterior deste capítulo.

Ferramenta	Alfa	Ômega
Ano 0	–200	–300
Ano 1	150	120
Ano 2	100	150
Ano 3	80	170
Ano 4	50	200
VPL	87,24	143,90
TIR	40%	35%

IV) Exercícios propostos

1) A Cia. Arranhacéu está comparando duas diferentes escalas de uma nova unidade de módulos pré-fabricados. Seu custo de capital é 12% a.a. Um analista da empresa recomendou a escala B, cuja TIR de 28% a.a. excede os 25% a.a. da escala A. Faça uma análise completa do problema.

Ano	Escala A	Escala B
2012	–10.000	–6.000
2013	3.160	2.045
2014	3.160	2.045

continua

continuação

Ano	Escala A	Escala B
2015	3.160	2.045
2016	3.160	2.045
2017	3.160	2.045
2018	3.160	2.045
2019	3.160	2.045

2) A equipe de engenharia responsável pelo dimensionamento da Usina Z está comparando um leque de capacidades de produção, variando entre 10 mil t/ano e 60 mil t/ano. Adotando-se uma taxa de desconto de 10% a.a., chegou-se a uma relação entre medidas de valor do investimento e escalas. Analise o problema e recomende uma decisão.

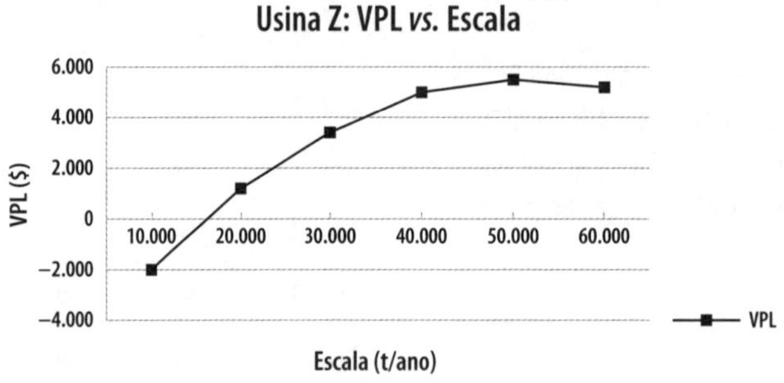

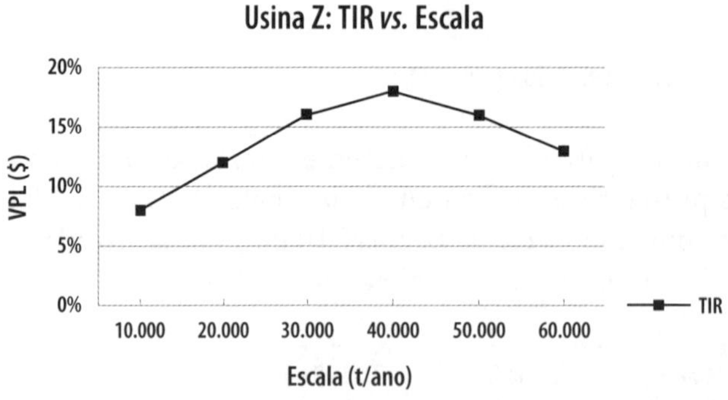

Escala	VPL	TIR
10.000	−2.000	8%
20.000	1.200	12%
30.000	3.400	16%
40.000	5.000	18%
50.000	5.500	16%
60.000	5.200	13%

3) Um laboratório de análises clínicas precisa de um equipamento para determinado tipo de análise. Pode-se escolher uma de duas alternativas: (1) um equipamento mais robusto e durável, com vida estimada em seis anos

e fluxo de custos X_1 = (200, 50, 50, 50, 50, 50, 50) e (2) um equipamento mais simples, com vida de quatro anos e fluxo de custos X_2 = (140, 60, 60, 60, 60). O custo operacional de X_2 é mais elevado, porque esse equipamento exige manutenção mais frequente. A um custo de capital de 15% a.a., qual desses equipamentos deve ser escolhido? Que taxa de desconto inverteria essa decisão? (*Dica*: Analise o projeto "incremental" $X_1 - X_2$).

4) Analise os investimentos da Lix relacionados a seguir, usando uma classificação que reflita seus graus de dependência. A taxa de desconto é 10% a.a. para todos.

Ano	A	B	C	D	E
0	−100	−60	−200	−130	−80
1	20	5	45	30	10
2	25	10	45	30	12
3	30	15	45	30	15
4	30	15	45	30	18
5	30	12	45	30	20
6	30	10	45	30	15
7	25	8	45	30	10
8	20	7	45	30	8
9	15	5	45	30	5
10	10	3	45	30	2

Projeto A: expansão de uma fábrica existente.
Projeto B: expansão da área de armazenamento da mesma fábrica.
Projeto C: implantação de uma nova unidade de produção de matéria-prima (escala maior).
Projeto D: implantação de uma nova unidade de produção de matéria-prima (escala menor).
Projeto E: pesquisa e desenvolvimento de um produto novo, ainda não produzido.

5) A Cia. Júpiter está comprando dois aperfeiçoamentos de processos de fabricação cujos efeitos financeiros se veem no quadro a seguir. Seu custo de capital é 15% a.a. Somente um dos processos deverá ser aprovado. O que você recomenda? Caberia uma "análise incremental" nesse caso?

Ano	Zip	Wiz
0	−1.000	−800
1	600	150
2	500	250
3	400	400
4	300	500
5	200	600

V) Minicaso

Relembre o caso de Luiza (Capítulo 1). Que considerações e recomendações você faria diante da tarefa – aumentada para Luiza e seus colegas – de elaborar um projeto completo de um shopping center? Utilize tudo o que aprendeu com o estudo deste capítulo.

VI) Caso

A Companhia: Wonder Goods

A Wonder Goods (WG) é uma empresa líder em produtos químicos avançados. Inovadora, fortemente orientada para pesquisa e desenvolvimento, extrai 40% da receita e 30% dos lucros de produtos com menos de cinco anos de introdução no mercado. Agora, a WG avalia a oportunidade de lançamento de *Glumax*, produto capaz de substituir com vantagem o *Tirox*, produto hoje suprido em sua maior parte por importações e consumido por grandes indústrias transformadoras.

O produto

O *Glumax*, um novo e avançado material adesivo, com propriedades não imitadas por produtos concorrentes, terá uma grande variedade de utilizações nas indústrias manufatureiras e de construção civil. Produto de última geração, o *Glumax* será a melhor solução para unir peças de madeira, cerâmica, plástico ou metal. O contrato de fornecimento de tecnologia com uma empresa estrangeira garantirá exclusividade de produção e distribuição desse produto à WG em todo o território nacional.

O estudo de mercado

Memo

De: João Terranova (Departamento de Marketing)
Para: Osmar Motta (Vice-presidente de Negócios)

Ass.: Previsão do mercado de *Glumax* 2012-2022

Aqui estão as previsões de volumes e preços médios de *Glumax* para os anos 2012 a 2022, obtidas do estudo completo realizado pelos consultores Fraser & Knowles.

Admitiu-se forte concorrência do produto *Tirox*, importado como insumo pelas grandes indústrias. Esperam-se ofertas a preços com desconto, reduzindo-se as margens de lucro do setor. Atualmente, as vendas anuais de *Tirox* situam-se em torno de 85 mil t/ano. As vendas para 2012 a 2017 foram projetadas com base em detalhada pesquisa de mercado, incluindo estimativas das compras dos grandes consumidores. Para os demais anos, aplicaram-se técnicas estatísticas de extrapolação de tendência e correlação com variáveis macroeconômicas, como o crescimento do PIB por habitante. Os resultados foram discutidos com especialistas do setor.

	Ano	2012	2013	2014	2015	2016	2017	2018	2019	2020	2021	2022
Mercado	1.000 t	5	7	10	14	18	23	28	33	39	43	47
Glumax	$/t	435	430	426	418	410	403	395	385	375	360	345

Mercado de *Glumax*
Projeções 2012-2022

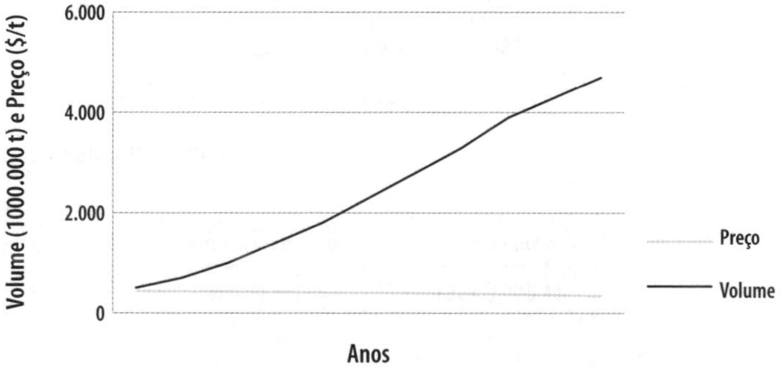

O gráfico anterior revela as tendências inversas de volumes e preços no mercado disputado por *Glumax*.

Obs.: para facilitar a leitura da escala, os volumes se acham medidos em 100.000 t/ano.

Memo

De: Mário Broz (Departamento Técnico)
Para: Carlos Silva (Departamento de Projetos)

Ref.: Dados econômicos e de processo de fabricação do produto *Glumax*

1. Marc Vader, maior fornecedor nacional de *Tirox*, tem operado uma unidade de 30 mil t/ano nos últimos dois anos e tem outra unidade, de 50 mil t/ano, entrando em operação no final do corrente ano. A capacidade adicional deverá ser implantada nos próximos anos, mas não se sabe quanto nem quando.
2. Ele também adquiriu uma unidade de 20 mil t/ano na Argentina. Desconhece-se qualquer plano de ampliação dessa capacidade nos próximos anos.
3. Há rumores de um grupo independente pretendendo investir em um produto competitivo na região do Mercosul. Sem mais informações por ora.
4. Considerando-se o processo em seu atual estágio de desenvolvimento – maduro para o mercado, conforme nosso relatório técnico anexo –, estimamos os seguintes custos de investimento e operação:

Custos de investimento fixo		
Capacidade 1.000 t/ano	Investimento $ M	Inv./capac $/t.
20	7,5	375
30	9,6	320
40	11,0	275
50	13,0	260
60	15,0	250
Tempo de construção	1 ano	

Custos de operação		
Custo variável unitário ($/t)		150
Custo operacional fixo ($ M/ano) – veja o quadro a seguir, em que FC = 0,02 * Cap. + 0,6.		
Capital de giro		
$/t de vendas		30
Vida útil (anos)		10
Valor residual	% do investimento fixo	20%
	% do capital de giro	100%

Capacidade (1.000 t/ano)	Custo operacional Fixo ($ M)
20	1,00
30	1,20
40	1,40
50	1,60

Decisão tomada na reunião do comitê gerencial da Wonder Goods

De: Osmar Motta (Vice-presidente de Negócios)
Para: Todos os participantes do Comitê Gerencial

Ref.: Projeto *Glumax*

De acordo com as decisões aprovadas na reunião supracitada, estou instruindo os Departamentos de Marketing, Técnico e de Projetos a formar grupo de trabalho técnico encarregado de reunir todos os elementos disponíveis e preparar avaliação financeira do Projeto Glumax. Na análise das alternativas de investimento, será adotada a taxa de desconto de 10% a.a.

Um roteiro de solução que pode ajudar o estudante é o seguinte:

1. Use o modelo de tabela a seguir para projetar as variáveis formadoras do fluxo de caixa do projeto em 2012 (ano de construção) e no período de 2013 a 2022 (anos de operação), para cada escala.
2. Observe que as vendas de *Glumax* não podem exceder nem o mercado total nem a capacidade instalada (que varia de 20 mil a 50 mil t/ano). Considere ainda a possibilidade de o produto *Tirox* vir a oferecer uma forte concorrência à penetração do novo produto *Glumax*.

Planta X (X0 mil t/ano)

Ano	Mercado	Vendas	Preço	Receita	Inv. Fixo	Cap. Giro	C. Var.	C. Fixo	C. Cap.	FC
2012										
2013										
2014										
2015										
2016										
2017										
2018										
2019										
2020										
2021										
2022										

VII) Solução dos exercícios propostos

Exercício n° 1: Cia. Arranhacéu

Este é um caso típico de alternativas com diferença de escala. Pode então surgir o chamado "conflito de ordenação", resultado de má aplicação do conceito de TIR. O certo é que, declinando a TIR com o aumento da escala, mas ainda superior ao custo de capital, aumenta-se o VPL. Portanto, a escala maior A deve ser preferida. Enquanto cada novo "degrau" apresentar crescimento do VPL, vai-se em frente. A escala A sofre de uma pequena desvantagem na liquidez, retratada por um *payback* descontado um pouco mais alto.

Ano	Escala A	Escala B
2012	–10.000	–6.000
2013	3.160	2.045
2014	3.160	2.045
2015	3.160	2.045
2016	3.160	2.045
2017	3.160	2.045
2018	3.160	2.045
2019	3.160	2.045
i	12%	12%
VPL	4.421	3.333
TIR	24,96%	28,04%
PBD	> 4 anos	≅ 4 anos

Exercício n° 2: Usina Z

A Usina Z é um exercício mais refinado de comparação de alternativas com diferença de escala. Os números de VPL e TIR vêm calculados, tudo o que se pede é sua interpretação.

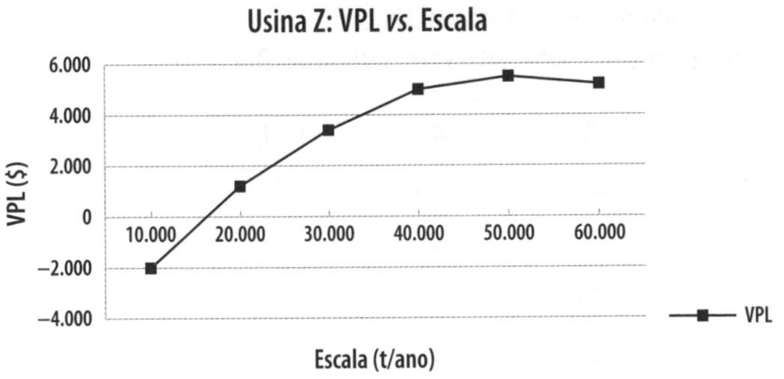

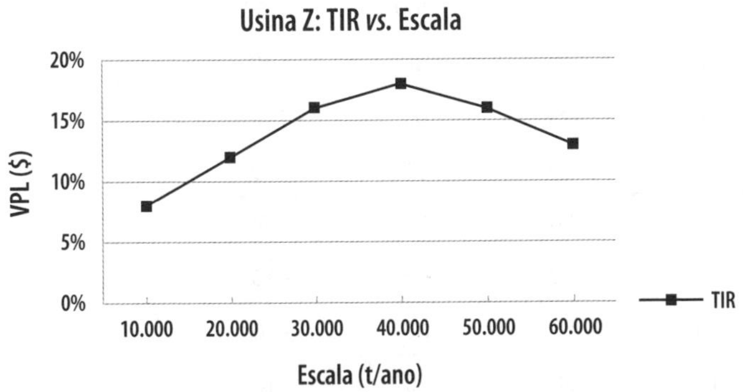

A escala ótima é aquela que maximiza o VPL – portanto, 50 mil t/ano.

Seria um erro grave escolher a escala de 40 mil t/ano, com o argumento de que ela maximiza a *TIR*. Fazer isso seria abrir mão de um investimento adicional em 10 mil t/ano e um VPL de $ 500. Esse "projeto incremental" vale como meio de convencimento de céticos. O VPL sempre fornece a resposta certa.

Escala	VPL	TIR
10.000	–2.000	8%
20.000	1.200	12%
30.000	3.400	16%
40.000	5.000	18%
50.000	5.500	16%
60.000	5.200	13%

Exercício n° 3: Labs.

À taxa de desconto de 15% a.a., o equipamento X_1 deve ser escolhido. Seu fluxo de custos, em um horizonte temporal de 12 anos (MMC de seis e quatro anos), tem um valor presente de $ 557,5, inferior aos $ 591,0 do equipamento X_2. Esses valores somente se igualariam a uma taxa de desconto de 28% a.a.

Laboratório de Análises Clínicas:
Escolha de Equipamento – Alternativas com Durações Diferentes

Ano	X_1	X_2	X_1-X_2
0	200	140	60
1	50	60	−10
2	50	60	−10
3	50	60	−10
4	50	200	−150
5	50	60	−10
6	250	60	190
7	50	60	−10
8	50	200	−150
9	50	60	−10
10	50	60	−10
11	50	60	−10
12	50	60	−10
VPL	557,5	591,0	−33,55
		i	15%
		TIR	27,99%

Exercício n° 4: Lix

Os projetos *A* e *B* são complementares: não se pode aumentar a capacidade da fábrica sem paralelamente expandir sua área de armazenamento. Podem-se juntar os dois e tratá-los como um único projeto, que se mostra viável, com VPL positivo e TIR superior ao custo de capital. Rejeitar o projeto *B* porque seu VPL é negativo seria um erro, pois impediria a execução do projeto *A*.

Os projetos *C* e *D* são mutuamente exclusivos. Ou se faz *C* ou *D*. Um deles precisa ser feito, porque o aumento da capacidade da fábrica deverá exigir mais matéria-prima. O projeto *C* é a melhor escolha. O analista poderá apenas compará-lo a *D* ou, além disso, poderá uni-lo ao projeto *A* + *B*.

Por último, o projeto *D* é totalmente independente dos demais. A decisão de aceitar ou rejeitar esse projeto é, contudo, mais difícil e requer a consideração de fatores estratégicos. Um novo produto, ainda não produzido pela empresa, é objeto de muitas incertezas.

Ano	*A+B*	*A+B+C*
0	–160	–360
1	25	70
2	35	80
3	45	90
4	45	90
5	42	87
6	40	85
7	33	78
8	27	72
9	20	65
10	13	58
VPL	47,88	74,57
TIR	17,0%	17,8%

Exercício n° 5: Júpiter

Júpiter pode escolher uma de duas alternativas de tamanho. A que oferecer maior VPL será preferida, ainda que se observe o chamado "conflito de ordenação", conceito que, penso, já demonstrei ser um equívoco. Antes de dispensar a análise incremental, convém olhar os números.

Ano	Zip	Wiz
0	–1.000	–800
1	600	150
2	500	250
3	400	400
4	300	500
5	200	600
i	15%	15%
VPL	334	68
TIR	33%	18%

Como se vê, não ocorre o alegado conflito. O processo Zip é financeiramente mais atrativo do que o processo Wiz, de acordo com os dois critérios aplicados – VPL e TIR.[17] Deliberadamente, o exercício introduziu diferentes perfis temporais de geração de caixa: o processo Zip gera caixa segundo gradiente aritmético declinante, enquanto o processo Wiz gera um fluxo ascendente (irregular) de caixa. Como se pôde ver, a escolha da taxa de desconto é crítica para separar as zonas de preferência por uma ou outra opção quando esses perfis são contrastantes.

A análise incremental resultaria em:

	Zip-Wiz
	−200
	450
	250
	0
	−200
	−400
i	15%
VPL	266
TIR	167%

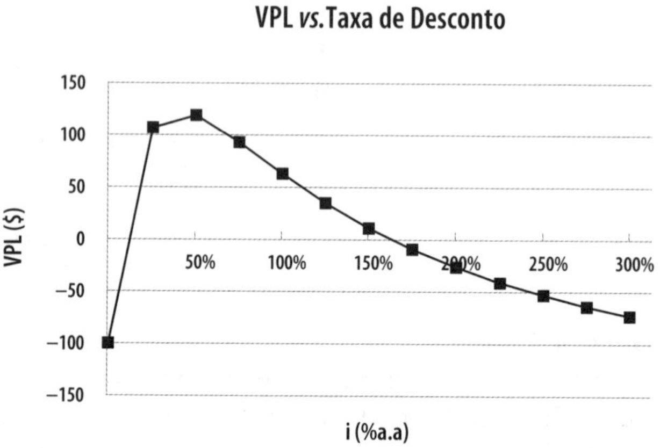

Apesar de exibir duas inversões de sinal, o projeto incremental possui uma única raiz-solução com propriedades de TIR: existência, unicidade e significado econômico. Diante do exposto, conclui-se que somente uma taxa absurdamente elevada de juros inverteria a escolha, preferindo-se o processo Wiz em lugar do processo Zip.

O caso da Cia. Wonder Goods e seu novo produto Glumax

Esse projeto foi analisado no capítulo anterior, para uma só escala de 30 mil t/ano, tendo se revelado um investimento atrativo, de acordo com análises estratégica e financeira. Agora o que se pergunta é se existe outra escala que produza resultado econômico ainda superior.

A resposta é positiva: a capacidade de 30 mil t/ano promete o maior VPL. Discuta os motivos disso.

17 Nesse caso, não faz sentido procurar uma escala ainda maior. A dado momento, existem duas, e apenas duas, alternativas de processos tecnológicos, restringindo-se assim o leque de escolha.

Planta A (20.000 t/ano)

Ano	Mercado	Vendas	Preço	Receita	Inv. Fixo	Cap. Giro	Custo Var.	Custo Fixo	Cash Flow	Lucro
2012	5	0	435	0	7.500	0	0	0	–7.500	0
2013	7	7	431	3.017	0	210	1.050	1.000	757	967
2014	10	10	426	4.260	0	90	1.500	1.000	1.670	1.760
2015	14	14	418	5.852	0	120	2.100	1.000	2.632	2.752
2016	18	18	410	7.380	0	120	2.700	1.000	3.560	3.680
2017	23	20	403	8.060	0	60	3.000	1.000	4.000	4.060
2018	28	20	395	7.900	0	0	3.000	1.000	3.900	3.900
2019	33	20	385	7.700	0	0	3.000	1.000	3.700	3.700
2020	39	20	375	7.500	0	0	3.000	1.000	3.500	3.500
2021	43	20	360	7.200	0	0	3.000	1.000	3.200	3.200
2022	47	20	345	6.900	–1.500	–600	3.000	1.000	5.000	2.900

VPL (10% aa)	**10.479**	TIR (% aa)	**30,31%**

Planta B (30.000 t/ano)

Ano	Mercado	Vendas	Preço	Receita	Inv. Fixo	Cap. Giro	Custo Var.	Custo Fixo	Cash Flow	Lucro
2012	5	0	435	0	9.600	0	0	0	–9.600	0
2013	7	7	431	3.017	0	210	1.050	1.200	557	767
2014	10	10	426	4.260	0	90	1.500	1.200	1.470	1.560
2015	14	14	418	5.852	0	120	2.100	1.200	2.432	2.552
2016	18	18	410	7.380	0	120	2.700	1.200	3.360	3.480
2017	23	23	403	9.269	0	150	3.450	1.200	4.469	4.619
2018	28	28	395	11.060	0	150	4.200	1.200	5.510	5.660
2019	33	30	385	11.550	0	60	4.500	1.200	5.790	5.850
2020	39	30	375	11.250	0	0	4.500	1.200	5.550	5.550
2021	43	30	360	10.800	0	0	4.500	1.200	5.100	5.100
2022	47	30	345	10.350	–1.920	–900	4.500	1.200	7.470	4.650

VPL (10% aa)	**12.732**	TIR (% aa)	**27,19%**

Planta C (40.000 t/ano)

Ano	Mercado	Vendas	Preço	Receita	Inv. Fixo	Cap. Giro	Custo Var.	Custo Fixo	Cash Flow	Lucro
2012	5	0	435	0	11.000	0	0	0	−11.000	0
2013	7	7	431	3.017	0	210	1.050	1.400	357	567
2014	10	10	426	4.260	0	90	1.500	1.400	1.270	1.360
2015	14	14	418	5.852	0	120	2.100	1.400	2.232	2.352
2016	18	18	410	7.380	0	120	2.700	1.400	3.160	3.280
2017	23	23	403	9.269	0	150	3.450	1.400	4.269	4.419
2018	28	28	395	11.060	0	150	4.200	1.400	5.310	5.460
2019	33	33	385	12.705	0	150	4.950	1.400	6.205	6.355
2020	39	39	375	14.625	0	180	5.850	1.400	7.195	7.375
2021	43	40	360	14.400	0	30	6.000	1.400	6.970	7.000
2022	47	40	345	13.800	−2.200	−1.200	6.000	1.400	9.800	6.400

VPL (10% aa)	**13.132**	TIR (% aa)	**24,65%**

Planta D (50.000 t/ano)

Ano	Mercado	Vendas	Preço	Receita	Inv. Fixo	Cap. Giro	Custo Var.	Custo Fixo	Cash Flow	Lucro
2012	5	0	435	0	13.000	0	0	0	−13.000	0
2013	7	7	431	3.017	0	210	1.050	1.600	157	367
2014	10	10	426	4.260	0	90	1.500	1.600	1.070	1.160
2015	14	14	418	5.852	0	120	2.100	1.600	2.032	2.152
2016	18	18	410	7.380	0	120	2.700	1.600	2.960	3.080
2017	23	23	403	9.269	0	150	3.450	1.600	4.069	4.219
2018	28	28	395	11.060	0	150	4.200	1.600	5.110	5.260
2019	33	33	385	12.705	0	150	4.950	1.600	6.005	6.155
2020	39	39	375	14.625	0	180	5.850	1.600	6.995	7.175
2021	43	43	360	15.480	0	120	6.450	1.600	7.310	7.430
2022	47	47	345	16.215	−2.600	−1.290	7.050	1.600	11.455	7.565

VPL (10% aa)	**10.848**	TIR (% aa)	**20,56%**

Caso Glumax: Decisão de Capacidade

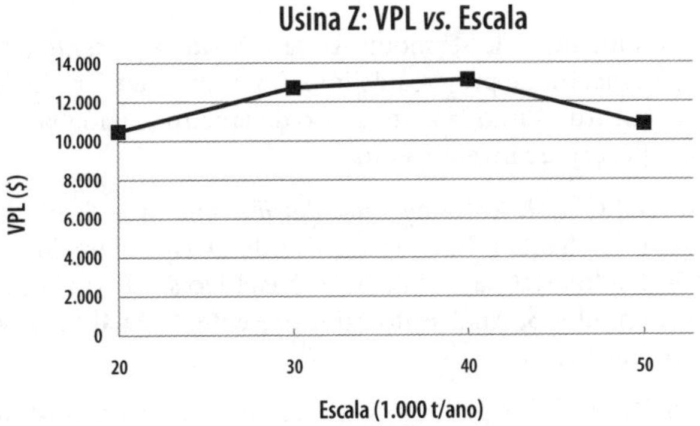

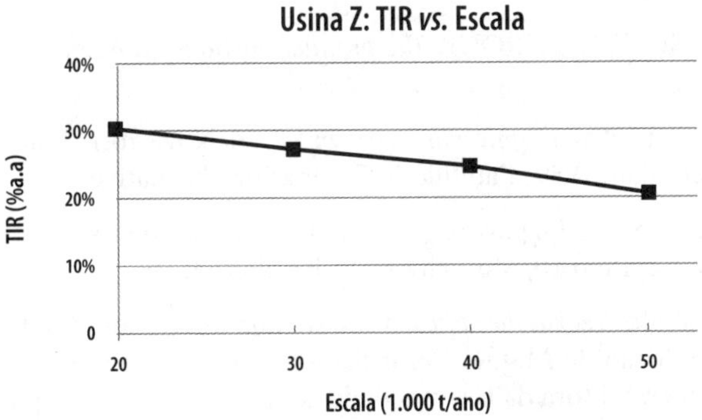

Análise das Capacidades

Escala	VPL ($)	TIR (%)
20	10.479	30,31%
30	12.732	27,19%
40	13.132	24,65%
50	10.848	20,56%

Análise dos Incrementos de Capacidade

Escala	VPL ($)	TIR (%)
30-20	2.253	19,59%
40-30	401	12,35%
50-40	−2.285	−7,54%

VPL e TIR Incrementais

Ano	B-A	C-B	D-C
2012	−2.100	−1.400	−2.000
2013	−200	−200	−200
2014	−200	−200	−200
2015	−200	−200	−200
2016	−200	−200	−200
2017	469	−200	−200
2018	1.610	−200	−200
2019	2.090	415	−200
2020	2.050	1.645	−200
2021	1.900	1.870	340
2022	2.470	2.330	1.655
VPL	2.253	401	−2.285
TIR%	20%	12%	−8%

Referências

BIERMAN Jr., Harold; SMIDT, Seymour. *As decisões de orçamento de capital*: análise econômica e financeira de projetos de investimento. 4. ed. Traduzido por Nivaldo José Mendes e Ricardo Pinto Nogueira. Rio de Janeiro: Guanabara Dois, 1978. Capítulo 5, Classificação de investimentos.

BLANK, Leland; TARQUIN, Anthony. *Engenharia econômica*. 6. ed. Tradução de José Carlos Barbosa dos Santos. Revisão técnica de Daisy Aparecido do Nascimento Rebelatto. São Paulo: McGraw-Hill, 2008. Nível Dois – Ferramentas para Avaliar Alternativas. Capítulos 5, Análise do valor presente; 6, Análise do valor anual; e 8, Análise da taxa de retorno.

BOSTON CONSULTING GROUP. *Perspectives on experience*. Boston: Boston Consulting Group, 1968.

BOSTON CONSULTING GROUP. *The product portfolio*. Boston: Boston Consulting Group, 1970.

DEGARMO, E. Paul et al. *Engineering economy*. 8. ed. Nova York: Macmillan; Londres: Collier Macmillan, 1989. Capítulo 5, Comparing alternatives.

ESCHENBACH, Ted G. *Engineering economy*: applying theory to practice. Chicago: Irwin, 1995. Capítulo 10, Mutually exclusive alternatives.

FLEISCHER, Gerald. *Teoria da aplicação do capital*: um estudo das decisões de investimento. Tradução de Miguel Cezar Santoro e Cibele Freire Santoro. São Paulo: Edgard Blucher, Editora da Universidade de São Paulo, 1973. Capítulo 5, Múltiplas alternativas.

GALESNE, Alain et al. *Decisões de investimento da empresa*. São Paulo, Atlas, 1999. Capítulos 3, Impacto da adoção de um critério de rentabilidade sobre a natureza dos projetos de investimento escolhidos. Seção 1.1.1 Análise de "dimensionamento" de Massé; e 5, Seleção de investimentos em situação de racionamento de capital – Escolha de um programa de investimentos.

HARTMANN, Joseph C. *Engineering economy and the decision-making process*. Upper Saddle River: Pearson Education, 2007. Parte II – Decision-making preliminaries. Capítulos 6, Generating and designing feasible solution alternatives. Parte IV – Making the decision for multiples projects. Capítulo 12, Deterministic evaluation.

LORIE, J.; SAVAGE, L. J. "Three problems in capital rationing", *Journal of Business*, v. XXVIII, n. 4, out. 1995.

LUTZ, Friedrich; LUTZ, Vera. *The theory of the investment of the firm*. Westport: Greenwood Press, 1951. Capítulo II, Criteria of profit maximization.

MASSÉ, Pierre. *Optimal investment decisions*: rules for action and criteria for choice. Englewood Cliffs: Prentice Hall, 1962.

NEWNAN, Donald G.; LAVELLE, Jerome P. *Fundamentos de engenharia econômica*. 1. ed. Tradução de Alfredo Alves de Farias. Revisão técnica de Alceu Salles Camargo Jr. Rio de Janeiro: LTC, 2000. Capítulo 8, Métodos dos investimentos incrementais.

PARK, Chan S. *Contemporary engineering economics*. 2. ed. Menlo Park: Addison--Wesley, 1997. Capítulo 4, Present worth analysis. 4.5 Mutually exclusive alternatives.

PENTEADO, Aluizio de Maria. "Avaliação e seleção de projetos", *Estudos Anpes*, n. 23, Capítulo 5, Escala ótima de um projeto, 1973.

PINHEIRO CÔRTES, José Guilherme. *Comparação de alternativas com diferentes escalas de investimento*: um caso de perda de memória em economia da engenharia? Artigo apresentado ao Icece 2009 – VI International Conference on Engineering and Computer Education. Buenos Aires, 2009.

PORTER, Michael E. *Competitive strategy*: techniques for analyzing industries and competitors. Nova York: The Free Press, 1980.

PORTER, Michael E. *Competitive advantage*: creating and sustaining superior performance. Nova York: The Free Press, 1985.

SOARES DE SÁ, Cristina. *Ferramentas estratégicas de gestão de carteiras de produtos*. Projeto de Final de Curso. Universidade Federal do Rio de Janeiro, Curso de Engenharia de Produção, jan. 2007.

SOTO COSTA, Paulo Henrique; VIEIRA ATTIE, Eduardo. *Análise de projetos de investimento*. Rio de Janeiro: Fundação Getulio Vargas, 1984. Capítulo 6, Alternativas de durações diferentes.

SULLIVAN, William G. et al. *Engineering economy*. 14. ed. Upper Saddle River: Pearson, Prentice Hall, 2009. Capítulo 6, Comparison and selection among alternatives.

SHELL INTERNATIONAL PETROLEUM COMPANY LIMITED. "The directional policy matrix: a new aid to corporate planning", *Engineering and process economics*, n. 2, p. 181-189, 1977.

WEINGARTNER, H. Martin. *Mathematical programming and the analysis of capital budgeting problems*. Englewood Cliffs: Prentice-Hall, 1963.

Capítulo 6 Manutenção, renovação, substituição e baixa de equipamentos

6.1 Objetivos e conteúdo

O presente capítulo abrange quatro assuntos que podem se apresentar no curso da vida de serviço de um equipamento – ou, de modo mais amplo, de qualquer ativo fixo com vida finita:

1. Em primeiro lugar, esses ativos precisam receber manutenção para que possam continuar prestando seus serviços produtivos; a economia da manutenção é um tema ausente de livros didáticos de economia da engenharia, sem explicação ou justificativa.
2. Ativos fixos desgastados podem futuramente ser recuperados e melhorados, com a adição de novos recursos, como automação – isso é conhecido como *retrofit*.
3. Esgotadas as possibilidades de extensão da vida útil de um equipamento, a gerência tem de tomar a difícil decisão de substituí-lo ou baixá-lo. A substituição (por equipamento igual ou diferente) e a baixa são temas clássicos em economia da engenharia. Contudo, têm sido tratados separadamente dos temas manutenção e renovação; neste livro, manifesto meu ponto de vista de que todos os quatro temas devem ser considerados em seu conjunto, que faz parte do ciclo de vida completa de um ativo fixo com vida finita.

6.2 Manutenção

A economia da manutenção é um tema ausente em livros didáticos e cursos universitários de economia da engenharia. Esta ignora a função manutenção, suas alternativas e impactos financeiros. Igualmente, a engenharia da manutenção pouco espaço reserva para a economia da engenharia; quando precisa de medidas financeiras para justificar investimentos, não raro recorre a conceitos antigos e estranhos à economia da engenharia, como índices contábeis de rentabilidade.

Esse divórcio entre as duas disciplinas, prejudicial sob todos os pontos de vistas, tem provavelmente raízes em fatores culturais, como a chamada "cultura de silo", típica de organizações estruturadas com base em papéis bem-definidos para diferentes categorias de trabalhadores. Assim, especialistas em manutenção tenderiam a viver dentro de seus ambientes fechados (seus silos), imunes à penetração de ideias provenientes de outros ambientes, quer dizer, de outras fontes culturais. Isso é reforçado pela tendência crescente da economia da engenharia em livros didáticos de se orientar por técnicas, não por problemas. Aparentemente, a manutenção não é um problema interessante para muitos autores, porém é um problema extremamente essencial em unidades de produção intensivas com caros ativos fixos de alta tecnologia, para as quais uma hora de *downtime* pode custar uma pequena fortuna, sem falar de outros inconvenientes.

6.2.1 A equação financeira da engenharia da manutenção

Querendo ser didático, mas sem desprezar a complexidade do assunto, introduzo uma equação financeira da manutenção que requer três elementos:

1. **Programas alternativos de manutenção.** Presumo que os gestores de manutenção projetem alternativas de eficácias conhecidas, não necessariamente iguais. O ideal é que todas as alternativas submetidas à avaliação financeira (veja os itens 2 e 3 a seguir) ofereçam iguais eficácias, algo pouco provável. Primeiro, há o problema de como resumir todas as características de um programa de manutenção em um único número – mesmo em escala ordinal – que exprima sua eficácia. Segundo, diferentes alternativas devem produzir diferentes efeitos; assim, é improvável que um programa conservador de manutenção corretiva *X* prometa resultados de disponibilidade de equipamento exatamente iguais ao de um programa de manutenção preventiva rígida *Y*. São estratégias diferentes, gerando resultados diferentes.[1]
2. **Fluxos projetados de benefícios e custos.** Estes descreverão benefícios e custos, físicos[2] ou tangíveis (redutíveis a termos monetários) de programas

1 Podem-se criar alternativas em função da escala do esforço de manutenção, para dada estratégia.

2 Na impossibilidade de traduzir benefícios em termos monetários, mas sendo viável exprimi-los em termos físicos, o modelo de custo-eficácia, apresentado em seguida, será aplicável.

alternativos de manutenção de ativos. Um horizonte de tempo será estimado, nele se projetando aqueles efeitos. Tem-se ciência das dificuldades de estimar, de modo abrangente, benefícios e custos,[3] tanto quanto delimitar um horizonte temporal para essas estimativas. *Mas o esforço é necessário e vale seus custos e riscos.* Nesse contexto, todo avanço na quantificação de custos e benefícios de programas de manutenção é importante. Dito de outro modo: *ninguém vai lhe fornecer os dados de que você necessita, sem saber que precisa.*

3. **Uma taxa de juros (taxa de desconto).** Os fluxos de caixa de programas alternativos serão "descontados", trazidos a valor presente, permitindo sua comparação. Aqui também se encontram dificuldades para a avaliação financeira de alternativas de manutenção. Muitas empresas no Brasil,[4] mesmo empresas abertas com ações em bolsa, ignoram seu custo de capital. Aquelas que o conhecem não sabem, contudo, como adaptá-lo a investimentos em projetos que, em algum grau, diferenciam-se do padrão corporativo como um todo. A esse respeito, veja a Seção 6.2.5 e a nota de rodapé n° 4 no Capítulo 1. As próximas seções descrevem três modelos de avaliação financeira.

6.2.2 O Modelo do valor presente líquido

O primeiro é o modelo de valor presente líquido de um fluxo projetado de caixa abrangendo todos os benefícios e custos tangíveis. Trata-se a manutenção como um investimento cujo valor deriva do fluxo de caixa que promete em um horizonte de tempo definido – até quando se deve estender a manutenção de um equipamento antes de se decidir por sua baixa com ou sem reposição? Essa abordagem exige quantificação monetária de todos os custos e benefícios decorrentes de cada programa de manutenção. Uma solução simplificadora se limita à redução de custos mais facilmente mensuráveis que um programa proporciona, deduzidos os custos iniciais (instalação de capacidade de manutenção) e recorrentes (custos de operar aquela capacidade).

O valor presente líquido mede quanta riqueza é criada pelo projeto. Este deve buscar o máximo VPL. Fluxos futuros F_t de benefícios e custos estendendo-se por n períodos são descontados à taxa i, ou seja, são trazidos a valor presente segundo a expressão $VP = \Sigma^n [F_t/(1 + i)]^t$, $t=\emptyset$.

Suponha um investimento de $10 mil que promete gerar reduções líquidas de custos da ordem de $ 5.500 em cada um dos próximos três anos. A uma taxa de 10% a.a., o VPL deste projeto será:

3 MOBLEY, R. Keith. *An introduction to preventive maintenance.* Butterworth-Heinemann, 2002, não deixaria esquecer as dificuldades de estimar custos e benefícios monetários de programas de manutenção.

4 Por precaução, evito estender esse comentário a empresas de países com mercados de capitais mais maduros. Até porque, atualmente, diante da crise financeira global, o conceito de eficiência de mercado perdeu muito da respeitabilidade de que desfrutou por décadas.

$$VPL = -10.000 + \frac{5.500}{(1+0,10)^1} + \frac{5.500}{(1+0,10)^2} + \frac{5.500}{(1+0,10)^3}$$

$$VPL = 3.678$$

6.2.3 O Modelo da taxa interna de retorno

Uma alternativa ao VPL, requerendo igualmente projeção de fluxo de caixa e uma taxa de desconto (usada para fins de comparação), é o modelo da taxa interna de retorno ou TIR. Esta é a taxa de desconto que anula a função VPL. No caso anterior, tem-se uma TIR de aproximadamente 30% a.a., que se compara muito favoravelmente à taxa de 10% exigida pelos investidores.

6.2.4 O Modelo de custo-eficácia

O **modelo de custo-eficácia** é bem conhecido em economia da engenharia.[5] Ele divide uma medida de custo – custo total descontado no ciclo de vida do ativo – por uma de benefício – por exemplo, o número de horas anuais de disponibilidade do ativo para operar.[6] Veja a seguir um exemplo simples. Um programa de manutenção tem expectativas de benefícios e custos mostradas na tabela – benefícios expressos em uma grandeza física, custos medidos em fluxos de caixa. Aplica-se uma taxa de juros de 10% a.a. à análise de projetos de manutenção de equipamentos.

Custos e benefícios de um programa de manutenção

Ano	Benefício	Custo
0	0	1.000
1	50	200
2	100	350
3	150	500
4	120	600

A uma taxa de 10% a.a., os fluxos projetados de produção e custos (em uma moeda $) apresentam os seguintes valores presentes:

Produção: 322,758

Custos: $ 2.256,540

O custo unitário no ciclo de vida é, pois:

$ 2.256,540/322,758 = $ 6,99.

---

5 Entre suas múltiplas aplicações inclui-se a comparação de sistemas de armas. Um modelo relacionado, conhecido como TCO (*Total Cost of Ownership*), tornou-se obrigatório em estudos de viabilidade do DOD (Department of Defense, US Government – Departamento de Defesa, Governo dos Estados Unidos) ainda na década de 1990.

6 Outras medidas de benefício existem e, provavelmente, são melhores que esta. Desejo apenas apresentar um exemplo de fácil compreensão.

Valor presente de fluxos de benefícios e custos.
Como no modelo do *VPL*, fluxos futuros F_t de benefícios e custos estendendo-se por *n* períodos são descontados à taxa *i*, aplicando-se a expressão $VP = \sum^n [F_t/(1+i)]^t$, $t = \emptyset$.

Assim, no caso, o valor presente do fluxo de benefícios é calculado como:

$$VP = \frac{50}{(1+0,10)} + \frac{50}{(1+0,10)^2} + \frac{50}{(1+0,10)^3} + \frac{120}{(1+0,10)^4}$$

$$VP = 322,758$$

O número anterior revela que o fluxo projetado de benefícios, a uma taxa de 10% a.a., equivale a 322,758 no tempo 0. De modo análogo, o fluxo de custos tem um valor presente de $ 2.256,540. Assim, cada unidade de benefício tem um custo unitário de $ 6,99. Esse custo seria comparado àqueles de programas alternativos, escolhendo-se o programa de melhor relação custo-eficácia.

Havendo programas alternativos de manutenção, escolhas assim se farão:

1. Todos os programas mostram iguais benefícios e diferentes custos. Escolhe-se aquele que apresentar o mais baixo custo unitário.
2. Todos os programas apresentam diferentes benefícios e custos. Uma solução consiste em fixar um nível desejado de benefício, desprezar os excedentes prometidos pelas diversas alternativas e, por fim, escolher o programa de menor custo total - ou, o que dá no mesmo, de menor custo unitário, igualando todos os denominadores àquele nível desejado.

6.2.5 Determinando a taxa de desconto apropriada

Os modelos de ajustamento da taxa de desconto a condições de risco, como o CAPM[7], podem ser usados para gerar uma estimativa aceitável da taxa exigida pelos cálculos anteriores. Esse tema ainda não recebeu a atenção requerida das duas profissões - engenheiros economistas e engenheiros de manutenção têm passado ao largo desses temas. Há evidências de que a dificuldade de especi-

7 CAPM (*Capital Asset Pricing Model*) é o instrumento mais usado para ajustar a taxa de juros livre de risco - geralmente identificada com a taxa dos títulos de longo prazo do Tesouro dos Estados Unidos - pelo risco sistemático (ou de mercado, não diversificável através da formação de carteiras de títulos). Será objeto de estudo no Capítulo 7. Ele fornece uma estimativa da taxa de desconto apropriada ao tratamento de fluxos de caixa com características de risco similares ao padrão corporativo. Tratando-se de programas de manutenção de equipamentos que, em geral, preservam o nível e o perfil da capacidade operacional da empresa, parece uma escolha aceitável.

ficar uma taxa de desconto apropriada não é uma exclusividade de projetos de manutenção.[8]

6.2.6 Relação tentativa de custos de manutenção

Segue-se uma lista de custos de manutenção, usando-se a abordagem dos CFQ (custos de falta de qualidade), desenvolvida por Harrington.[9] Ela pode servir de ponto de partida para outros esforços. Nessa ótica, um programa de manutenção reúne efeitos de CFQ direto e indireto. Como se verá, CFQ direto é a parte visível de um iceberg de custos; CFQ indireto é a parte maior, menos visível e, logo, mais perigosa. Ao mesmo tempo, CFQ direto é a parte menos controversa da medida dos custos de falta de manutenção.

CFQ diretos

São os custos que as empresas melhor conhecem e medem regularmente, por meio do sistema contábil ou outro sistema gerencial. Incluem todos os custos que a empresa carrega, porque a gerência tem medo de que pessoas cometam erros. Reúnem custos controláveis e custos resultantes.

Os CFQ controláveis são aqueles sobre os quais a gerência tem controle direto para garantir que somente produtos ou serviços aceitáveis sejam entregues ao cliente externo. Somam custos iniciais (criação da capacidade de gerenciar manutenção) e custos recorrentes (operação continuada dessa capacidade).

1. Prevenção – custos das ações tomadas para evitar que se cometam erros.
2. Avaliação – custos das atividades de avaliar produtos acabados e auditar o processo para medir o grau de conformidade com os padrões definidos.

Os CFQ resultantes decorrem de erros cometidos pela empresa. É dinheiro que se gasta porque nem todas as atividades foram realizadas corretamente.

1. Custo interno do erro (perdas internas) – custos incorridos em função de defeitos detectados antes que a saída fosse aceita pelo cliente externo. Inclui perdas de materiais, mão de obra, energia, lubrificantes, horas de equipamentos ociosos, paradas programadas e não programadas, quebras, mau funcionamento, aumento do tempo de *setup*, análise de falhas, inspeção e teste de produtos, *downgrading* de produtos etc.
2. Custo externo do erro (perdas externas) – custos incorridos por se oferecer ao cliente externo um produto inaceitável. É o custo incorrido porque a

---

8 Veja CLEVERLEY, William O. *Handbook of health accounting and finance*. Jones & Bartlett Publishers, 1989.

9 Veja HARRINGTON, H. J. *Poor-quality cost concept and pratice:* evolution of H. J. Harrintgton's poor quality cost model. Disponível em: http://www.harrington.com./html/body_poor_quality_cost.html.

avaliação não detectou todos os defeitos antes de o produto ser entregue ao cliente. Inclui custo de produtos rejeitados pelo cliente (devoluções), processos de responsabilidade civil (garantias), atendimento de reclamações, assistência técnica pós-venda e vendas perdidas.

CFQ indiretos

A outra grande parcela é o CFQ indireto, soma de custos não mensuráveis na contabilidade da empresa, mas que se manifestam no ciclo de vida do produto. São "custos invisíveis", mais difíceis de medir e atribuir a alguma função gerencial porque, muitas vezes, departamentos diferentes contribuem para sua ocorrência. Ele inclui:

1. Custo incorrido pelo cliente – acontece quando um produto ou serviço deixa de atender às expectativas do cliente.
2. Custo da insatisfação do cliente – medido pela perda de parcela de mercado ou recusa do cliente em pagar o preço que a empresa quer receber pelo produto. Os clientes tendem a exigir mais, em qualquer parte do mundo. Hoje é difícil manter a lealdade do cliente.
3. Custo da perda de reputação – muito difícil de medir e prever. A insatisfação do cliente atinge um produto ou linha de produtos, a perda de reputação atinge toda a empresa.

A contabilidade dos custos de manutenção ainda se encontra em sua infância. Apesar de não se dispor de medidas inteiramente seguras e objetivas desses custos, já é possível fazer uma lista extensa de seus tipos. Além disso, pode-se relacionar esses custos com os fatores que os determinam e adotar as medidas necessárias na administração da manutenção de equipamentos.

Basicamente, os custos anteriores decorrem do preenchimento (ou não) de três condições relativas ao equipamento: (i) equipamento em condições de funcionar, (ii) equipamento funcionando bem, (iii) equipamento funcionando por mais tempo.

1) Equipamento em condições de funcionar

Da disponibilidade do equipamento dependem os custos a seguir, que podem ser evitados por meio de programas de manutenção:

Tempo de manutenção e paradas não programadas
1. Custo de ociosidade do equipamento (manutenção, depreciação e juros).
2. Horas de mão de obra perdidas.
3. Perda de produtos em processo (se perecíveis).
4. Aumento do tempo de fabricação.
5. Aumento dos estoques de produtos em processo.
6. Aumento dos estoques de materiais (aguardando disponibilidade para entrar em produção).
7. Atraso em entregas (perda de receita como compensação de clientes).
8. Perda de vendas.
9. Outros custos de estocagem de materiais (por exemplo, aluguel).
Equipamentos de reserva (*backups*), isto é, capacidade ociosa
1. Custo de ociosidade (manutenção, depreciação e juros).
2. Custo de troca de equipamento.
3. Custo de espaço ocioso ou de utilização de espaço impróprio para guarda desses equipamentos.
4. Aumento do risco de obsolescência (mais equipamentos similares na mesma planta).
Estoque de peças de reposição
1. Custo de estoque (juros sobre capital investido em estoque e espaço para guardá-lo, perdas, obsolescência e outros).
Atendimentos de emergência em equipamentos na linha
1. Custo de reparos de equipamentos no local de produção.

2) Equipamento funcionando bem

Da confiabilidade, isto é, a capacidade de operar dentro dos padrões, depende a não ocorrência de custos de não conformidade:

- Perdas de materiais (refugo e sucata), mão de obra (retrabalho e acidentes), energia, lubrificante e outros insumos da produção, devidas à detecção de defeitos antes de o produto ser oferecido ao cliente (perdas internas); custos de devoluções, garantias e outros decorrentes da recusa do cliente em aceitar o produto; custos para o cliente, custos de insatisfação do cliente e custos de perda de reputação.
- *Downgrading* do produto, significando que o cliente se recusa a pagar o preço que o produtor deseja receber

- Aumento do tempo de *setup* de máquina.
- Análise de falhas, inspeção e teste.

3) **Equipamento funcionando por mais tempo**

A extensão da vida útil do equipamento, dentro dos limites de obsolescência tecnológica, é mais um fator de redução de custo. O equipamento que recebe os cuidados apropriados de manutenção alonga sua vida útil de duas maneiras:

- Dentro de suas características originais, enquanto não ocorram o desgaste ou a quebra de proporções que impeçam seu funcionamento dentro dos padrões normais de operação.
- Um dia, nem a melhor manutenção impede que um equipamento perca a confiabilidade. Com o tempo, equipamento lentamente se deteriora e panes ocorrem com o desenvolvimento da fadiga. Essas panes se tornam frequentes e os custos de manutenção, proibitivos. A única solução é restaurar totalmente ou baixar o equipamento. A capacidade de se restaurar um equipamento, contudo, depende muito da manutenção que recebeu em sua vida de serviço.

Tabela 6.1 Custos de manutenção – adaptação do modelo de Harrington de custos de falta de qualidade

Grupo	Subgrupo	Tipo	Definição	Atividade de manutenção associada
Direto	Controlável (custos para evitar que erros sejam cometidos)	Prevenção	Custos das ações tomadas para evitar que se cometam erros.	Todas as atividades de manutenção. Manutenção preventiva (principalmente).
		Avaliação	Custos das atividades de avaliar produtos acabados e auditar o processo para medir o grau de conformidade com os padrões definidos.	Todas as atividades de manutenção. Manutenção preventiva (principalmente).
	Resultante (custos correntes de erros serem cometidos)	Interno	Custos decorrentes de defeitos detectados antes que a saída fosse aceita pelo cliente. Incluem perdas de materiais, mão de obra, energia, lubrificantes, horas de equipamentos parados (paradas programadas e não programadas), quebras, mau funcionamento, aumento do tempo de *setup*, análise de falhas, inspeção e teste de produtos, *downgrading* de produtos etc.	Com cobertura parcial de atividades de manutenção: 1. Horas de equipamentos parados. 2. Horas de paradas programadas e não programadas. 3. Horas de mau funcionamento de equipamentos. Outras ocorrências não têm suas causas-raiz rastreadas de forma regular.

continua

continuação

Grupo	Subgrupo	Tipo	Definição	Atividade de manutenção associada
		Externo	Custos incorridos por se oferecer ao cliente um produto inaceitável. Existe porque a avaliação não detectou todos os defeitos antes de o produto ser entregue ao cliente. Incluem custos de produtos rejeitados pelo cliente (devoluções), processos de responsabilidade civil (garantias), atendimento de reclamações, assistência técnica pós-venda e vendas perdidas.	Sem cobertura de atividades de manutenção. Sem reconhecimento desses custos pela função de manutenção
Indireto	Incorrido pelo cliente	–	Acontece quando um produto ou serviço deixa de atender às expectativas do cliente.	Sem cobertura de atividades de manutenção. Sem reconhecimento desses custos pela função de manutenção.
	Insatisfação do cliente	–	Perda de parcela de mercado ou recusa do cliente em pagar o preço que a empresa quer cobrar pelo produto. Clientes tendem a exigir mais, em qualquer parte do mundo. Hoje é difícil manter sua lealdade.	Sem cobertura de atividades de manutenção. Sem reconhecimento desses custos pela função de manutenção.
	Perda de reputação	–	Muito difícil de medir e prever. A insatisfação do cliente atinge um produto ou linha de produtos, a perda de reputação atinge toda a empresa.	Sem cobertura de atividades de manutenção. Sem reconhecimento desses custos pela função de manutenção

Tabela 6.2 Custos de manutenção – relacionamento de custos com condições de equipamentos

Condição do equipamento	Classe de custo	Detalhamento	Atividade de manutenção associada
[1] Disponível Em plenas condições de funcionamento.	Tempo de manutenção paradas não programadas.	1. Custo de ociosidade do equipamento (manutenção, depreciação e juros). 2. Horas de mão de obra perdidas. 3. Perda de produtos em processo (se perecíveis). 4. Aumento do tempo de fabricação. 5. Aumento dos estoques de produtos em processo (juros e aluguéis). 6. Aumento dos estoques de materiais (aguardando tempo de máquina para entrar em processo) (juros e aluguéis). 7. Atraso em entregas (perda de receita como compensação de clientes). 8. Perda de vendas.	1. Custos diretos controláveis: monitoração de *downtime* + atividades de manutenção preventiva e corretiva. 2. Idem (1). 3. Sem atividade. 4. Sem atividade. 5. Sem atividade. 6. Sem atividade. 7. Sem atividade. 8. Sem atividade.

continua

continuação

Condição do equipamento	Classe de custo	Detalhamento	Atividade de manutenção associada
	Equipamentos de reserva (*backups*), isto é, capacidade ociosa.	1. Custo de ociosidade (manutenção, depreciação e juros). 2. Custo de troca de equipamento. 3. Custo de espaço ocioso ou de utilização de espaço impróprio para guardar esses equipamentos. 4. Aumento do risco de obsolescência (mais equipamentos similares na mesma planta).	1. Monitoração de *downtime* (?) 2. Sem atividade (?) 3. Sem atividade (?) 4. Sem atividade (?)
	Estoque de peças de reposição.	1. Custo de estoque (juros sobre capital investido em estoque e espaço para guardá-lo, perdas, obsolescência e outros).	1. Monitoração de *downtime* (?) 2. Sem atividade (?) 3. Sem atividade (?) 4. Sem atividade (?)
	Atendimentos de emergência em equipamentos na linha.	1. Custo de reparos de equipamentos no local de produção.	1. Manutenção corretiva.
[2] Confiável Funcionando bem	Custos diretos resultantes.	1. Perdas internas de materiais (refugo e sucata), mão de obra (retrabalho e acidentes), energia, lubrificante e outros insumos da produção, devidas à detecção de defeitos antes de o produto ser oferecido ao cliente. 2. Perdas externas – custos de devoluções, garantias e outros decorrentes da recusa do cliente em aceitar o produto; inclui custo de produtos rejeitados pelo cliente (devoluções), processos de responsabilidade civil (garantias), atendimento de reclamações, assistência técnica pós-venda e vendas perdidas.	1. Sem atividade. 2. Sem atividade.
	Custos indiretos relacionados com clientes e parcela de mercado.	1. Custos incorridos pelo cliente. 2. Custos de insatisfação do cliente. 3. *Downgrading* do produto, significando que o cliente se recusa a pagar o preço que o produtor deseja receber. 4. Custos de perda de reputação.	1. Sem atividade. 2. Sem atividade. 3. Sem atividade. 4. Sem atividade.
	Custos indiretos relacionados com eficiência em operações.	1. Aumento do tempo de preparação de máquina. 2. Custos de análise de falhas, inspeção e teste.	1. Sem atividade (?) 2. Custos diretos controláveis.
[3] Funcionando por mais tempo: extensão da vida útil do equipamento	Sem classificação nos modelos conhecidos de custos de manutenção. Devem ser tratados de modo análogo àquele dos custos de ociosidade.	1. Redução do tempo de vida de equipamento – reposição ou baixa antecipada.	Todas as atividades de manutenção.

6.3 Renovação ou *retrofit*

6.3.1 O que é e quais são seus determinantes

Conceito muito usado em engenharia, *retrofit* consiste na modernização de um ativo fixo, tido como obsoleto ou que não mais atende às normas vigentes. A norma de desempenho brasileira (NBR 157575-1) define-o como remodelação ou atualização do sistema de referência pela incorporação de novas tecnologias e conceitos, o que, normalmente, visa a valorização do equipamento, mudança de uso, aumento da vida útil e melhoria da eficiência operacional e energética. Não só a adequação a novas leis faz necessário o *retrofit*. Um equipamento revitalizado pela adição de novos recursos torna-se mais produtivo, cumprindo melhor as funções para o qual foi projetado.

Mais uma vez o engenheiro se depara com um problema de comparação de alternativas: deixar o equipamento como está, considerando todas as suas futuras consequências, ou modernizá-lo; as duas alternativas geram custos e benefícios, que cabe traduzir em termos monetários e submeter à lógica do valor do dinheiro no tempo.

6.3.2 Um interesse crescente

Os projetos de renovação estão se tornando comuns no mundo inteiro. Uma nova legislação pode exigi-los – um exemplo é a modificação dos sistemas de refrigeração, ar-condicionado e sistema automotivo que ainda se utilizam de gás freon 12 (R-12), que teve sua fabricação proibida porque agride a camada de ozônio. Ou talvez os proprietários percebam vantagens econômicas em sua realização. Contudo, mesmo nos casos em que a modernização é obrigatória por lei, haveria lugar para a avaliação econômica de alternativas de adequação.

Quanto às vantagens econômicas do *retrofit*, forte determinante é a economia de eletricidade. Nos Estados Unidos, já em 1991 Cohen et al.[10] investigaram a recuperação de edificações residenciais unifamiliares do ponto de vista da economia de energia gasta com aquecimento.

No Brasil, Ghisi e Lamberts[11] desenvolveram e aplicaram uma metodologia para medir as poupanças de custo de eletricidade; eles aplicaram critérios financeiros mais adequados, como o valor presente líquido e a taxa interna de

---

10 COHEN, S. et al. "Energy savings and economics of retrofitting single-family buildings". *Energy and buildings*, v. 17, n. 4, p. 297-311, abr. 1991. Eles mostraram, usando a técnica do *payback* não descontado, que os melhores alvos para recuperação eram equipamentos e instalações bastante simples, com curtos prazos de retorno do investimento. A substituição de janelas revelou-se o investimento de retorno mais demorado.

11 GHISI, Enedir; LAMBERTS, Roberto. *Desenvolvimento de uma metodologia para retrofit em sistemas de iluminação*. Universidade Federal de Santa Catarina, Laboratório de Eficiência Energética em Edificações, s.d. Disponível em: <http://www.labeee.ufsc.br/arquivos/publicacoes/entac98_ghisi1.pdf>.

retorno. Um trabalho acadêmico feito por Soares de Almeida[12] avalia alternativas de renovação de ativos para melhorar seu desempenho operacional e econômico. Outro trabalho acadêmico importante é o de Croitor e Melhado,[13] em que os autores relacionam quatro fatores que estão impulsionando a busca por oportunidades de *retrofit*:

1. Aproveitamento da infraestrutura existente no entorno e sua localização.
2. Impacto na paisagem urbana.
3. Preservação do patrimônio histórico e cultural.
4. Déficit habitacional e a sustentabilidade ambiental.

Um exemplo simples consta do estudo "Business Analysis", produzido por Energy Star,[14] comparando duas alternativas para economia de eletricidade em iluminação. A alternativa 1 emprega sensores de movimento que, ativados, acendem as luzes; a alternativa 2 utiliza um relógio de ponto central que revela quando um ambiente está ocupado e precisa de iluminação. Cada alternativa terá custos e benefícios (veja a seguir) – custos de reposição de sensores e manutenção do sistema de relógio de ponto foram por mim adicionados, bem como a taxa de desconto de 10% a.a.

1. A alternativa 1 requer um investimento inicial de $ 42 mil; a reposição de sensores exigirá gastos de $ 300 no primeiro ano, crescendo depois à taxa de 10% a.a.
2. A alternativa 2, consideravelmente mais barata, terá um custo inicial de $ 9 mil; sua manutenção custará $ 100 no primeiro ano, crescendo em seguida à taxa de 5% a.a.
3. As duas alternativas terão vidas de serviço de dez anos.
4. O investidor aplicará uma taxa de desconto de 10% a.a.
5. Os investimentos serão analisados segundo os critérios de *payback* simples, *payback* descontado, taxa interna de retorno e valor presente líquido.

---

12 SOARES DE ALMEIDA, Gustavo. *Metodologia para avaliação econômica para unidades resfriadoras de líquidos por ciclos de absorção e compressão*, dez. 2005. Dissertação (Mestrado em Engenharia Mecânica). Departamento de Engenharia Mecânica, Faculdade de Tecnologia, Universidade de Brasília. Disponível em: <http://www.laar.unb.br/Publicacoes_LaAR/Mestrado_GustavoSoaresdeAlmeida_DEZ2006.pdf>.

13 CROITOR, Eduardo Nocetti; MELHADO, Sílvio Burratino. "A gestão de projetos aplicada à reabilitação de edifícios: estudo da interface entre projeto e obra". *Boletim Técnico da Escola Politécnica da USP*. Departamento de Engenharia de Construção Civil, 2009.

14 Energy Star é um programa conjunto da Agência de Proteção Ambiental e o Departamento de Energia dos Estados Unidos, que ajuda a economizar dinheiro e proteger o meio ambiente por meio de produtos e práticas energeticamente eficientes. Parte de seu Building Manual está disponível em:<http://www.energystar.gov/ia/business/BUM_business_analysis.pdf>.

Comparação de Duas Alternativas de Upgrade de um Sistema de Iluminação

Δ% Aumento Custo Manut =	10%	Δ% Aumento Custo Manut =	5%

	Alternativa 1	Sensores de Presença			Alternativa 2	Relógio Central		
Ano	Custo Inicial	Poupanças	Perdas	FICx$	Custo Inicial	Poupanças	Perdas	FICx$
0	42.000	0	0	−42.000	9.000	0	0	−9.000
1	0	12.200	840	11.360	0	3.550	100	3.450
2	0	12.200	924	11.276	0	3.550	105	3.445
3	0	12.200	1.016	11.184	0	3.550	110,25	3.440
4	0	12.200	1.118	11.082	0	3.550	115,76	3.434
5	0	12.200	1.230	10.970	0	3.550	121,55	3.428
6	0	12.200	1.353	10.847	0	3.550	127,63	3.422
7	0	12.200	1.488	10.712	0	3.550	134,01	3.416
8	0	12.200	1.637	10.563	0	3.550	140,71	3.409
9	0	12.200	1.801	10.399	0	3.550	147,75	3.402
10	0	12.200	1.981	10.219	0	3.550	155,13	3.395

i	15%	i	15%
PBS (anos)	3,44	PBS (anos)	2,54
PBD (anos)	5,95	PBD (anos)	3,58
PBθ (anos)	5,02	PBθ (anos)	5,02
TIR (% a.a.)	23,00%	TIR (% a.a.)	36,49%
VPL (15%a.a.)	13.200	VPL (15%a.a.)	8.219

A alternativa 1 supera a alternativa 2 em seu poder de criar valor, medido pelo valor presente líquido à taxa de 10% a.a.. A taxa interna de retorno, aplicada sem os cuidados indispensáveis, que foram apontados no Capítulo 4, levaria erroneamente a decisão para a alternativa 2. Por fim, os critérios de *payback* simples e *payback* descontado favoreceriam a alternativa 2, capaz de recuperar mais depressa o capital e os juros. A decisão final compete ao investidor: se seu objetivo é maximizar a criação de valor, deve optar pela alternativa 1; se tem pressa de recuperar capital e juros, deve então escolher a alternativa 2.

O *retrofit* na construção civil no Brasil em 2010

Talvez o principal fator estimulando a demanda por projetos de renovação na construção civil seja a carência de terrenos nos grandes centros urbanos. No Rio de Janeiro, estima-se que cerca de cinco mil prédios antigamente utilizados por repartições públicas estejam disponíveis para sofrer modernização. As áreas degradadas, como a portuária, são candidatas a grandes projetos de reestruturação urbana. Por fim, a possibilidade de recuperar prédios antigos, para fins de moradia, em áreas centrais de cidades como Rio de Janeiro, São Paulo, Salvador, Belém e outras dá oportunidade a projetos de renovação; observe que essas áreas já dispõem de alguma infraestrutura de eletricidade, comunicações, água e esgoto, o que não costuma ser o caso de bairros novos.

Certamente, a quantidade de projetos de renovação já realizados ou em andamento é muito maior que o número de estudos de viabilidade. Esta é a sensação que se ganha observando o noticiário da imprensa de negócios, conversando com profissionais do setor e buscando acesso a uma variedade de fontes de informação. Não poderia ser diferente no Brasil, onde até mesmo grandes projetos de investimento parecem carecer de melhor fundamentação técnica e financeira.

6.3.3 Aspectos metodológicos

Como se estudou em capítulos anteriores, a comparação de alternativas por métodos de economia da engenharia determina que certos passos sejam dados.

Primeiro, é preciso projetar fluxos de caixa no horizonte temporal de suas vidas de serviço. A cada alternativa se associarão benefícios e custos, expressos em unidades monetárias de poder aquisitivo constante. Assim, a alternativa de investimento A se definirá por uma sequência de números exprimindo seus fluxos líquidos (benefícios menos custos) de caixa em cada intervalo de tempo: $A = (A_0, A_1, A_2, ..., A_{n-1}, A_n)$.

Aqueles estudos parecem ter tido êxito nessa tarefa. Foram feitos por engenheiros especialistas nas áreas de conhecimento em que ocorreria cada aplicação. Devem tê-los feito com competência. Entretanto, os autores podem ter restringido o leque de benefícios que um *retrofit* pode proporcionar. Este seria o caso da renovação de edificações, em que o valor dos benefícios de estética e conforto pode ter sido subestimado, a ênfase recaindo sobre as tangíveis poupanças de custos de eletricidade, por exemplo. Enfim, se algum erro foi cometido, este erro foi subestimar vantagens.

Segundo, será necessário escolher uma taxa de juros (ou taxa de desconto, ou custo de oportunidade do capital) que reflita adequadamente a qualidade (risco sistemático) do fluxo de caixa. Essa tarefa comporta muita melhoria na prática de estudos de renovação de ativos, que aplicam uma taxa de desconto sem justificativa aceitável – às vezes, sem justificativa alguma.

Terceiro, o fluxo de caixa e a taxa de desconto serão conjuntamente analisados por meio de um ou mais critérios de avaliação econômica, como valor presente líquido, taxa interna de retorno e custo no ciclo de vida. Uma constante em estudos pioneiros é o uso de métodos rudimentares de avaliação. A maior parte tem-se orientado pelo *payback* não descontado, alegando que prazos inferiores a cinco anos são necessários à aceitação de projetos de renovação de edifícios por seus proprietários – com efeito, três anos seria o ideal, segundo essas fontes. Ora, como se pôde ver no Capítulo 4, um *payback* descontado entre três e cinco anos, para investimento em ativos de longa duração como edifícios, exige taxas de retorno entre 30% (três anos) e 20% (cinco anos). Com certeza, essas taxas supostamente exigidas por proprietários não guardam relação aceitável com o grau de risco desses investimentos. A economia da engenharia precisa ser introduzida na discussão desse tema, com a máxima urgência!

6.4 Baixa e reposição de equipamentos

6.4.1 Equipamentos chegam ao final de suas vidas de serviço

Ativos fixos têm vidas finitas

Uma decisão que é tomada com frequência por empresas, bem como por indivíduos, é se bens de capital (edifícios, equipamentos, veículos, softwares e outros ativos) existentes devem ser mantidos em serviço ou dele retirados. No caso de baixa, é preciso decidir se haverá reposição por outro ativo, podendo este ser igual ou diferente do atual (por exemplo, tecnologicamente mais avançado).

A vida útil dos ativos fixos está cada vez menor (ou maior?)

A vida de equipamentos sofre duas influências opostas. De um lado, projetam-se equipamentos com vidas cada vez menores, ante à aceleração da mudança tecnológica. Administrar soluções de baixa reposição ocupa um espaço crescente na agenda de engenheiros gerenciando ativos. Do outro lado, equipamentos submetidos a modernos programas de manutenção duram cada vez mais.

Defensor *versus* desafiante

O ativo atualmente em uso é chamado ***defensor*** enquanto o candidato a substituí-lo recebe o nome de ***desafiante***. O defensor é comparado a ou mais desafiantes, um de cada vez. Sempre que um desafiante se revela superior ao atual defensor, se transforma no novo defensor e assim por diante, até se esgotarem as alternativas de desafiantes.

Motivos para baixar ativos fixos

Ativos são baixados, com ou sem reposição de algum tipo, por diversos motivos, sem que obrigatoriamente sua vida física tenha chegado ao fim. É possível também que um ativo seja mantido em reserva, apto a ser utilizado em situações excepcionais em que os melhores recursos produtivos estejam plenamente ocupados ou não disponíveis por qualquer outra razão. Os principais motivos para baixar e/ou repor ativos são os seguintes:

- Término da vida física, devido a uso normal ou acidente que impeça uso adequado, a menos que haja grande e custoso reparo; nesse caso, pode haver ou não a substituição do ativo.
- Inadequação do ativo, que não tem capacidade suficiente para atender à demanda atual e prevista; logo, é provável que o ativo seja substituído por outro diferente (maior e/ou melhor); a simples adição de uma ou mais unidades do mesmo tipo de ativo não se enquadra nesse caso, pois o ativo existente continuaria em serviço, não se caracterizando nem baixa nem reposição.
- Obsolescência, que pode ser funcional ou econômica; se econômica, deve-se à existência de um novo ativo capaz de prover os mesmos produtos ou serviços a um custo mais baixo; por sua vez, se funcional, é provocada pela redução da demanda pelos produtos ou serviços presentemente fornecidos pelo ativo; este é o caso, por exemplo, de quando o mercado exige um produto de qualidade superior à do que é hoje produzido.
- Possibilidade de aluguel ou *leasing*, o que constitui uma variação da obsolescência, exceto em que a reposição não tem de ser obrigatoriamente diferente do ativo defensor; esse caso surge em conexão com possíveis benefícios financeiros, associados a pagamento de juros, opção de compra do equipamento ao final do contrato de *leasing* e redução da carga tributária.

6.4.2 Baixa sem reposição

Um ativo é baixado sem reposição quando a função que ele desempenha não mais será executada após a baixa. A decisão é tomada com base no desconto do fluxo de caixa que leva em conta:

1. Os fluxos líquidos de caixa que o ativo produziria ao longo de sua vida remanescente caso fosse mantido em serviço.
2. O valor residual do ativo recuperável no momento de sua venda, coincidente com a baixa.

Comparam-se alternativas de vidas diferentes, o que exige prévia definição do tipo de problema a ser resolvido. Nesse caso, trata-se de um problema do Tipo II, em que as alternativas de menor duração terão seus valores futuros reinvestidos ao custo de capital. Deve-se encontrar a alternativa que maximiza o valor presente líquido: ela fornece o prazo ótimo de serviço adicional do ativo.

Exemplo

Um equipamento com três anos pode ser vendido atualmente por $ 600. Mantido em uso por mais um, dois ou três anos, o ativo produzirá efeitos financeiros segundo o quadro a seguir. Tendo a empresa um custo de capital de 10% a.a., quando deve baixar o equipamento?

Ano	Receita	Custo	Valor Residual
4	1.200	800	300
5	1.000	800	120
6	800	800	–

Solução. Veem-se a seguir os fluxos de caixa e os valores presentes das quatro alternativas diferenciadas por prazos de manutenção do equipamento (de zero a três anos). A opção F(3) é irrelevante, pois seu fluxo de caixa é inferior ao de F(2). O equipamento deve ser operado por mais um ano.

Ano	F(0)	F(1)	F(2)	F(3)
3	600	0	0	0
4	0	700	400	400
5	0	0	320	200
6	0	0	0	0
VP (10% a.a.)	600,00	636,36	628,10	528,93

Nota sobre valor residual

Os exercícios de baixa de equipamento sem reposição, ou de seu equivalente mais geral, o de encerramento de projeto antes do término de sua vida física, envolvem necessariamente a estimativa de valores residuais (*salvage* ou *abandonment values*, na expressão original em inglês).

A literatura sobre o tema não dá uma explicação sobre esses valores. Não basta dizer que são valores de mercado, obteníveis no ato de venda de um equipamento (ou projeto) antes do encerramento de sua vida física: é preciso informar que fatores ou variáveis determinam tais valores.

Admitindo-se que um ativo usado deve ser precificado do mesmo modo de um ativo novo, a resposta é: valor residual igual ao valor presente dos fluxos de caixa projetados remanescentes. Assim, o comprador deve estimar esses fluxos e descontá-los a uma taxa de juros apropriada, que reflita o risco desses fluxos. Duas situações podem se apresentar:

1. Em mercados competitivos, todos os agentes têm igual informação e, logo, projetarão idênticos fluxos de caixa que descontarão a igual taxa de juros; ou seja, todos os agentes estimarão valores residuais iguais entre si e iguais àqueles projetados pelo vendedor.
2. Em mercados imperfeitos, tudo funcionará ao contrário e diferentes agentes calcularão diferentes valores residuais. Somente esse caso justifica os procedimentos em uso desde os trabalhos pioneiros de Robicheck e Van Horne[15] e Dyl e Long[16], na década de 1960.

Assim, a importância de valores residuais nesta análise depende de algum tipo de assimetria:

1. De percepção. O comprador do ativo usado acredita em maior capacidade de geração de caixa do que o vendedor.
2. De eficiência. O comprador do ativo usado é efetivamente capaz de extrair mais dele do que seu antigo detentor conseguiria fazer na vida remanescente.

6.4.3 Baixa com reposição por ativo igual

Nesse caso, a função executada pelo ativo continua depois de sua baixa ter ocorrido. O problema de reposição por ativo igual consiste em saber por quanto tempo se deve utilizar um ativo novo antes de substituí-lo por outro idêntico.

Seja o defensor um equipamento novo cujo custo de manutenção se eleva à medida que ele envelhece, ao mesmo tempo em que seu valor residual diminui. Os desafiantes são reposições com um, dois, três anos de vida e assim por diante, até se chegar ao limite da vida física do defensor. A melhor alternativa será repetida indefinidamente, esta é a premissa implícita do modelo de solução que busca minimizar o custo uniforme periódico equivalente (Cupe).

Exemplo

Um equipamento tem preço atual de $ 10 mil e vida de serviço máxima de seis anos. Operado em prazos de um a seis anos, produzirá os valores residuais e custos operacionais vistos no quadro a seguir. A um custo de capital de 10% a.a., qual é seu prazo ótimo de reposição?

15 ROBICHECK, A. A.; VAN HORNE, J. C. "Abandonment value and capital budgeting", *Journal of Finance*, v. XXII, dez. 1967.

16 DYL, E. A; LONG, H. W. "Abandonment value and capital budgeting", *Journal of Finance*, v. XXIV, mar. 1969.

Ano	Valor residual	Custo operacional
1	7.000	5.000
2	4.500	5.600
3	2.500	6.300
4	1.000	7.000
5	0	8.000
6	0	9.000

Solução

A seguir, veem-se os fluxos de caixa, os VP e os Cupe associados à operação do equipamento por prazos de um a seis anos. Cada Cupe é calculado considerando-se crescentes prazos de operação do equipamento. A melhor alternativa é operar o equipamento por mais quatro anos.

Ano	F(1)	F(2)	F(3)	F(4)	F(5)	F(6)
0	−10.000	−10.000	−10.000	−10.000	−10.000	−10.000
1	2.000	−5.000	−5.000	−5.000	−5.000	−5.000
2	0	−1.100	−5.600	−5.600	−5.600	−5.600
3	0	0	−3.800	−6.300	−6.300	−6.300
4	0	0	0	−6.000	−7.000	−7.000
5	0	0	0	0	−8.000	−8.000
6	0	0	0	0	0	−9.000
VP (10% a.a.)	−8.182	−15.455	−22.029	−28.005	−33.655	−38.736
Cupe (10% a.a.)	9.000	8.905	8.858	**8.835**	8.878	8.894

6.4.4 Baixa com reposição por ativo diferente

Como no caso anterior, a função cumprida pelo ativo continua após sua baixa. O problema assim se define: alguém possui um ativo e quer saber por quanto tempo ainda deve usá-lo, antes de substituí-lo por outro, diferente do atual, porém de características (novas) conhecidas.

Seja o defensor um equipamento *Y* e o desafiante, outro *X*, cuja vida útil pode ser otimizada, como no caso anterior. As alternativas de reposição são construídas e comparadas sucessivamente com base em seus valores presentes.

Pode-se também recorrer a uma análise incremental, comparando-se reposições em dois anos e em um ano, em três anos e em dois e assim por diante.

Atividade prática

I) Questões objetivas de natureza conceitual (respostas ao final desta seção)

1) Assinalar com X a única opção correta nas seguintes questões:

A.1	**"Custos invisíveis" de manutenção incluem perdas de:**	
a	Materiais em virtude de processos ineficientes.	☐
b	Reputação causada por produtos defeituosos.	☐
c	Horas de máquinas paradas por falta de manutenção.	☐
A.2	**Todos os temas deste capítulo envolvem:**	
a	Geração e comparação de alternativas de solução de problemas de engenharia.	☐
b	Apenas comparação de alternativas economicamente viáveis.	☐
c	Apenas comparação de alternativas tecnicamente viáveis.	☐
A.3	**A alternativa de baixa de um equipamento deve ser considerada sempre que:**	
a	Aparece um equipamento mais moderno.	☐
b	Seu custo de manutenção aumenta.	☐
c	Os serviços dele até então requeridos deixam de ser necessários.	☐
A.4	**Projetos de *retrofit* têm entre seus principais objetivos:**	
a	Redução de custos de manutenção.	☐
b	Obter benefícios estéticos e funcionais.	☐
c	Contornar exigências legais.	☐
A.5	**Decisões de baixa, renovação e reposição de equipamentos:**	
a	Surgem espontaneamente ao longo da vida desses ativos.	☐
b	São orientadas por aspectos puramente técnicos.	☐
c	Deveriam fazer parte do planejamento de seu ciclo de vida.	☐

2) Assinalar Verdadeiro (V) ou Falso (F) em cada uma das seguintes questões:

B.1	CFQ resultantes decorrem de eventos ambientais fora do controle da gerência.	☐
B.2	Projetos de manutenção recebem alto grau de prioridade em todas as empresas.	☐
B.3	Na avaliação de projetos de renovação, tem-se abusado do critério do *payback*.	☐
B.4	A medida de custos diretos de manutenção subestima a importância dessa atividade.	☐

3) Questões de associação: identificar a alternativa da coluna à direita que melhor se associa à alternativa da coluna à esquerda:

C.1	☐	Valor residual.	V.1	Custo-eficácia.
C.2	☐	Planejamento de manutenção.	V.2	Demanda.
C.3	☐	Benefícios tangíveis.	V.3	Preço de mercado.
C.4	☐	Obsolescência funcional.	V.4	Mudança tecnológica.
			V.5	Ciclo de vida de ativos de engenharia.

Respostas: A1(b); A2(a); A3(c); A4(b); A5(c); B1(F); B2(F); B3(V); B4(V); C1 e V3; C2 e V5; C3 e V1; C4 e V2.

II) Questões discursivas de natureza conceitual (responda ou discuta)

1) Qual a diferença entre renovação e reposição?
2) "O aumento do valor residual de um equipamento contribui para prolongar sua vida útil."
3) É o custo de capital corporativo uma estimativa aceitável da taxa de desconto aplicável a projetos de manutenção?
4) O que se pode esperar da vida útil de equipamentos nos próximos 20 anos?

III) Exercícios Resolvidos

1. A Fast Courier tem um serviço de entregas que toma pedidos por meio de seu novo sistema com conexão web. Esse sistema estimulou um expressivo aumento de demanda. Contudo, sua frota de veículos tem sofrido paradas frequentes (veja a tabela a seguir com dados para as últimas 24 semanas), causando perda de receita e aumento de custo para reiniciar sua operação. A

alta administração receia que isso venha a se traduzir em perda de reputação da empresa.

Número de avarias de veículos	0	1	2	3	4
Número de semanas em que isso aconteceu	3	3	11	5	2
Número de horas perdidas	0	6	55	27	20

Estima-se que cada hora sem entrega custe, em média, $ 300. Quanto seria aceitável pagar à vista por um contrato anual de manutenção preventiva desses veículos que reduzisse a média de horas perdidas em 80%? Adote uma taxa de desconto de 1,5% a.m.

Solução. É preciso montar o fluxo de caixa do projeto e descontá-lo a 1,5% a.m. (veja a seguir).

Dados Básicos

# Avarias	# Vezes	# Horas
0	3	0
1	3	6
2	11	55
3	5	27
4	2	21

$/h parada	Custo $
300	0
300	1.800
300	16.500
300	8.100
300	6.300

Cálculo de Perdas com Paradas de Serviço

# Vezes	Freq. %	# Horas
3	12,50%	0
3	12,50%	6
11	45,83%	55
5	20,83%	27
2	8,33%	21
24	100,00%	

Média de h paradas por semana	33,33
Custo médio por semana	10.000
Custo médio (redução 80%)	8.000

Custo Atualizado de Perdas com Paradas de Serviço

Solução

Encontrar o *VP* de uma série uniforme de = 8.000

sendo *n* (meses) = 12

i (taxa de desconto) = 1,50%

VP = 87.260,04

2. A Fast Courier recebeu duas propostas para a prestação anual de serviços de manutenção preventiva de sua frota de veículos de entrega. Tanto *A* quanto *B* garantem igual redução de 80% em horas perdidas por avarias. Contudo, seus termos financeiros são diferentes. Compare as propostas.

Alternativa	À Vista	Mensal (12x)
A	20.000	2.650
B	12.000	3.500

Solução

A é a melhor alternativa.

Dados Básicos			*VP*
Alternativa	**À Vista**	**Mensal**	***VP* (1,5%)**
A	20.000	2.650	48.904,89
B	12.000	3.500	50.176,27

3. Avalie a conveniência de automatizar uma operação de carga e descarga de bagagens em um aeroporto, conhecendo os seguintes elementos:

a) Investimento fixo com vida útil de dez anos, 100% depreciado contabilmente (de acordo com a legislação fiscal), mas com valor residual de 15% – $ 300 mil.
b) Redução anual de custos de mão de obra – $ 85 mil.
c) Aumento anual de custos de energia e manutenção – $ 36 mil.
d) Alíquota do imposto de renda – 25%.
e) Taxa de desconto – 9% a.a.

Solução

Ano	Investimento	Red. Custos	Aum. Custos	Aum. LAIR	Aum. IR	Aum. LL	Depreciação	FCL$
0	300.000	0	0	0	0	0	0	−300.000
1	0	85.000	36.000	49.000	12.250	36.750	30.000	66.750
2	0	85.000	36.000	49.000	12.250	36.750	30.000	66.750
3	0	85.000	36.000	49.000	12.250	36.750	30.000	66.750
4	0	85.000	36.000	49.000	12.250	36.750	30.000	66.750
5	0	85.000	36.000	49.000	12.250	36.750	30.000	66.750

continua

continuação

Ano	Investimento	Red. Custos	Aum. Custos	Aum. LAIR	Aum. IR	Aum. LL	Depreciação	FCL$
6	0	85.000	36.000	49.000	12.250	36.750	30.000	66.750
7	0	85.000	36.000	49.000	12.250	36.750	30.000	66.750
8	0	85.000	36.000	49.000	12.250	36.750	30.000	66.750
9	0	85.000	36.000	49.000	12.250	36.750	30.000	66.750
10	45.000	85.000	36.000	94.000	23.500	36.750	30.000	111.750

VR	15%
IR	25%
i	9%
VPL	147.387
TIR	18,77%
PBD	≈ 6 anos
Θ*	5,65 anos

O projeto é financeiramente viável, porque:

1) Cria valor para o investidor – VPL > 0, TIR > i.

2) Apresenta liquidez aceitável – PBD ≅ Θ*.

Observação: Calculou-se o lucro na venda dos ativos contabilmente depreciados, mas com valor de mercado.

4. A Cia. Heavy Metal usa uma máquina que não tem freio e para 30 segundos após a força ter sido desligada ao fim do processamento da peça. Isso atrasa a remoção da peça e a liberação da máquina. O tempo de processamento da peça é de 2 minutos, fora o tempo de parada da máquina. Esta processa 40 mil peças por ano. O operador recebe $ 6.50/hora e a taxa de custos indiretos alocados é de $ 4,00/hora. O custo de manutenção do freio é $ 250/ano. Deveria a HM pagar $ 8 mil por um freio que, durando cinco anos, reduzisse o tempo de parada a 3 segundos? A taxa de juros é 10% a.a. Despreze o imposto de renda em sua análise.

Solução

Sim, o investimento é mais que compensado pela redução do tempo improdutivo da máquina.

Dados Básicos

Produção peças/ano	40.000
Poupança tempo seg/peça	27
Custo do freio	8.000
Vida útil do freio (anos)	5
Taxa de desconto	10%

Cálculos de Custos e Benefícios

Poupança tempo h/ano	300
Poupança custo/h	10,50
Operador	6,50
Custos indiretos alocados	4,00
Custo manutenção freio	250
Poupança total custos	2.900

Solução

Fluxo de caixa anual 2.900

VP da redução de custos 10.993,28

(–) Custo do freio 8.000

(=) VPL do investimento 2.993,28

O investimento no freio é financeiramente atrativo.

5. A Cia. WIZ está analisando a compra de uma máquina de enfardamento de papel recuperado no valor de $ 50 mil. Estimaram-se as entradas líquidas de caixa (incluem o investimento inicial e os fluxos operacionais líquidos futuros) e os valores residuais (*VR*) para os próximos sete anos (máxima vida de serviço da máquina). Deseja-se saber por quanto tempo se deve operar a máquina. A Cia. WIZ exige de seus investimentos um retorno mínimo de 12% a.a.

Ano	0	1	2	3	4	5	6	7
FlCx	–50.000	10.000	15.000	18.000	13.000	9.000	6.000	5.000
VR	50.000	40.000	32.000	25.000	21.000	18.000	14.000	10.000

Solução. Este é um problema de baixa sem reposição. O objetivo é maximizar o VPL em função do tempo de serviço. A máquina deve ser operada por cinco anos, gerando um VPL de $ 7.280.

Ano	F(1)	F(2)	F(3)	F(4)	F(5)	F(6)	F(7)
0	–50.000	–50.000	–50.000	–50.000	–50.000	–50.000	–50.000
1	50.000	10.000	10.000	10.000	10.000	10.000	10.000
2	0	47.000	15.000	15.000	15.000	15.000	15.000
3	0	0	43.000	18.000	18.000	18.000	18.000
4	0	0	0	34.000	13.000	13.000	13.000
5	0	0	0	0	27.000	9.000	9.000
6	0	0	0	0	0	20.000	6.000
7	0	0	0	0	0	0	15.000
	–5.357	-3.603	1.493	5.306	7.281	7.200	6.892

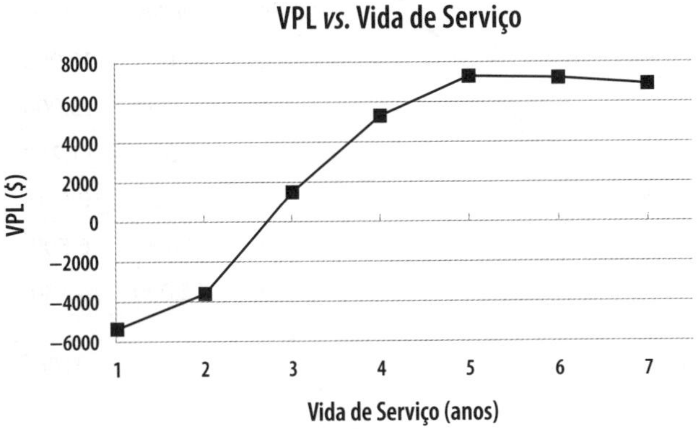

Dados Básicos

Ano	FlCx	VR's
0	−50.000	50.000
1	10.000	40.000
2	15.000	32.000
3	18.000	25.000
4	13.000	21.000
5	9.000	18.000
6	6.000	14.000
7	5.000	10.000
	I	12%

Alternativa	F(1)	F(2)	F(3)	F(4)	F(5)	F(6)	F(7)
VPL	-5.357	-3.603	1.493	5.306	7.281	7.200	6.892

6. Um equipamento novo custa $ 20 mil. Esperam-se os seguintes custos anuais (operação e manutenção) e valores residuais para os próximos cinco anos (máxima vida de serviço). O custo de capital é 10% a.a. Qual é a vida econômica do equipamento?

Ano	0	1	2	3	4	5
Custos	0	2.000	3.000	4.620	8.000	12.000
Valor residual	20.000	15.000	11.250	8.500	6.500	4.750

Solução. Este é um problema de baixa com reposição. A vida econômica é o tempo de serviço que tem o menor Cupe, no caso, três anos.

Ano	F(1)	F(2)	F(3)	F(4)	F(5)
0	20.000	20.000	20.000	20.000	20.000
1	−13.000	2.000	2.000	2.000	2.000
2	0	−8.250	3.000	3.000	3.000
3	0	0	−3.880	4.620	4.620
4	0	0	0	1.500	8.000
5	0	0	0	0	7.250
VPL	8.182	15.000	21.382	28.793	37.734
CUPE	9.000	8.643	8.598	9.083	9.954

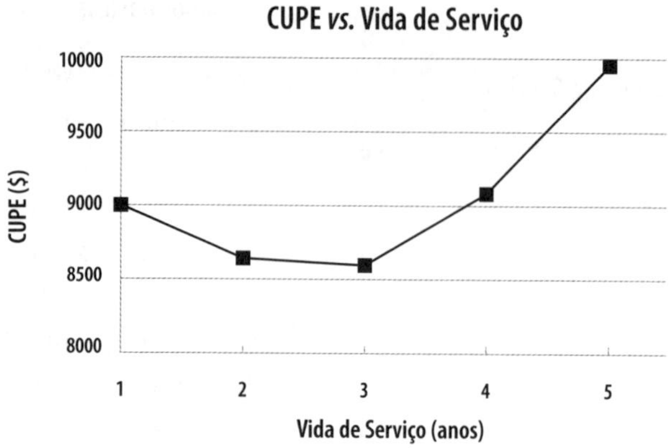

Dados Básicos

Ano	Custos	VR
0	0	20.000
1	2.000	15.000
2	3.000	11.250
3	4.620	8.500
4	8.000	6.500
5	12.000	4.750
	i	10%

Alternativa	F(1)	F(2)	F(3)	F(4)	F(5)
CUPE	9.000	8.643	8.598	9.083	9.954

7. Deseja-se saber por quanto tempo deve-se manter em serviço uma máquina usada antes de ser substituída pelo equipamento do problema anterior. O defensor tem dois anos, custou $ 13 mil e possui valor de mercado atual de $ 5 mil. Se mantido em serviço terá os custos anuais e os valores residuais a seguir. O custo de oportunidade de capital continua sendo de 10% a.a.

Ano	1	2	3	4
FICx	5.500	6.600	7.800	8.800
VR	4.000	3.000	2.000	1.000

Solução. Sabe-se, de acordo com o problema anterior, que o prazo ótimo de reposição do desafiante é três anos, que lhe produz um Cupe de $ 8.598. É preciso agora determinar os Cupe médios e marginais relativos ao uso do equipamento antigo por um, dois, três e quatro anos.

Cupe marginal

O Cupe marginal (MARG) é a diferença entre dois VP consecutivos, capitalizada para o ano desejado. Por exemplo: MARG (3) = ($ 19.812,17 – 12.975,21) x 1,331 = $ 9.100,00.

É mais vantajoso operar a máquina antiga por mais dois anos, pois seu Cupe marginal será inferior ao Cupe mínimo da máquina nova. A substituição por esta deve ocorrer entre dois e três anos.

Ano	F(1)	F(2)	F(3)	F(4)
0	–5.000	–5.000	–5.000	–5.000
1	–1.500	–5.500	–5.500	–5.500
2	0	–3.600	–6.600	–6.600
3	0	0	–5.800	–7.800
4	0	0	0	–7.800
VP (10% a.a.)	–6.364	–12.975	–19.812	–26.642
Cupe (10% a.a.)	7.000	7.476	7.967	8.405
MARG (10% a.a.)	7.000	8.000	9.100	10.000

IV) Exercícios propostos

1. Um equipamento com três anos pode ser vendido hoje por $ 50 mil. Mantido em uso por mais um, dois, três ou quatro anos, produzirá os efeitos financeiros vistos no quadro a seguir. O custo de capital da empresa é 10% a.a. O que ela deve fazer?

Ano	Receita	Custo	Valor residual
4	60.000	36.000	32.000
5	45.000	30.000	24.000
6	36.000	30.000	18.000
7	32.000	32.000	10.000

2. Um equipamento novo custa $ 60 mil. Esperam-se os seguintes custos anuais (operação e manutenção) e valores residuais para os próximos cinco anos (máxima vida de serviço). O custo de capital é 10% a.a. Qual é a vida econômica do equipamento?

Ano	Receita	Custos	VR
0	0	0	60.000
1	33.000	8.000	48.000
2	36.000	9.000	36.000
3	38.000	10.000	20.000
4	30.000	13.000	8.000
5	20.000	16.000	3.000

3. A renovação de um edifício antigo projeta uma redução anual constante do consumo de eletricidade. Admitindo-se um investimento de $ 25 mil e uma taxa de desconto de 12% a.a., quanto precisa ser economizado anualmente para o projeto se pagar (e remunerar) em três anos?

4. Um equipamento novo custa $ 1 mil e tem vida útil de cinco anos, sem valor residual; sua operação a plena capacidade proporcionaria um fluxo de caixa estável de $ 500. Dois programas de manutenção *A* e *B* foram considerados, com benefícios e custos diferentes. O primeiro envolve pouca manutenção preventiva, enfatizando consertos quando o equipamento apresentar problemas. Já o segundo dá preferência à manutenção preventiva. Estimaram-se os aproveitamentos de capacidade (Cap) e os custos de manutenção (CM) correspondentes. Avalie comparativamente esses programas. A taxa de desconto é 10% a.a.

Ano	1	2	3	4	5
Cap (A)	100%	95%	88%	80%	75%
CM (A)	30	40	60	80	100
Cap (B)	100%	95%	90%	85%	80%
CM (B)	50	55	65	60	70

V) Caso

Discuta as relações entre (a) programas de manutenção; e (b) reparo, renovação e baixa ou reposição de um equipamento. Como pode a economia da engenharia ajudar o engenheiro a tomar melhores decisões em cada uma dessas atividades?

VI) Solução dos exercícios propostos

1. O equipamento deve ser baixado sem reposição ao final de dois anos. Isso proporcionará um VPL máximo igual a $ 4.050.
2. A vida econômica do ativo deve estar situada entre dois e três anos. Sendo o fluxo de caixa discretizado em anos, a resposta cabível são dois anos. Entretanto, a curva do Bupe sugere que o ponto máximo esteja entre dois e três anos.
3. A renovação do edifício terá de gerar uma economia anual de $ 10.409.
4. Esse exercício apura os efeitos de diferentes programas de manutenção sobre a disponibilidade de equipamento. O programa *B*, que enfatiza manutenção preventiva, oferece melhores expectativas de resultados financeiros, o que

decorre de ele assegurar mais horas de capacidade produtiva. Seu VPL é $ 500, contra $ 462 de *A*; sua TIR é um pouco mais alta, 29,3% a.a., contra 28,7% a.a. do programa *A*.

Referências

Engineering Asset Management (Gerência de ativos de engenharia)

HASTINGS, Nicholas Anthony John. *Physical asset management*. Londres: Springer, 2010.

Economia da manutenção

HARRINGTON, H. J. *Poor-quality cost concept and pratice*: evolution of H. J. Harrintgton's poor quality cost model. Disponível em: <http://www.harrington.com./html/body_poor_quality_cost.html> .

MCCULLY, Brad. *Advanced technology services. Business based maintenance*: the way to maintenance effectiveness. Disponível em: <http://www.advancedtech.com/download.aspx?file=business-based-maintenance-wp10.pdf&dir=wp> .

MOBLEY, R. Keith. *An introduction to preventive maintenance*. Butterworth-Heinemann, 2002 .

CLEVERLEY, William O. *Handbook of health accounting and finance*. Jones & Bartlett Publishers, 1989 .

PINHEIRO CÔRTES, José Guilherme. *The economics of maintenance engineering*: a missing link in the process of asset management? VI World Congress of Engineering Asset Management (WCEAM), Brisbane, Austrália, 2010.

WELLINGTON, Arthur Mellen. *The economic theory of railway location*. 6. ed. corrigida. Nova York: John Wiley & Sons, 1911.

PPC ONLINE. *Engineering economics analytical design*. Disponível em: <http://www.asme.org>.

Economia da renovação (*retrofit*)

COHEN, S. et al. "Energy savings and economics of retrofitting single-family buildings". *Energy and Buildings*, v. 17, n. 4, p. 297-311, abr. 1991.

CROITOR, Eduardo Nocetti; MELHADO, Sílvio Burratino. "A gestão de projetos aplicada à reabilitação de edifícios: Estudo da interface entre projeto e obra", *Boletim Técnico da Escola Politécnica da USP*, Departamento de Engenharia de Construção Civil. 2009.

GHISI, Enedir; LAMBERTS, Roberto. *Desenvolvimento de uma metodologia para retrofit em sistemas de iluminação*. Universidade Federal de Santa Catarina, Laboratório de Eficiência Energética em Edificações, s.d. Disponível em: <http://www.labeee.ufsc.br/arquivos/publicacoes/entac98_ghisi1.pdf>.

SOARES DE ALMEIDA, Gustavo. *Metodologia para avaliação econômica para unidades resfriadoras de líquidos por ciclos de absorção e compressão*, Dez. 2005. Dissertação de Mestrado em Engenharia Mecânica. Departamento de Engenharia Mecânica, Faculdade de Tecnologia, Universidade de Brasília. Disponível em: <http://www.laar.unb.br/Publicacoes_LaAR/Mestrado_GustavoSoaresdeAlmeida_DEZ2006.pdf>.

Baixa e reposição de equipamentos

BLANK, Leland; TARQUIN, Anthony. *Engenharia econômica*. 6. ed. Tradução de José Carlos Barbosa dos Santos. Revisão técnica de Daisy Aparecido do Nascimento Rebelatto. São Paulo: McGraw-Hill, 2008. Capítulo 11, Decisões sobre substituição e retenção.

DEGARMO, E. Paul et al. *Engineering economy*. 8. ed. Nova York: Macmillan e Londres: Collier Macmillan, 1989.

DYL, E. A; LONG, H. W. "Abandonment value and capital budgeting", *Journal of Finance*, XXIV, mar. 1969.

ESCHENBACH, Ted G. *Engineering economy*: applying theory to practice. Chicago: Irwin, 1995. Capítulo. 11, Replacement analysis.

HARTMANN, Joseph C. *Engineering economy and the decision-making process*. Upper Saddle River: Pearson Education, 2007. Capítulo 16, Abandonment and replacement analysis.

NEWNAN, Donald G.; LAVELLE, Jerome P. *Fundamentos de engenharia econômica*. 1. ed. Tradução de Alfredo Alves de Farias. Revisão técnica de Alceu Salles Camargo Jr. Rio de Janeiro: LTC, 2000. Capítulo 12: Análise de substituição.

PARK, Chan S. *Contemporary engineering economics*. 2. ed. Menlo Park: Addison-Wesley, 1997. Capítulo 10, Replacement analysis.

SULLIVAN, William G. et al. *Engineering economy*. 14. ed. Upper Saddle River: Pearson, Prentice Hall, 2009. Capítulo 9, Replacement analysis.

Capítulo 7 Introdução à análise de projetos sob condições de risco

7.1 Objetivos e resumo do conteúdo

7.1.1 O problema

O procedimento-padrão de análise de projetos de investimento começa por uma previsão de seu fluxo de caixa sob a premissa de que ele é antecipado com certeza. Essa abordagem determinística se completa na utilização de uma taxa de desconto livre de risco, mantida inalterada por todo o ciclo de vida do projeto. Tudo isso constitui uma simplificação necessária do processo de análise que, contudo, não pode pressupor clarividência do analista.

É tempo de abandonar o confortável e hipotético mundo da certeza. A decisão de investimento estará sempre cercada de riscos – fatores e eventos futuros e imprevisíveis, que hoje ninguém pode prever com certeza. Logo, o modelo de análise deve incorporar procedimentos adequados para lidar com a insuficiência do conhecimento humano. Aqui, mantenho a distinção introduzida por Knight[1] entre certeza, risco e incerteza. Essa análise se situa entre as balizas da certeza (um só futuro possível, conhecido) e risco ("n" futuros possíveis, a cada um se atribuindo uma probabilidade de ocorrência). Entre esses dois extremos, problemas não faltam.

Limites dos modelos de análise: fatores exógenos e fatores endógenos

O "caso básico" de um projeto independente e isolado, submetido à avaliação sob condições determinísticas, é provavelmente muito mais "básico" do que

---

1 KNIGHT, Frank H. *Risk, uncertainty and profit*. Cambridge: Harvard University Press, 1921.

supõe o conhecimento humano. A atenção é devida a fatores determinantes e opções de decisão:

- **Fatores exógenos.** Algumas variáveis de máxima importância na tomada de decisão de investimento são definidas de forma exógena ao "caso básico". Por exemplo, quando iniciar o projeto (*timing* de entrada), quando terminar o projeto (*timing* de saída), de que tamanho fazer o projeto (escolha da escala ótima), onde situar o projeto (escolha da localização ótima) etc. – essa lista é apenas sugestiva da grande quantidade de decisões ignoradas pelo "caso", no sentido de que se presumem resolvidas previamente.
- **Fatores endógenos.** Outras variáveis, de maior ou menor importância, são "sensibilizadas" de vários modos. Uma por vez, tudo o mais permanecendo constante, eis a **análise de sensibilidade**. Um elenco internamente coerente de variáveis por vez, está-se aplicando **análise de cenários**. Por último, o mais amplo conjunto de variáveis, cada uma delas sujeita a uma distribuição de probabilidades, alcança-se o teto da **simulação de Monte Carlo**.
- **Opções de decisão.** Diante de uma proposta de investimento, há um leque de alternativas. Pode-se adiar a decisão ou tomá-la agora. Nesse caso, aprova-se ou rejeita-se a proposta. Assim, o *timing* da decisão faz parte do problema.

Opções	
Adiar	
Decidir agora	Rejeitar
	Aprovar

7.1.2 Tipos de risco na análise de projetos

Há três tipos de risco relevantes na análise de projetos de investimento:

1. *Stand-alone risk* é o risco total do projeto como se ele fosse operado independentemente. Ignora tanto a diversificação da empresa entre projetos como a diversificação do investidor entre empresas. É medido ou pelo desvio-padrão ou pelo coeficiente de variação do VPL (ou de outro critério de criação de valor).
2. *Within-firm risk* ou *corporate risk* é o risco total do projeto considerando-se outros projetos da empresa, isto é, diversificação interna. É a contribuição do projeto ao risco total da empresa, função de (a) risco individual do projeto (*stand alone risk*); e (b) correlação dos retornos do projeto com os retornos do restante da empresa. Mede-se pelo beta do projeto em relação à empresa – declividade da linha de regressão entre os retornos do projeto e os retornos da empresa.

3. *Market risk* é o risco do projeto que leva em conta a diversificação da carteira de um investidor bem diversificado. Mede-se pelo beta de mercado do projeto, declividade da linha de regressão entre os retornos do projeto e os retornos do mercado.

Cada um desses riscos tem diferente uso no processo de alocação de capital:

- Porque o principal objetivo dos administradores é maximizar a riqueza dos investidores, o risco mais relevante na análise de projetos é o risco de mercado.
- Contudo, credores, clientes, fornecedores e empregados são todos afetados pelo risco total da empresa. Como esses participantes influenciam a rentabilidade da empresa, o risco corporativo não deve ser desprezado.
- Infelizmente, de longe o tipo de risco mais fácil de medir é o risco individual do projeto. Assim, muitas vezes, as empresas focalizam esse risco em seus orçamentos de capital. Mas esse foco nem sempre produz más decisões: projetos estratégicos (*core business projects*) tendem a apresentar risco individual altamente correlacionado ao risco corporativo, enquanto este, por sua vez, também se correlaciona fortemente ao risco de mercado.

7.1.3 Métodos para lidar com risco

A análise de projetos lida com o incerto de dois modos: um faz o risco se refletir nas estimativas de seu fluxo de caixa, outro deposita o peso do risco na taxa de desconto aplicada ao fluxo de caixa (não ajustado pelo risco). Nesse processo, a análise determinística é o passo inicial na avaliação que, dependendo das estimativas dos riscos envolvidos, talvez baste para sustentar tecnicamente a decisão de investimento. Mas se deve esperar que projetos estratégicos - que agregam nova capacidade ou modificam significativamente o perfil de capacidade da empresa - envolvam muitos e importantes riscos. Logo, sua análise requer ponderação devida dos fatores de risco.

Projetos são vetores de transformação, jamais clones em miniatura da empresa de que se originam. Diferem da "nave-mãe" em muitos aspectos que afetam a geração de caixa do investimento:

- Mercado
- Ambiente legal
- Administração
- Engenharia de construção e operação
- Tamanho
- Localização
- Estrutura de ativos (mistura de aplicações em ativos fixos e capital de giro)
- Estrutura de capital (mistura de fontes de financiamento)

a) Atribuição de risco: fluxo de caixa *versus* taxa de desconto

Dado um projeto analisado sob duas diferentes condições de antecipação do futuro: certeza e risco.

Ano	FC$	FC$ (certeza)	FC$ (risco)
0	F_0	−100	−100
1	F_1	120	120

Observação: Admitiu-se que, sob condições de risco, a estimativa mais provável do futuro fluxo de caixa F_1 coincida com sua perfeita antecipação no caso de condições de certeza; evidentemente, esta é uma simplificação com o propósito único e exclusivo de facilitar o estudo inicial do problema.

Quanto maior a variância de F_1 – mais aberta a distribuição de probabilidades – tanto maior o risco do investimento. O valor presente líquido V, assumindo-se certeza quanto a F_0, dependerá de como se faça esse risco refletir-se em F_1 ou i (taxa de desconto) na equação a seguir:

$$V = \frac{F_1}{1+i} + F_0$$

Deve-se ajustar F_1 ou i, nunca os dois juntos (*double counting*):

1. Ajustamento do custo de oportunidade do capital COC (i).
   Modelo CAPM adiciona prêmio de risco sistemático à taxa livre de risco.

> **Que fluxo será descontado? O que garante que a estimativa de F_1 corresponderá ao centro da distribuição de probabilidades? Como lidar com estimativas otimistas ou pessimistas?**

2. Ajustamento de $F_{1.}$
   Equivalente de certeza (EC).
   Geração de fluxos incertos.

a) Análise de sensibilidade.
b) Análise de cenários.
c) Análise de simulação.

Qual será a taxa de juros usada para desconto? Se o fluxo de caixa for tratado com os EC, a taxa deverá ser livre de risco. E nos demais casos? Alguém sabe?

b) Matriz de instrumentos de análise de risco de projetos de investimento

A seguir, mostra-se como diferentes instrumentos de análise se aplicam a distintas situações. Uma vez mais, o quadro não pretende ser exaustivo, apenas um apoio ao estudo da questão.

Matriz de instrumentos de análise de risco de projetos de investimento

	Avaliação e decisão em estágio único	Avaliação e decisão em Sequência
Stand Alone	**Análise de sensibilidade** Análise de cenários Análise de simulação	**Árvores de decisão** Opções reais
Corporate	?	x
Market	**CAPM** APT Modelos multifatoriais	x

7.2 Ajustamento do fluxo de caixa: o que se sabe(?)

Somente o uso dos equivalentes de certeza transfere integralmente o risco para o fluxo de caixa. O método suposto teoricamente rigoroso e de difícil aplicação prática ficará fora dessas notas, que focalizarão (a) análise de sensibilidade, (b) cenários e (c) simulação.

7.2.1 Análise de sensibilidade AS e ponto de nivelação PN

AS (*what if analysis*) mede quão sensível é o fluxo de caixa em face de variações em fatores como volume de vendas, preço, custo variável unitário, alíquota do imposto de renda etc. O analista muda o valor de cada fator (*variável sensitiva*) por vez, dentro de um intervalo relevante. PN indica o volume mínimo de vendas necessário para não haver ganhos ou perdas. Corresponde à igualdade entre os *VP* dos fluxos de entradas e saídas de caixa, logo a um VPL zero.

Variável Sensitiva	Fonte de Variação	Fator de risco Sistemático	Fator de risco Específico
Mercado total	Mercado	✓	
Market share %	Empresa		✓
Preço	Mercado + Empresa	✓	✓
Custo variável unitário	Empresa		✓
Custo fixo total	Empresa		✓
Alíquota IR	Mercado	✓	
Vida útil do projeto	Mercado	✓	

Exemplo: Analisar a sensibilidade do VPL (10% a.a.) de um investimento de $ 100 milhões a três estimativas de volume, preço, custo variável unitário e custo fixo total. A capacidade do projeto é de 20 mil unidades anuais. Encontrar o ponto de equilíbrio (volume que faz VPL = $ 0).

Exemplo de análise de sensibilidade

Discriminação	Anos 1-10
Receita	156
Custo Variável	90
Custo Fixo	27
Depreciação	10
Lair	39
IR (30%)	11,7
Lucro líquido	27,3
Fluxo de caixa	37,3

	Estimativa		
Variável	Pessimista	Esperada	Otimista
Mercado (M)	0,5	1	1,5
Market Share	2%	3%	5%
Preço ($)	3.800	5.200	6.000
CV unitário ($)	3.500	3.000	2.700
FC excl. depreciação ($M)	30	27	25

Solução

	VPL (10% a.a.)		
Variável	Pessimista	Esperada	Otimista
Mercado (M)	−12,7	129,2	271,3
Market Share (%)	34,6	129,2	318,4
Preço ($)	−51,5	129,2	348,6
CV unit. ($)	64,7	129,2	167,9
FC total ($M)	116,3	129,2	137,8

No *break-even*, VPL = 0:

100.000.000 = *FRP* (10%,10) × × {0,7 × [(5.200 – 3.000) . *X* – – 27.000.000] + 10.000.000}

≥ *X* = 16.347 unidades/ano

Esse exemplo alerta para os graves riscos de quedas de tamanho de mercado e de preço. Deverão essas variáveis ser monitoradas com rigor e as ações preventivas e compensatórias previstas.

Cabem aqui algumas observações a respeito de AS:

1. As estimativas "pessimista", "esperada" e "otimista" não podem surgir do nada – como, infelizmente, é comum em muitos textos didáticos. Elas devem se basear em antecedentes fornecidos por estudos de mercado, engenharia do projeto, capacidade e localização, entre outros.
2. Este é o melhor antídoto contra avaliações subjetivas. Na prática, de acordo com o estimador, varia-se a definição de condições "pessimista", "mais provável" e "otimista". O aumento do intervalo entre otimista e pessimista, desacompanhado de probabilidades de ocorrência, não necessariamente define uma expectativa de maior risco.
3. Situações em AS não são associadas a probabilidades de ocorrência.
4. Pode-se "sensibilizar" resultados de dois modos: variações proporcionais simétricas acima e abaixo do *base case* ou estimativas de *worst case* e *best case*. Aquelas são uma confissão de que o analista efetivamente não tem ideia do risco do projeto associado a cada variável "sensitiva", ele está apenas jogando com números. Por sua vez, estimativas de *base case* e *worst case* não incorporam qualquer medida de erros de previsão.
5. AS não separa fatores sistemáticos de fatores não sistemáticos de risco. Assim, lida-se com o risco total (*stand alone risk*), o que torna ainda mais difícil ajustar a taxa de desconto ao grau de risco merecedor de prêmio (ou seja, o risco sistemático).
6. AS ignora (ou despreza) a principal interação entre variáveis em análises *FCD*: aquela entre o risco do fluxo de caixa (que AS procura de algum modo representar) e a taxa de desconto apropriada (que corretamente reflete o risco daquele fluxo de caixa).
7. AS não leva em conta os efeitos de diversificação sobre o risco.
8. Por fim, AS não é um instrumento de tomada de decisão. Quando muito, na comparação de alternativas, leva a melhor percepção de riscos (totais) comparados.

7.2.2 Cenários

Pode-se analisar um projeto sob diferentes cenários – representações simplificadas de uma gama de condições econômicas, políticas, tecnológicas, de mercado e outras capazes de afetar os fluxos de caixa. Não é desejável que o mesmo analista elabore os múltiplos cenários em que baseará sua análise. O ideal é que esses cenários sejam preparados por um *staff* técnico especializado.

A análise de cenários é uma versão menor de análise de simulação que emprega um número limitado de "estados futuros da natureza". Muitas vezes, esses estados são descritos como *otimista*, *pessimista* e *mais provável*.[2] É preciso que cada cenário se caracterize por condições de (i) plausibilidade, (ii) coerência interna, e (iii) separação de fatores previsíveis e não previsíveis (estas serão as variáveis diferenciadoras dos vários cenários).

7.2.3 Simulação

AS apura o efeito de se mudar uma variável por vez, enquanto cenários captam os efeitos de um número limitado de combinações plausíveis de variáveis. Já a simulação de Monte Carlo considera as possíveis combinações de todas as variáveis julgadas importantes. Ela fornece a distribuição estatística da medida de resultado escolhida pelo analista. Seu uso tem crescido, apesar de ser mais complexa – sobretudo na interpretação dos resultados.

A simulação é a análise de fluxos de caixa e retornos sobre investimentos em que mais de um elemento incerto é considerado (permitindo que mais de uma distribuição de probabilidade apareça no quadro).

A análise de sensibilidade passa a se tornar não administrável quando se começa a mudar dois fatores ao mesmo tempo (mudar mais de dois é pior ainda). Uma abordagem funcional para mudar dois ou mais fatores ao mesmo tempo é a simulação por computador. A análise de simulação deixa o administrador financeiro desenvolver uma distribuição de probabilidades de resultados possíveis, dada uma distribuição de probabilidades para cada variável que possa mudar.

A análise de simulação é mais realista que a análise de sensibilidade, porque introduz incerteza para muitas variáveis. Mas, caso o analista use sua imaginação, essa análise pode se tornar complexa, uma vez que há mais interdependências entre muitas variáveis em dado ano e interdependências entre as variáveis em diferentes períodos.

Uma falha é a análise de simulação olhar para um projeto isoladamente, ignorando os efeitos de diversificação de projetos, focalizando assim o risco total de um só projeto. E a análise de simulação também ignora os efeitos da diversificação sobre o patrimônio pessoal dos investidores. Se estes mantêm carteiras diversificadas, então devem se preocupar em como um projeto afeta o risco da carteira, não com o risco do projeto isolado.

A análise de cenários examina diversos cenários possíveis, habitualmente denominados "pior caso", "caso mais provável" e "melhor caso". Ou seja, costuma considerar apenas três resultados possíveis.[3] Evidentemente, o mundo é

---

2 Tais designações podem ser perigosas. Alguns analistas serão induzidos a se agarrar às estimativas descritas como "mais prováveis" e confundi-las com o valor esperado da distribuição estatística dos futuros fluxos de caixa. Considero preferível operar com cenários contrastantes – estimuladores de pensamento e ação orientados para contingências – sem lhes atribuir probabilidades de ocorrência ou vincular rótulos sugestivos dessas probabilidades.

3 Essa visão de três cenários – pessimista, normal e otimista – é muito difundida na prática. Não é a minha visão.

muito mais complexo, e a maioria dos projetos tem um número quase infinito de resultados possíveis.

A análise de simulação é um tipo de análise de cenário que utiliza um software de planejamento financeiro relativamente poderoso, como IFPS ou @Risk. Aqui, as variáveis incertas do fluxo de caixa (como vendas) entram como parâmetros de distribuições contínuas de probabilidades, em vez dos valores pontuais. Então, o computador usa um gerador de números aleatórios para atribuir valores a elas com base nas distribuições escolhidas. Uma vez selecionados os valores dessas variáveis, eles são combinados e um VPL é calculado. O processo é repetido muitas vezes, mil vezes talvez, com os novos valores selecionados das distribuições obtidas em cada iteração. O resultado final é uma distribuição de probabilidades baseada em uma amostra de mil valores. O software pode desenhar a distribuição e imprimir um sumário de números, como VPL. A simulação dá ao tomador de decisão uma ideia melhor da rentabilidade de um projeto do que a análise de cenários, pois incorpora um número muito maior de resultados possíveis.

Não obstante ser a análise de simulação tecnicamente refinada, sua utilidade é limitada, uma vez que os administradores não são habitualmente capazes de especificar as distribuições de probabilidades das variáveis.[4] Além disso, as correlações entre as variáveis incertas têm de ser especificadas com as correlações ao longo do tempo. Se os administradores não se mostrarem capazes de fazer isso com confiança, então os resultados de uma simulação terão pouco valor.

Concluindo: análises de sensibilidade, cenários e simulação não são regras de decisão. Elas não indicam se o retorno esperado de um projeto é suficiente para compensar seu risco. As três ignoram o processo de diversificação da carteira de investimentos. Medem *stand-alone risk*, que pode não ser o risco mais relevante na tomada de decisão de investimentos.

7.3 Ajustamento da taxa de desconto

7.3.1 Introdução

Esta seção trata do ajustamento do segundo elemento da equação de valor de um investimento, a taxa de desconto aplicável ao investimento, que pode ser feito de modo subjetivo ou objetivo.

4 Isso é discutível. Pode-se trabalhar com arquivos de distribuições, fruto do aprendizado em experiências anteriores.

1. Ajustamento objetivo: modelo valor esperado *versus* variância

Considera o risco total do investimento (*stand alone risk*). Desconta-se o *fluxo de caixa esperado* ao custo de capital ajustado pelo risco, medido pelo *coeficiente de variação* daquele fluxo.

Fluxo de caixa esperado. Ponderam-se os fluxos previstos por suas probabilidades de realização.

Coeficiente de variação. Divide o *desvio-padrão* do fluxo de caixa pelo valor esperado do fluxo.

Fator de risco. Parâmetro fixado subjetivamente pelo tomador de decisão, transforma o *coeficiente de variação em prêmio por risco.*

Taxa de desconto dos fluxos esperados. Soma à taxa *livre de risco* o *prêmio por risco* – produto do *fator de risco* pelo *coeficiente de variação.*

Exemplo: Analise dois projetos mutuamente exclusivos, com vida de cinco anos, com fluxos de caixa distribuídos como a seguir. A requer investimento de $ 1 mil e B de $ 1.100. A taxa de juros livre de risco é 7% a.a., acrescida de 1 ponto de porcentagem para cada 10% do coeficiente de variação.

Projeto A	Fluxo de Caixa	200	300	450
	Probabilidade	0,1	0,6	0,3
Projeto B	Fluxo de Caixa	210	330	450
	Probabilidade	0,1	0,8	0,1

Solução. Como demonstrado a seguir, o Projeto A é a melhor escolha.

Projeto A

FC pós-investimento esperado	200 × 0,1 + 300 x 0,6 + 450 × 0,3 = 335
FC do projeto esperado	(–1.000, 335, 335, 335, 335, 335)
Desvio-padrão do FC pós-investimento esperado	85,15
Coeficiente de variação do FC pós--investimento esperado	85,15 × 100/335 = 25,42%
Taxa de desconto *i*A	7% + 25,42/10 × 1% = 9,542% a.a.
VPL (A) @ 9,542% a.a.	$ 284,91
TIR (A)	20,08% a.a.

Projeto B

FC pós-investimento esperado	210 × 0,1 + 330 × 0,8 + 450 × 0,1 = 330
FC do projeto esperado	(−1.100, 330, 330, 330, 330, 330)
Desvio-padrão do FC pós-investimento esperado	56,57
Coeficiente de variação do FC pós-investimento esperado	56,57 × 100/330 = 17,14%
Taxa de desconto *i*B	7% + 17,14/10 × 1% = 8,714% a.a
VPL (B) @ 8,714% a.a.	$ 193,17
TIR (B)	15,24% a.a.

2. Ajustamento subjetivo

Nem sempre se pode calcular o fluxo de caixa esperado. A alternativa é ajustar a taxa de desconto, elevando-a conforme o grau de risco atribuído ao projeto pela sensibilidade do analista.

3. Ajustamento objetivo segundo algum modelo de precificação de risco

Esta é apenas uma introdução à análise de projetos de investimento em condições de risco. O caminho à frente é extenso e rico em oportunidades. Não pretendendo mapear tais oportunidades de modo exaustivo, mas posso indicar alguns procedimentos perfeitamente atuais:

- Os modelos CAPM (*Capital Asset Pricing Model*) e a APT (*Arbitrage Pricing Theory*) tratam risco como desconhecimento do futuro que se resolve hoje, de uma só vez (decisão de investimento sob condições de risco é do tipo *now or never*). O risco total de um investimento (variância de sua taxa de retorno) divide-se em duas partes: risco específico ou não sistemático e risco de mercado ou sistemático. Aquele deriva de condições únicas de cada ativo – possibilidades de êxito de uma nova tecnologia, competência da equipe gerencial ou crise sucessória são exemplos de causas do risco específico, com que os investidores lidam diversificando suas aplicações no mercado de capitais. Já o risco sistemático acompanha as aplicações de capital através do mercado como um todo – provêm de fatores macroambientais afetando em graus diferentes todos os investimentos. O CAPM é um modelo de um só fator de risco sistemático (o índice do mercado), a APT opera uma solução multifatorial.
- Opções reais inserem flexibilidade na análise de projetos, ao mesmo tempo em que tratam o grau de informação como dinâmico no tempo. Por exemplo, o planejamento de uma fábrica de forma modular permite, ao longo do tempo, que se adquira mais e melhor informação sobre mercado e outros determinantes da escala ótima. Introduz-se flexibilidade no projeto de vários

modos: opções para adiar, controlar o tempo de implantação, abandonar, suspender operações temporariamente, crescer, mudar tecnologia ou recursos etc. A incerteza liberta o investidor de um determinismo em relação ao futuro e cria novas oportunidades.

Uma vez conhecidos esses instrumentos, não há desculpas para ajustar subjetivamente as taxas de desconto aplicadas à avaliação de fluxos de caixa com risco. Mas ainda é preciso acrescentar alguns passos até se chegar à taxa de desconto aplicável a projetos específicos de investimento:

Nível de análise	Custo de capital	Dificuldade
Empresa como um todo	WACCC (*weighted average corporate cost of capital*)	Média
Divisão	Custo de capital divisional	Alta
Projeto de investimento	Taxa de desconto aplicável ao projeto de investimento	Muito alta

Aqui, resume-se a essência de um procedimento observando-se os seguintes fatores:

- Estrutura de capital. Tanto empresas inteiras quanto projetos específicos financiam-se com recursos próprios (capital ou *equity*) e de terceiros (dívida ou *debt*). Portanto, todo custo de capital será sempre a média ponderada, pelos pesos assumidos por capital e dívida no financiamento do investimento, dos custos de capital próprio e de capital de terceiros.[5]
- Risco. Proprietários carregam mais risco que credores, uma vez que são os últimos a receber fluxos de caixa de um investimento. O custo do capital próprio refletirá o risco sistemático (ou risco de mercado, ou risco não diversificável) carregado por proprietários.

Risco sistemático *versus* risco específico

Divide-se o risco total de um ativo em duas partes: sistemático (de mercado ou não diversificável) e específico (idiossincrático ou diversificável). Esse último se associa a fatores que operam diferentemente em cada ativo – por exemplo, uma empresa é mais afetada por riscos tecnológicos do que por riscos gerenciais, enquanto outra é ameaçada pela iminência de uma crise sucessória. Já o risco sistemático afeta todas as empresas, originando-se de fatores amplos de mercado – nível de atividade econômica, inflação, câmbio, mudanças demográficas e culturais etc.

O investidor racional lida com o risco específico diversificando suas aplicações. Mas o risco sistemático não pode ser reduzido via diversificação, devendo-se refletir na taxa de desconto.

5 Convém distinguir o custo médio do custo marginal do capital. Este se aplica a cada novo incremento de capital aplicado (e financiado) pela empresa.

- Níveis de análise – Empresa *versus* projeto. Empresas inteiras são negociadas em mercados (mais ou menos) abertos. Projetos específicos de investimento não costumam sê-lo. É menos difícil medir o custo de capital no nível corporativo (empresa inteira) do que em qualquer outro nível menos agregado – seja de divisão (custo de capital divisional) ou de projeto. Mas nesse último nível ocorrem a análise e a tomada de decisão, logo será preciso transformar um custo de capital corporativo em um custo de capital de projeto.

7.3.2 Custo do capital próprio

A equação do valor de um ativo reúne dois fatores: o fluxo de caixa projetado e a taxa de desconto aplicável a esse fluxo. Essa taxa deve igualar o custo médio ponderado das fontes de recursos que financiam o ativo – o *cost of capital*. E este, como se obtém? Na teoria financeira moderna, a solução mais usada para o custo do capital próprio é o CAPM (*Capital Asset Pricing Model*).

Definição. A taxa de retorno do acionista (R_s) soma à taxa livre de risco do mercado de capitais (R_f) um prêmio pelo risco sistemático ou de mercado. Este é igual ao produto do risco de mercado (diferença entre a taxa média de retorno do mercado R_m e a taxa livre de risco R_f) pelo coeficiente β que mede em que proporção varia R_s para cada variação porcentual de R_m (volatilidade de R_s). Define-se uma relação linear (não proporcional) entre R_s e β: SML (*Securities Market Line*), instrumento adequado à determinação do custo do capital próprio da empresa:

$$R_s = R_f + \beta . (R_m - R_f)$$

Retorno exigido do projeto

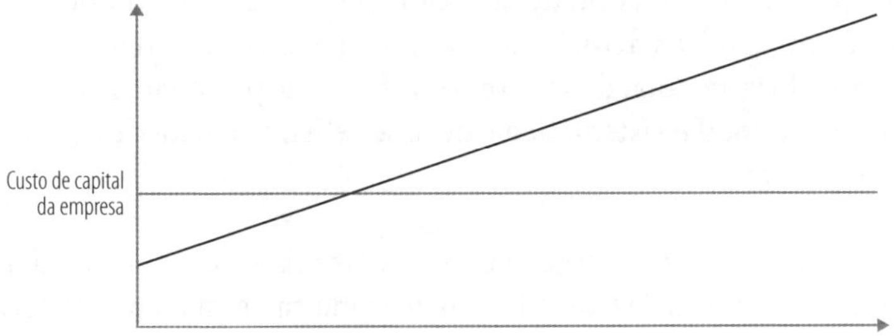

Beta do projeto

Erros Tipo I e Tipo II

Erro Tipo I: rejeitar projeto viável (VPL > 0, não medido corretamente).
Erro Tipo II: aceitar projeto inviável (VPL < 0, não medido corretamente).

Taxa livre de risco R_f

É a remuneração de um ativo financeiro que não oferece risco a seu detentor. Muito embora uma verdadeira taxa livre de risco seja um conceito teórico, é parte indispensável de modelos de precificação de ativos como o CAPM aqui apresentado.[6] Na prática, profissionais e acadêmicos utilizam títulos públicos de curto prazo – como as Letras do Tesouro de 90 dias do governo norte-americano (*90 days T bills*) – para representar essa taxa. Há, contudo, que considerar:

1. Nenhum título público é totalmente livre de risco. Há poucas chances de o governo norte-americano não pagar o principal (risco de principal), mas nada garante que a remuneração prometida se traduza em remuneração real, por causa do risco de inflação (risco de rendimento).
2. Em toda economia há um leque – uma estrutura – de taxas de juros determinadas por fatores reais e monetários, inclusive as políticas de Banco Central quanto à oferta de moeda e crédito.

Medindo e avaliando β

Estima-se β usando-se análise estatística de regressão: taxas de retorno R_s são especificadas como uma função linear de taxas de retorno de mercado R_m. Geralmente, observações mensais ao longo de cinco anos são empregadas na estimação dos parâmetros da regressão. Esses coeficientes são importantes:

1. β tende a ser positivo (betas negativos são raros), mas não muito grande (betas superiores a 3 são pouco frequentes); beta igual a 1 revela ativo com risco sistemático igual ao risco de mercado; beta superior a 1 designa ativo agressivo; beta inferior a 1 revela ativo defensivo;
2. O coeficiente de determinação R^2 varia de 0 a 1 (0% a 100%) de "poder de explicação" das observações históricas; são comuns R^2 perto de 30%, significando que 30% da volatilidade do retorno R_s se deve ao comportamento do mercado em geral, os demais 70% sendo específicos do ativo; o risco específico é 70% do risco total do ativo e com ele se lida por meio da diversificação; 30% do risco total é sistemático e deve se refletir na taxa de retorno exigida pelo investidor.

Exemplo: A tabela na página seguinte mostra as taxas de retorno auferidas por quem aplicou em ações da Cia. ABC ou em uma carteira de mercado, ao longo de doze sucessivos períodos.

---

6 Pouco se tem escrito a respeito no Brasil. Exceção notável é o trabalho de SILVEIRA, H. P. et al. *Conceito de taxa livre de risco e sua aplicação no Capital Asset Pricing Model*: um estudo exploratório para o mercado brasileiro. 2º Encontro Brasileiro de Finanças, Rio de Janeiro, 2002.

Um investimento na Cia. ABC proporciona um retorno médio cerca de 50% superior àquele da carteira de mercado, contudo com maior variação em torno dessa média – isto é, volatidade acima do padrão de mercado.

O gráfico a seguir exibe a linha de regressão entre retornos da Cia. ABC e retornos de mercado, chamando-se a atenção para dois pontos:

1. O coeficiente beta, que mede o risco sistemático da Cia. ABC, é 1,315, indicando um ativo agressivo;
2. O coeficiente R^2 informa que o risco sistemático da Cia. ABC é igual a 43,61% de seu risco total, os demais 56,39% constituindo risco específico

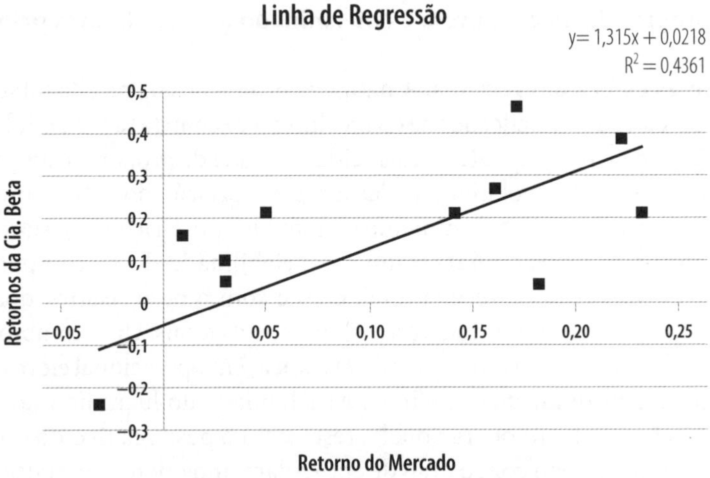

Período	Mercado	Cia. ABC
1	−0,03	−0,25
2	0,03	0,05
3	0,05	0,21
4	0,17	0,25
5	0,01	0,16
6	0,24	0,18
7	0,14	0,22
8	0,18	0,04
9	0,23	0,39
10	0,18	0,47
11	0,03	0,10
12	0,16	0,27
média	**0,1158**	**0,1742**

Betas históricos *versus* betas projetados

Os modelos de regressão fornecem estimativas de betas históricos, mas o que se precisa são betas futuros. Como a experiência revela que betas mudam com o passar do tempo, aqui se tem um problema para resolver. Uma solução aplicada tem sido o **ajustamento conservador (regressão à média)**. Uma posição de compromisso "bayesiana" usa a média ponderada do β histórico e um β conservador ou de mercado (igual a 1). Os "pesos" refletem a confiança da estimativa do β histórico: quanto maior o erro-padrão de estimativa, menor o peso a ele atribuído, logo, maior o efeito de retorno à média (unidade).

Fatores determinantes do beta do capital próprio. **O coeficiente beta do capital próprio de uma empresa é determinado por três fatores principais**:

1. **Natureza cíclica das receitas.** A natureza pró-cíclica da receita total produz um beta elevado. A ciclicalidade da receita cresce com: (a) a instabilidade macroeconômica nacional e (b) a elasticidade-renda da procura pelos produtos da empresa. Dada a volatilidade das taxas de variação do PIB, setores como comércio varejista e entretenimento sofrem fortes oscilações em suas vendas.
2. **Alavancagem operacional.** Define a variabilidade do lucro operacional diante de variações da receita total: cresce com o peso relativo dos custos fixos (operacionais e administrativos) nos custos totais. Uma combinação de ciclicalidade de receitas com elevada alavancagem operacional eleva os betas.
3. **Alavancagem financeira.** Define a variabilidade do lucro líquido em face de variações do lucro operacional: cresce com o peso relativo dos custos financeiros fixos, logo com o grau de endividamento oneroso e o custo médio da dívida.

O pior dos mundos reúne receitas cíclicas e altos graus de alavancagem operacional e financeira. Estes são fatores que geram betas elevados em alguns setores de negócio, como transporte aéreo.

Beta é instável

Estudos estatísticos revelam beta mais instável do que se gostaria, dependendo de fatores como:

- Fonte da estimativa (diferentes serviços nos Estados Unidos produzem diferentes estimativas).
- Intervalos de observação (dados anuais, trimestrais, mensais etc.).
- Outros aspectos metodológicos, incluindo tamanho de amostras de empresas, procedimentos estatísticos adotados (incluindo ajustes de valores futuros preditos) etc.

Haveria limites para WACCC?

Sempre que se estima uma taxa de custo de capital, pergunta-se se o resultado se insere em um razoável intervalo de valores. Haveria limites inferior e superior para WACCC?

Alguns estudos situam a taxa livre de risco em torno de 5% a.a. Já o prêmio de risco de mercado ficaria entre 5% e 10% a.a. Por conseguinte, WACCC situaria-se na faixa seguinte, dependendo de valores extremos e central de β:

Taxa livre de risco	Prêmio de risco de mercado	Beta	WACCC
5%	5%	0,5	7,5%
5%	5%	1,0	10,0%
5%	5%	2,0	15,0%
5%	5%	3,0	20,0%
5%	10%	0,5	10,0%
5%	10%	1,0	15,0%
5%	10%	2,0	25,0%
5%	10%	3,0	35,0%

Alavancagem operacional, financeira e combinada

Consultar informações sobre custos no Capítulo 3.

7.3.3 Custo do capital de terceiros

Esse custo pondera as taxas exigidas por diferentes fornecedores de crédito. Três pontos merecem ser mencionados aqui:

Risco. Na formação do custo médio ponderado do capital, costuma-se supor que o β de dívida é zero: fornecedores de capital de terceiros cobram apenas sua taxa básica. Com efeito, os emprestadores de capital avaliam constantemente o risco de crédito e aplicam o princípio do risco crescente – quanto mais arriscado o empréstimo, mais caro custará para o tomador.

Benefício fiscal. Os juros pagos sobre o capital de terceiro são dedutíveis na apuração do Lair (Lucro antes do imposto de renda). Assim, o custo efetivo de dívida é

$$R_d = R'_d \cdot (1 - t)$$

em que

R'_d = custo bruto de dívida

t = alíquota do Imposto de Renda

Se, por exemplo, $R'_d = 20\%$ e $t = 35\%$, então $R_d = 20\% \times (1 - 0{,}35) = 13\%$.

Relação entre betas de ativo, dívida e patrimônio (capital próprio)

Beta (ativo) = Beta (dívida) × % Dívida + Beta (patrimônio) × % Patrimônio

Beta (ativo) = Beta (receita) × [1 + *VP* (custo fixo)/*VP* (ativo)]

Beta (Receita) ⇒ natureza cíclica da receita total

VP (FC)/*VP* (A) ⇒ grau de alavancagem operacional

Beta (patrimônio) = Beta (ativo) × (1 + Dívida/patrimônio)

Dívida/patrimônio ⇒ grau de alavancagem financeira

Ponderando a participação do capital de terceiros

Na seção a seguir, a parcela de dívida no financiamento de um projeto se escreve $W_d = 1 - W_s$, em que W_s = participação do capital próprio. Nem tão simples assim! Parece fácil medir quanto capital de terceiros financia um projeto. Um pouco de reflexão, todavia, levanta algumas dúvidas. Seja uma estrutura de capital corporativa 50-50% (metade patrimônio, metade dívida), em contraste com a estrutura 40-60% de um projeto (o projeto é mais alavancado financeiramente).

Qual estrutura deve ser aplicada ao cálculo do custo ponderado do capital do projeto? Pondero que há argumentos em favor de ambas. Defensores da alavancagem do projeto alegam que esta é uma fonte de vantagem competitiva, quando o custo de dívida é inferior ao custo de patrimônio; aliás, este é o padrão comum. Mas os advogados do uso da estrutura corporativa replicam que um projeto isolado, despido da "paternidade corporativa", não conseguiria essa vantagem; ela é um atributo da empresa como um todo, não de um projeto de investimento em particular.

7.3.4 Custo médio ponderado do capital: nível da empresa como um todo

Agora, falta apenas ponderar os custos respectivos de capital e dívida, utilizando como pesos as participações desejadas de cada fonte no conjunto da estrutura de capital:

Custo médio ponderado do capital: $R_{wacc} = W_s \cdot R_s + (1 - W_s) \cdot R_d$		
% de capital próprio W_s	×	custo do capital próprio R_s
% de capital de terceiros $(1 - W_s)$	×	custo do capital de terceiros R_d

Estudos para empresas não financeiras nos Estados Unidos têm situado esse custo no intervalo de 10% a 20% a.a. As empresas multinacionais atuando em países como o Brasil adicionam um prêmio de risco relativo ao país –

country risk spread – que reflete fatores relacionados com a possibilidade de não poder converter capital de moeda do país anfitrião em moeda do país de origem da empresa.

Esse custo de capital é chamado WACC (*weighted average cost of capital*), mas certa liberdade me deixaria escrever WACCC (*weighted average corporate cost of capital*), para enfatizar que se aplica ao nível corporativo. Não é um custo aplicável a qualquer divisão ou projeto específico de uma empresa, a menos que tal unidade seja uma versão reduzida (um clone menor) da empresa.

Exemplo: Calcular R_{wacc} conhecendo os parâmetros a seguir:

W_s	R_f	R_m	β_s	R_d	t
60%	5%	15%	1,6	12%	30%

7.3.5 Custo médio ponderado do capital: nível de divisão ou projeto de investimento

De acordo com Rosenberg e Rudd (RR)[7]:

> Provavelmente o mais formidável obstáculo à aplicação de CAPM a decisões empresariais de investimento tem sido a dificuldade de fazer julgamentos razoáveis quanto aos betas de projetos ou divisões internas. Os preços ou valores desses ativos "não comercializáveis" não são facilmente observáveis e, portanto, as estimativas estatísticas padrão de beta não podem ser calculadas utilizando-se apenas dados de mercado. Com efeito, administradores requerem estimativas do custo de capital sob condições de risco a fim de cumprir tarefas de administração financeira envolvendo avaliação de desempenho futuro ou histórico de (a) empresa como um todo, (b) divisão e (c) projeto individual de investimento.

Como resolver essa dificuldade? Para se ajustar a taxa de desconto ao risco sistemático de um projeto de investimento, existem poucas alternativas, descritas a seguir.

Ajustamento por fundamentos. RR propõem que se obtenham medidas de β aplicáveis a divisões internas ou projetos isolados, envolvendo consideração dos chamados **fundamentos de β**. Estudos empíricos mostram fatores, denominados **fundamentos ou características de balanço e demonstrativo de resultados**, que explicam diferenças entre betas corporativos. Destacam-se setor de atividade, crescimento, variabilidade de lucros, alavancagem financeira e tamanho. RR usam o exemplo da Divisão BCD da Companhia XYZ, sendo

7 BARR, Rosenberg; RUDD, Andrew. The corporate uses of beta. In: STERN, Joel M.; CHEW, JR., Donald H. (Eds.) *The revolution in corporate finance*. Oxford: Blackwell, 1998.

aquela muito diferente da empresa como um todo. Logo, o β histórico não é útil e o seguinte procedimento pode ser empregado:

- Parte-se de um β unitário.[8]
- A ele se adicionam (ou subtraem) parcelas pequenas (entre 0,05 e 0,15) por conta de diferenças entre as características da divisão ou do projeto e a média geral dos ativos na economia.

Segue-se um exemplo dado pelos autores, cabendo observar que a atribuição de frações não foi justificada, podendo-se apenas presumir que decorreu de análise de informações não contidas no artigo citado e, talvez, também de avaliações subjetivas.

Predição de beta por fundamentos para BCD	
Beta médio	**1,00**
Setor de atividade	−0,15
Tamanho	0,00
Crescimento	−0,15
Variabilidade dos lucros	−0,05
Alavancagem financeira	0,00
Beta predito por fundamentos	**0,65**

Método dos "similares" ou *pure play*. Consiste em utilizar os β de outras companhias cuja estrutura melhor se identifique com a divisão BCD.

Segundo Damodaran[9], "quando uma empresa opera em apenas um ramo de negócios e todos os seus projetos compartilham do mesmo perfil de risco, a empresa pode utilizar seu custo do capital total como o custo de capital para o projeto". Assim se resolve, no caso, o problema de estimar o custo de recursos próprios aplicados em uma divisão ou projeto, porque ambos exibem perfil operacional idêntico ao da empresa. Resta o custo de dívida: Damodaran propõe usar o custo da dívida do projeto, bem como seu particular grau de endividamento (ver meus comentários anteriores sobre esse tema).

8 Pode-se também partir do beta histórico desalavancado (removido o efeito da alavancagem financeira) para se obter o beta do ativo.

9 DAMODARAN, Aswath. *Estimating risk parameters*. Nova York: Stern School of Business, [s.d.].

O método *pure play* ignora diferenças de perfis operacionais

Esse método parte da premissa de que a única diferença entre os β de empresas *pure play* reside em sua estrutura de capital. Ou seja, elas teriam idênticos perfis operacionais, traduzidos em idênticas estruturas de ativos e, logo, de risco operacional. Isso não é necessariamente verdadeiro. Empresas atuando em iguais linhas de negócio podem ter estruturas de ativos muito diferentes: algumas adotarão tecnologias mais modernas (e serão mais concentradas em ativos fixos), outras serão mais antiquadas e, talvez em paralelo, sejam mais relaxadas em seus investimentos em capital de giro (estoques e contas a receber). Em suma, nada garante que as estruturas de ativos sejam iguais, tampouco os riscos operacionais. *Pure play* presume muito.

Empresa diversificada. Empresas que operam em vários segmentos de negócio terão diferentes perfis de risco. É preciso estimar um custo de capital divisional para cada segmento. Em nível de projeto, duas situações podem ocorrer:

- Projeto pequeno – o fluxo de caixa tem características similares às da empresa. O custo de capital próprio deverá ser estimado (veja a seguir). O custo de dívida e o grau de endividamento serão iguais aos da empresa.
- Projeto grande – o fluxo de caixa tem características diferentes do fluxo da empresa. De novo, um custo de capital próprio precisará ser estimado para o projeto. O custo de dívida e o grau de endividamento deverão ser idênticos aos de empresas comparáveis.

Exemplo. O Armazém da Saúde, uma rede de varejo de alimentos e suplementos nutricionais para atletas, está avaliando a oportunidade de lançamento de sua linha de roupas para esse segmento consumidor. Ela precisa estimar o custo de capital desse projeto, conhecendo os seguintes elementos para quatro empresas especialistas no segmento-alvo.

Empresas PP	b	D/E	Vr Mercado
A	1,35	0,8500	21,50
B	1,16	1,2700	16,30
C	1,44	1,1200	13,25
D	1,05	1,4100	3,56

R_f	R_m	Juros Cap. 3os.
6,50%	14,50%	8,00%

Eis a solução, passo a passo, acompanhada dos resultados (veja a tabela):

1. Desalavancar cada β – remover o efeito da estrutura financeira (coeficiente *debt-equity* D/E). Adota-se a equação de Hamada[10] que supõe ser nulo o risco sistemático da dívida ($\beta_d = 0$).
2. Computar β médio do segmento.
3. Usar esse β como igual ao do ativo do projeto do Armazém da Saúde.
4. Aplicar estrutura de capital do projeto do Armazém da Saúde.
5. Usar β do capital próprio, com o custo da dívida, para calcular R_{wacc}.

Passo 1: Remover o efeito da estrutura financeira.

Empresas PP	β	D/E	Tc	β desalav.
A	1,35	0,8500	0,34	0,86
B	1,16	1,2700	0,34	0,63
C	1,44	1,1200	0,34	0,83
D	1,05	1,4100	0,34	0,54

Passo 2: Computar β médio do segmento.

Empresas PP	β	D/E	Vr Mercado	Peso%	Tc	β desalav.
A	1,35	0,8500	21,50	39,37%	0,34	0,86
B	1,16	1,2700	16,30	29,85%	0,34	0,63
C	1,44	1,1200	13,25	24,26%	0,34	0,83
D	1,05	1,4100	3,56	6,52%	0,34	0,54
Amostra PP	**1,3093**	**1,0774**	**54,61**	**100,00%**	**0,34**	**0,77**

Passo 3: Usar esse β como igual ao do ativo do projeto do Armazém da Saúde.
Passo 4: Aplicar estrutura de capital do projeto do Armazém da Saúde.

Empresa G	β do Ativo	D/E	β do PL
	0,77	0,5	1,0177

10 HAMADA, R. S. "The effect of the firm's capital structure on the systematic risk of common stocks". *The Journal of Finance*, v. 27, n. 2, p. 435-452, 1972.

Passo 5: Usar β do capital próprio, com o custo da dívida, para calcular R_{wacc}.

R_f	R_m	Patrimônio %	Dívida %	R (patrimônio)	R (dívida) bruto	R (dívida) líquido	R (projeto)
6,50%	14,50%	50,00%	50,00%	14,64%	8,00%	5,28%	9,96%

Empresas *pure play* no Brasil

Antes de concluir esta seção, impõe-se reconhecer que não é fácil obter os dados necessários à aplicação desse método. No Brasil, haveria hoje entre 300 e 400 empresas com capital aberto, ou seja, com suas ações cotadas em bolsa. É um número muito pequeno para o tamanho da economia brasileira. Empresas *pure play* têm aparecido em setores de alta tecnologia, em geral iniciativas independentes de pequeno porte, como aquelas que desenvolvem aplicativos para a indústria de comunicações. De maior porte surgiram varejos eletrônicos, que já enfrentam a concorrência dos braços correspondentes das grandes cadeias. É bem possível que o número de *pure plays* aumente no futuro, mas o certo é que, neste momento, seu universo é pequeno e, além disso, formado em sua quase totalidade por empresas de capital fechado, não se constituindo ainda em fonte de informação útil para estimar o custo de capital de um projeto.

Em resumo: como chegar ao custo de capital do projeto

Uma análise de projeto que debite risco (sistemático) à taxa de desconto terá de obter respostas a um número de perguntas – valores de parâmetros que, reunidos, formarão aquela taxa.

$$R_p = W_e \cdot R_j + (1 - W_e) \cdot R_d \therefore$$

$$R_j = R_f + \beta_j \cdot (R_m - R_f) \therefore$$

$$R_{jd} = R_{d'} \cdot (1 - t)$$

sendo

R_p = custo de capital do projeto

W_e = peso de capital próprio

$W_d = (1 - W_e)$ = peso de capital de terceiros

R_j = custo de capital próprio

R_f = taxa livre de risco

$(R_m - R_f)$ = prêmio de risco de mercado

β_j = beta do projeto

$R_{d'}$ = custo de capital de terceiros (antes do IR)

R_d = custo de capital de terceiros (depois do IR)

t = taxa marginal de IR

7.4 Comentários de encerramento

Modelos de precificação de risco foram concebidos para operar no nível corporativo. Mas as decisões de investimento são tomadas no nível de projetos individuais ou, no máximo, no nível de programas ("pacotes") de investimentos. Existe, assim, um conflito: a melhor solução (mas não tão boa) funciona no nível corporativo, contudo, o que se precisa é de um instrumento que funcione no nível de projeto. Diante desse impasse, duas linhas de comportamento se apresentam:[11]

1. A primeira é muito difundida na literatura acadêmica de economia da engenharia e de finanças empresariais. Consiste em evitar o assunto ou, quando muito, chamar a atenção para ele, mas não oferecer qualquer alternativa de solução.
2. A segunda tem menos adeptos, que reconhecem a existência do problema e fazem considerações sobre como lidar com ele, algumas breves, outras mais longas e aprofundadas.

Até o presente momento, encontrei um único autor que inventariou um número expressivo de propostas de solução para ajustar a taxa de desconto de um projeto de investimento a seu particular risco sistemático. Em maio de 2006, Edouard De Mézerac defendeu sua tese de mestrado em Science Management – Finance Major na HEC Paris, com o título *Should we use the company-wide cost of capital in investment decisions?*[12] Recomendo fortemente o livro de Mézerac,[13] que vale pelo esforço do autor em descrever amplo quadro de modelos de ajustamento da taxa de desconto.

Não obstante a contribuição de De Mézerac – e, por que não, de outros autores igualmente pouco divulgados –, inexiste uma solução geral, perfeitamente rigorosa e imune a críticas. Certamente, a avaliação de projetos de investimento merece mais. Aqui, filiei-me à segunda corrente. Expus o conflito e ofereci algumas alternativas para contornar essa dificuldade.[14]

---

11 Esses comentários não têm o objetivo de desmerecer os trabalhos de muitos e excelentes autores que têm contribuído para desenvolver e disseminar a cultura financeira nos meios acadêmicos e profissionais. Entretanto, estaria eu ocultando de meus leitores uma verdade inconveniente.

12 O arquivo pdf não mais se encontra disponível na internet. Contudo, a tese foi transformada em livro (veja a seguir).

13 DE MÉZERAC, Edouard. *Cost of capital in investment decisions*: from theory to practice. VMD Verlag: 2009.

14 Não é esta a única dificuldade com o ajustamento de taxas de desconto na análise de projetos. As ferramentas de análise de sensibilidade, cenários e simulação costumam ser apresentadas por autores de livros didáticos sem se dizer qual taxa de desconto lhes deve ser associada. Se essas ferramentas, de algum modo, debitam o risco ao fluxo de caixa, não deveria isso se refletir na escolha da taxa de desconto? Minhas consultas a alguns gurus de finanças – cujos nomes prefiro não mencionar – foram muito gentilmente respondidas, ficando claro que reconheciam a importância do tema e não tinham soluções a oferecer. Alguns me desejaram sorte na pesquisa de soluções, que retomo agora, depois de uma longa interrupção.

Atividade prática

I) Questões objetivas de natureza conceitual (respostas ao final desta seção)

1) Assinalar com X a única opção correta nas seguintes questões:

A.1	**A mais significativa medida de risco para o gerente de um projeto de investimento é:**	
a	*Stand alone risk.*	☐
b	*Within-firm risk.*	☐
c	*Market risk.*	☐
A.2	**A análise de risco de um projeto se volta para:**	
a	O fluxo de caixa do projeto.	☐
b	A taxa de desconto aplicada ao fluxo de caixa do projeto.	☐
c	Ou o fluxo de caixa, ou a taxa de desconto.	☐
A.3	**Análise de sensibilidade avalia o risco:**	
a	De mercado.	☐
b	Total.	☐
c	Diversificável.	☐
A.4	**Análise de simulação faz variar:**	
a	Uma variável "sensitiva" de cada vez.	☐
b	Um elenco internamente coerente de variáveis.	☐
c	Todas as variáveis formadoras do fluxo de caixa ao mesmo tempo.	☐
A.5	**Uma avaliação objetiva do risco sistemático de um projeto pode ser feita com o apoio de:**	
a	Instrumentos como análise de sensibilidade, cenários e simulação.	☐
b	Modelos de ajustamento da taxa de desconto, como o CAPM.	☐
c	Somente modelos multifatoriais, como a APT.	☐

2) Assinalar Verdadeiro (V) ou Falso (F) em cada uma das seguintes questões:

B.1	Uma falha da análise de sensibilidade é ignorar as interdependências entre variáveis.	☐
B.2	O modelo CAPM compensa somente o risco específico de um investimento.	☐
B.3	Betas de empresas *pure play* são úteis para se estimar o custo de capital de um projeto.	☐
B.4	Este capítulo deu muita atenção à análise de investimento em condições de incerteza.	☐

3) Questões de associação: identificar a alternativa da coluna à direita que melhor se associa à alternativa da coluna à esquerda:

C.1	☐	Alavancagem financeira.	V.1	Risco sistemático.
C.2	☐	Ciclicalidade da receita.	V.2	Diversificação.
C.3	☐	R^2 da equação de beta.	V.3	Risco específico.
C.4	☐	Gerenciamento de risco.	V.4	Grau de endividamento.
			V.5	Risco operacional.

Respostas: A1(a); A2(c); A3(b); A4(c); A5(b); B1(V); B2(F); B3(V); B4(F); C1 e V4; C2 e V5; C3 e V1; C4 e V3.

II) Questões discursivas de natureza conceitual (responda ou discuta)

1. É o coeficiente beta um parâmetro estável? Por quê?
2. Se todo risco específico pode ser trabalhado por meio de diversificação, qual será o valor dos processos de gerenciamento de risco?
3. Por que é tão difícil estimar o custo de capital de um projeto específico de investimento?
4. Qual é a importância de se calcular o ponto de equilíbrio de um projeto?

III) Exercícios resolvidos

1. Os diretores da Cia. Metalica temem os efeitos de uma possível alta de preços de matéria-prima. Faça uma análise de sensibilidade de seu projeto que os ajude a tomar decisões.

Dados de Entrada	Hipótese Pessim.	Hipótese Normal	Hipótese Otimista
Taxa i % a.a.	10%	10%	10%
Investimento	100.000.000	100.000.000	100.000.000
Vida Útil	10	10	10
Mercado	500.000	1.000.000	1.500.000
Market Share %	2,0%	3,0%	5,0%
Preço	3.800	5.200	6.000
CV Unitário	3.600	3.200	3.000
CF Total	40.000.000	36.000.000	30.000.000
IR %	30%	30%	30%
Depreciação	10.000.000	10.000.000	10.000.000

Solução. A AS deve-se concentrar nos efeitos dessa alta sobre os custos variáveis. Os resultados são mostrados no quadro a seguir. Um custo variável unitário de $ 3.600 não inviabiliza financeiramente o projeto, mas reduz consideravelmente seu poder de criação de valor. Deve, portanto, ser objeto de nova estimativa e, mantendo-se a decisão de executar o projeto, ficar sob constante monitoração. A busca de novos fornecedores ou de material substituto deveria ser considerada.

Projeção do Fluxo de Caixa de Acordo com Diferentes Hipóteses de Futuros CV Unitários

Item	Hip. Pessim.	Hip. Normal	Hip. Otimista
Investimento	100.000.000	100.000.000	100.000.000
Vida Útil	10	10	10
Mercado	1.000.000	1.000.000	1.000.000
Market Share %	3%	3%	3%
Volume	30.000	30.000	30.000
Preço	5.200	5.200	5.200
Receita	156.000.000	156.000.000	156.000.000
CV Unitário	3.600	3.200	3.000
CV Total	108.000.000	96.000.000	90.000.000
Margem Cont.	48.000.000	60.000.000	66.000.000
Custo Fixo	36.000.000	36.000.000	36.000.000

continua

continuação

Item	Hip. Pessim.	Hip. Normal	Hip. Otimista
LAIR	12.000.000	24.000.000	30.000.000
IR%	30%	30%	30%
PIR	3.600.000	7.200.000	9.000.000
LL	8.400.000	16.800.000	21.000.000
Depreciação	10.000.000	10.000.000	10.000.000
FCL	18.400.000	26.800.000	31.000.000
VPL	13.060.035	64.674.398	90.481.580
TIR	12,96%	23,57%	28,47%

2. Discuta as principais limitações do método empregado no exercício anterior.

Solução. Por favor, retorne ao texto, no qual se encontra uma discussão desse tema.

3. Vê-se a seguir um histórico dos retornos das ações da Cia. ABC e da carteira de mercado. A taxa livre de risco é 5% e a taxa de retorno da carteira de mercado, 10%. Calcule o custo do capital próprio da ABC e seu custo médio ponderado do capital, admitindo: (a) razão dívida/patrimônio = 0,5; (b) custo do capital de terceiros, antes dos impostos = 10%; (c) alíquota do IR = 30%. Avalie esse projeto da ABC. O investimento será de $ 80 mil, mantendo-se a atual estrutura de capital. O projeto terá maior alavancagem operacional e atuará em um setor de risco superior às atuais áreas da ABC, com maior volatilidade de sua receita bruta anual.

Projeto de Investimento da Cia. ABC

Ano	Rec. $	CVT %	CFT $
1	100.000	60	20.000
2	110.000	60	20.000
3	120.000	60	20.000
4	95.000	62	20.500
5	70.000	63	21.000

Retorno ABC *vs.* Retorno Mercado

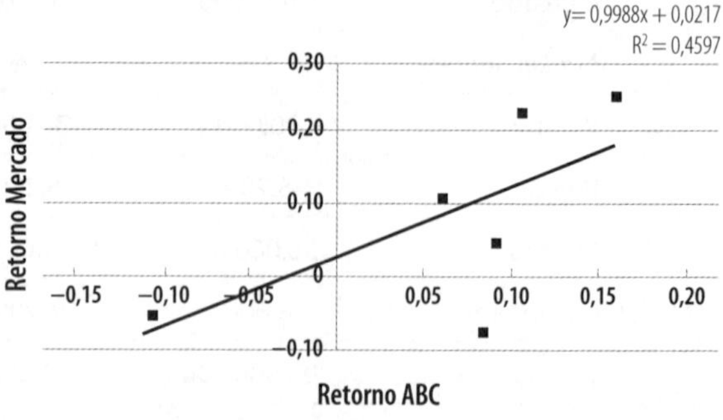

Solução. O exercício fornece tudo o que é necessário ao cálculo do custo médio ponderado do projeto da Cia. ABC, exceto o custo do capital próprio. Para obtê-

-lo, é preciso antes encontrar o β do projeto. Como se pode ver a seguir, adotou-se o procedimento de fazer ajustes de acordo com fundamentos – alavancagem financeira, alavancagem operacional e volatilidade da receita.

Variável	Mercado	Cia. ABC	Projeto
R_f	5% a.a.		
R_m	10% a.a.		
β	1	0,9988	?
R_d		10% a.a.	10% a.a.
t		30%	Igual
% Patrimônio		50%	50%
Alavancagem operacional		Média	Superior
Alavancagem financeira		Baixa-Média	Superior
Volatilidade da receita		Média-Alta	Superior

Beta do projeto

Beta da Cia. ABC	0,9988	0,9988
Incluir efeitos de:	Mín.	Máx.
• Alavancagem financeira	0,00	0,05
• Alavancagem operacional	0,1	0,15
• Volatilidade da receita	0,05	0,10
Beta do projeto	1,1488	1,2988
Média dos betas do projeto	1,2238	

Projeto

Variável	Mín.	Méd.	Máx.
R_f	5%	5%	5%
R_m	10%	10%	10%
β	1,1488	1,2238	1,2988
t	30%	30%	30%
% Patrimônio	67%	67%	67%

continua

continuação

Variável	Mín.	Méd.	Máx.
% Dívida	33%	33%	33%
R_s	10,74%	11,120%	11,49%
R'_d	7,00%	7,00%	7,00%
R_{wacc}	**9,50%**	**9,75%**	**10,00%**

Assim, o custo de capital ajustado para o projeto da Cia. ABC ficará entre 9,5% e 10%. Pode-se ajustar esse número para 10%, adicionando-lhe uma pequena margem de segurança.

Conhecidos o custo de capital e o fluxo projetado de caixa, apurar as medidas de valor do projeto é fácil. O projeto cria valor e, portanto, deve ser aprovado.

Ano	Receita	CFT $	CVT %	CVT $	LAIR	LL	Depreciação	Investimento	FCL $
0	-	-	-	-	-	-	-	80.000	–80.000
1	100.000	20.000	60	60.000	20.000	14.000	16.000	0	30.000
2	110.000	20.000	60	66.000	24.000	16.800	16.000	0	32.800
3	120.000	20.000	60	72.000	28.000	19.600	16.000	0	35.600
4	95.000	20.500	62	58.900	15.600	10.920	16.000	0	26.920
5	70.000	21.000	63	44.100	4.900	3.430	16.000	0	19.430
								VPL	19.514
								TIR	25,39%

4. A empresa G, produtora de sistemas eletrônicos para aeronaves, planeja investir no setor de bens de consumo, aproveitando o máximo da tecnologia que desenvolveu. No financiamento desse projeto, ela trabalhará com D/E igual a 0,42. Estime o custo de capital para esse projeto aplicando o método *pure play* e conhecendo os seguintes elementos:

Empresas PP	β	D/E	Vr Mercado
A	0,93	0,4528	53,18
B	0,67	0,4667	8,00
C	0,88	0,2170	79,07

continua

continuação

Empresas PP	β	D/E	Vr Mercado
D	1,21	0,8533	38,08
E	0,51	0,0447	57,18
F	1,31	1,5343	6,56

R_f	4,89%
R_m	12,70%
Juros Cap. 3°s.	6,71%

Solução. Seguirei o roteiro utilizado na solução do exemplo de aplicação do método *pure play*.

Passo 1: Remover o efeito da estrutura financeira. A tabela a seguir contém os cálculos exigidos e inclui os parâmetros médios setoriais (β e D/E).

Passo 2: Computar β médio do segmento. Os betas desalavancados foram ponderados pela participação de cada empresa no valor de mercado agregado setorial. Como se pode ver, o β do patrimônio líquido PL (capital próprio) é ligeiramente superior à média setorial, o que se explica pelo mais elevado grau de alavancagem financeira do projeto.

Empresas PP	β	D/E	Vr Mercado	Peso%	Tc	β desalav.
A	0,93	0,4528	53,18	21,97%	0,34	0,72
B	0,67	0,4667	8,00	3,30%	0,34	0,51
C	0,88	0,2170	79,07	32,66%	0,34	0,77
D	1,21	0,8533	38,08	15,73%	0,34	0,77
E	0,51	0,0447	57,18	23,62%	0,34	0,50
F	1,31	1,5343	6,56	2,71%	0,34	0,65
Amostra PP	**0,8496**	**0,3722**	**242,07**	**100,00%**	**0,34**	**0,68**

Passo 3: Usar esse β como igual ao do ativo do projeto da Cia. G.

Cia. G	β do Ativo	D/E	β do PL
	0,68	0,42	0,8712

Passo 4: Aplicar estrutura de capital do projeto da Cia. G.

Passo 5: Usar β do capital próprio, com o custo da dívida, para calcular R_{wacc}.

R_f	R_m	Patrimônio %	Dívida %	R (patrimônio)	R(dívida) bruto	R(dívida) líquido	R (projeto)
4,89%	12,70%	70,42%	29,58%	11,69%	6,71%	4,43%	9,54%

IV) Caso

Você lidera a equipe responsável por elaborar e avaliar um projeto de investimento de uma nova unidade produtiva para a Cia. Omega, empregando tecnologia mais moderna. As seguintes informações estão disponíveis para você fazer uma análise do caso:

1. Estima-se que a procura de mercado pelo produto cresça 5% a.a. nos próximos cinco anos, partindo de uma base de 100 mil unidades em 2012. O produto deverá ser vendido a um preço de $ 22. O projeto terá uma posição dominante no mercado durante dois anos (parcela de 60%).
2. As seguintes escalas são possíveis, com seus custos e investimentos fixos correspondentes:

Unidades/ano	Investimento	Custo fixo	Custo variável
50.000	900.000	400.000	500.000
70.000	1.200.000	500.000	630.000
100.000	1.500.000	650.000	800.000

3. O investimento é 100% fixo e se deprecia linearmente, por completo, em dez anos.
4. O projeto será integralmente financiado com recursos próprios.
5. A alíquota do imposto sobre a renda é 30%.
6. O custo médio ponderado do capital da Cia. Omega é 10% a.a. O projeto em questão tem história em outros países que permite estimar um coeficiente beta igual a 1,25. Neste país (em que o projeto será realizado), o prêmio histórico de risco ($R_m - R_f$) foi estimado em 4% e a taxa livre de risco (R_f) é de 6%; o grau de alavancagem operacional será um pouco mais elevado do que o registrado, em média, no exterior, beta aumentará 10%.
7. Os diretores pediram uma análise de sensibilidade em face da ameaça de entrada de um poderoso competidor (Épsilon), ameaçando sua parcela de mercado e seu preço de venda. Focalize a escala mais econômica e submeta-a à hipótese pessimista.

Variável	Pessimista	Normal	Otimista
Market Share	40%	60%	70%
Preço	$ 18	$ 22	$ 25

Sua missão é avaliar a atratividade do projeto, usando criticamente todas as informações anteriores.

Solução. Desenvolve-se por meio dos seguintes passos:
Passo 1. Projetar os fluxos de caixa das três escalas.
Passo 2. Determinar a taxa de desconto apropriada à avaliação desses fluxos.
Passo 3. Calcular VPL, TIR e PBD; analisar os resultados obtidos.
Passo 4. Encontrada a escala mais econômica, fazer análise de sensibilidade de acordo com as hipóteses pessimistas de (a) *market share* e (b) preço.

Como será demonstrado em seguida, a escala ótima desse projeto é a intermediária, de 70 mil t/ano. A menor das três escalas (50 mil t/ano) é financeiramente viável, porém menos atrativa. Por último, a maior escala (100 mil t/ano) não é financeiramente viável, pagando caro pelos custos de ociosidade durante vários anos de sua projetada operação.

A análise de sensibilidade conduzida para a escala de 70 mil t/ano mostra que ela se mantém financeiramente viável quando a parcela de mercado cai para 40% do mercado total. O mesmo não vale para a hipótese pessimista de preço, que retira sua capacidade de gerar valor. Como dificilmente esses dois fenômenos ocorreriam juntos, pode-se aprovar o projeto. Com efeito, uma queda de participação de mercado não combina com queda simultânea de preço, a menos que haja grave recessão econômica ou sérias falhas de gerenciamento do projeto em sua fase operacional.

A seguir, apresento um conjunto de tabelas que geram os resultados desse caso.

Projeção de Volumes e Preços

	g =5%									
Ano	**Volumes**	**Mkt Share**	**Vol Omega**	**Preços**	**Sensibilidade *Market Share***			**Sensibilidade Preço**		
					40%	60%	70%	18	22	25
2012	100.000	60%	60.000	22	40.000	60.000	70.000	18	22	25
2013	105.000	60%	63.000	22	42.000	63.000	73.500	18	22	25
2014	110.250	60%	66.150	22	44.100	66.150	77.175	18	22	25
2015	115.763	60%	69.458	22	46.305	69.458	81.034	18	22	25

continua

Projeção de Volumes e Preços

continuação

g =5%

Ano	Volumes	Mkt Share	Vol Omega	Preços	Sensibilidade *Market Share*			Sensibilidade Preço		
2016	121.551	60%	72.930	22	48.620	72.930	85.085	18	22	25
2017	127.628	60%	76.577	22	51.051	76.577	89.340	18	22	25
2018	134.010	60%	80.406	22	53.604	80.406	93.807	18	22	25
2019	140.710	60%	84.426	22	56.284	84.426	98.497	18	22	25
2020	147.746	60%	88.647	22	59.098	88.647	103.422	18	22	25
2021	155.133	60%	93.080	22	62.053	93.080	108.593	18	22	25

Projeção do Fluxo de Caixa Livre Escala 50.000 t/ano

Ano	Vol Omega	Preços	Receita	CVT	CFT	LAIR	PIR	LL	Depreciação	Invest.	FCL
2011	0	0	0	0	0	0	0	0	0	900.000	−900.000
2012	50.000	22	1.100.000	500.000	400.000	200.000	60.000	140.000	90.000	0	230.000
2013	50.000	22	1.100.000	500.000	400.000	200.000	60.000	140.000	90.000	0	230.000
2014	50.000	22	1.100.000	500.000	400.000	200.000	60.000	140.000	90.000	0	230.000
2015	50.000	22	1.100.000	500.000	400.000	200.000	60.000	140.000	90.000	0	230.000
2016	50.000	22	1.100.000	500.000	400.000	200.000	60.000	140.000	90.000	0	230.000
2017	50.000	22	1.100.000	500.000	400.000	200.000	60.000	140.000	90.000	0	230.000
2018	50.000	22	1.100.000	500.000	400.000	200.000	60.000	140.000	90.000	0	230.000
2019	50.000	22	1.100.000	500.000	400.000	200.000	60.000	140.000	90.000	0	230.000
2020	50.000	22	1.100.000	500.000	400.000	200.000	60.000	140.000	90.000	0	230.000
2021	50.000	22	1.100.000	500.000	400.000	200.000	60.000	140.000	90.000	0	230.000

Projeção do Fluxo de Caixa Livre Escala 70.000 t/ano

Ano	Vol Omega	Preços	Receita	CVT	CFT	LAIR	PIR	LL	Depreciação	Invest.	FCL
2011	0	0	0	0	0	0	0	0	0	1.200.000	−1.200.000
2012	60.000	22	1.320.000	630.000	500.000	190.000	57.000	133.000	120.000	0	253.000
2013	63.000	22	1.386.000	630.000	500.000	256.000	76.800	179.200	120.000	0	299.200
2014	66.150	22	1.455.300	630.000	500.000	325.300	97.590	227.710	120.000	0	347.710

continua

continuação

Ano	Vol Omega	Preços	Receita	CVT	CFT	LAIR	PIR	LL	Depreciação	Invest.	FCL
2015	69.458	22	1.528.065	630.000	500.000	398.065	119.420	278.646	120.000	0	398.646
2016	70.000	22	1.540.000	630.000	500.000	410.000	123.000	287.000	120.000	0	407.000
2017	70.000	22	1.540.000	630.000	500.000	410.000	123.000	287.000	120.000	0	407.000
2018	70.000	22	1.540.000	630.000	500.000	410.000	123.000	287.000	120.000	0	407.000
2019	70.000	22	1.540.000	630.000	500.000	410.000	123.000	287.000	120.000	0	407.000
2020	70.000	22	1.540.000	630.000	500.000	410.000	123.000	287.000	120.000	0	407.000
2021	70.000	22	1.540.000	630.000	500.000	410.000	123.000	287.000	120.000	0	407.000

Projeção do Fluxo de Caixa Livre Escala 100.000 t/ano

Ano	Vol Omega	Preços	Receita	CVT	CFT	LAIR	PIR	LL	Depreciação	Invest.	FCL
2011	0	0	0	0	0	0	0	0	0	1.500.000	−1.500.000
2012	60.000	22	1.320.000	800.000	650.000	−130.000	−39.000	−91.000	150.000	0	59.000
2013	63.000	22	1.386.000	800.000	650.000	−64.000	−19.200	-44.800	150.000	0	105.200
2014	66.150	22	1.455.300	800.000	650.000	5.300	1.590	3.710	150.000	0	153.710
2015	69.458	22	1.528.065	800.000	650.000	78.065	23.420	54.646	150.000	0	204.646
2016	72.930	22	1.604.468	800.000	650.000	154.468	46.340	108.128	150.000	0	258.128
2017	76.577	22	1.684.692	800.000	650.000	234.692	70.407	164.284	150.000	0	314.284
2018	80.406	22	1.768.926	800.000	650.000	318.926	95.678	223.248	150.000	0	373.248
2019	84.426	22	1.857.373	800.000	650.000	407.373	122.212	285.161	150.000	0	435.161
2020	88.647	22	1.950.241	800.000	650.000	500.241	150.072	350.169	150.000	0	500.169
2021	93.080	22	2.047.753	800.000	650.000	597.753	179.326	418.427	150.000	0	568.427

Custo de Capital do Projeto

R_f	R_m	β	R_s
6%	10%	1,375	11,50%

Escala	VPL	TIR	PBD
50.000 t/ano	426.587	22,08%	≈ 5,5 anos
70.000 t/ano	874.479	25,67%	≈ 5 anos
100.000 t/ano	−70.295	10,67%	∞

Análise de Sensibilidade

Escala 70.000 t/ano — ***Market Share*** — **Hipótese Pessimista**

Ano	Vol Omega	Preços	Receita	CVT	CFT	LAIR	PIR	LL	Depreciação	Invest.	FCL
2011	0	0	0	0	0	0	0	0	0	900.000	–900.000
2012	40.000	22	880.000	500.000	400.000	–20.000	–6.000	–14.000	90.000	0	76.000
2013	42.000	22	924.000	500.000	400.000	24.000	7.200	16.800	90.000	0	106.800
2014	44.100	22	970.200	500.000	400.000	70.200	21.060	49.140	90.000	0	139.140
2015	46.305	22	1.018.710	500.000	400.000	118.710	35.613	83.097	90.000	0	173.097
2016	48.620	22	1.069.646	500.000	400.000	169.646	50.894	118.752	90.000	0	208.752
2017	50.000	22	1.100.000	500.000	400.000	200.000	60.000	140.000	90.000	0	230.000
2018	50.000	22	1.100.000	500.000	400.000	200.000	60.000	140.000	90.000	0	230.000
2019	50.000	22	1.100.000	500.000	400.000	200.000	60.000	140.000	90.000	0	230.000
2020	50.000	22	1.100.000	500.000	400.000	200.000	60.000	140.000	90.000	0	230.000
2021	50.000	22	1.100.000	500.000	400.000	200.000	60.000	140.000	90.000	0	230.000
										VPL	74.682
										TIR	13,57%

Escala 70.000 t/ano — **Preços** — **Hipótese Pessimista**

Ano	Vol Omega	Preços	Receita	CVT	CFT	LAIR	PIR	LL	Depreciação	Invest.	FCL
2011	0	0	0	0	0	0	0	0	0	900.000	–900.000
2012	50.000	18	900.000	500.000	400.000	0	0	0	90.000	0	90.000
2013	50.000	18	900.000	500.000	400.000	0	0	0	90.000	0	90.000
2014	50.000	18	900.000	500.000	400.000	0	0	0	90.000	0	90.000
2015	50.000	18	900.000	500.000	400.000	0	0	0	90.000	0	90.000
2016	50.000	18	900.000	500.000	400.000	0	0	0	90.000	0	90.000
2017	50.000	18	900.000	500.000	400.000	0	0	0	90.000	0	90.000
2018	50.000	18	900.000	500.000	400.000	0	0	0	90.000	0	90.000
2019	50.000	18	900.000	500.000	400.000	0	0	0	90.000	0	90.000
2020	50.000	18	900.000	500.000	400.000	0	0	0	90.000	0	90.000
2021	50.000	18	900.000	500.000	400.000	0	0	0	90.000	0	90.000
										VPL	–380.901
										TIR	0,00%

V) Exercícios propostos

1. Uma corretora recomendou a um cliente, avesso a riscos, não comprar ações de empresas mineradoras de ouro porque, segundo seus analistas, elas têm risco muito alto. Em seu mais recente relatório, a corretora mostrou que os preços dessas ações têm variado muito nos últimos anos: o desvio-padrão dos retornos supera a média do mercado acionário. Você aprova essa orientação?

2. Vê-se a seguir um histórico representativo dos retornos das ações da Cia. Sete e da carteira de mercado. A taxa livre de risco é 6% e a taxa de retorno esperado da carteira de mercado, 16%, a atual razão D/E é de 2%.

Período	Sete	Mercado
1	−0,11	−0,03
2	0,06	0,01
3	0,09	0,03
4	0,11	0,17
5	0,08	−0,07
6	0,16	0,22

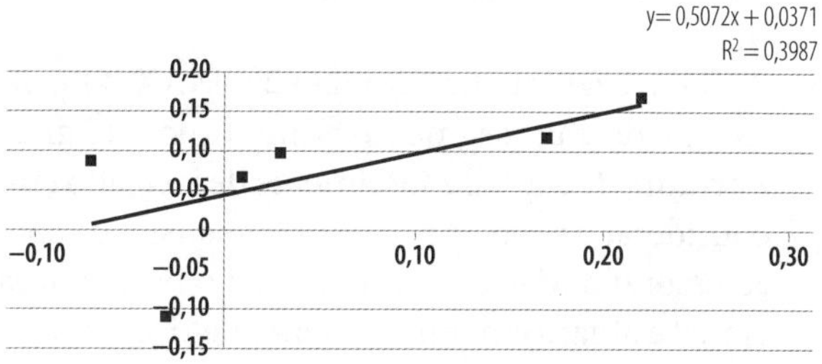

Calcule o custo do capital próprio da Cia. Sete. Caso ele exceda 10% (alvo da diretoria), encontre quanto capital de terceiros é preciso tomar, a um custo médio de 12%.

3. Pede-se o custo médio ponderado do capital aplicado a um projeto de investimento que a Cia. Z está avaliando. Sua TIR foi estimada em 18% a.a. e o coeficiente de endividamento será 60%. Com base nessas e nas informações fornecidas na tabela seguinte, que recomendação você faria?

Variável	Mercado	Cia. Z	Este projeto
Taxa livre de risco	4% a.a.		
Taxa de retorno de mercado	12% a.a.		
β (coeficiente de risco sistemático)		1,5	
Custo bruto do capital de terceiros		15% a.a.	10%
Alíquota do imposto de renda		30%	Igual
Proporção de capital próprio		60%	40%

continua

continuação

Variável	Mercado	Cia. Z	Este projeto
Alavancagem operacional		Média	Superior
Alavancagem financeira		Média-alta	Superior
Volatilidade da receita		Média-alta	Superior

4. Calcule o custo médio ponderado do capital da Cia. MAX, admitindo que:

a) A MAX tem um quociente capital de terceiros/capital próprio igual a 0,5.
b) $R_f = 4\%$; $R_m = 9\%$; $\beta = 1,4$.
c) O custo do capital de terceiros, antes dos impostos, é 10%.
d) A alíquota do imposto de renda é 35%.

5. Avalie o seguinte projeto da Cia. MAX. O investimento de $ 8 mil em um "nicho" do atual segmento de mercado será financiado de acordo com a atual estrutura de capital e totalmente depreciado em cinco anos. Sua análise deve considerar o risco do projeto. Os analistas da consultoria EF,[15] contratada para assessorar a MAX, acreditam que o projeto terá maior alavancagem operacional e atuará em um segmento de risco superior às atuais áreas da MAX.

Ano	0	1	2	3	4	5
Receita	–	10.000	11.000	12.000	9.500	7.000
CVT (%)	–	60	60	60	62	63
CFT	–	2.000	2.000	2.000	2.200	2.500
IR (%)	–	25	25	25	25	25

6. Tentando superar algumas das limitações do exercício resolvido nº 1, explique como você introduziria (a) cenários de mercado, e (b) simulação de investimento.

VI) Minicaso

Comente a afirmação feita por um analista de investimentos: "As ações que acompanham perfeitamente o mercado têm beta igual a 1. Os betas aumentam à medida que a volatilidade cresce e se reduzem quando a volatilidade diminui. Assim, a Sulista S.A., uma empresa de distribuição de eletricidade, cujas ações

15 Engenharia Financeira é uma empresa formada por engenheiros recém-formados que descobriram o desafio e o prazer de orientar decisões de aplicação do dinheiro de seus clientes.

têm sido negociadas a preços em torno de $ 12 nos últimos três anos, tem um beta baixo. Em outro extremo encontra-se a Transcipó, uma companhia aérea internacional, com sua ação variando de preço entre um mínimo de $ 75 e um máximo de $ 150".

VII) Caso

A aplicação da equação de Hamada é um procedimento comum em estudos de estimação do custo de capital. Mas é importante recordar que ela pressupõe que o risco do capital de terceiros seja nulo, logo seu beta é zero. Isso facilita enormemente a tarefa de desalavancar o beta de uma empresa financiado por uma mistura de patrimônio e dívida. Contudo, há um número de relatórios profissionais e testemunhos de *especialistas* que adotam outro ponto de vista. Como se alterariam as conclusões dos vários exercícios resolvidos e propostos nesta seção, caso se admitisse que os betas de capitais de terceiros fossem positivos? Que valores razoáveis poderiam eles tomar?

VIII) Soluções dos exercícios propostos

1. Não. O investidor racional diversifica suas aplicações e, ao fazer isso, importa-se não com a variação dos preços de um ativo em particular, mas com a covariação desses preços com o nível geral de preços do mercado de ativos. Beta é a medida correta da volatilidade de um ativo, mas nada foi informado a respeito. Esse investidor deve procurar melhor orientação.

2. Este exercício é, em parte, similar ao exercício resolvido nº 3. Sua solução se desdobra em:

   Passo 1. Calcular o custo do capital próprio. Aplica-se a equação CAPM.

$$R_s = R_f + \beta \cdot (R_m - R_f)$$
$$R_s = 6\% + 0{,}0{,}5072 \times (16\% - 8\%)$$
$$R_s = 12{,}06\%$$

   Passo 2. Computar R_{wacc} (Custo médio ponderado do capital) da Cia. Sete.

$$R_{wacc} = W_s \cdot R_s + (1 - W_s) \cdot R'_d$$
$$R_{wacc} = 1/3 \times 12{,}06\% + 2/3 \times (1 - 0{,}3) \times 12\%$$
$$R_{wacc} = 1/3 \times 12{,}06\% + 2/3 \times 8{,}4\%$$
$$R_{wacc} = 9{,}62\%$$

   Portanto, o custo médio ponderado de capital da Cia. Sete é inferior a 10% com um endividamento de 66,67% do Ativo Total. Nada precisa ser mudado.

Passo 3. Como $R_{wacc} > 10\%$, é preciso usar dívida. Aplica-se novamente a equação de R_{wacc}.

$$R_{wacc} = W_s \cdot R_s + (1 - W_s) \cdot R'_d$$
$$R_{wacc} = W_s \cdot 0{,}407 + (1 + W_s) \cdot 0{,}10 = 0{,}10$$
$$R_{wacc} = W_s . R_s + (1 - W_s) - R'_d$$
$$R_{wacc} = 1/3 \times 0{,}407 + 2/3 \times 0{,}10$$
$$R_{wacc} \cong 10{,}36$$

3. O projeto é viável. Conferir os cálculos a seguir.

Beta do projeto

Beta da Cia. ABC	1,5	1,5
Incluir efeitos de:	Mín.	Máx.
• Alavancagem financeira	0,05	0,10
• Alavancagem operacional	0,05	0,10
• Volatilidade da receita	0,05	0,10
Beta do projeto	1,650	1,800
Média dos betas do projeto	1,725	

Projeto

Variável	Mín.	Méd.	Máx.
R_f	4%	4%	4%
R_m	12%	12%	12%
β	1,650	1,725	1,800
t	30%	30%	30%
% Patrimônio	40%	40%	40%
% Dívida	60%	60%	60%
R_s	17,20%	17,80%	18,40%
R'_d	7,00%	7,00%	7,00%
$\boldsymbol{R_{proj}}$	**11,08%**	**11,32%**	**11,56%**

4. O roteiro para o cálculo do custo de capital da Cia. MAX é idêntico ao aplicado no exercício anterior. Disso resulta um custo médio ponderado de 9,5% a.a.

R_f	R_m	β	R_s	R_d	t	R'_d	D/E	R_{wacc}
4%	9%	1,4	11,00%	10%	0,35	6,50%	0,5	9,50%

5. O projeto da Cia. MAX deve ser aprovado. Como se chegou a essa conclusão? Primeiro, calculou-se a taxa de desconto ajustada pelo risco sistemático do projeto, de 10% a.a., variando entre 9,83% a.a. e 10,17% a.a. Atribuindo-se incrementos mais elevados aos fatores alavancagem operacional e volatilidade da receita, em pouco mudam esses números.
Segundo, completou-se a projeção do fluxo de caixa.
Terceiro e último, computaram-se e analisaram-se três medidas de mérito do investimento – VPL, TIR e PBD. A conclusão é que o projeto da Cia. MAX é viável financeiramente.

Beta do projeto

Beta da Cia. ABC	1,4	1,4
Incluir efeitos de:	Mín	Máx
• Alavancagem financeira	0,00	0,00
• Alavancagem operacional	0,05	0,10
• Volatilidade da receita	0,05	0,10
Beta do projeto	1,500	1,600
Média dos betas do projeto	1,550	

Projeto

Variável	Mín	Méd	Máx
R_f	4%	4%	4%
R_m	9%	9%	9%
β	1,500	1,550	1,600
t	35%	35%	35%
% Patrimônio	67%	67%	67%
% Dívida	33%	33%	33%

Variável	Mín	Méd	Máx
Rs	11,50%	11,75%	12,00%
$R_{'d}$	6,50%	6,50%	6,50%
$\boldsymbol{R_{proj}}$	**9,83%**	**10,00%**	**10,17%**

1	10.000	6.000	2.000	2.000	700	1.300	1.600	0	2.900
2	11.000	6.600	2.000	2.400	840	1.560	1.600	0	3.160
3	12.000	7.200	2.000	2.800	980	1.820	1.600	0	3.420
4	9.500	5.890	2.200	1.410	494	917	1.600	0	2.517
5	7.000	4.410	2.500	90	32	59	1.600	0	1.659

O projeto promete criar valor para seus investidores. O período de recuperação do capital está de acordo com o padrão – para uma vida de cinco anos e uma taxa de desconto de 10% a.a., o valor de θ* é igual a 3,79 anos. Com indicadores favoráveis de valor e liquidez, o projeto é viável.

VPL	2.566
TIR	22,83%
PBD	≈ 3 anos

6. Como você introduziria cenários e simulação para superar limitações da análise de sensibilidade?

Cenários de mercado. Impõe-se dotá-los de coerência. A seguir, uma simples sugestão.

Dados de entrada da análise de sensibilidade

	Hip. pessim.	Hip. normal	Hip. otimista
Mercado	500.000	1.000.000	1.500.000
Market Share %	2,0%	3,0%	5,0%
Preço	3.800	5.200	6.000

Crítica dos dados de entrada

Há interações ignoradas entre as três variáveis "sensíveis". Por exemplo:

- Uma contração do mercado total dispara uma luta por participação, logo "mercado" e "market share" estão ligados entre si.
- Uma perda de parcela de mercado pode ser causada por um aumento de preço, recusado pelos consumidores.

Por conseguinte, é preciso investigar interações como estas e construir cenários coerentes, por exemplo:

Cenários coerentes de mercado

	Nuvens CB	**Céu Azul**
Mercado	500.000	1.000.000
Market Share %	2,5%	3,0%
Preço	5.000	5.200

> O pior cenário (Nuvens CB) admite uma violenta queda do mercado total, contudo a parcela do projeto resistiria em 2,5% desse mercado e o preço não cairia abaixo de $ 5 mil. Isso não é adivinhação nem profecia, é trazer um pouco de coerência para o pior dos mundos!

Minicaso

Na apreciação deste minicaso, atenção deve ser dada aos seguintes pontos (pelo menos):

1. Admitindo-se que as variações de preços de ações estejam referidas aos mesmos mercados (bolsas) e períodos, seria justo, em princípio, pensar que a empresa aérea sofra de maior volatilidade que a empresa de eletricidade. Mas isso não é verdade no que se refere à dimensão geográfica dos mercados. A Sulista é uma distribuidora regional de eletricidade, ao passo que a Transcipó é uma companhia aérea internacional.
2. Entretanto, se as duas empresas têm suas ações cotadas em bolsa, é estranho que nada se tenha dito sobre seus coeficientes (betas) de risco sistemático. Enquanto escrevo, tomo conhecimento (atrasado, talvez) de grave crise afetando a companhia japonesa JAL, supostamente por motivos ligados à sua estrutura administrativa burocrática, que acarreta em um comportamento pouco competitivo no mercado mundial. Embora saiba que toda a indústria de transporte aéreo luta com dificuldades financeiras, e isso não é fato recente, haveria nesse caso um elemento de risco específico, não sistemático, captado corretamente pelo mercado.

Caso

Sem dúvida, o capital de terceiros, em regra, encontra-se mais protegido que o capital dos sócios. Mas toda regra tem exceções, como ficou claramente demonstrado, ao longo da história, por uma série de desastres corporativos. Por conseguinte, preferir conveniência em vez de realismo pode ser muito perigoso.

Conviria estimar o custo de capital sob diferentes premissas quanto ao risco do capital de terceiros.

Referências

BREALEY, Richard; MYERS, Stewart C. *Principles of corporate finance*. Nova York: McGraw-Hill, 1996.

DAMODARAN, Aswath. *Estimating risk parameters*. Nova York: Stern School of Business. Artigo recuperado de: <http://www.stern.nyu.edu/~adamodar/pdfiles/papers/beta.pdf>.

GALESNE, Alain et al. *Decisões de investimento da empresa*. São Paulo: Atlas, 1999. Capítulos 6, Risco e incerteza nas decisões de investimento; 8, Métodos de avaliação de projetos de investimento em situação de risco (futuro determinável probabilisticamente); 10, Métodos para seleção de um programa de investimentos na situação de futuro determinável probabilisticamente; e 11, Taxa de desconto dos fluxos de caixa nas decisões de investimento da empresa.

HAMADA, R. S. "The effect of the firm's capital structure on the systematic risk of common stocks", *The Journal of Finance*, v. 27, n. 2, p. 435-452, 1972.

HARTMANN, Joseph C. *Engineering economy and the decision-making process*. Upper Saddle River: Pearson Education, 2007. Capítulo 10, Considering risk.

SILVEIRA, H.P. et al. *Conceito de taxa livre de risco e sua aplicação no Capital Asset Pricing Model*: um estudo exploratório para o mercado brasileiro. In: 2º Encontro Brasileiro de Finanças. Rio de Janeiro, 2002.

KNIGHT, Frank H. *Risk, uncertainty and profit*. Cambridge: Harvard University Press, 1921.

MÉZERAC, Edouard de. *Cost of capital in investment decisions*: from theory to practice. VMD Verlag: 2009 .

OGIER, Tim et al. *The real cost of capital*: a business field guide to better financial decisions. Londres: Prentice Hall, 2004.

ROSENBERG, Barr; RUDD, Andrew. The corporate uses of beta. In: STERN, Joel M.; CHEW, JR., Donald H. (Eds.). *The revolution in corporate finance*. Oxford: Blackwell, 1998.

ROSS, Stephen A. et al. *Administração financeira*. Tradução de Antonio Zoratto Sanvicente. São Paulo: Atlas, 1995. Capítulos 9, Teoria de mercado de capitais – Uma visão geral; 10, Retorno e risco – O Capital Asset Pricing Model (CAPM); 11, Uma visão alternativa da relação entre risco e retorno – Arbitrage Pricing Theory; e 12, Risco, retorno e orçamento de capital.

Capítulo 8 PIR (Post Investment Review)

8.1 Objetivos e conteúdo

Este capítulo trata da reavaliação de um projeto de investimento após o início da sua execução. Referido na literatura internacional por vários nomes, entre eles PIR ou *Post Investment Review*, é parte do processo amplo de orçamento de capital e reconhecido como fundamental para seu contínuo sucesso no longo prazo, pois contribui significativamente para:

Item	Contribuição
Melhorar a capacidade de decidir quanto a investimentos futuros.	Aprender com experiência.
Melhorar as decisões relativas a investimentos atuais.	Aprender com experiência.
Habilitar ações corretivas em projetos em andamento.	Corrigir execução.

Assim, o processo PIR é uma ferramenta de excepcional valor para a gerência, fortalecendo o aprendizado organizacional e dando aos gestores um controle maior sobre os projetos de investimento que fazem a ponte entre o presente e o futuro da organização. Lembro aqui, mais uma vez, o papel do projeto (estudo) como guia para ação.

De acordo com Pinches:[1]

1 PINCHES, George E. "Myopia, capital budgeting and decision making", *Financial management*, v. 11, n. 3, 1982.

> Somente se dando atenção à fase de auditoria pós-investimento é que se terá um processo mais abrangente de alocação de recursos (página 14)... o papel da fase de auditoria pós-investimento não tem recebido muita atenção em círculos acadêmicos. A excessiva ênfase na fase de seleção tem resultado de uma visão míope do que seja, na prática, o processo de orçamento de capital.

Essas palavras, escritas há mais de 20 anos, infelizmente, continuam atuais. A maioria dos livros didáticos de finanças corporativas e economia da engenharia não aborda esse tema. As poucas exceções registradas, por sua vez, não exploram a riqueza que o assunto oferece.

Neale e Holmes[2] apontam um conjunto de benefícios resultantes da prática da auditoria pós-investimento, estendendo-se além da realização de cada projeto auditado:

	Benefícios orientados para o projeto
1	Melhoria dos mecanismos de controle.
2	Capacidade de rapidamente corrigir projetos desempenhando abaixo das metas.
3	Aumento da frequência de conclusão de projetos.

	Benefícios orientados para o sistema de orçamento de capital
1	Melhoria da qualidade da tomada de decisão.
2	Capacidade de identificação de variáveis-chave.
3	Estímulo a um maior realismo na elaboração e avaliação de projetos.
4	Melhoria do desempenho organizacional.

Tomada a decisão de investir em um projeto, a gerência passa a se ocupar de sua fase de execução: é preciso construir o projeto (empreendimento), iniciar sua operação, manter sua capacidade e assim por diante, até o momento em que se faz necessário avaliar a conveniência de repor equipamentos, tecnologias etc. ou, simplesmente, encerrar o ciclo de vida da unidade produtiva.

A execução de projetos de investimento envolve três atividades de controle, a saber:

---

2 NEALE, C. William; HOLMES, David E. A. "Post completion audits: the costs and benefits", *Management accounting (UK)*, v.3, 1988.

1) Controle durante a implantação

Que se segue à aprovação do projeto e à concessão de autorização de dispêndio. Tem por objetivo verificar que não ocorram nem gastos nem atrasos excessivos. Aqui tem lugar o conhecido "gerenciamento de projetos", com seus diversos processos voltados para fazer do estudo um empreendimento, pronto para entrar em operação. Predominam considerações de engenharia de construção e de processos.

2) Auditoria pós-investimento

Iniciada pouco depois que o projeto entrou em operação para determinar se há problemas imprevistos requerendo novas decisões e ações. Continuará sendo conduzida à medida que o projeto se realizar, comparando o desempenho efetivo ao previsto. Revisões poderão ocorrer para garantir o sucesso do empreendimento, sempre que se identificarem desvios significativos entre previsões e realizações, e as medidas corretivas forem claramente identificadas.

3) Avaliação *ex post* do desempenho

Conduzida depois que o projeto se encerra para comparar o desempenho previsto final ao efetivo. É a palavra final sobre o que deu certo, o que deu errado, o que se aprendeu e o que resta para se aprender. Pode ser construída integrando-se os relatórios parciais da auditoria pós-investimento.

Este capítulo trata do segundo e do terceiro controles. A primeira atividade de controle volta-se para a materialização do projeto como inicialmente proposto. Mudanças poderão ser introduzidas no design inicial, mas somente se os controles 2 e 3 o recomendarem. Proponho, com efeito, um grau de superposição entre as atividades 1 e 2, como se pode ver a seguir:

Superposição de atividades de controle no ciclo de vida de um projeto

Gerenciamento do projeto: controle do projeto em sua fase de implantação		
Auditoria pós-investimento: revisão do projeto em sua fase de implantação	Auditoria pós-investimento: controle do desempenho do projeto em sua fase de operação	Avaliação *ex post*: controle do desempenho no encerramento da vida do projeto

As próximas seções abordarão a difícil questão de quem e como se faz a auditoria do projeto.[3] Dependendo de a quem (que parte da organização) re-

3 Essa questão é tratada formalmente pela "teoria da agência": quem e como representam os proprietários nos processos gerenciais de tomada de decisão e exercício de controles.

caia a responsabilidade de auditar projetos, fica determinado, em grande medida, como se faz essa auditoria. Apenas um ponto parece ser pacífico nessa discussão: quem elabora projetos e quem os avalia não deve auditar, pois isso suscitaria um evidente e pernicioso conflito de interesses.

8.2 Alternativas de atribuição da função de auditoria

Existe um consenso entre os especialistas de que o exercício da função de auditoria de projetos de investimento deve se cercar de um número de cuidados e evitar algumas armadilhas. A primeira foi comentada no parágrafo anterior. Contudo, existem outras, não tão óbvias.

A lista a seguir provém da tese de doutorado de Szpiro[4], cuja ordem preservei. Rearranjando, agruparia as recomendações da seguinte maneira:

1. As recomendações 1 e 3 referem-se à estrutura formal do processo de auditoria. Afirmam que este deve ser (a) um processo formal e regular (jamais uma atividade esporádica ou passível de interrupção pela vontade de um gestor); e (b) um processo abrangente, enxergando todos os aspectos do sistema de orçamento de capital. São prescrições de abrangência e continuidade que todas as organizações deveriam acatar, exibindo o primeiro (e talvez mais importante) sinal de quanto valoriza esse processo gerencial.
2. As recomendações 4, 5 e 6 prendem-se à metodologia do processo, ao como fazê-lo. Trabalho de equipe multidisciplinar, direcionado para projetos escolhidos de forma sistemática e se estendendo por todo o ciclo de vida de cada projeto.
3. Por fim, as recomendações de números 2, 7 e 8 relacionam-se aos objetivos da auditoria em última instância – aprender e corrigir, mas não premiar ou punir.

Recomendações para auditoria de projetos

1	O processo de auditoria deve ser abrangente em seu escopo, cobrindo cada parcela do sistema de orçamento de capital.
2	O processo de auditoria deve ser orientado para o futuro, requerendo que se estabeleça uma conexão entre experiências passadas e oportunidades futuras.
3	O processo de auditoria deve ser uma parte formal e regular do sistema de orçamento de capital, em vez de um mecanismo *ad hoc* ou informal.

continua

4 SZPIRO, Daniel A. *Evaluating the agency and learning based prescriptions for post-investment review of capital projects.* Submetido como parte dos requisitos para a obtenção do grau de Ph.D.. Faculty of Graduate Studies, The University of Western Ontario, Londres, Ontário, maio 1998.

continuação

4	O processo de auditoria deve ser conduzido por uma equipe ou um comitê, de modo que o grupo inclua pessoas com experiência direta em cada parte do sistema de orçamento de capital, bem como pessoas conhecedoras dos sistemas de controle da organização.
5	A escolha de projetos de investimento a serem submetidos ao processo de auditoria não deve ser feita de forma aleatória, mas intencionalmente e com base em critérios bem-definidos (por exemplo, valor do investimento, potencial de aprendizado, desempenho).
6	A coleta e a análise de dados para auditoria não deve ser adiada até o encerramento do projeto, mas deveria começar nos primeiros estágios de seu ciclo de vida, de modo que, se modificações forem necessárias, elas poderão ser realizadas.
7	O processo de auditoria deveria ser utilizado para avaliar a operação contínua do sistema de orçamento de capital e não para avaliar o desempenho individual de gerentes ou construir a base para recompensas ou punições.
8	Os resultados do processo de auditoria deveriam ser abertos para o maior número possível de pessoas na organização, distribuindo-se amplamente as oportunidades de aprendizado.

Com essa orientação em mente, pode-se agora discutir as alternativas mais conhecidas para fazer acontecer o processo de auditoria de projetos de investimento:

1. A primeira e mais antiga, que também parece ser a forma natural de realizar esse processo, é atribuir responsabilidade ao sistema contábil. Afinal, é este o setor de uma organização que registra a expressão financeira de seus fatos históricos. Tal solução, entretanto, apresenta uma série de problemas, como se verá adiante.
2. A segunda consiste em criar um novo setor organizacional capaz de conduzir o processo com pleno atendimento de todas as recomendações de Szpiro. É o caminho que recomendo.

8.3 A avaliação feita por meio do sistema contábil

8.3.1 Preliminares

Na maioria das empresas que fazem algum controle *a posteriori* de seus projetos de investimento, ele se baseia no princípio de controlar o que se pode, mais que controlar o que se deve. A razão disso se encontra na atribuição dessa tarefa ao sistema contábil, originalmente concebido para outros fins – sobretudo, para atender a exigências legais. Esse sistema registra, a seu modo, o que aconteceu com os investimentos realizados. Ou, pelo menos, somente ele tem essa capacidade. Parece natural, portanto, confiar-lhe a monitoração dos projetos em andamento.

Para isso, a contabilidade apura o ROI (*Return on Investment*) dos projetos executados ou, na impossibilidade de observar cada projeto individualmente, o ROI das divisões (unidades organizacionais com certo grau de autonomia) ou unidades de negócio responsáveis.

Problema 1: muitas vezes, o sistema contábil não "enxerga" projetos individuais de investimento, focalizando sua atenção, no máximo, no desempenho de cada divisão.

Problema 2: quando o sistema contábil avalia o desempenho financeiro de uma divisão, os resultados podem constituir a base para premiar ou punir gestores e funcionários; atualmente, isso é comum como parte dos programas de remuneração variável (pagamento por resultado). Alguns gestores manipulam resultados para ganhar prêmios e fugir de punições. O sistema de auditoria fica viciado e perde sua capacidade de produzir os efeitos de aprendizado e correção de rumos.

O ROI divide uma medida de resultado (lucro) por uma de aplicação de recursos (investimento):

$$\text{ROI} = \text{Lucro}/\text{Investimento}$$

Na prática, o problema está em atribuir valores a essas duas medidas, ou melhor, em defini-las de forma a causar um mínimo de controvérsia entre gerentes divisionais cujo desempenho – muitas vezes confundido com o de seus projetos – está sendo avaliado.

8.3.2 O que é ROI (*Return on Investment*)?

O retorno é a remuneração do capital investido. Os índices da eficiência no uso do capital comparam medidas de resultado (fluxos de lucro ou de caixa) ao esforço feito para sua obtenção (investimento). O ROI (ou TCL, Taxa Contábil de Lucro) é um critério antigo de avaliação de desempenho financeiro de empresas, divisões e até de projetos individuais de investimento. Rejeitado pela literatura acadêmica, continua sendo largamente empregado no mundo dos negócios.

Partindo-se de demonstrações históricas ou projetadas de massas patrimoniais (Balanço Patrimonial) e resultados (Demonstração de Resultados do Exercício), pode-se relacionar uma medida de resultado (lucro ou prejuízo) a outra de investimento (ativos ou patrimônio líquido) para obter-se uma taxa de retorno (porcentagem). Destacam-se aqui dois conceitos:

ROA (*Return on Assets*) ou RSAT (Retorno Sobre o Ativo Total)

Divide-se LAJIR (Lucro Antes dos Juros e do Imposto de Renda = Lucro Operacional Líquido Antes das Despesas Financeiras) por Ativo Total. Este pode entrar na fórmula usando-se seu valor no início, no final ou na média no período em estudo.

RSAT = LAJIR/ATIVO TOTAL

Procura-se, assim, determinar o retorno proporcionado por todo o capital investido (ativo total) independentemente de como ele foi financiado (recursos próprios *versus* recursos de terceiros).

ROE (*Return on Equity*) ou RSPL (Retorno Sobre o Patrimônio Líquido)

Divide-se LAIR (Lucro Antes do Imposto de Renda = Lucro Operacional Líquido Depois das Despesas Financeiras) ou LL (Lucro Líquido) por patrimônio líquido (Capital Próprio).

RSPL = Lair/patrimônio líquido ou RSPL = Lucro líquido/patrimônio líquido

Esse índice reflete a eficiência no uso do ativo (RSAT), bem como o custo do capital de terceiros.

a) ROA

O ROA (RSAT) divide o lucro operacional líquido I (antes das despesas financeiras líquidas) pelo ativo total. Busca medir a eficiência no emprego de todos os ativos, independentemente de como foram financiados (com capital próprio ou dívida). A análise de ROA, de acordo com a fórmula DuPont, separa os efeitos da margem de lucratividade da rotação do ativo.

ROA	=	Margem	×	Rotação

Margens (Índices de lucratividade das vendas)

As margens são calculadas comparando-se uma medida de lucro com as vendas, estas representadas pela receita operacional líquida, que constitui a verdadeira receita da empresa. A medida de lucro pode variar desde o topo da DRE até embaixo, na linha do Lucro Líquido. A variedade de medidas é, pois, uma função da forma da DRE. A seguir, apresenta-se uma DRE simplificada, com base na qual serão definidos diversos índices de análise.

DRE (Simplificada)

Discriminação	Sigla
Receita operacional bruta	ROB
– Deduções (impostos, abatimentos etc.)	(DED)

continua

continuação

Discriminação	Sigla
Receita operacional líquida	ROL
– Custos operacionais	(CO)
Lucro operacional bruto	LOB
– Despesas operacionais (exclusive Despesas financeiras)	(DO)
Lucro operacional líquido I	LOL I
– Despesas financeiras líquidas	(DF)
Lucro operacional líquido II	LOL II
+/– Resultado não operacional	RNO
Lucro antes do imposto de renda	LAIR
– Provisão para o imposto de renda	(PIR)
Lucro líquido	LL

Com base na informação contida na DRE anterior, as seguintes margens podem ser medidas:

LOB/ROL. É a margem de lucratividade operacional bruta das vendas. Sendo positiva e grande, a empresa tem como fazer frente a suas despesas operacionais e financeiras.

LOL I/ROL. Essa margem mede a lucratividade operacional líquida, entendida como o resultado de atividades que envolvem o uso de ativos operacionais (circulantes e permanentes) sem considerar como esses ativos foram financiados (isto é, o grau de endividamento).

LOL II/ROL. Aqui intervém o efeito da estrutura financeira da empresa (razão capital próprio/capital de terceiros). Em uma economia com preços estáveis (inflação zero), o único custo de capital de terceiros presente na DRE são os juros líquidos (porque são deduzidas quaisquer receitas geradas por investimentos financeiros) pagos ou creditados aos supridores de capital.

LAIR/ROL. Essa importante margem agrega os resultados não operacionais líquidos, em geral de pouca monta, porém indispensáveis para que os valores da DRE sejam fielmente reconstituídos. Permite comparar empresas submetidas a diferentes tratamentos tributários (imposto de renda) ou exercícios sociais, na hipótese de ter havido mudanças na tributação. A exemplo da margem precedente, merece confiança quanto ao reconhecimento dos efeitos inflacionários.

LL/ROL. A lucratividade líquida das vendas exprime o ganho final por real vendido. O lucro líquido surge como categoria residual, encontrado depois que da receita operacional líquida se retiram todos os custos e despesas (operacionais e financeiros), adiciona-se (ou subtrai-se) o resultado não operacional e, finalmente, faz-se a provisão para o imposto de renda.

Rotação

Os índices de rotação comparam o valor das vendas (receita operacional bruta ou líquida) aos ativos empregados. Tradicionalmente, têm sido interpretados como índices de atividade que medem a eficiência na utilização dos ativos. Ressalte-se desde já o caráter superficial da maioria das análises desses índices. Aqui, inicialmente, proponho apurar os seguintes índices:

Índices de rotação

Rotação do ativo total (RAT)	RAT = Receita operacional Ativo total
Rotação do ativo circulante (RAC)	RAC = Receita operacional Ativo circulante
Rotação do ativo de longo prazo (RAL)	RAL = Receita operacional Ativo total – Ativo circulante
Tempo de rotação do ativo total (TRAT)	TRAT = 360 / RAT
Tempo de rotação do ativo circulante (TRAC)	TRAC = 360 / RAC
Tempo de rotação do ativo de longo prazo (TRAL)	TRAL = 360 / RAL

O tempo de rotação do ativo total iguala a soma dos tempos de rotação correspondentes do ativo circulante e do ativo de longo prazo. Essa propriedade de aditividade, contudo, não se aplica aos índices de rotação (número de vezes). Com efeito, a rotação do ativo total se obtém como a média harmônica das rotações do ativo circulante e do ativo total:

$$RAT = ROL/AT = ROL / (AC + ALP) =$$

$$= 1 / (AC/ROL + ALP/ROL) = 1 / (1/RAC + 1/RAL)$$

Um esforço de decomposição analítica do índice de rotação do ativo total leva a concluir que existem fatores estruturais determinando o número de rotações dos ativos de uma empresa dentro de qualquer período definido (habitualmente, um ano).

Seja uma empresa que vende tudo o que produz de um produto único (premissas adotadas apenas para simplificar a exposição) e para a qual se definem as seguintes variáveis:

P	Preço do produto.
Q	Quantidade vendida (= Quantidade produzida) por período.
Q'	Quantidade vendida (= Quantidade produzida) por ciclo produtivo.
*Q**	Capacidade de produção (= Quantidade máxima) por ciclo produtivo.
K	Ativo total (= Ativo operacional) existente.
*K**	Ativo total ótimo (ajustado à capacidade Q^*).
T	Dias de duração do ciclo produtivo.
D	Dias do período de análise.

A rotação do ativo total (RAT) pode então ser analisada:

$$RAT = P \times \frac{Q}{K} \quad \text{ou ainda}$$

$$RAT = P \times \frac{Q}{Q^*} \times \frac{Q^*}{K^*} \times \frac{K^*}{K}$$

$$RAT = P \times \frac{Q'}{Q^*} \times \frac{D}{T} \times \frac{Q^*}{K^*} \times \frac{K^*}{K} \quad \text{e, finalmente}$$

$$RAT = P \times \frac{Q'}{Q^*} \times \frac{Q^*}{K^*} \times \frac{K^*}{K} \times \frac{D}{T}$$

Assim, a rotação periódica do ativo total iguala o produto do preço do produto (*P*) pelos fatores grau de utilização da capacidade instalada em cada ciclo (Q'/Q^*), inverso do coeficiente de investimento por unidade de capacidade em cada ciclo produtivo (Q^*/K), razão ativo ótimo/ativo existente e número de ciclos produtivos em cada período (D/T).

Analise-se cada um desses fatores de uma vez, com dois objetivos em mente. O primeiro é explicar: trata-se de isolar a contribuição do fator para o comportamento do índice de rotação do ativo total. O segundo é intervir: refere-se à utilização do conhecimento adquirido para melhorar o desempenho da empresa no emprego de seus ativos operacionais.

P A rotação do ativo total depende diretamente do preço alcançado pelo produto no mercado. Na presença de fatores restritivos à atualização do preço diante da inflação, cai a rotação, mesmo que nada mais tenha mudado.	
*Q'/Q** O grau de utilização da capacidade produtiva, atingido durante a realização de um ciclo produtivo, é o segundo fator que atua diretamente na determinação do giro do ativo total. Subindo a ociosidade, cai o giro, tudo o mais permanecendo constante.	

continua

continuação

Q^*/K^* Dada a duração normal ou ideal de um ciclo produtivo (transformação de matéria-prima em produto acabado), tem-se certo volume de investimentos em ativos fixos e circulantes por unidade de capacidade de produção. Se a empresa usa uma tecnologia intensiva em trabalho, sua relação K/Q^* será mais baixa e sua rotação mais elevada, tudo o mais constante.
K^*/K A razão ativo ótimo/ativo existente revela o ajustamento do ativo à capacidade de produção, além de problemas decorrentes de erros de medida dos ativos (causados, por exemplo, pelos efeitos da inflação sobre estoques, contas a receber e imobilizado).
D/T Esse quociente indica o número de ciclos produtivos efetivamente realizados durante um período de duração de D dias, dada a duração média de T dias de cada ciclo. Uma produção mais demorada reduz o número anual de giros do ativo total. Ele confirma a sabedoria antiga de que "tempo é dinheiro": quanto mais rápida a produção, mais lucro e caixa.

Assinale-se que uma análise superficial das operações de uma empresa pode confundir uma utilização intensa com uma utilização eficiente das instalações produtivas. Coisa muito diferente pode estar acontecendo, entretanto. Uma produção mal planejada e administrada pode estar ocupando demasiadamente as facilidades disponíveis, assim como a mão de obra, alongando os tempos de fabricação, tudo isso gerando a falsa impressão de muita produtividade.

A decomposição do índice de rotação do ativo mostra ser a utilização da capacidade um fenômeno que cabe analisar em duas dimensões. A primeira é a intensidade com que se empregam os recursos disponíveis. A segunda é a velocidade desse emprego. A utilização ótima da capacidade combina essas duas dimensões de forma a maximizar o fluxo de produto por unidade de tempo.

b) ROE

Em última instância, interessa aos investidores atuais e potenciais em uma empresa a taxa de retorno sobre o capital próprio (patrimônio líquido). Ela é que mede a taxa de acumulação da riqueza dos proprietários, quer este acréscimo permaneça investido no negócio quer seja distribuído entre os donos. Na hipótese restritiva de que todo o lucro seja reinvestido no negócio, a taxa de retorno sobre o patrimônio líquido constitui a taxa de crescimento do capital próprio aplicado. De modo mais geral, quanto maior a taxa de reinvestimento, maior é a velocidade de crescimento do negócio permitida por alta taxa de retorno sobre o patrimônio líquido.

Esse índice pode ser obtido combinando-se alguns ou vários outros índices financeiros, que de algum modo medem a eficiência de uma empresa em seu desempenho operacional e financeiro. Serão, pois, utilizadas medidas de retorno que podem ser relacionadas entre si para estabelecer as causas próximas da variação da rentabilidade do patrimônio líquido:

- Margens ou índices de lucratividade das vendas (receita operacional líquida)
- Índices de rotação de ativos
- Um índice de endividamento ou alavancagem financeira (ativo total/patrimônio líquido)
- Um índice *CK* de custo de capital (despesas financeiras líquidas/passivo total)

O CK não é propriamente um índice de retorno sobre o investimento, mas um índice que auxilia em sua análise. Ele compara a totalidade dos encargos derivados de uma particular estrutura de capital - despesas financeiras brutas ou líquidas - ao ativo total. O retorno sobre o patrimônio líquido (RSPL) é obtido multiplicando-se a diferença entre *RSAT* e *CK* pela relação ativo total/patrimônio líquido, ou seja:

$$RSPL = (RSAT - CK) \times \left(\frac{AT}{PL}\right)$$

Facilmente se percebe que a diferença entre *RSAT* e *CK* fornece o quociente entre o lucro do exercício (afora alguns itens não operacionais, em geral sem expressão) e o ativo total. Todavia, esse quociente não deve ser utilizado diretamente como medida de retorno sobre o investimento. É evidente que o índice pode ser obtido de modo direto, mediante a aplicação de uma fórmula coerente com sua definição e que dispense o encadeamento de outros índices. Mas o encadeamento chama a atenção para interdependências de importância para a administração financeira.

A decomposição do *RSPL* pode ir mais longe ainda, caso se queira. Por exemplo, o índice *RSAT* pode ser desdobrado em dois componentes:

$$RSPL = \left(\frac{LOL}{ROL}\right) \times \left(\frac{ROL}{AT}\right)$$

Além disso, a rotação do ativo total *(ROL/AT)* pode ser analisada segundo as rotações do ativo circulante e do ativo de longo prazo, ou ainda de acordo com o encadeamento de fatores estruturais visto anteriormente.

A margem geral sobre as vendas *(LOL/ROL)*, por sua vez, pode ser decomposta em margens sobre vendas de produtos ou linhas de produtos específicos.

É possível desdobrar ainda mais a taxa de retorno sobre o patrimônio líquido, entrando-se pela análise da composição dos custos, dos ativos empregados etc. De modo geral, índices e encadeamentos de índices podem ser obtidos com os dados constantes dos relatórios financeiros publicados. As possibilidades de refinamento da análise, portanto, são praticamente ilimitadas.

Diferença entre TIR (taxa interna de retorno) e TCR (taxa contábil de retorno)

Essa inserção é fortemente baseada em Levy e Sarnat,[5] que demonstraram a relação existente entre taxas de retorno – TIR (taxa interna de retorno) e TCR (taxa contábil de retorno). Eles derivaram essa relação a partir da equação que fornece a TCR (R_t em sua notação):

$$R_t = (S - D)/I_o = S/I_o - (I_o/n)/I_o = R_p - 1/n$$

em que
R_t = taxa contábil de retorno sobre investimento inicial
S = *cash flow*
D = depreciação linear com valor residual nulo
I_o = investimento inicial
n = vida útil do investimento
R_p = *payback rate of return*

Sabendo-se que R_p se relaciona com R (taxa interna de retorno) por meio da expressão

$$R_p = R/\{1 - [1 - (1 + R)^2]\}$$

pode-se substituir na equação anterior

$$R_t = R/\{1 - [1/(1 + R)^2]\} - 1/n$$

A tabela a seguir mostra o desvio percentual de R_t em relação a R. O sinal desse desvio é negativo para todos os investimentos com vida útil superior a um ano. Além disso, o tamanho do desvio inicialmente cresce com a vida útil do investimento, porém, a partir de certo ponto, R_t aproxima-se assintoticamente de R na medida em que se consideram investimentos com longas vidas úteis. A aproximação entre R_t e R, entretanto, não é rápida e permanece grande o desvio na maior parte do domínio economicamente relevante de taxas de retorno e vidas úteis.

Essa comparação ajuda a entender como é enganoso substituir a TIR pela TCR, seja na avaliação *a priori* ou *a posteriori* de um projeto de investimento. Nada dispensa o conhecimento e a experiência do analista de projetos.

5 LEVY, Haim; SARNAT, Marshall. *Capital investment & financial decisions*. Parte I, Capital budgeting. Capítulo 6, Traditional measures of investment worth.

Tabela 6.6 Desvios de pontos de porcentagem da taxa contábil de retorno R_t em relação à taxa interna de retorno R para valores selecionados de R e n

Taxa interna de retorno R	Duração do projeto em n anos								
	1	2	5	10	15	20	40	60	100
5	0	−1,2	−1,9	−2,0	−2,0	−2,0	−1,7	−1,4	−1,0
10	0	−2,4	−3,6	−3,7	−3,5	−3,2	−2,3	−1,6	−1,0
15	0	−3,5	−5,2	−5,1	−4,6	−4,0	−2,4	−1,7	−1,0
20	0	−4,6	−6,6	−6,2	−5,3	−4,5	−2,6	−1,7	−1,0
30	0	−6,5	−8,9	−7,6	−6,1	−4,8	−2,5	−1,7	−1,0
40	0	−8,3	−10,9	−8,6	−6,4	−5,0	−2,5	−1,7	−1,0
50	0	−10,0	−12,4	−9,1	−6,6	−5,0	−2,5	−1,7	−1,0
60	0	−11,5	−13,7	−9,4	−6,6	−5,0	−2,5	−1,7	−1,0

Fonte: HAIM; SARNAT, op. cit., p. 166.

8.3.3 Dificuldades com a avaliação pelo sistema contábil

Várias soluções têm sido propostas para evitar problemas e chegar a medidas "justas" e que contribuam (supostamente) para melhorar o desempenho de uma organização. Todas falham em um ponto: pouco têm a ver com os critérios utilizados para se decidir fazer aqueles investimentos.

De forma geral, a avaliação *ex post* de desempenho está relacionada com o controle de custos empreendido no âmbito do sistema contábil, domínio da controladoria da empresa. Os sistemas contábeis têm evoluído para poder melhor atender às necessidades de planejamento e controle. A expressão moderna disso é **sistema de contabilidade por área de responsabilidade**. Em tal sistema, o desempenho real de cada segmento da organização é comparado a padrões contidos no planejamento. Presume-se que a estrutura administrativa seja adequada ao atendimento dos objetivos organizacionais, mas o que garante que ela seja?

Quando um gestor esquece fluxos de caixa, valores presentes líquidos ou taxa de retorno e baseia suas decisões em medidas contábeis, como lucro operacional, lucro líquido após o imposto de renda, taxa de retorno sobre o ativo ou sobre o patrimônio etc., é porque a empresa (sua administração de topo) as definiu como os critérios de avaliação de desempenho que de fato interessam.

8.3.4 Centros de responsabilidade

O sistema exige que gestores planejem para seus próprios segmentos e sejam responsabilizados pela execução do planejado. Pergunta-se: como será medido o desempenho financeiro de cada segmento? Três métodos principais são muito utilizados na prática, cada um destacando um aspecto diferente da responsabilidade administrativa. Definem-se três centros de responsabilidade: centro de custos, centro de lucro e centro de investimento. A empresa pode usar todos os três, dois (custos e lucro) ou somente um (custos). A experiência demonstra que as empresas começam com centros de custos, depois evoluem para centros de lucro e, por fim, chegam aos centros de investimento. Nem todas as divisões ou departamentos experimentam essa evolução, contudo.

a) Centro de custo

Um **centro de custo** ou **despesa** corresponde a um segmento (parte) da organização cujo administrador não exerce controle sobre receitas nem investimentos, mas pode controlar efetivamente as despesas incorridas na realização das atividades a seu cargo. No centro de custo, seu desempenho será avaliado em função do modo como houver alcançado seu volume planejado de produção, dentro dos níveis permitidos de gasto.

b) Centro de lucro

Um **centro de lucro** existe quando o administrador do segmento exerce controle sobre custos e receitas, mas não necessariamente sobre investimentos. Seu desempenho financeiro pode ser medido em termos de lucro ou margem de contribuição (valores absolutos).

c) Centro de investimento

Um **centro de investimento** é um segmento da organização cujo gerente controla receitas, custos e investimentos. Segundo o bem conhecido Sistema DuPont, seu desempenho é medido por ROI. O método possui certos inconvenientes, não obstante:

Depreciação
ROI depende muito da depreciação. Se uma divisão está baixando seus ativos a uma taxa relativamente rápida, seus lucros e, por consequência, ROI, serão reduzidos.

Valor contábil dos ativos
Se uma divisão mais antiga utiliza ativos que foram baixados, ambos, sua depreciação corrente e sua base de investimentos, serão baixos. Isto deixará seu ROI alto em relação às divisões mais novas.

Preços de transferência

Na maioria das grandes empresas, algumas divisões vendem para outras. Em tais casos, os preços pelos quais os bens são transferidos entre as divisões têm um efeito fundamental sobre os lucros divisionais.

Períodos de tempo

Muitos projetos têm períodos de maturação longos; devem ser realizadas despesas com pesquisas, construções, equipamentos, desenvolvimento de mercado e outras, que aumentam a base de investimento sem um aumento significativo nos lucros por muito tempo à frente. A divisão que faz tais projetos sofre com a redução de seu ROI comparativamente àquelas que não investem. Pode-se evitar (em parte) esse problema calculando ROI sobre a base de investimentos em operação, que exclui os investimentos em fase de implantação.

Condições econômicas gerais

Diferentes divisões de uma empresa podem enfrentar diferentes ambientes de negócios; por exemplo, no setor de açúcar e álcool, a demanda externa afeta desigualmente os resultados, dependendo do produto, açúcar (é exportado) ou álcool (mercado interno).

8.3.5 Motivos para continuar usando ROI

a) Disponibilidade de dados contábeis históricos *versus* (difíceis de obter) estimativas de fluxos de caixa

Uma forte razão para o uso de medidas de desempenho como ROI, a despeito de seus reconhecidos pontos fracos, é que elas utilizam as informações que o sistema contábil produz rotineiramente, sem que seja preciso qualquer esforço extraordinário de geração de dados. Mas uma vez que um investimento tenha sido feito em uma fábrica, por exemplo, é quase impossível separar os fluxos de caixa efetivamente ocorridos por causa dele. Se há uma contabilidade dos fluxos de caixa da fábrica, é muito difícil distinguir o que é devido a um projeto em particular.

b) Principais usos dos dados contábeis: relatórios externos, tributação, comparações com padrões setoriais e outros

Outra força determinando o uso de ROI é o fato de que a medida é muito difundida e usada por concorrentes, fornecedores, clientes, analistas de mercado, instituições financeiras e governo.

Exemplo de aplicação: Cia. Chá de Cadeira. Um simples exemplo pode ajudar a compreender como certas medidas contábeis distorcem o verdadeiro valor de um investimento. O boletim mensal de uma companhia de investimentos informou a seus clientes em março de 2010:

Oportunidades de investimento em março de 2010: Cia. Chá de Cadeira

A Cia. Chá de Cadeira foi fundada no início de 2010 por seu presidente, Vivaldino da Silva. Ele planeja abrir uma cadeia de pequenas lojas em que jovens poderão se reunir para beber sucos naturais e comer sanduíches leves, em um ambiente agradável e descontraído e com preços acessíveis. O negócio é muito simples. Cada loja exige um investimento inicial em instalações e equipamentos de $ 200 mil (o espaço é alugado), com vida útil estimada em cinco anos (depreciação linear), envolve significativos custos nos primeiros anos e somente deve dar maiores lucros no quinto ano. Os dados por loja são:

Dados	Ano 1	Ano 2	Ano 3	Ano 4	Ano 5
Lucro bruto	0	40	80	120	160
Depreciação	40	40	40	40	40
Lucro líquido	(40)	0	40	80	120
Valor contábil no início do ano	200	160	120	80	40
Retorno sobre o investimento (%)	(20)	0	33	100	300

A Cia. Chá de Cadeira acabou de abrir sua primeira loja e planeja inaugurar pelo menos mais uma a cada ano. Apesar das prováveis perdas iniciais, nossas estimativas revelam enorme crescimento dos lucros e um retorno sobre o investimento que supera em muito o presente custo de capital da empresa, de 20% a.a.

O valor de mercado da Chá de Cadeira é atualmente estimado em $ 250 mil. Em nossa opinião, isso não reflete inteiramente as excelentes perspectivas de crescimento da empresa. Tendo em conta os elementos de julgamento disponíveis, recomendamos fortemente a nossos clientes que comprem ações da empresa, uma boa alternativa de investimento de seus capitais.

No mês seguinte (abril), a mesma companhia de investimentos mostrava-se receosa diante dos novos planos da Cia. Chá de Cadeira.

Oportunidades de investimento em abril de 2010: Cia. Chá de Cadeira

Vivaldino da Silva anunciou ontem um novo e ambicioso plano de expansão. Ele agora pretende abrir duas novas lojas no ano que vem, três no ano seguinte e assim por diante.

Analisamos os efeitos disso sobre os resultados da empresa e tiramos conclusões preocupantes. Não parece haver *quaisquer perspectivas de que a Chá de Cadeira venha um dia a oferecer um retorno satisfatório sobre o capital investido.*

Desde março de 2010 seu valor de mercado caiu 40%. Recomendamos a qualquer investidor prudente vender suas ações agora.

A avaliação contábil do retorno sobre o investimento é enganosa, porque compara o lucro de cada exercício aos ativos não depreciados, fazendo com que a taxa de retorno fique maior à medida que o investimento se reduz pela depreciação. Assim, mesmo que o fluxo de lucros fosse constante ao longo da vida do projeto, por exemplo, em $ 60 por ano, a taxa contábil de retorno aumentaria com a aproximação do final daquele horizonte de tempo.

Anos	1	2	3	4	5
ROI (%)	–20	12,50	16,67	25,00	50,00

Outro equívoco da análise contábil está relacionado ao plano de crescimento da empresa. À medida que mais lojas vão sendo abertas, em ritmo crescente, predominam os prejuízos iniciais, o que reduz a taxa contábil de retorno. Esse fenômeno será detido no futuro, quando a rede parar de crescer, o que denuncia um conflito entre as "excelentes perspectivas" de cada unidade e a esperada ruína da rede como um todo! Claramente, algo está errado nessa análise. Se os prejuízos iniciais fossem vistos como um tipo de investimento na formação de mercado ou no ganho de experiência de cada equipe de loja, outra conclusão seria alcançada.

Mas o melhor é fugir da armadilha contábil e buscar o apoio das ferramentas de fluxo de caixa descontado. A avaliação pelo valor presente líquido leva a diferente veredicto: o VPL a uma taxa de desconto de 20% a.a. é negativo em $ 3,76, ou seja, menos que zero! Em outras palavras, o projeto oferece um pouco menos que o retorno normal do mercado, não se constituindo em uma oportunidade tão promissora quanto afirmavam aqueles consultores de investimento.

Se o mercado havia se enganado quando avaliou a empresa do Sr. Vivaldino em $ 250 mil – ela não valia mais que $ 200 mil, como se pôde ver de acordo com o valor presente líquido quase nulo –, já corrigiu seu erro, talvez até em excesso.

8.4 A Avaliação feita com base nos *Value Drivers*

8.4.1 O que medir: quais são os *Value Drivers*

Para que o controle da execução do orçamento de capital seja eficaz – que se faça a coisa certa, controlando-se o que se deve –, é preciso mudar as práticas atuais. Em vez de medidas financeiras de qualidade pobre e que não impulsionam ações afirmativas ou corretivas dos gestores, cabe aplicar um novo conjunto de indicadores de desempenho. Observe que os controles devem obedecer a uma hierarquia coerente com a estrutura da organização, como sugerido a seguir:

Hierarquia de controles de desempenho

Nível hierárquico da organização	Alcance dos controles de desempenho	Ênfase em medidas de desempenho do tipo
Topo (estratégico)	Máxima abrangência	Financeiro: no topo da organização se fala a linguagem do dinheiro.
Gerência (gerencial)	Controles intermediários entre topo e base	Financeiro e não financeiro (físico): gerentes médios têm de ser bilíngues.
Base (operacional)	Controles locais	Não financeiro (físico): na base da organização se fala a linguagem das coisas.

A quantidade de controles aumenta na descida do topo estratégico da organização até a sua base operacional. Os administradores de topo precisam de indicadores de desempenho, poucos em quantidade, porém abrangentes em sua capacidade de visualizar o negócio como um todo.

O valor da empresa é o critério supremo do desempenho na ótica do investidor privado. A partir dele, seguem-se em ordem descendente os demais critérios de avaliação, indo dos intermediários ao "chão" da organização. A estrutura de auditoria de projetos deve rastrear as variáveis componentes do fluxo de caixa livre, enfatizando aquelas passíveis de ação gerencial. Depois, associam-se fatores causais – os *Value Drivers* (geradores de valor) – a cada variável, comparando-se níveis previstos com níveis realizados:[6]

1. **Nível e crescimento da receita.** É preciso observar quanta receita líquida se retira da receita bruta, bem como seu crescimento. A receita não pode crescer indefinidamente a taxas estratosféricas, o mundo é o limite, portanto, modelagens realistas devem impor, ao longo do horizonte temporal da previsão, inflexões e declínios.
2. **Margem operacional de lucro.** Terá de ser e se manter positiva na maior parte do horizonte de previsão, e acusar inflexões e declínios compatíveis com a perda de vantagem competitiva – a menos que a empresa seja capaz de sempre tirar novos coelhos da cartola.
3. **Alíquota do IR**. Atenção para planejamento tributário.
4. **Necessidades de investimento fixo**. A experiência revela que é comum orçamentos "estourarem" em mais de 100% (acontecem também estouros de prazos, o que ameaça o aproveitamento da "janela de oportunidade de mercado").
5. **Necessidades de investimento em capital de giro.** Costumam ser relegadas a segundo plano; não caia nessa armadilha!

6 A relação de *cost drivers* incluída nos quadros seguintes é apenas sugestiva. Evidentemente, uma relação exaustiva somente poderia ser confeccionada para cada caso concreto.

6. **Custo de oportunidade do capital.** Atenção para o gerenciamento de riscos do projeto.
7. **Período de vantagem competitiva.** Não se envergonhe por perguntar de onde provém sua vantagem competitiva (ela existe mesmo?) e o que você tem de fazer para mantê-la pelo mais longo espaço de tempo possível.

Detalhando os sete geradores de valor, tem-se como eles se relacionam com variáveis, recursos e processos empresariais.

1	Receita líquida de vendas (nível e taxa de crescimento) – veja o item **1** a seguir.
2	Margem operacional de lucro – subtrair da receita a soma de custo de produtos e serviços, custos de vendas, custos logísticos e custos administrativos.
3	Alíquota do IR – necessária para calcular PIR (provisão para imposto de renda).
4	Necessidades de investimento fixo.
5	Necessidades de investimento em capital de giro.
6	Custo de oportunidade do capital.
7	Período de vantagem competitiva.

A seguir, cada bloco mostra como contribui, positiva ou negativamente, para a criação de valor.

1. Receita líquida de vendas

1.1	Volumes vendidos (níveis atuais e projetados).
1.2	Preços.
1.3	Prazos de vendas (impacto em necessidades de capital de giro).
1.4	Indicadores de satisfação de clientes (manutenção/ganho de *market share*).
1.5	Custos tributários (eficácia do planejamento tributário).
1.6	Custos de falta de qualidade: devoluções, abatimentos, cancelamentos etc. (eficácia dos processos de atendimento a clientes).

2. Custo de produtos e serviços

2.1	Volumes produzidos.
2.2	Preços de insumos.
2.3	Eficiências operacionais (medidas com base em processos e atividades-chave).

continua

continuação

2.4	Economias de capacidade (escala e utilização).
2.5	Economias (ou deseconomias) de aprendizado – projetos de produtos e serviços.
2.6	Economias (ou deseconomias) de aprendizado – processos operacionais.
	3. Custos de vendas
3.1	Volumes vendidos.
3.2	Preços de insumos.
3.3	Eficiências operacionais (medidas com base em processos e atividades-chave).
3.4	Canais e métodos de vendas (vendas diretas, telemarketing etc.).
	4. Custos logísticos
4.1	Volumes processados.
4.2	Preços de insumos.
4.3	Eficiências operacionais (medidas com base em processos e atividades-chave).
4.4	Níveis e flutuações de estoques (todos os tipos).
4.5	Distâncias de "puxada" de materiais e produtos.
4.6	Distâncias de entregas de produtos.
	5. Custos administrativos
5.1	*Headcount* (número de funcionários administrativos: previstos *versus* efetivos).
5.2	Custos administrativos em % da receita.
	6. Necessidades de investimentos
6.1	Investimentos em capital fixo.
6.2	Investimentos em capital de giro.

Os próximos indicadores abordam a administração de ativos fixos:

6.1.1 Grau de utilização da capacidade operacional (processos-chave)

a	Capacidade projetada *versus* capacidade realizada.
b	Utilização prevista *versus* utilização efetiva.

continua

continuação

O grau de utilização da capacidade operacional – recursos aplicados a processos--chave – é um fator atuando diretamente sobre a rotação do capital aplicado.

6.1.2 Coeficiente investimento/capacidade

c	Coeficiente projetado *versus* coeficiente realizado

Esse coeficiente mede quanto é preciso investir para criar capacidade operacional – produção, transporte, estocagem etc. A densidade tecnológica dos processos escolhidos determina em larga medida o tamanho desse coeficiente.

6.1.3 Coeficiente investimento ótimo (projetado)/investimento efetivo

d	Coeficiente projetado *versus* coeficiente realizado.

Basicamente, quer-se medir até que ponto a razão ativo ótimo/ativo existente revela o ajustamento do ativo à capacidade operacional.

Legado proveitoso da análise tradicional de demonstrações financeiras, diversos índices de atividade proporcionam informação útil a respeito da eficiência com que ativos de giro são utilizados. Com base nos índices 8 a 10 a seguir, pode-se monitorar o comportamento do investimento em capital de giro, frequentemente um fator negligenciado nas análises econômicas de projetos, mas que na prática pode assumir uma importância decisiva.

6.2.1 Rotação de estoques

a	Materiais destinados à produção (matéria-prima, materiais secundários etc.)
b	Produtos em elaboração.
c	Produtos acabados.

Modelos modernos de gerenciamento de operações enfatizam a velocidade (sem perda de qualidade) na transformação de materiais em produtos acabados (que encontrem demanda).

6.2.2 Rotação de duplicatas a receber

d	Prazo médio de recebimento de vendas.
e	Percentuais de vendas à vista e a prazo.
f	Percentuais de atrasos de recebimento (cronologia de duplicatas a receber).

As áreas de *marketing* e vendas têm de participar do desafio de manter sob controle os investimentos em capital de giro.

6.2.3 Rotação de duplicatas a pagar

g	Prazo médio de pagamento de compras.
h	Percentuais de compras à vista e a prazo.
i	Percentuais de atrasos de pagamento (cronologia de duplicatas a pagar).

Duplicatas a pagar constituem dedução do investimento bruto em capital de giro para se encontrar o investimento líquido nesses ativos, a ser somado ao capital aplicado em ativos fixos.

7. Provisão para o imposto de renda

7.1	Planejamento tributário.

8. Custo de oportunidade do capital

8.1	Estrutura de capital (patrimônio *versus* dívida).
8.2	Gerenciamento de riscos de projetos.

9. Período de vantagem competitiva

9.1	Análise comparativa (e periódica) de exercício efetivo de vantagem competitiva relativamente à expectativa dessa vantagem. Se competidores respondem eficazmente, pode ser preciso reavaliar estratégias, readquirir pontos fortes e eliminar pontos fracos.

Reunindo os componentes de 1 a 5, chega-se ao lucro econômico. Dividido pelo capital aplicado (fixo mais giro), fornece o excesso da taxa de retorno sobre o capital em relação ao custo do capital. A análise poderia, também, comparar a margem operacional (lucro antes da dedução do custo financeiro) com o capital investido, medindo a taxa de retorno. Esta seria cotejada com o custo do capital, apurando-se o *spread* positivo ou negativo. Vê-se assim que o tamanho e o sinal do *spread* dependem não apenas da margem operacional, como também do volume correspondente de capital aplicado. Este precisa ser monitorado por indicadores apropriados.

Esses indicadores podem ser sintetizados em uma expressão formalmente idêntica ao velho modelo DuPont, que exibe a taxa de retorno como o produto de dois coeficientes:

$$\text{ROIC} =$$

$$\text{MOL/Receita} \quad \times \quad \text{Receita/Capital aplicado}$$

Já o lucro econômico deriva da multiplicação do *spread* (confronto entre ROIC e custo de capital) pelo capital aplicado, ou seja:

$$\text{Lucro econômico} = (\text{ROIC} - \text{Custo de capital}) \times \text{Capital aplicado}$$

Se os administradores quiserem, a monitoração do desempenho segundo os *Value Drivers* pode começar agora. Os sistemas de informação das empresas dispõem da maioria dos dados necessários e o que falta pode ser obtido sem maiores dificuldades ou precisa urgentemente passar a sê-lo – custos por atividades e indicadores de satisfação de clientes.

8.4.2 Como analisar as medidas

Medir o que se pode não funciona, mas apenas medir o que é preciso também não basta. Os indicadores precisam ser submetidos à análise. Três tipos de análise são descritos a seguir.

1. Decomposição do índice

Seja um índice como a taxa de retorno sobre o capital aplicado (ROIC). Como se pôde ver, esse índice pode ser decomposto em fatores como a margem sobre as vendas e a rotação do ativo. Cada um desses índices, por sua vez, pode ser desdobrado em outros, formando-se uma rede (ou pirâmide) de índices. Isso permite identificar as causas de desvios de realizações *versus* alvos de desempenho. É um bom começo.

2. Comparação ao longo do tempo (análise de tendência)

Comparam-se os valores assumidos por um índice ao longo do tempo, buscando-se reconhecer uma tendência temporal de aumento, diminuição ou estabilidade.

Gráficos de evolução do índice no tempo são um bom começo para essa análise. A estatística fornece a *análise de regressão* para estimar uma equação descritiva da tendência.

Prazo médio de recebimento de vendas (dd)

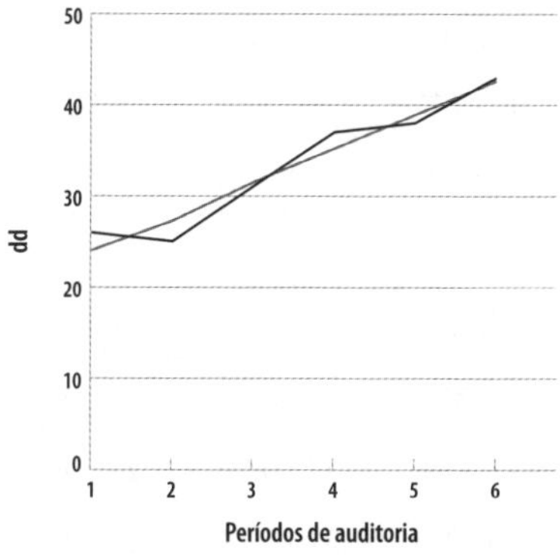

Estimando a tendência histórica

Neste exemplo, existe uma tendência crescente bem-definida. O ajustamento linear pelo método dos mínimos quadrados produziu os seguintes resultados:

$r^2 = 0{,}969$

$PMRV = 20{,}333 + 3{,}714.\mathrm{T}$

em que T = ano – 2004

3. Comparação com indicadores previstos (análise de nível)

Comparam-se os índices do projeto com padrões fixados na fase de elaboração do estudo de viabilidade. Seguindo Hartman,[7] que propõe a aplicação de três medidas de erro – desvio entre previsto e realizado –, a saber: MAD (*mean absolute deviation*), MSE (*mean square error*) e Mape (*mean absolute percentage error*), defino-os como a seguir:

$MAD = \Sigma\,(A_n - F_n) \,/\, (n + 1)$ em que A_n = Valor realizado e F_n = Valor previsto

$MSE = \Sigma\,(A_n - F_n)2 \,/\, (n + 1)$

$Mape = \Sigma\,(A_n - F_n)\,A_n \,/\quad) \times 100$

Exemplo: O indicador ROIC de um projeto foi previsto para seus cinco anos de vida como o resultado da multiplicação de dois geradores de valor: a margem operacional líquida sobre as vendas (MOL/ROB) e o coeficiente de rotação do capital aplicado (ROB/capital aplicado). Para facilitar a exposição, chamarei ROIC de Y e seus geradores de X_1 e X_2, assim $Y = X_1 * X_2$. Os números previstos e realizados acham-se na tabela seguinte, baseada em auditorias trimestrais.

Trimestre	X_1 real	X_2 real	Y real	X_1 prev	X_2 prev	Y prev
1	3,00%	180,00%	5,40%	5,00%	200,00%	10,00%
2	6,00%	160,00%	9,60%	7,00%	210,00%	14,70%
3	8,00%	150,00%	12,00%	10,00%	210,00%	21,00%
4	10,00%	180,00%	18,00%	12,00%	220,00%	26,40%

continua

7 HARTMAN, Joseph C. *Engineering economy and the decision-making process*. Upper Saddle River: Prentice-Hall, 2007. Capítulo 15, Postimplementation and evaluation.

continuação

Trimestre	X_1 real	X_2 real	Y real	X_1 prev	X_2 prev	Y prev
5	7,00%	170,00%	11,90%	12,00%	220,00%	26,40%
6	11,80%	190,00%	22,42%	12,00%	220,00%	26,40%
7	10,00%	220,00%	22,00%	12,00%	230,00%	27,60%
8	9,50%	230,00%	21,85%	12,00%	230,00%	27,60%
9	10,20%	210,00%	21,42%	12,00%	230,00%	27,60%
10	10,50%	220,00%	23,10%	12,00%	230,00%	27,60%
11	11,00%	250,00%	27,50%	11,00%	220,00%	24,20%
12	12,10%	200,00%	24,20%	10,00%	210,00%	21,00%
13	9,00%	170,00%	15,30%	9,00%	200,00%	18,00%
14	8,80%	140,00%	12,32%	8,00%	180,00%	14,40%
15	7,00%	140,00%	9,80%	7,00%	150,00%	10,50%

Com auxílio da planilha Excel, encontrei os resultados na tabela a seguir. Parece-me que o número mais significativo é Mape, que permite uma comparação isenta do efeito do tamanho em que cada variável é medido. Assim, tendo o projeto desempenhado a seguir do previsto (–32,26%), para tanto contribuíram em proporções quase iguais as variáveis X_1 (–15,83%) e X_2 (–13,42%).

Trimestre	$X_1r - X_1p$	$X_2r - X_2p$	$Yr - Yp$
1	–2,00%	–20,00%	–4,60%
2	–1,00%	–50,00%	–5,10%
3	–2,00%	–60,00%	–9,00%
4	–2,00%	–40,00%	–8,40%
5	–5,00%	–50,00%	–14,50%
6	–0,20%	–30,00%	–3,98%
7	–2,00%	–10,00%	–5,60%
8	–2,50%	0,00%	–5,75%
9	–1,80%	–20,00%	–6,18%
10	–1,50%	–10,00%	–4,50%
11	0,00%	30,00%	3,30%

12	2,10%	−10,00%	3,20%
13	0,00%	−30,00%	−2,70%
14	0,80%	−40,00%	−2,08%
15	0,00%	−10,00%	−0,70%
MAD	1,43%	25,63%	4,97%
MSE	0,04%	9,81%	0,36%
MAPE	−15,83%	−13,42%	−32,26%

Certamente não basta apurar desvios entre valores projetados e realizados, é preciso identificar as causas desse desempenho insatisfatório e, mais importante que tudo, agir sobre elas de forma inteligente e oportuna – ou seja, fazer o certo enquanto há tempo. Por exemplo, o baixo aproveitamento do capital aplicado poderia ser devido à ocorrência de capacidade mal utilizada – condição vermelha no modelo CAM-I resultante de inadequados planejamento e controle da produção que gera tempos mortos de espera de produtos em processo.[8]

Atividade prática (reduzida)

I) Questões conceituais

1. Dê duas razões para auditar um projeto de investimento.
2. Compare as auditorias feitas por (a) sistema contábil e (b) monitoração de *Value Drivers* em sua capacidade de atender às prescrições de Daniel Szpiro.
3. Explique como as taxas interna e contábil de retorno diferem.

II) Exercícios e problemas

1. Retorne ao exemplo dado no Capítulo 7 (Risco) sobre análise de sensibilidade. Como se deveria fazer o rastreamento dos resultados efetivos daquele projeto de investimento?
2. Um projeto foi avaliado pelo critério do valor presente líquido (VPL) e mostrou um resultado favorável de, aproximadamente, $ 36, à taxa de desconto

8 O modelo CAM-I (*Consortium for Advanced Manufacturing – International*) é uma poderosa ferramenta de análise e gerenciamento de capacidade produtiva. Veja, ao final deste capítulo, referências selecionadas a respeito.

de 10% a.a. Os números aparecem na tabela a seguir. Quando se deveria iniciar o controle da execução desse projeto de imediato? Como, usando quais instrumentos? Por quê?

Ano	0	1	2	3
Fluxo de caixa	−100	50	55	60

3. Os auditores do projeto de investimento da Cia. dos Pregos encontraram divergências entre os níveis previstos e realizados do gerador de valor custos de vendas (em % da receita total). Como se pode analisar esse fenômeno? Que ações corretivas teriam sido necessárias e apropriadas para trazer esse custo ao nível previsto? Desde quando?

Trimestre	X real	X prev
1	7,80%	5,00%
2	6,00%	5,00%
3	4,50%	5,00%
4	4,80%	5,00%
5	5,70%	5,00%
6	5,10%	5,00%
7	5,50%	5,00%
8	6,20%	5,00%
9	6,30%	5,00%
10	6,70%	5,00%

4. O gestor de um departamento de uma companhia de petróleo, com base em um rigoroso estudo de viabilidade técnica e econômica, submeteu à aprovação da diretoria um investimento de $ 1,5 milhão em renovação e ampliação da frota de veículos de abastecimento de aeronaves. A diretoria aprovou o projeto, que prometia uma taxa interna de retorno de 22,5% a.a., em excesso do custo de oportunidade do capital, fixado em 12,8% a.a. para esse tipo de projeto. Contudo, ao receber os novos equipamentos, o gestor ficou desapontado ao saber que a avaliação do desempenho real do projeto seria feita com base na taxa contábil de lucro, que seria negativa nos dois primeiros trimestres de operação dos novos veículos. Como se pode explicar essa reação do gestor?

Referências

a) *Post Investment Review*

BREALEY, Richard; STEWART, Myers. *Principles of corporate finance*. 2. ed. McGraw--Hill, 1984. Capítulo 12, Organizing capital expenditure and evaluating performance afterwards.

LEVY, Haim; MARSHALL, Sarnat. *Capital investment & financial decisions*. 1. ed. Nova York: Prentice Hall, 1994. Parte I, Capital budgeting. Capítulo 6, Traditional measures of investment worth.

HARTMAN, Joseph E. *Engineering economy and the decision-making process*. Upper Saddle River: Pearson Education, 2007. Capítulo 15, Postimplementation and evaluation.

NEALE, C. William; HOLMES, David E. "Post completion audits: The costs and benefits", *Management accounting (UK)*, 1988 .

PINCHES, George E. "Myopia, capital budgeting and decision making". *Financial management*, v. 11, n. 3, 1982.

SZPIRO, Daniel A. *Evaluating the agency and learning based prescriptions for Post--Investment Review of Capital Projects*. Faculty of Graduate Studies, The University of Western Ontario, Londres, Ontário, maio 1998.

b) Modelo CAM-I de capacidade

KLAMMER, Thomas. *Capacity measurement & improvement*: a manager's guide to evaluating and optimizing capacity productivity. Chicago: Irwin, 1996.

MCNAIR, C. J.; VANGERMEERSCH, Richard. *Total capacity management*: optimizing at the operational, tactical, and strategic levels. Boca Raton: St. Lucie Press, 1998.

IMPRESSÃO E ACABAMENTO
YANGRAF
GRÁFICA E EDITORA LTDA.
WWW.YANGRAF.COM.BR
(11) 2095-7722